Tutorium Jura

Die Reihe Tutorium Jura stellt die Grundlagen des Zivil-, Straf- und Öffentlichen Rechts dar, um dem Lernenden einen praktischen Umgang mit der Materie zu ermöglichen. Sie stellt das in Vorlesungen meist abstrakt vermittelte Wissen dar und überträgt es auf prüfungsrelevante Fallsituationen. Der Studierende wird so bei der Entwicklung juristischer Fertigkeiten an die Hand genommen.

Vorkenntnisse spielen keine Rolle. Die Autoren sind erfolgreiche und erfahrene Tutoren. Aufgrund ihrer langjährigen Tätigkeit als Leiter wissenschaftlicher Arbeitsgruppen kennen sie die typischen Probleme von Studierenden im Umgang mit dem Gesetz und gehen daher im Besonderen auf die Ansprüche und Bedürfnisse der Studierenden ein.

Die vollständig im Gutachtenstil verfassten Lösungen bieten dem Lernenden anschauliche Beispiele für eine gelungene Falllösung. Diese ist nicht nur Grundlage einer erfolgreichen Teilnahme an den Scheinprüfungen, sie bestimmt letztendlich den Erfolg im Examen.

Mehr Informationen zu dieser Reihe auf http://www.springer.com/series/5548

Andreas Funke

Falldenken im Verwaltungsrecht

Ein systematisches Studienbuch

Andreas Funke
Lehrstuhl für Öffentliches Recht und Rechtsphilosophie
Friedrich-Alexander-Universität Erlangen-Nürnberg
Erlangen, Deutschland

ISSN 1613-8724 ISSN 2627-2652 (electronic)
Tutorium Jura
ISBN 978-3-662-60630-8 ISBN 978-3-662-60631-5 (eBook)
https://doi.org/10.1007/978-3-662-60631-5

Die Deutsche Nationalbibliothek verzeichnet diese Publikation in der Deutschen Nationalbibliografie; detaillierte bibliografische Daten sind im Internet über http://dnb.d-nb.de abrufbar.

Springer
© Springer-Verlag GmbH Deutschland, ein Teil von Springer Nature 2020
Das Werk einschließlich aller seiner Teile ist urheberrechtlich geschützt. Jede Verwertung, die nicht ausdrücklich vom Urheberrechtsgesetz zugelassen ist, bedarf der vorherigen Zustimmung des Verlags. Das gilt insbesondere für Vervielfältigungen, Bearbeitungen, Übersetzungen, Mikroverfilmungen und die Einspeicherung und Verarbeitung in elektronischen Systemen.
Die Wiedergabe von allgemein beschreibenden Bezeichnungen, Marken, Unternehmensnamen etc. in diesem Werk bedeutet nicht, dass diese frei durch jedermann benutzt werden dürfen. Die Berechtigung zur Benutzung unterliegt, auch ohne gesonderten Hinweis hierzu, den Regeln des Markenrechts. Die Rechte des jeweiligen Zeicheninhabers sind zu beachten.
Der Verlag, die Autoren und die Herausgeber gehen davon aus, dass die Angaben und Informationen in diesem Werk zum Zeitpunkt der Veröffentlichung vollständig und korrekt sind. Weder der Verlag, noch die Autoren oder die Herausgeber übernehmen, ausdrücklich oder implizit, Gewähr für den Inhalt des Werkes, etwaige Fehler oder Äußerungen. Der Verlag bleibt im Hinblick auf geografische Zuordnungen und Gebietsbezeichnungen in veröffentlichten Karten und Institutionsadressen neutral.

Springer ist ein Imprint der eingetragenen Gesellschaft Springer-Verlag GmbH, DE und ist ein Teil von Springer Nature.
Die Anschrift der Gesellschaft ist: Heidelberger Platz 3, 14197 Berlin, Germany

Dem Andenken Prof. Dr. Joachim Hruschkas, für den Folgerichtigkeit im Denken der höchste wissenschaftliche Wert war.

Vorwort

„Falldenken" heißt zweierlei: das Denken in und das Denken von Fällen. *In* Fällen zu denken, ist typisch für die Jurisprudenz: Sie beschäftigt sich mit praktischen Rechtsstreitigkeiten und versucht, für konkrete Fälle die richtige Lösung zu entwickeln – in Abstimmung mit anderen Falllösungen, unter Rückgriff auf die gesamte Rechtsordnung und unter voller Ausleuchtung aller Umstände des Sachverhalts. Fälle *zu* denken, also die konstruktive Entwicklung von Fällen, ist die spezifische Aufgabe der juristischen Ausbildung. Diese Aufgabe folgt Konventionen, die sich über lange Zeit herausgebildet haben. Ich bin der Überzeugung, dass der tradierte fallorientierte Zugang zum Verwaltungsrecht aus verschiedenen Gründen der Revision bedarf. Deshalb dieses Buch: Sein Anliegen ist es, erst einmal zu fragen, welche Fälle typisch sind für das Verwaltungsrecht und welche *Struktur* sie haben, um dann das Denken *in* Fällen auf verbesserte, genauere Weise vollziehen zu können.

Die Idee zu dem Buch ist vor einigen Jahren entstanden; die Fertigstellung hat sich lange hingezogen. Es vereint ein wissenschaftliches Modell mit den Erfahrungen, die ich in Lehrveranstaltungen und als Prüfer gesammelt habe, insbesondere bei der Korrektur von Klausuren im ersten juristischen Staatsexamen. Die Grundidee wie auch Detailüberlegungen habe ich immer wieder mit Kolleginnen und Kollegen sowie Mitarbeiterinnen und Mitarbeitern diskutiert. Die Rückmeldungen bewegten sich zwischen totalem Befremden und der achselzuckend gestellten Frage, was denn daran neu sei. Sollte die Darstellung in der Mitte zwischen diesen Polen liegen, wäre ich zufrieden. Das Buch hat zwei Stoßrichtungen. Zum einen soll es verbinden: Schon beim Einstieg in das Verwaltungsrecht muss die gemeinhin gesondert dargestellte Materie des Staatshaftungsrechts mitbedacht werden. Sonst werden der Sinn grundrechtlichen Schutzes im Verwaltungsrecht und durch Verwaltungsprozessrecht nicht verstanden. Zum anderen soll das Buch trennen: In der Ausbildungspraxis ist es üblich, das materielle Verwaltungsrecht von vorneherein mit dem Verwaltungsprozessrecht zu verknüpfen. Dadurch werden wichtige Unterschiede zwischen diesen Bereichen verwischt. Erst wenn über diese Unterschiede Klarheit besteht, wird deutlich, an welchen Stellen und wie materielles Verwaltungsrecht und Verwaltungsprozessrecht ineinandergreifen.

Das Buch wurde in der Absicht geschrieben, den Einstieg in das Verwaltungsrecht zu erleichtern. Es richtet sich also an Studierende des dritten und vierten Semesters. Seinen Ausgangspunkt bildet die im Allgemeinen Verwaltungsrecht angesiedelte Figur des subjektiven öffentlichen Rechts; Anwendungsbeispiele wurden dem elementaren Stoff des Kommunal-, Polizei- und öffentlichen Baurechts entnommen. Das Verwaltungsprozessrecht ist integriert worden, aber in klarer Abschichtung vom materiellen Recht. Damit soll den Studierenden ermöglicht werden, sich zunächst die materiell-rechtlichen Grundzüge zu erschließen. Bei der vertieften Beschäftigung mit der Lösung verwaltungsrechtlicher Fälle, die später in der Großen Übung und vor allem in der Examensvorbereitung ansteht, kommt es verstärkt und im Detail auf das Zusammenspiel von materiellem Recht und Prozessrecht an.

Für ihr Interesse an dem Buch und für ihre Bereitschaft, es in das Verlagsprogramm aufzunehmen, möchte ich mich bei Dr. Brigitte Reschke vom Springer-Verlag herzlich bedanken. Um die Schlussredaktion an meinem Lehrstuhl haben sich vor allem Iris Stocker, Lara Zorn, Kevin Frank, Lorenz Summerer, Michelle-Vanessa Griebel und Stefan Meusel verdient gemacht.

Für Nachfragen, Kommentare, Hinweise auf Fehler und Grundsatzkritik bin ich unter der E-Mail-Adresse andreas.funke@fau.de erreichbar.

Erlangen, Deutschland   Andreas Funke

Inhaltsverzeichnis

Teil I Einleitung

1 **Das Anliegen** 3
2 **Zur Orientierung** 9
   2.1 Die Grundidee 9
   2.2 Der Weg in das Buch 10

Teil II Grundlegung: Das Anspruchsmodell des Verwaltungsrechts

3 **Rechte und Ansprüche als Gegenstand verwaltungsgerichtlicher Rechtsbehelfe** 15
   3.1 Klage und Anspruch 15
   3.2 Konsequenz, nicht Innovation als Ziel 16
   3.3 Vergleich mit dem Zivilrecht 17
   3.4 Aktionenrechtliche Methode 18
   3.5 Die Funktionen des verwaltungsgerichtlichen Rechtsschutzes .. 20
   3.6 Die „juristische Methode" im Verwaltungsrecht 23

4 **Von der Norm zum subjektiven Recht, vom subjektiven Recht zum Anspruch** 25
   4.1 Der Begriff des subjektiven öffentlichen Rechts 25
   4.2 Von der Pflicht zur Berechtigung 26
   4.3 Der Inhalt der Berechtigung: negativer und positiver Status . 28

5 **Die Ansprüche des Verwaltungsrechts** 35
   5.1 Überblick 36
   5.2 Der positive Status als Recht und Anspruch 38
   5.3 Der negative Status und die Ansprüche zu seinem Schutz ... 41
   5.4 Der öffentlich-rechtliche Erstattungsanspruch 49
   5.5 Rechte des Staates gegen den Bürger 50
   5.6 Die Subjektivierung des staatlichen Binnenbereichs 51
      5.6.1 Innenrecht und Außenrecht 51
      5.6.2 Die Achtung von Organrechten 53

5.7	Die Achtung formaler Rechtspositionen		56
	5.7.1 Das Recht auf Wahrung der Zuständigkeitsordnung		56
	5.7.2 Verfahrensrechte		57

6 Die Ausgestaltung von Rechten durch Spielräume in den verwaltungsrechtlichen Normen ... 61
   6.1 Ermessensausübung ... 61
      6.1.1 Das Ermessen ... 61
      6.1.2 Das Recht auf fehlerfreie Ermessensentscheidung ... 63
   6.2 Tatbestandsseite ... 70
   6.3 Die Abwägung ... 72

7 Die prozessuale Relevanz der Ansprüche ... 75
   7.1 Der Verwaltungsrechtsweg ... 76
   7.2 Die Beteiligten des Rechtsstreits ... 76
   7.3 Die statthafte Klageart ... 78
   7.4 Die Klagebefugnis ... 80
   7.5 Die Begründetheit ... 83
   7.6 Der vorläufige Rechtsschutz ... 85
      7.6.1 Aufschiebende Wirkung nach §§ 80, 80a VwGO ... 85
      7.6.2 Einstweilige Anordnung nach § 123 Abs. 1 VwGO ... 86

8 Nebenbestimmungen zu Verwaltungsakten ... 89
   8.1 Diskussionsstand ... 89
   8.2 Vorüberlegung: Abhängigkeit von der Art der Nebenbestimmung ... 90
   8.3 Die Rechtsstellung des Betroffenen ... 91

9 Die Verbandsklagen ... 95
   9.1 Allgemeines ... 95
   9.2 Verbandsklagen in der Systematik der VwGO ... 96

Teil III Die verwaltungsrechtlichen Falltypen

10 Verwaltungsrechtliche Fälle konstruieren und lösen: Kartierung des Geländes ... 101
   10.1 Kassatorisches und gewöhnliches Leistungsbegehren ... 101
   10.2 Originäre und abgeleitete Fundierung der Leistungsbegehren ... 105
   10.3 Gebundene und Ermessensentscheidung ... 107
   10.4 Rechtsformen ... 108
   10.5 Integration des verwaltungsgerichtlichen Organstreits ... 108
   10.6 Folgen für den Aufbau des Gutachtens in der Fallbearbeitung ... 110
   10.7 Die Falltypen im Überblick ... 113

11 Falltypus 1: gewöhnliches Leistungsbegehren, originärer Anspruch auf Vornahme eines Realakts ... 115
   11.1 Beispiele ... 115
   11.2 Merkmale ... 116
   11.3 Materiell-rechtliche Beurteilung ... 117
   11.4 Prozessuale Beurteilung ... 118

12 Falltypus 2: gewöhnliches Leistungsbegehren, originärer Anspruch auf Erlass eines Verwaltungsakts 119
- 12.1 Beispiele 119
- 12.2 Merkmale 120
- 12.3 Materiell-rechtliche Beurteilung 120
  - 12.3.1 Verfahrensposition: Das Recht auf Bescheidung 120
  - 12.3.2 Das materielle subjektive öffentliche Recht 123
- 12.4 Prozessuale Beurteilung 126
  - 12.4.1 Das materielle subjektive öffentliche Recht 126
  - 12.4.2 Der Bescheidungsanspruch 128

13 Falltypus 3: kassatorisches Leistungsbegehren, reaktionsrechtlicher Anspruch des Adressaten eines Verwaltungsakts auf dessen Aufhebung 131
- 13.1 Beispiele 131
- 13.2 Merkmale 131
- 13.3 Materiell-rechtliche Beurteilung 132
  - 13.3.1 Ansprüche 132
  - 13.3.2 Verwaltungsverfahren 133
- 13.4 Prozessuale Beurteilung 136

14 Falltypus 4: kassatorisches Leistungsbegehren, reaktionsrechtlicher Anspruch eines Dritten auf Aufhebung eines Verwaltungsakts 139
- 14.1 Beispiele 139
- 14.2 Merkmale 139
- 14.3 Materiell-rechtliche Beurteilung 140
  - 14.3.1 Materielle subjektive öffentliche Rechte 140
  - 14.3.2 Formelle subjektive öffentliche Rechte, insbesondere das Recht auf fehlerfreie Ermessensentscheidung 143
- 14.4 Prozessuale Beurteilung 145

15 Falltypus 5: gewöhnliches Leistungsbegehren, auf ein Reaktionsrecht gestützt 149
- 15.1 Merkmale 149
- 15.2 Anspruch auf Unterlassen eines Realaktes 151
  - 15.2.1 Beispiele 151
  - 15.2.2 Materiell-rechtliche Beurteilung 151
  - 15.2.3 Prozessuale Beurteilung 153
- 15.3 Anspruch auf Unterlassen eines bevorstehenden Verwaltungsakts ... 153
  - 15.3.1 Beispiel 153
  - 15.3.2 Materiell-rechtliche Beurteilung 153
  - 15.3.3 Prozessuale Beurteilung 154
- 15.4 Folgenbeseitigungsanspruch 155
  - 15.4.1 Beispiele 155
  - 15.4.2 Materiell-rechtliche Beurteilung 155
  - 15.4.3 Prozessuale Beurteilung 162

15.5	Vollzugsfolgenbeseitigungsanspruch	162
	15.5.1 Beispiele	162
	15.5.2 Materiell-rechtliche Beurteilung	162
	15.5.3 Prozessuale Beurteilung	162

16 Falltypus 6: gewöhnliches Leistungsbegehren, Reaktion auf Verletzung eines formellen subjektiven öffentlichen Rechts 163
- 16.1 Beispiele 163
- 16.2 Merkmale 164
- 16.3 Materiell-rechtliche Beurteilung 165
  - 16.3.1 Recht auf fehlerfreie Ermessensentscheidung 165
  - 16.3.2 Besonderheit: Erstrebt wird nicht nur eine Eigenbegünstigung, sondern auch eine Fremdbelastung 168
  - 16.3.3 Besonderheit: Ermessensreduktion auf Null 172
  - 16.3.4 Die Vergabe von Subventionen 176
- 16.4 Prozessuale Beurteilung 179
  - 16.4.1 Recht auf fehlerfreie Ermessensentscheidung 179
  - 16.4.2 Besonderheit: Ermessensreduktion auf Null 183
  - 16.4.3 Die Vergabe von Subventionen 184

17 Das Normenkontrollbegehren 185
- 17.1 Grundfragen: die Möglichkeit reaktionsrechtlicher, anspruchsbasierter Normenkontrolle 187
  - 17.1.1 Das Problem der Nichtigkeit 187
  - 17.1.2 Das Problem der behördlichen Normverwerfungskompetenz 189
  - 17.1.3 Überblick 191
- 17.2 Anspruch auf Unterlassen des Erlasses von Rechtsnormen 191
  - 17.2.1 Beispiel 191
  - 17.2.2 Materiell-rechtliche Betrachtung 192
  - 17.2.3 Prozessuale Beurteilung 192
- 17.3 Anspruch auf Beseitigung einer Norm im Wege prinzipaler Normenkontrolle nach § 47 VwGO 193
  - 17.3.1 Beispiele 193
  - 17.3.2 Materiell-rechtliche Beurteilung 193
  - 17.3.3 Prozessuale Beurteilung 193
- 17.4 Das Normenkontrollbegehren bei parlamentsgesetzlichen Normen 195
  - 17.4.1 Beispiel 195
  - 17.4.2 Materiell-rechtliche Betrachtung 195
  - 17.4.3 Prozessuale Betrachtung 196
- 17.5 Anspruch auf Beseitigung einer Norm im Wege inzidenter Normenkontrolle 197
  - 17.5.1 Beispiele 197
  - 17.5.2 Materiell-rechtliche Beurteilung 197
  - 17.5.3 Prozessuale Beurteilung 197

17.6	Anspruch auf Erlass einer Norm		198
	17.6.1	Beispiele	198
	17.6.2	Materiell-rechtliche Beurteilung	198
	17.6.3	Prozessuale Beurteilung	199

Teil IV Ausblick

18 Fazit: das Anspruchsmodell – wozu? 203
    18.1 Motive 204
    18.2 Die Verbindung von Verwaltungsprozessrecht und materiellem
           Verwaltungsrecht 206

19 Anregungen für die juristische Ausbildung 209

Glossar: 10 Grundbegriffe 211

Literaturverzeichnis 213

Stichwortregister 223

Abkürzungsverzeichnis

AG VwGO	Ausführungsgesetz zur Verwaltungsgerichtsordnung
AsylG	Asylgesetz
AtomG	Atomgesetz
AufenthG	Aufenthaltsgesetz
BauGB	Baugesetzbuch
BauNVO	Baunutzungsverordnung
BauO Bln	Bauordnung für Berlin
BauO LSA	Bauordnung des Landes Sachsen-Anhalt
BauO NRW	Bauordnung für das Land Nordrhein-Westfalen
BauO SH	Landesbauordnung für das Land Schleswig-Holstein
BayBO	Bayerische Bauordnung
BayGO	Bayerische Gemeindeordnung
bayLStVG	(Bayerisches) Landesstraf- und Verordnungsgesetz
bayPAG	(Bayerisches) Polizeiaufgabengesetz
BayVGHE	Amtliche Sammlung der Entscheidungen des Bayerischen Verwaltungsgerichtshofs
BayVwZVG	Bayerisches Verwaltungszustellungs- und Vollstreckungsgesetz
BbgBO	Brandenburgische Bauordnung
BbgKVerf	Kommunalverfassung des Landes Brandenburg
bbgOBG	(Brandenburgisches) Ordnungsbehördengesetz
BbgPolG	Brandenburgisches Polizeigesetz
BeamtStG	Beamtenstatusgesetz
berlASOG	(Berliner) Allgemeines Sicherheits- und Ordnungsgesetz
BGB	Bürgerliches Gesetzbuch
BGH	Bundesgerichtshof
BImSchG	Bundesimmissionsschutzgesetz
BImSchV	Verordnung zur Durchführung des Bundesimmissionsschutzgesetzes
BNatSchG	Bundesnaturschutzgesetz
BPolG	Bundespolizeigesetz
BremLBO	Bremische Landesbauordnung
BremPolG	Bremisches Polizeigesetz
BtMG	Betäubungsmittelgesetz
BVerfG	Bundesverfassungsgericht

BVerfG (K)	Bundesverfassungsgericht, Kammerentscheidung
BVerfGG	Bundesverfassungsgerichtsgesetz
BVerwG	Bundesverwaltungsgericht
bwPolG	(Baden-Württembergisches) Polizeigesetz
DRiG	Deutsches Richtergesetz
FStrG	Fernstraßengesetz (des Bundes)
GaststättenG	Gaststättengesetz
GG	Grundgesetz
GO BT	Geschäftsordnung des Bundestages
GO BW	Gemeindeordnung für Baden-Württemberg
GO LSA	Gemeindeordnung für das Land Sachsen-Anhalt
GO NRW	Gemeindeordnung für das Land Nordrhein-Westfalen
GO Rh.-Pf.	(Rheinland-Pfälzische) Gemeindeordnung
GO SH	Gemeindeordnung für Schleswig-Holstein
hambSOG	(Hamburger) Gesetz zum Schutz der öffentlichen Sicherheit und Ordnung
HBauO	Hamburgische Bauordnung
HBO	Hessische Bauordnung
HessGO	Hessische Gemeindeordnung
HSOG	Hessisches Gesetz über die öffentliche Sicherheit und Ordnung
IFG	Informationsfreiheitsgesetz
InsO	Insolvenzordnung
JAPO	Juristenausbildungs- und Prüfungsordnung
KSVG	(Saarländisches) Kommunalselbstverwaltungsgesetz
KV MV	Kommunalverfassung für das Land Mecklenburg-Vorpommern
LBauO M-V	Landesbauordnung Mecklenburg-Vorpommern
LBauO Rh.-Pf.	Landesbauordnung Rheinland-Pfalz
LBO BW	Landesbauordnung für Baden-Württemberg
LBO SL	Landesbauordnung Saarland
LuftVG	Luftverkehrsgesetz
MRVO	Militärregierungsverordnung
mvSOG	Sicherheits- und Ordnungsgesetz Mecklenburg-Vorpommern
NBauO	Niedersächsische Bauordnung
NdsKomVG	Niedersächsisches Kommunalverfassungsgesetz
Nds. SOG	Niedersächsisches Gesetz über die öffentliche Sicherheit und Ordnung
nwOBG	(Nordrhein-Westfälisches) Ordnungsbehördengesetz
nwPolG	Polizeigesetz des Landes Nordrhein-Westfalen
OVG	Oberverwaltungsgericht
PBefG	Personenbeförderungsgesetz
rpPOG	(Rheinland-Pfälzisches) Polizei- und Ordnungsbehördengesetz
saarlPolG	Saarländisches Polizeigesetz
SächsBO	Sächsische Bauordnung
SächsGO	Sächsische Gemeindeordnung
sächsPolG	Polizeigesetz des Freistaates Sachsen

shLVwG	Landesverwaltungsgesetz Schleswig-Holstein
SOG LSA	Gesetz über die öffentliche Sicherheit und Ordnung des Landes Sachsen-Anhalt
StAG	Staatsangehörigkeitsgesetz
StVO	Straßenverkehrsordnung
ThürBO	Thüringer Bauordnung
ThürKO	Thüringer Kommunalordnung
thürOBG	(Thüringer) Ordnungsbehördengesetz
thürPAG	(Thüringer) Polizeiaufgabengesetz
UmwRG	Umweltrechtsbehelfsgesetz
UVPG	Gesetz über die Umweltverträglichkeitsprüfung
VwGO	Verwaltungsgerichtsordnung
VwVfG	Verwaltungsverfahrensgesetz
ZPO	Zivilprozessordnung

Teil I
Einleitung

Das Anliegen 1

Studentin S findet in ihrem Briefkasten ein Schreiben vor, in dem ihr mitgeteilt 1
wird, dass sie exmatrikuliert werde. S ist empört. Nach einem fruchtlosen Anruf bei
der Universitätsverwaltung klagt sie vor dem Verwaltungsgericht gegen die Exmatrikulation. Die Klage hat Erfolg, das Verwaltungsgericht hebt die Exmatrikulation
nach § 113 Abs. 1 Satz 1 VwGO auf.

Was genau ist hier passiert? S kann nun ohne weiteres weiter studieren. Dabei hat 2
das Gericht, um dies zu bewirken, offenbar nicht das Exmatrikulationsschreiben
physisch vernichtet. Es hat den darin ausgedrückten Verwaltungsakt aufgehoben. So
steht es in § 113 Abs. 1 Satz 1 VwGO. Warum steht das da? Die einfache Antwort
wäre, weil der Gesetzgeber dies so vor vielen Jahren beschlossen hat. Aber warum
hat der Gesetzgeber das so beschlossen? Die Antwort könnte lauten: Offenbar um
die Rechte von Menschen wie S zu schützen. Aber warum geht der Gesetzgeber
davon aus, dass in Fällen wie der Exmatrikulation der S die Antwort der Rechtsordnung auf die Rechtsverletzung darin besteht, dass der Verwaltungsakt aufgehoben
wird? Und es stellt sich noch eine andere Frage: Wenn die Universitätsverwaltung
auf den Anruf der S hin ihren Fehler erkannt hätte und sich selbst korrigiert hätte,
wäre das nicht mehr als ein kulantes Vorgehen gewesen – oder ein von der Rechtsordnung gefordertes Verhalten? Konnte S, anders gesagt, schon von der Universität
verlangen, dass sie den Verwaltungsakt aufhebt?

Diese Art zu fragen ist in der deutschen öffentlich-rechtlichen Didaktik nicht 3
sehr weit verbreitet. Üblicherweise behandelt die juristische Ausbildung im Verwaltungsrecht das, worum es bei der Anfechtungsklage des Adressaten gegen einen
Verwaltungsakt geht, im Zusammenhang mit der Frage nach den Erfolgsaussichten
einer verwaltungsgerichtlichen Klage. Wenn überhaupt eine Alternative zu dieser
Art des Zugangs gewählt wird, dann ist dies allein die Frage nach der Rechtmäßigkeit
des Verwaltungsakts („Rechtsaktklausur").[1] Aber beide Zugänge vernachlässigen
eine Reihe weiterer, wichtiger Fragen: Warum durfte die Verwaltung den Verwaltungsakt nicht erlassen – doch sicherlich nicht nur, weil ihr die Klage drohte? Was

---

[1] Vgl. *J. Lindner*, Öffentliches Recht, 2. Aufl. 2017, Rn. 53.

muss die Verwaltung nach dem Erlass tun? Was kann der Betroffene vor und nach dem Erlass von der Behörde verlangen? Hängt die rechtliche Lage des Betroffenen allein davon ab, welchen Erfolg der steinige Weg des Gerichtsverfahrens hat? Wer das juristische Interesse in diese Richtung lenkt, wird gleichwohl die Rückwirkungen im Blick haben, die sich aus den Antworten auf diese Fragen auf das Verständnis der Klagen ergeben. Verwaltungsprozessual ist z. B. genauer nach dem Streitgegenstand zu fragen, über den im öffentlichen Recht allerdings keine Klarheit besteht.[2] Ohne einen Bezug zum materiellen Recht lässt sich der Streitgegenstand nicht fassen. Im Falle der Anfechtung eines Verwaltungsakts wird eigentlich kaum bestritten, dass insofern der Kläger einen ungeschriebenen materiell-rechtlichen Anspruch auf Aufhebung des Verwaltungsakts geltend macht. Aber in der gängigen prozessualen Perspektive steht die Rechtslage gleichwohl verzerrt da: Im Rahmen der Würdigung der Klagebefugnis nach § 42 Abs. 2 VwGO wird nur das Recht erwähnt, dessen Verletzung den Aufhebungsanspruch auslöst; in der Begründetheit spielt der Aufhebungsanspruch regelmäßig keine Rolle, es sei denn, es ist etwa die besondere Konstellation des § 46 VwVfG – Folgen von Form- und Verfahrensfehlern – einschlägig. Der Aufhebungsanspruch, von dem hier die Rede ist, ist keine exotische Besonderheit der Anfechtungsklage. Er kann als Ausprägung eines Anspruchs gesehen werden, der vor allem im Staatshaftungsrecht thematisiert und als allgemeiner grundrechtlicher Unterlassungs-, Beseitigungs- und Folgenbeseitigungsanspruchs angesehen wird.[3]

4   Wird der Gegenstand der Anfechtungsklage in diesen Zusammenhang gestellt, verschwimmen die üblicherweise gezogenen Grenzen zwischen Allgemeinem Verwaltungsrecht, Verwaltungsprozessrecht und Staatshaftungsrecht. Oder um es etwas offensiver zu formulieren: Die tradierte, etablierte Abgrenzung dieser Rechtsgebiete ist in systematischer Hinsicht eigentlich verfehlt. Die Ansprüche, die üblicherweise in die Schublade des Staatshaftungsrechts gesteckt werden – sei es in Lehrbüchern oder in Vorlesungen – gehören zumindest zu einem großen Teil bereits in die Schublade des Allgemeinen Verwaltungsrechts. Die in diesem Buch vorgelegten Überlegungen laufen darauf hinaus, eine Schnittmenge zwischen diesen drei Rechtsgebieten herauszuschälen, die erst ihren organischen Zusammenhang deutlich macht und deshalb vertiefter Beachtung bedarf. Praktisch gesehen sollen dabei diejenigen Denkstrukturen, die bei der üblichen Würdigung der Erfolgsaussichten verwaltungsgerichtlicher Klagen das Vorgehen bestimmen, aber nur teilweise sichtbar sind, bewusst gemacht werden.

5   Die damit verbundene Darstellung des Stoffes hat – wie jede wissenschaftliche Arbeit – Vorläufer, aber in dieser Form ist das Projekt ohne Vorbild.[4] Sie knüpft an

---

[2] Siehe *S. Detterbeck*, Streitgegenstand und Entscheidungswirkungen im öffentlichen Recht, 1995; *N. Kaniess*, Der Streitgegenstandsbegriff in der VwGO, 2012; *M. Hößlein*, VerwArch 99 (2008), 127; *S. Haack*, VerwArch 109 (2018), 503 (505 ff.).
[3] Vgl. *F. Ossenbühl/M. Cornils*, Staatshaftungsrecht, 6. Aufl. 2013, S. 352 ff.
[4] Nur im (Unter-)Titel eine Parallele bei *W. Frenz*, Öffentliches Recht, 7. Aufl. 2017. Frenz versteht unter dem „Anspruchsziel" ein relativ unspezifisches Begehren des Betroffenen (Rn. 4: Abwehr, Leistung, Feststellung). Ob sich der dem Begehren zugrunde liegende Anspruch gegen die Behörde oder das Gericht richtet, spielt dabei keine Rolle. Zudem vernachlässigt Frenz für das Anspruchsziel der Abwehr von Eingriffen negatorische Ansprüche vollständig.

1 Das Anliegen

eigene Vorarbeiten an, die wiederum bereits vorhandene Ansätze in der Literatur aufgreifen und weiterführen. Insbesondere die Arbeiten von Hans-Heinrich Rupp und Wolf-Rüdiger Schenke sind insoweit zu nennen.[5] Diese Autoren haben die komplexe Ausarbeitung des Verhältnisses von Rechten und Ansprüchen am weitesten vorangebracht. Die Art des Zugriffs auf das Verwaltungsrecht wird als „**Anspruchsmodell**" des Verwaltungsrechts bezeichnet und zum Teil auch kritisiert (näher Rn. 23–25). Diesen Begriff übernehme ich im Folgenden, freilich ohne in jedem Detail den genannten Autoren (deren Ansätze sich zudem keineswegs decken) zu folgen. Daneben kann das Buch an einige Ergebnisse aus der Diskussion um die Figur des „Verwaltungsrechtsverhältnisses" anknüpfen. Unter diesem Stichwort versammeln sich einige Autoren, die versuchen, die systembildende Rolle der Denkfigur des (Verwaltungs-)Rechtsverhältnisses zu betonen (und zu entwickeln). Mit der Konzentration auf das Verwaltungsrechtsverhältnis geht eine wichtige Akzentverlagerung einher:[6] Nicht nur soll in einem gewissen Sinne „Gleichordnung" von Bürger und Verwaltung, die beide dem Verwaltungsgesetz gegenüberstehen, hergestellt werden. Die Rechte des Einzelnen, nicht das Verwaltungshandeln und dessen Rechtmäßigkeit, rücken in den Vordergrund.

Im didaktischen Bereich gibt es Versuche, die von ähnlichen Motiven getragen sind wie die hier angestellten Überlegungen, die aber in der Ausführung dann doch andere Wege gehen. Zu nennen ist hierbei insbesondere das Lehrbuch von Josef Franz Lindner zum bayerischen öffentlichen Recht.[7] Es behandelt in seinem fünften und letzten Teil das öffentlich-rechtliche Rechtsverhältnis und in diesem Zusammenhang auch den öffentlich-rechtlichen Anspruch. Aber dieser Abschnitt bildet nur einen Annex des Lehrbuches. Ansprüche spielen ansonsten keine spezifische Rolle in dem Werk. Im Rahmen einer Lehrbuchdarstellung ist dieses Vorgehen möglich, zeigt aber doch auch das Dilemma, in das die herkömmliche Stoffaufteilung im Verwaltungsrecht führt: In einer systematischen Darstellung des Rechtsstoffes kann das Anspruchsmodell vielleicht noch ein wenig vernachlässigt werden. Soll ein Lehrbuch aber den Zwecken der Examensvorbereitung dienen – die nun einmal stark an der Falllösung orientiert ist –, muss das Anspruchsdenken mit am Anfang stehen. Eine gewisse Parallele hat das Projekt außerhalb des öffentlichen Rechts, nämlich in dem älteren Lehrbuch zum Strafrecht von Joachim Hruschka.

---

[5] *A. Funke*, JZ 2015, 369; *A. Funke*, in: Hofmann/Kurz (Hrsg.), Law of Remedies, 2019, S. 61; *H. Rupp*, Grundfragen der heutigen Verwaltungsrechtslehre, 2. Aufl. 1991; *W.-R. Schenke*, Rechtsschutz bei normativem Unrecht, 1979; *W.-R. Schenke*, in: Geis/Lorenz (Hrsg.), Staat, Kirche, Verwaltung, 2001, S. 723. Eine gründliche Untersuchung vieler Grundsatz- und Detailfragen bei *M. Fischer*, Die verwaltungsprozessuale Klage im Kraftfeld zwischen materiellem Recht und Prozessrecht, 2011. Wichtige Einsichten verdanke ich auch dem Lehrbuch von *H. Faber*, Verwaltungsrecht, 4. Aufl. 1995. Faber vereint einen dogmatischen, dem „Anspruchsmodell" verwandten Ansatz mit einem verwaltungswissenschaftlichen Versuch der Neustrukturierung des Verwaltungsrechts, was allerdings auch zu Spannungen führt (siehe dazu Abschn. 10, Fn. 8).
[6] Siehe etwa *J. Martens*, Die Praxis des Verwaltungsverfahrens, 1985, § 1 Rn. 7, 10; *H. Bauer*, Verw 25 (1992), 301; *R. Gröschner*, Verw 30 (1997), 301.
[7] *J. Lindner*, Öffentliches Recht, 2. Aufl. 2017; ähnlich *H.-U. Gallwas/J. Lindner/H. Wolff*, Bayerisches Polizei- und Sicherheitsrecht, 4. Aufl. 2015, Kap. 4.

Wie bei diesem Lehrbuch sollen idealtypische **Fälle auf systematische Weise** durchdacht werden.[8] Dabei steht nicht die Frage im Vordergrund, wie die Fälle richtig gelöst, sondern wie sie überhaupt erst einmal richtig **gebildet** werden können.

7   Neu ist also im Folgenden vor allem die Präsentation des Verwaltungsrechts. In einem Punkt aber unterscheidet sich diese Präsentation vom Üblichen. Hier liegt seine Zumutung an die Leserinnen und Leser. Im zweiten Teil werde ich einige Begriffe einführen, die in der Wissenschaft seit langem anerkannt sind, die aber in der Fallbearbeitung an der Universität bislang nur punktuell Verwendung finden. Diese Zurückhaltung ist bedenklich. Sie führt dazu, dass Studierende sich Konventionen aneignen müssen, die die Lehrenden sich selbst einmal mühsam angeeignet haben. Niemand fragt mehr, wie der Stoff eigentlich richtig verstanden und geordnet werden kann. Die Dinge, die aus wissenschaftlicher Sicht nötig sind, um das verwaltungsrechtliche Material in den Griff zu bekommen, werden den Studierenden nicht vermittelt. Hierfür gibt es keinen Grund. Ein **Transfer** von der Wissenschaft in die Ausbildung ist nötig. Das mag auf Studierende, die das Verwaltungsrecht möglichst schnell hinter sich lassen wollen, zunächst nicht verlockend wirken. Aber die Anstrengung lohnt sich, weil das Verständnis für den Stoff und für seine Anwendung in Fällen erhöht wird – und vielleicht fallen sogar Prüfungsergebnisse besser aus.

8   Das Buch zielt nicht darauf, den Weg und das Verfahren der Rechtsfindung zu beschreiben. Dieser Weg betrifft das Gebiet, das üblicherweise als **juristische Methodenlehre** bezeichnet wird. Sie hat die Auslegung und Fortbildung des Rechts zum Gegenstand. Die Methodenlehre versucht, dafür Grundsätze aufzustellen, die die einzelnen Fachsäulen des Rechts – Zivilrecht, Strafrecht, Öffentliches Recht – umfassen. Auf die einschlägigen Werke kann hier nur verwiesen werden.[9]

9   Das Studienbuch ist kein Lehrbuch. Das heißt es stellt den Stoff aus dem Allgemeinen und dem Besonderen Verwaltungsrecht (Kommunalrecht, Polizei- und Sicherheitsrecht, öffentliches Baurecht) nicht systematisch dar. Nur einige besonders wichtige Begriffe und Konzepte werden erläutert. Wer sich beispielsweise über die Details des Begriffs des Verwaltungsakts informieren möchte, muss ein Lehrbuch zum Allgemeinen Verwaltungsrecht heranziehen. Das Studienbuch ist gleichwohl als **Einstieg in das Verwaltungsrecht** konzipiert. Es kann schon begleitend zu den ersten Lehrveranstaltungen, also in der Regel der Vorlesung zum Allgemeinen Verwaltungsrecht, herangezogen werden. Es zeigt, wie der Wissensstoff praktisch wird, ohne dass schon die Feinheiten der Fallbearbeitung vertraut sein müssen. Dabei besteht ein Vorteil gegenüber dem verbreiteten Vorgehen: Die prozessuale Einkleidung eines Übungsfalles wird von der Entwicklung der materiell-rechtlichen Lösung getrennt. Kenntnisse im Prozessrecht sind mit anderen Worten zunächst gar nicht erforderlich. Die entsprechenden Passagen des Buches können in einem zeitlichen Abstand zur materiell-rechtlichen Darstellung gelesen werden.

10 Hinter diesem Anliegen steht eine Erfahrung, die ich als Lehrender wie als Prüfer seit Jahren mache: Im Verwaltungsrecht kommt es nicht so sehr auf reproduzierba-

---

[8] *J. Hruschka*, Strafrecht nach logisch-analytischer Methode, 2. Aufl. 1988.
[9] Siehe jüngst *F. Reimer*, Juristische Methodenlehre, 2. Aufl. 2020; *H.-J. Strauch*, Methodenlehre des gerichtlichen Erkenntnisverfahrens, 2017; *T. Möllers*, Juristische Methodenlehre, 2017.

1 Das Anliegen

res Wissen, auf Definitionen, vielleicht gar auf „Streitstände", an. Vieles steht wirklich im Gesetz. Die eigentliche Schwierigkeit liegt vielmehr oft darin, die Anwendung der einschlägigen verwaltungsrechtlichen Normen sinnvoll, zielführend und der Interessen- und Sachlage gemäß zu **strukturieren**.[10] Hieraus ergibt sich auch, an welchem Ort innerhalb der Fallbearbeitung dieses Buch im Prinzip seinen Platz hat: bei den **Vorüberlegungen**, die anzustellen sind, bevor das Rechtsgutachten, etwa zu den Erfolgsaussichten einer Klage, beginnt. Im Rahmen der Vorüberlegungen ist zu ermitteln, was das rechtliche Interesse des Betroffenen ist und wie das materielle bzw. prozessuale Verwaltungsrecht dieses Interesse formt und kanalisiert. Hier muss Klarheit darüber gewonnen werden, welche Ansprüche der Betroffene hat, gegenüber wem sie bestehen und wie sie durchgesetzt werden können. Daraus ergeben sich wichtige Vorentscheidungen für das Vorgehen in der Zulässigkeitsprüfung, aber auch für den Prüfungsaufbau, konkret: das „Prüfungsschema", in der Begründetheit. Wenn nun das Anliegen dieses Buches ganz bescheiden den Vorüberlegungen eines verwaltungsrechtlichen Rechtsgutachtens zugeordnet wird, so mag dies die kritische Nachfrage hervorrufen, wie denn allein die Darstellung dieses Punkts einen Umfang erfordern kann, der nur im Rahmen eines Buches wie diesem dargestellt werden kann. Aber das liegt in der Natur der Sache: Der Stoff ist nun einmal so komplex. Nur bleibt diese Komplexität in der verwaltungsrechtlichen Ausbildung in der Regel verdeckt, wenn der Stoff auf konventionelle Weise dargestellt wird. Abhilfe kann hier nur eine Reduktion des geprüften Stoffes bieten. Darauf ist zurückzukommen (siehe Kap. 19). Das Buch ist aber auch nicht als Klausurenbuch gedacht. Es enthält keine konkreten Fälle, sondern **Falltypen**. Damit aber deren konkrete Gestalt nicht unter den Tisch fällt, habe ich neben den Beispielen, die den Falltypen zugeordnet sind, Verweise auf die Falllösungen aus zwei aktuellen Büchern zur Falllösung aufgenommen.[11] Die beiden – sehr unterschiedlichen – Bücher erscheinen mir gut geeignet, um sich mit der Vielfalt denkbarer Fallgestaltungen vertraut zu machen und um eine strukturierte Herangehensweise sowie eine angemessene Darstellung der Lösung einzuüben. Die jeweiligen Lösungswege mache ich mir nicht in jedem Detail zu eigen.

---

[10] So auch *H. Sauer*, Klausurtraining Allgemeines Verwaltungsrecht und Verwaltungsprozessrecht, 2018, S. 14.
[11] *A.-P. Heinze*, Systematisches Fallrepetitorium Allgemeines Verwaltungsrecht, 2014; *H. Sauer*, Klausurtraining Allgemeines Verwaltungsrecht und Verwaltungsprozessrecht, 2018. Daneben sind aus jüngerer Zeit noch zu nennen: *F.-J. Peine*, Klausurenkurs im Verwaltungsrecht, 6. Aufl. 2016; *C. Ernst/J. Kämmerer*, Fälle zum Allgemeinen Verwaltungsrecht, 3. Aufl. 2016; *E. Heyen/P. Collin/I. Spiecker Döhmann*, 40 Klausuren aus dem Verwaltungsrecht, 11. Aufl. 2017.

Zur Orientierung

Inhaltsverzeichnis

2.1 Die Grundidee 11
2.2 Der Weg in das Buch 14

2.1 Die Grundidee

Die Grundidee der in diesem Buch entwickelten Art, verwaltungsrechtliche Fälle zu denken, besteht in Folgendem: Den Ausgangspunkt bildet das Anspruchsmodell des Verwaltungsrechts. Dieses Modell nimmt an, dass der verwaltungsgerichtlichen Anfechtungsklage, der Verpflichtungsklage und der allgemeinen Leistungsklage gleichermaßen **Ansprüche** zugrunde liegen. Diese Ansprüche stehen in einem bestimmten Verhältnis zu subjektiven öffentlichen Rechten, nämlich solchen, die einen positiven Status, und solchen, die einen negativen Status der Einzelnen begründen. Dabei macht das Modell Ernst mit der verbreiteten Erkenntnis, die verwaltungsgerichtliche Anfechtungsklage diene „eigentlich" der Durchsetzung eines materiell-rechtlichen Aufhebungsanspruchs. Dieser Anspruch wird nicht als Beiwerk, sondern als integraler Bestandteil der Konzeption verstanden und erfasst. Er entsteht, rechtsstaatlich begründet, aus der Verletzung eines Rechts des **negativen Status**. Die Verwaltung muss den rechtsverletzenden Verwaltungsakt aufheben. Kommt sie dem entsprechenden Begehren der verletzten Person nicht nach, kann der Anspruch mit der Anfechtungsklage durchgesetzt werden. Die Anfechtungsklage erfüllt damit ein **kassatorisches Leistungsbegehren**. Bei der allgemeinen Leistungsklage lassen sich zwei Arten von Ansprüchen unterscheiden. Die eine Art betrifft Ansprüche, die aus der Verletzung von Rechten des negativen Status resultieren. Der Unterschied zur Anfechtungsklage liegt nur darin, dass die Rechtsverletzung nicht durch schlichte Aufhebung eines Verwaltungsakts beseitigt werden kann, sondern dass ein tatsächliches Handeln erforderlich ist. Es handelt sich um ein gewöhnliches Leistungsbegehren. Die andere Art der Ansprüche, die Gegenstand der allgemeinen Leistungsklage sind, gehen unmittelbar aus der Einräumung einer Berechtigung durch eine Rechtsnorm zurück, d. h. auf die originäre Begründung eines positiven Status. Die Verpflichtungsklage dient ebenfalls der Durchsetzung von Ansprüchen des positiven Status. Hier besteht die geschuldete Leistung in dem Erlass eines Verwaltungsakts.

12 Die vielleicht einzige wissenschaftliche Neuerung, die mit der Darstellung verbunden ist, besteht in einer vorsichtigen Weiterentwicklung des Begriffs des subjektiven öffentlichen Rechts (siehe insb. Rn. 38). Sie steht im Zusammenhang mit der Unterscheidung von negativem und positivem Status. Es wird versucht zu zeigen, dass die Zuweisung der **Rechtsmacht**, auf die bei der Bestimmung eines subjektiven öffentlichen Rechts abzustellen ist, eine „modale" Dimension hat: Die Rechtsmacht wirkt in zwei verschiedene Richtungen. Das subjektive Recht wird entweder zwecks Abwehr von Eingriffen, d. h. mit dem Versprechen eines Unterlassens, oder zwecks Gewährung einer Leistung, also mit dem Versprechen eines Tuns, eingeräumt. Die Zuweisung einer Abwehrposition begründet ein subjektives öffentliches Recht, aber noch keinen Anspruch. Es fehlt noch die Rechtsmacht zur Durchsetzung der Zuweisung. Diese Rechtsmacht entsteht erst dadurch, dass das Rechtsstaatsprinzip Verletzungen des Rechts durch Reaktionsansprüche sanktioniert. Die Gewährung einer Leistung begründet hingegen ein subjektives öffentliches Recht, das zugleich als Anspruch verstanden werden kann. Die Reaktionsansprüche begründen ihrerseits einen positiven Status des Berechtigten.

13 Hieraus erwachsen sechs verschiedene **Falltypen**. Sie beanspruchen, alle wichtigen Konstellationen des Verwaltungsrechts abzudecken und zeigen deren rechtliche Struktur auf. Die Falltypen sind auf die richtige Anwendung der Gesetze durch die Verwaltung bezogen; ergänzt werden sie durch die Strukturen der **Normenkontrolle**.

2.2 Der Weg in das Buch

14 Rechtliches Verständnis hängt maßgeblich davon ab, dass klar ist, was am Ende des Rechtsstreits für die Beteiligten herauskommt. Um zu verstehen, wozu die eben skizzierte Grundidee praktisch führt, sei ganz in diesem Sinne zum Einstieg in das Studienbuch empfohlen, zunächst den **dritten Teil** zumindest **im Überblick** zu lesen. Von dort aus können, nicht zuletzt über die eingestreuten Verweise, die relevanten Stellen aus dem „theoretischen", die Grundlagen erarbeitenden zweiten Teil erschlossen werden. Im zweiten Teil bildet das Kap. 5 den Schwerpunkt, weshalb es zumindest einmal knapp gesichtet werden sollte. Später kann der zweite Teil systematisch erarbeitet werden. Studierende, die sich noch nicht näher mit dem Verwaltungsprozessrecht beschäftigt haben, können die prozessualen Abschnitte im dritten Teil vernachlässigen. Wie schon erwähnt, dient die möglichst konsequente Trennung des Verwaltungsprozessrechts von der materiell-rechtlichen Beurteilung dazu, den Einstieg in das Verwaltungsrecht zu erleichtern.

2.2 Der Weg in das Buch

Für den **Schnelleinstieg** seien die Übersichten zu den Rechtspositionen unter Rn. 53 und zu den Falltypen unter Rn. 189 empfohlen. Wenn zwischendurch bestimmte wiederkehrende Begriffe aus dem Auge verloren werden, soll das **Glossar** im Anhang helfen, in dem die Kernbegriffe zusammengefasst sind.

15

Ein Hinweis auf einige Gepflogenheiten der Darstellung: Die Regelungen der Verwaltungsverfahrensgesetze werden strikt nach dem **VwVfG des Bundes** zitiert, soweit nicht ausnahmsweise anders angegeben. Da der Vollzug der Bundes- wie Landesgesetze in erster Linie eine Angelegenheit der Länder ist (Art. 30, 83 GG), kommt insoweit natürlich das VwVfG des jeweiligen Landesrechts zur Anwendung. Da die wesentlichen Regelungen inhaltsgleich sind, habe ich aber zur Vereinfachung auf das VwVfG des Bundes zurückgegriffen. Für sonstige Normen des Landesrechts habe ich mich bemüht, Nachweise zu den jeweils geltenden Bestimmungen einzufügen. Die meisten berührten landesrechtlichen Materien betreffen den Kern des Pflichtfachstoffs, in dem in den meisten Bundesländern ähnliche, zum Teil sogar wortgleiche Regelungen bestehen. Die **Literaturnachweise** beschränken sich im Grundsatz auf einige Standardwerke, die den Einstieg in die Vertiefung ermöglichen sollen. Deren Auswahl folgt meinem persönlichen Geschmack; Ausbildungsliteratur stand im Vordergrund. Auch bei strittigen und schwierigen Rechtsfragen habe ich darauf verzichtet, den Diskussionsstand durch umfangreiche Fußnotenverweise abzubilden. Nur soweit es sich gerade um eine für das Anspruchsmodell wichtige Frage handelt, wurde der Umfang der Belege erweitert.

16

Teil II

Grundlegung: Das Anspruchsmodell des Verwaltungsrechts

Rechte und Ansprüche als Gegenstand verwaltungsgerichtlicher Rechtsbehelfe

Inhaltsverzeichnis

3.1 Klage und Anspruch 17
3.2 Konsequenz, nicht Innovation als Ziel 20
3.3 Vergleich mit dem Zivilrecht 22
3.4 Aktionenrechtliche Methode 23
3.5 Die Funktionen des verwaltungsgerichtlichen Rechtsschutzes 27
3.6 Die „juristische Methode" im Verwaltungsrecht 31

3.1 Klage und Anspruch

Das öffentliche Recht wird in Deutschland überwiegend im Verbund von materiellem Recht (einschließlich Recht des Verwaltungsverfahrens) und Prozessrecht gelehrt.[1] Dies gilt insbesondere für das Verwaltungsrecht. Prüfungsaufgaben enden dort üblicherweise mit der Frage nach den Erfolgsaussichten einer **verwaltungsgerichtlichen Klage**. Was das subjektive öffentliche Recht ist, d. h. also welche Rechtsstellung der Bürger gegenüber der Verwaltung hat, dies wird oft im Zusammenhang mit der gerichtlichen Klagebefugnis erläutert.[2] In der Ausbildungsliteratur gilt es als vorbildlich, „die enge Verzahnung zwischen dem materiellen Verwaltungsrecht und seiner prozessualen Durchsetzung zu verdeutlichen".[3] Nur äußerst

---

[1] *H. Bull*, JZ 1998, 338 (339). Das ist auch in anderen Ländern so, siehe etwa *T. Endicott*, Administrative Law, 2009, S. XI.
[2] Beispiel: *A. Voßkuhle/A.-B. Kaiser*, JuS 2009, 16 (17); *H. Sauer*, Klausurtraining Allgemeines Verwaltungsrecht und Verwaltungsprozessrecht, 2018, S. 27, 41, 42.
[3] *J. Englisch/A. Cryns*, Fälle und Lösungen zum allgemeinen Verwaltungsrecht einschließlich Staatshaftungsrecht, 2008, Vorwort, S. 5; ähnlich *H. Sauer*, Klausurtraining Allgemeines Verwaltungsrecht und Verwaltungsprozessrecht, 2018, S. 27.

selten wird in der öffentlich-rechtlichen Ausbildung die tradierte Verbindung von materiellem Recht und Prozessrecht näher untersucht, geschweige denn kritisiert.

18   Um Fälle richtig zu bilden, ist es aber von zentraler Bedeutung, die Perspektive der Verwaltungsgerichte von derjenigen der Verwaltungsbehörden zu unterscheiden. Zwangsläufig tritt damit ein Aspekt deutlicher hervor, der in einer rein prozessualen Perspektive oft verdeckt bleibt, nämlich die Rechtsposition, die der Bürger **gegenüber der Verwaltung** hat. Wie sich die Verwaltung dem Bürger gegenüber verhalten darf oder muss, ist auch davon abhängig, was der Bürger von ihr verlangen darf, und umgekehrt. Beide Fragen sind, um es noch einmal zu sagen, von der Frage nach den gerichtlichen Erfolgsaussichten einer Klage des Bürgers zu unterscheiden. Damit wird allerdings erforderlich, das Verwaltungsrecht und seine Bedeutung in praktischen Fällen anders zu denken als es üblich ist. Die gerichtlichen Erfolgsaussichten können nicht den Rahmen einer Würdigung der Rechtslage bilden. Sie betreffen lediglich die Ebene der Durchsetzung von bestehenden Rechten und Ansprüchen. Diese sind je für sich zu ermitteln, und zwar möglichst vollständig. Die Klagen folgen strikt den Ansprüchen. Sie sind **akzessorisch**.

19   Um die damit angezeigte Distanz zu einem prozessualen Zugriff auf das Verwaltungsrecht aufzubauen, wird im Folgenden ein Denken zugrunde gelegt, dass sich als „**Anspruchsmodell**" bezeichnen lässt.[4] Genau genommen handelt es sich um ein „Rechte-Modell". Denn die zentrale Frage, die jede Detailuntersuchung leitet, lautet: Was heißt es, dass jemand ein subjektives öffentliches Recht gegenüber der Verwaltung hat? Hierbei ist es von essenzieller Bedeutung, die mit einer staatlichen Pflicht verbundene individuelle Zuweisung (die das eigentliche Recht begründet) und die Forderungsbefugnis (das Verlangen-Können, das Berufen-Können, das Forderungsrecht, den **Anspruch**) zu unterscheiden. Ansprüche sind eine besondere Art von Rechten, wie noch zu zeigen ist. Insbesondere liegen sie den verwaltungsgerichtlichen Klagen zugrunde. Nur die Feststellungsklage bildet insoweit eine Ausnahme.

3.2   Konsequenz, nicht Innovation als Ziel

20   Das Anspruchsmodell ist keineswegs neu, sondern liegt der gängigen Erfassung und Darstellung des Verwaltungsrechts eigentlich zugrunde. Nur ist das Modell bislang selten **gründlich durchdacht** worden. So wird, um ein wichtiges Beispiel zu nennen, der Umstand, dass die Anfechtungsklage der Durchsetzung eines materiell-rechtlichen Anspruchs auf Aufhebung eines rechtsverletzenden Verwaltungsakts dient,[5] eigentlich kaum bestritten. Die Ausbildungsliteratur weist gelegentlich darauf hin, allerdings eher beiläufig.[6] Systematisch entfaltet wird diese Einsicht

---

[4] Begriff nach *J. Buchheim*, Actio, Anspruch, subjektives Recht, 2017.
[5] *W.-R. Schenke*, DÖV 1986, 305 (310).
[6] Vgl. *C. Gusy*, ZJS 2008, 233 (235); *H. Sauer*, Klausurtraining Allgemeines Verwaltungsrecht und Verwaltungsprozessrecht, 2018, S. 43; *D. Ehlers*, in: Ehlers/Schoch (Hrsg.), Rechtsschutz im Öffentlichen Recht, 2009, § 22 Rn. 44.

aber regelmäßig nicht. Dass aber, wie gezeigt werden soll, dieser Anspruch die Prüfungsstruktur der Begründetheit prägt und ein ganz bestimmtes Begehren aufgreift – im Folgenden als kassatorisches Leistungsbegehren bezeichnet –, das macht eigentlich kaum jemand deutlich. Ein anderes Beispiel ist die grundlegende Zweiteilung von Leistungsansprüchen, die sich aus der Frage ergibt, ob ein Leistungsanspruch auf einer Rechtsverletzung oder auf einer unmittelbaren staatlichen Gewährung beruht. Sie hat erhebliche Folgen für den Prüfungsaufbau.

Für die Fallbearbeitung folgt daraus nicht etwa, dass verwaltungsrechtliche Normen grundsätzlich anders auszulegen wären, als dies sonst der Fall ist. Vielmehr geht es darum, die Gedankenfolge bei der gutachterlichen Würdigung präziser **zu strukturieren**. Nur an einigen wenigen Stellen führt das Anspruchsmodell zu Auslegungsergebnissen, die von einer herrschenden Meinung abweichen; das wird dann entsprechend kenntlich gemacht. Ein wichtiger Punkt betrifft die Klagebefugnis nach § 42 Abs. 2 VwGO, worauf noch einzugehen ist (Abschn. 7.4).

3.3 Vergleich mit dem Zivilrecht

Das Anspruchsmodell rückt die verwaltungsrechtliche Fallbearbeitung nicht sachlich, aber methodisch ein kleines Stück näher an das **Zivilrecht**. Dies gilt sowohl für die Darstellung des Stoffs als auch für die Verwendung solcher Figuren wie dem subjektiven Recht. Allerdings ist umstritten, ob und inwieweit gewisse juristische Denkfiguren, die in der Zivilrechtswissenschaft entwickelt wurden, für die Verwaltungsrechtswissenschaft hilfreich sein können. Der Vorwurf, mittels eines „zivilistischen" Ansatzes die Besonderheiten des öffentlichen Rechts zu verfehlen, ist verbreitet.[7] In der Tat ist es die Frage, ob und mit welcher Reichweite und mit welchen Sinngehalten Denkmuster des Zivilrechts auf die anderen Teilbereiche der Rechtsordnung übertragen werden können. Das Problem ist außerordentlich komplex. Es rührt durchaus an die Grundlagen der Wissenschaft vom öffentlichen Recht, die in ihrer Entwicklung dem Privatrecht viel verdankt, aber sich zugleich davon zu emanzipieren suchte. Die ersten „Öffentlich-Rechtler" – zu nennen sind insbesondere Carl Friedrich Gerber (1823–1891) und Paul Laband (1838–1918) – kamen aus dem Zivilrecht. Eine Wissenschaft vom öffentlichen Recht als solche gab es zu jener Zeit noch gar nicht.[8] Heute steht im Horizont der Diskussion nicht zuletzt die Frage, ob die deutsche dogmatische Tradition international anschlussfähig ist.[9] Diese vielschichtige Debatte kann an dieser Stelle nur erwähnt werden. Auch im Zivilrecht sind die Grundlagen keineswegs sicher, sondern Gegenstand von Untersuchungen und Auseinandersetzungen. Was es nun wirklich heißt, „zivilistisch" zu denken, ist

---

[7] Ein Beispiel: *O. Lepsius*, in: Kirchhof/Magen/Schneider (Hrsg.), Was weiß Dogmatik?, 2012, S. 39 (49).
[8] Siehe *M. Stolleis*, Geschichte des öffentlichen Rechts in Deutschland, Bd. 2, 1992, S. 330 ff.
[9] *A. v. Bogdandy*, I·CON 7 (2009), 364; *O. Lepsius*, in: Schulze-Fielitz (Hrsg.), Staatsrechtslehre als Wissenschaft, 2007, S. 319.

keineswegs ausgemacht.¹⁰ Wenn also die eine Disziplin Fragestellungen nachgeht, die in ähnlicher Weise in der „Nachbar" disziplin diskutiert werden, kann es auch erfrischend sein, dies im Auge zu behalten. Nicht unbedingt müssen die Inspirationen, die im Zivilrecht gefunden werden können, gerade zum Anspruchsmodell führen.¹¹ Auch sollte die begrenzte Reichweite des Versuchs, ein verwaltungsrechtliches Anspruchsmodell zu durchdenken, beachtet werden: Angestrebt wird nicht, eine Supertheorie des öffentlichen Rechts zu entwickeln. Vielmehr soll ein Teilbereich des öffentlichen Rechts auf neue Weise analytisch durchdrungen werden. Bekannte Segmente des Verwaltungsrechts können so neu angeordnet, neue Segmente vielleicht entdeckt werden. Schließlich: In gewisser Hinsicht ist überhaupt die Idee, dass Menschen Rechte gegenüber dem Staat haben, eine zivilistische Idee. Das lässt sich durchaus ideengeschichtlich belegen: Carl Friedrich Gerbers bahnbrechende Schrift über „öffentliche Rechte" geht wohl von einem zivilistischen Motiv aus.¹² Gerber hat insofern eine Bewegung ausgeführt, die ihren Antrieb in der liberalen Bewegung des 19. Jahrhunderts findet. Sie bestimmte im Laufe des 19. Jahrhunderts zunehmend den Geist und das Handeln maßgeblicher Akteure in Politik, Gesellschaft und Recht. Die *Form* des subjektiven Rechts verdankt sich den Eigenschaften des bürgerlichen Rechts des Liberalismus.¹³ Die Frage lautet also nicht, ob das öffentliche Recht der Gegenwart zivilistisch durchdacht werden kann oder nicht, sondern wie weit die Konsequenzen des Umstands reichen, dass die Idee der Rechtsinhaberschaft dem Zivilrecht entstammt.

3.4 Aktionenrechtliche Methode

23 Ein denkbares, bislang aber nicht wirklich entwickeltes Gegenmodell zum „Anspruchsmodell", das am anderen Ende der Skala denkbarer Alternativen liegen würde, wäre ein rein „**aktionenrechtliches**" Modell des Verwaltungsrechts.¹⁴ Es verzichtet auf Ansprüche, nicht aber auf Rechte, und versucht, die Rechtsstellung des Einzelnen allein aus den Erfolgsmöglichkeiten zu erklären, die eine Geltendmachung von Rechtsverletzungen vor Gericht hat. Eine solche Alternative ist nicht zuletzt dem Einwand ausgesetzt, dass sie behördliche Handlungen, die eigentlich der Achtung und Erfüllung von Rechten dienen, als rechtlich nicht wirklich greifbare Wohltaten behandeln muss. Aber die Ebene solcher theoretischen Argumente ist das eine, das andere ist die Fruchtbarkeit und Erklärungskraft des jeweiligen Modells. Auch wenn die Bausteine, die den Grundstein der folgenden Überlegungen bilden, seit langem bereitliegen, muss doch zugleich festgestellt werden, dass es an einer geschlossenen Ausarbeitung des Anspruchsmodells bislang erstaunlicher-

---

¹⁰ Vgl. nur *R. Stürner*, AcP 214 (2014), 7.
¹¹ Einen Kontrast bildet etwa *W. Schur*, Anspruch, absolutes Recht und Rechtsverhältnis im öffentlichen Recht entwickelt aus dem Zivilrecht, 1993.
¹² Vgl. *C. v. Gerber*, Über öffentliche Rechte (1852), 1968, S. 24.
¹³ *C. Menke*, Kritik der Rechte, 2015.
¹⁴ *J. Buchheim*, Actio, Anspruch, subjektives Recht, 2017. Kritik: *A. Funke*, Verw 52 (2019), 239.

3.4 Aktionenrechtliche Methode

weise fehlt. Seine Leistungsfähigkeit soll deshalb überhaupt erst einmal dadurch überprüfbar gemacht werden, dass es soweit wie möglich systematisch ausgearbeitet wird.[15] Was fehlt, ist der Versuch einer kohärenten Darstellung. So kann die Kritik erst richtig ansetzen. Das Projekt ist dabei auch von dem Ziel geleitet, die Grenzen des Modells zu zeigen und Reibungspunkte offenzulegen. So wird etwa herausgearbeitet, dass die verwaltungsgerichtliche Feststellungsklage nicht der Durchsetzung von Ansprüchen dient (Rn. 132), dass die Anreicherung des verwaltungsgerichtlichen Organstreits mit Rechtsverletzungsansprüchen nicht selbstverständlich ist (siehe Abschn. 5.6.2) und dass altruistische Verbandsklagen völlig außerhalb des Modells liegen (siehe Abschn. 9.2).

In gewisser Hinsicht geht aber auch das Anspruchsmodell „aktionenrechtlich" vor. Darin liegt zugleich eine wichtige Beschränkung seiner Reichweite und Leistungsfähigkeit. Verwaltungsrechtliche Ansprüche sollen **in Abstimmung mit den verwaltungsgerichtlichen Klagen** entwickelt werden. Dies ist gewissermaßen eine methodische Maßgabe, die die folgende Darstellung anleitet. Ein solches aktionenrechtliches Vorgehen ist nicht darauf gerichtet, aus Klagen bzw. Klagemöglichkeiten (oder aus verwaltungsprozessualen Normen) materiell-rechtliche Ansprüche abzuleiten. Vielmehr erfolgt die Konstruktion verwaltungsrechtlicher Rechtsverhältnisse mit einem Blick darauf, wie die Rechtspositionen verwaltungsgerichtlich durchgesetzt werden können.[16] Das Anspruchsmodell ist also keineswegs vollkommen unabhängig von den gerichtlichen Klagemöglichkeiten. Es zielt darauf, verwaltungsrechtliche Berechtigungen und Verpflichtungen mit Rücksichtnahme auf die Form ihrer gerichtlichen Durchsetzung zu entwickeln. Gerichtliche Verfahren sollen als Verwirklichung verwaltungsrechtlicher Berechtigungen und Verpflichtungen gedacht werden.[17] Das Modell führt, und darin ist es mit der zivilistischen Anspruchsmethode, die insbesondere Dieter Medicus geprägt hat, identisch, „zu einer prozessförmigen – und zwar an der Leistungsklage orientierten – Aufgliederung des Stoffs".[18] Im Unterschied zum zivilistischen Anspruchsdenken spielen jedoch im Verwaltungsrecht Einreden und Einwendungen aus verschiedenen Gründen eine deutlich geringere Rolle.

Eine so verstandene „Aktionenorientierung" sieht sich dem Vorwurf ausgesetzt, sie würde die jeweiligen Ansprüche erfinden.[19] Dieser Vorwurf beruht auf einem

---

[15] Nicht zu Unrecht beklagt *J. Buchheim*, Actio, Anspruch, subjektives Recht, 2017, S. 17, dass das Anspruchsmodell „kaum expliziert" ist.

[16] Näher dazu *A. Funke*, Verw 52 (2019), 239 (243).

[17] Eine in diesem Sinne aktionenrechtliche Grundierung weist auch das europäische Unionsrecht auf. Nach der bahnbrechenden Entscheidung des EuGH „van Gend & Loos" werden dem Einzelnen durch das Gemeinschaftsrecht auch Rechte verliehen (EuGH, Urt. v. 5.2.1963, Rs. 26/62, amtl. Slg. 1963, S. 3 (25)). Damit wird die praktische Durchsetzung des Gemeinschaftsrechts auf die dem Zivilrecht ähnliche Weise greifbar gemacht, was dem für die Entscheidung maßgeblich verantwortlichen Richter Alberto Trabucchi bewusst war; er offenbarte damit ein „gleichsam aktionenrechtliches Denken" (so *C. Kohler*, in: Calliess (Hrsg.), Herausforderungen an Staat und Verfassung, 2015, S. 682 (692)).

[18] Vgl. *D. Medicus*, AcP 174 (1974), 313 (331).

[19] So *J. Buchheim*, Actio, Anspruch, subjektives Recht, 2017, S. 21 (und passim).

gravierenden Missverständnis. Die „Aktionenorientierung" führt nur dazu, dass bestimmte **Fragen** an das materielle Recht gerichtet werden: Welche Ansprüche bestehen auf der Grundlage welcher Norm? So wird die Richtung der wissenschaftlichen Aufmerksamkeit gelenkt und bestimmt. Sofern sich Ansprüche nicht belegen lassen, werden sie keineswegs postuliert. Allerdings sind nicht alle Ansprüche im Gesetz ausdrücklich normiert. Sie sind zum Teil gewohnheitsrechtlicher Natur, zum Teil gehören sie zu den allgemeinen Grundsätzen des Verwaltungsrechts, zum Teil schließlich verdanken sie sich der Auslegung von Rechten oder verfassungsrechtlichen Grundsätzen.

26   Ansprüche strukturieren die Konflikte zwischen Bürger und Verwaltung. Greifbar werden diese Konflikte, indem das jeweilige **rechtliche Begehren** der betroffenen Person identifiziert und als Leitlinie gewählt wird. Es lässt sich auch vom Anspruchsziel sprechen.[20] Das rechtliche Begehren stellt das von der Rechtsordnung geschützte Interesse des Betroffenen dar, d. h. sein **rechtliches Interesse**. In Abhängigkeit vom rechtlichen Begehren kann dann auch das verwaltungsgerichtliche Klageziel bestimmt werden. Nur ist es erforderlich, die als „materiell-rechtlich" verstandene Anspruchsbeziehung zwischen Bürger und Verwaltungsbehörde getrennt von ihrer prozessualen Durchsetzung zu behandeln. Dies soll im dritten Teil des Buches praktiziert werden.

3.5   Die Funktionen des verwaltungsgerichtlichen Rechtsschutzes

27   Dass es schwierig ist, ein Anspruchsmodell auf die dargelegte Art und Weise zu durchdenken, hängt damit zusammen, dass dem verwaltungsgerichtlichen Verfahren Funktionen zugeschrieben werden, die das zivilgerichtliche Verfahren nicht hat, nämlich objektive Funktionen. Der Zivilprozess dient allein der Durchsetzung privater Rechte. Hinter dem Umstand, dass der Staat eine solche Institution zur Verfügung stellt, stehen natürlich auch objektive Interessen der Allgemeinheit. Die prozessuale Streitbeilegung dient der Sicherung des inneren Friedens. Aber im einzelnen Prozess spielt diese Funktion keine Rolle. Im Verwaltungsprozess ist dies anders. Die Verwaltungsgerichtsbarkeit hat nicht nur die Aufgabe, subjektive öffentliche Rechte zu schützen. Dieser Schutz ist zwar ein verfassungsrechtlicher Auftrag, der durch die Garantie des **Art. 19 Abs. 4 GG** abgesichert ist. Aber diese Norm schließt es nicht aus, der Verwaltungsgerichtsbarkeit weitere Funktionen zuzuweisen. Eine wichtige Funktion der Verwaltungsgerichte besteht darin, dass sie die Verwaltung **kontrollieren** sollen. Dabei steht diese Funktion neben einer Reihe weiterer Instrumente zur Kontrolle der Verwaltung: Aufsicht durch höhere Behörden, Ombudsleute, Kommissionen etc.[21] Doch ist nicht abschließend geklärt, wie sich die objektive kontrollierende Funktion der Verwaltungsgerichte zur subjektiven

---

[20] Der Begriff (nicht die Sache) folgt hier der Terminologie bei *W. Frenz*, Öffentliches Recht, 7. Aufl. 2017.
[21] Das Panorama bei *W. Kahl*, GVwR III, 2. Aufl. 2013, § 47.

3.5 Die Funktionen des verwaltungsgerichtlichen Rechtsschutzes

Rechtsschutzfunktion verhält. Zwar bewegt sich die gerichtliche Verwaltungskontrolle grundsätzlich „im Rahmen" des Individualrechtsschutzes, doch soll umgekehrt Rechtsschutz „durch" gerichtliche Verwaltungskontrolle gewährt werden.[22] Mit der Zuweisung einer solchen Kontrollfunktion an die Verwaltungsgerichte verbindet sich nicht das Anliegen, die Befugnisse der Verwaltungsgerichte zu erweitern. Die Bindung der Verwaltungsgerichte an das Recht wird vielmehr als Beschränkung ihrer Kontrollmöglichkeiten interpretiert.[23] Die Verwaltungsgerichte können, gerade weil sie kontrollieren, nur die für sie fremden Entscheidungen der Verwaltungsbehörden überprüfen. Den Kompetenzbereich der Verwaltung dürfen sie nicht antasten. Greifbar wird das Problem etwa bei der Frage, ob den Verwaltungsbehörden im Verhältnis zum Verwaltungsgericht ein **Beurteilungsspielraum** bei der Subsumtion unter tatbestandliche Anforderungen einer Verwaltungsrechtsnorm zukommen kann. Besteht ausnahmsweise ein solcher Beurteilungsspielraum, wird die Dichte der gerichtlichen Kontrolle beschränkt (näher dazu Rn. 116). Ähnlich liegen die Dinge bei der gerichtlichen Kontrolle der behördlichen Ermessensausübung, wobei hier mit § 114 Satz 1 VwGO im Grundsatz eine ausdrückliche Regelung vorhanden ist.

Die geschilderten Schwierigkeiten hängen damit zusammen, dass Verwaltungsbehörden nicht im gleichen Sinne rechtsanwendende Einrichtungen sind wie Gerichte.[24] Für die Tätigkeit der Verwaltung ist das Recht im Grundsatz zwar ebenso konstitutiv wie für die Tätigkeit der Gerichte. Doch verfolgen Verwaltungsbehörden, anders als Gerichte, stets auch bestimmte Zwecke. Das Recht ist eine äußerliche Begrenzung dieses zweckorientierten Staatshandelns. Um dieser Zwecktätigkeit gerecht zu werden, diskutiert die Literatur verschiedene Ansätze, etwa die Unterscheidung von **Handlungs- und Kontrollnorm**.[25] Dabei handelt es sich genau genommen um eine Unterscheidung von zwei verschiedenen Perspektiven: Die von einer Norm begründeten Verhaltensanforderungen könnten über das von der Norm begründete Kontrollprogramm hinausreichen. Die Norm habe also für ihren eigentlichen Adressaten einen anderen Inhalt als für das Gericht, das die Anwendung und Befolgung der Norm kontrolliere. Freilich ist die Annahme, eine Norm habe je nach Adressat einen unterschiedlichen Inhalt, nicht wirklich plausibel.[26] Für das Anspruchsmodell steht die rechtsschützende Funktion der Verwaltungsgerichtsbarkeit im Vordergrund. Dem Prozessrecht kommt dann nur eine dienende Funktion

28

---

[22] Diese merkwürdige Dialektik etwa bei *F. Schoch*, GVwR III, 2. Aufl. 2013, § 50 Rn. 5.
[23] Beispiel: *F. Schoch*, GVwR III, 2. Aufl. 2013, § 50 Rn. 254.
[24] Anders der Rechtstheoretiker Hans Kelsen, für den Verwaltung und Rechtsprechung als Tätigkeiten identisch sind. Der Unterschied sei lediglich organisatorischer Art (*H. Kelsen*, Allgemeine Staatslehre, 1925, S. 238).
[25] Siehe m. w. N. *C. Franzius*, GVwR I, 2. Aufl. 2012, § 4 Rn. 2.
[26] Für grundsätzlich Identität von Handlungs- und Kontrollnorm etwa *M. Jestaedt*, in: Ehlers/Pünder (Hrsg.), Allgemeines Verwaltungsrecht, 15. Aufl. 2016, § 11 Rn. 33; *F. Schoch*, GVwR III, 2. Aufl. 2013, § 50 Rn. 255.

gegenüber dem materiellen Recht zu.²⁷ Die Frage ist weniger, ob und in welchem Sinne die Verwaltungsgerichtsbarkeit auch die Verwaltung kontrolliert, sondern ob diese Kontrolle die Rechtschutzfunktion in irgendeiner Hinsicht beeinflussen kann. Sofern der Kontrollauftrag der Verwaltungsgerichte so aufgefasst wird, dass er dem Rechtsschutzauftrag folgt, steht er dem Anspruchsmodell nicht entgegen.

29 Das Nebeneinander von Rechtsschutz- und Kontrollfunktion macht sich auch bei der Interpretation einzelner Bestimmungen des Verwaltungsprozessrechts bemerkbar. Beispielhaft kann auf das Verhältnis von **Dispositions- und Untersuchungsgrundsatz** verwiesen werden. Der Verfügungsgrundsatz – die Parteien entscheiden über den Streitgegenstand – dient dem subjektiven Recht des Bürgers, der Untersuchungsgrundsatz – § 86 VwGO: amtliche Ermittlung des Sachverhalts – dem Rechtsstaatsprinzip. Die Grundsätze werden zum Teil als *gegenläufig* angesehen, weil die Parteien das Gericht nicht an der eigenständigen Erforschung des Sachverhalts hindern könnten.²⁸ Aber diese Annahme ist nicht überzeugend. Denn der Untersuchungsgrundsatz kann nur *im Rahmen* des Verfügungsgrundsatzes greifen. Rechtsstaatliche Kontrolle der Verwaltung ist davon abhängig, dass ein Bürger eine subjektive Rechtsverletzung zumindest behauptet. Wenn der Kläger die Klage zurücknimmt, muss das Gericht die Sachverhaltsaufklärung einstellen. Die These der Gegenläufigkeit ruht also schon auf der Prämisse, dass die Kontrollfunktion der Verwaltungsgerichte unabhängig von der Rechtsschutzfunktion besteht und in einen Konflikt mit ihr treten kann. Dass die Verwaltungsgerichte zur Amtsermittlung verpflichtet sind – und nicht die Parteien zur Beibringung der entscheidungsrelevanten Tatsachen –, hängt zudem auch damit zusammen, dass sich im Verwaltungsprozess, anders als im Zivilprozess, Kläger und Beklagter nicht im Zustand einer grundsätzlichen Waffengleichheit begegnen. Die Verwaltung weiß strukturell stets mehr als der Bürger.²⁹ Um dies zu kompensieren, gilt die Untersuchungsmaxime.

30 Mit dem Anspruchsmodell gehen alternative Lesarten der **historischen Entwicklung** der deutschen Verwaltungsgerichtsbarkeit einher. Es ist üblich, den eben dargelegten Unterschied zwischen Rechtsschutzorientierung und objektiver Rechtskontrolle mit real gegebenen Systemen der Verwaltungsgerichtsbarkeit des 19. Jahrhunderts zu verknüpfen. Der „süddeutsche" Typ, in Baden, Bayern, Württemberg und Sachsen anzutreffen, sei auf den Schutz subjektiver Rechte ausgerichtet, im Gegensatz zum insbesondere in Preußen verkörperten „norddeutschen" Modell.³⁰ Mit der Entwicklung nach 1945 habe sich dann das süddeutsche Modell

---

[27] Ausführlich *M. Fischer*, Die verwaltungsprozessuale Klage im Kraftfeld zwischen materiellem Recht und Prozessrecht, 2011, S. 75 ff.; dagegen *K. Gärditz*, in: Gärditz (Hrsg.), VwGO, 2. Aufl. 2018, § 42 Rn. 52.

[28] *T. Würtenberger/D. Heckmann*, Verwaltungsprozessrecht, 4. Aufl. 2018, Rn. 652. Umfassend dazu *M. Kaufmann*, Untersuchungsgrundsatz und Verwaltungsgerichtsbarkeit, 2002, mit Tendenz zur Auflösung der Widersprüche zu Lasten des Untersuchungsgrundsatzes; ähnlich *F. Schoch*, GVwR III, 2. Aufl. 2013, § 50 Rn. 241.

[29] So im Prinzip auch *T. Würtenberger/D. Heckmann*, Verwaltungsprozessrecht, 4. Aufl. 2018, Rn. 647.

[30] *T. Würtenberger/D. Heckmann*, Verwaltungsprozessrecht, 4. Aufl. 2018, Rn. 48 f.; *F. Hufen*, Verwaltungsprozessrecht, 10. Aufl. 2016, § 2 Rn. 14.

durchgesetzt. Aber das Anspruchsmodell entzieht sich den beiden Alternativen. Es geht davon aus, dass *beide* Systeme nicht konsequent am Schutz subjektiver öffentlicher Rechte ausgerichtet gewesen sind.[31] Im süddeutschen Modell diente nämlich die Behauptung einer Rechtsverletzung nur als prozessuale Voraussetzung, während die Klage in der Sache weiter unabhängig von einer Rechtsverletzung konzipiert wurde. Praktisch heißt das, dass in der Begründetheit lediglich die objektive Rechtmäßigkeit des angegriffenen Verwaltungshandelns geprüft wurde.

3.6 Die „juristische Methode" im Verwaltungsrecht

Wenn somit im Folgenden Rechte und Ansprüche so konsequent wie möglich als Gegenstand verwaltungsgerichtlicher Rechtsbehelfe entwickelt werden, liegt darin auch der Versuch, die Idee einer „juristischen Methode" für das öffentliche Recht neu zu akzentuieren. Von der juristischen Methode heißt es, niemand definiere sie, aber es gebe ein implizites Wissen darüber.[32] Dieses Wissen soll mit der Ausarbeitung und Anwendung des Anspruchsmodells ein Stück weit explizit gemacht werden. Nach einem verbreiteten Deutungs- und Darstellungs-, ja Selbstinterpretationsmuster in der verwaltungsrechtsmethodischen Literatur sei die „juristische Methode" traditionell durch eine einseitige Konzentration auf Rechtsformen – insbesondere natürlich den Verwaltungsakt – geprägt. Statt der Rechtsform solle aber der Zweck des Verwaltungshandelns stärker in die verwaltungsrechtliche Betrachtung einbezogen werden. So steht insbesondere das Denken Otto Mayers dafür, die juristische Methode mit der Idee der Rechtsform verknüpft und damit den Zweck eliminiert zu haben.[33] Genau genommen, unterläuft das Anspruchsmodell diese Diskussion. Die Alternative „Rechtsform" oder „Zweck" ist zu starr. Das Anspruchsmodell erfasst das Verwaltungsrecht jedenfalls in rechtlicher Hinsicht als Verhaltensordnung für die Verwaltung. Indem es nämlich, wie im folgenden Kapitel genauer dargelegt wird, seinen Ausgangspunkt in den von der Verwaltung zu *achtenden* Rechten der Einzelnen nimmt, realisiert es die Bindung der Verwaltung an das Recht schon im Vorfeld denkbarer Rechtsverletzungen. Damit bezieht es sich auf die von der Verwaltung verfolgten Zwecke. Sofern Verletzungen geschehen sind, bleibt das Handeln der Verwaltung ebenfalls im Blick der Modellbildung, dann unter dem Aspekt der Wiederherstellung bzw. Wiedergutmachung.

31

---

[31] *W. Henke*, Das subjektive öffentliche Recht, 1968, S. 31; *H. Rupp*, Grundfragen der heutigen Verwaltungsrechtslehre, 2. Aufl. 1991, S. 157.
[32] *C. Bumke*, JZ 2014, 641 (645).
[33] *P. Badura*, Das Verwaltungsrecht des liberalen Rechtsstaates, 1967, S. 57.

4 Von der Norm zum subjektiven Recht, vom subjektiven Recht zum Anspruch

Inhaltsverzeichnis

4.1 Der Begriff des subjektiven öffentlichen Rechts 33
4.2 Von der Pflicht zur Berechtigung 34
4.3 Der Inhalt der Berechtigung: negativer und positiver Status 36

Einen vollständigen Überblick über die Gestalt des Anspruchsmodells geben die im dritten Teil dargelegten Falltypen. Die Entwicklung dieser Falltypen basiert auf einigen Grundfiguren, die vorab darzulegen sind, damit die gewählte Vorgehensweise verständlich ist.

4.1 Der Begriff des subjektiven öffentlichen Rechts

Verwaltungsgerichtliche Klagen dienen, abgesehen von der Feststellungsklage nach § 43 VwGO, der Durchsetzung subjektiver-öffentlicher Rechte. Über den Begriff des subjektiven öffentlichen Rechts muss deshalb Klarheit bestehen. Dass es im Verwaltungsrecht Rechte und Ansprüche privater Personen überhaupt geben kann, ist nicht selbstverständlich. Verwaltungsrecht ist öffentliches Recht. Öffentliches Recht dient dem **Gemeinwohl**, nicht dem Interesse Einzelner. Einzelne können sich nicht ohne weiteres darauf „berufen", dass der Staat eine bestimmte Gesetzesnorm einhält. Es gibt keinen allgemeinen Gesetzesvollziehungsanspruch, kein generelles Recht auf Gesetzmäßigkeit der Verwaltung. Gleichwohl kennt das öffentliche Recht individuelle Berechtigungen. Um sie zu erfassen, wird auf die Figur des **subjektiven öffentlichen Rechts** zurückgegriffen. Als Grundsatz gilt, dass eine Norm dann ein subjektives öffentliches Rechts begründet, wenn sie dem

Schutz der Interessen einzelner Bürger zu dienen bestimmt ist.[1] Das ist die sogenannte Schutznormtheorie. Sie erfordert es, die jeweilige Norm auszulegen. Als Paradebeispiele für Schutznormen in diesem Sinne können die Grundrechte genannt werden. Hier ist es so selbstverständlich, dass sie den Interessen eines Einzelnen zu dienen bestimmt sind, nämlich des Grundrechtsträgers, dass dies in aller Regel gar nicht mehr gesondert erwähnt wird. Aber auch Bestimmungen des einfachen Rechts – Gesetze, Rechtsverordnungen und Satzungen ebenso wie Verwaltungsakte – können subjektive öffentliche Rechte begründen. Diese Grundsätze sind im Folgenden zu vertiefen.

4.2 Von der Pflicht zur Berechtigung

34 Das subjektive öffentliche Recht bringt eine Berechtigung zum Ausdruck. Der Inhaber des Rechts darf von der Verwaltung – nicht dem Gericht – etwas verlangen. Der Eigentümer darf verlangen, dass die Verwaltung sein Eigentum nicht dadurch verletzt, dass sie sein genehmigtes Gebäude zerstört (Eigentumsgrundrecht). Der Nachbar darf verlangen, dass die Verwaltung dem Bauherrn nicht eine Baugenehmigung erteilt, die zu Lasten des Nachbarn die Vorgaben über Abstandsflächen nicht wahrt. Der Bauherr darf von der Verwaltung verlangen, dass sie die Baugenehmigung für das rechtmäßige Bauvorhaben erteilt. Die Rechtspositionen, die insofern für den Bürger bestehen, beruhen auf öffentlich-rechtlichen Normen, die für die Verwaltung Pflichten begründen. Hieraus resultiert eine erste wichtige methodische Entscheidung. Um Rechtspositionen des Einzelnen zu ermitteln, muss zunächst die einschlägige **Norm** identifiziert werden. Hierbei kommen die Normen des deutschen Rechts ebenso in Betracht wie die unmittelbar anwendbaren Normen des europäischen Unionsrechts und des Völkerrechts (insbesondere: aus den Menschenrechtsverträgen).[2] Sodann ist danach zu fragen, welche **Pflicht** die Norm für welches Rechtssubjekt begründet. Dahinter steht die rechtstheoretische Annahme, dass jede Norm eine Pflicht begründet, aber dass mit dieser Verpflichtung nicht unbedingt die Einräumung eines subjektiven Rechts verbunden sein muss.[3] Aus dem Zivilrecht ist diese Unterscheidung durchaus bekannt. Nach § 241 BGB ist der Gläubiger kraft des Schuldverhältnisses berechtigt, vom Schuldner die Leistung zu verlangen. § 241 BGB transformiert somit erst die objektive Leistungspflicht, die das Schuldverhältnis ausmacht, in ein subjektives Recht des Gläubigers, die

---

[1] Statt vieler: *H. Maurer/C. Waldhoff*, Allgemeines Verwaltungsrecht, 19. Aufl. 2017, § 8 Rn. 8. Instruktiv *A. Guckelberger*, in: Steinbach (Hrsg.), Verwaltungsrechtsprechung, 2017, S. 58.
[2] Zum Unionsrecht: *A. Scherzberg*, in: Ehlers/Pünder (Hrsg.), Allgemeines Verwaltungsrecht, 15. Aufl. 2016, § 12 Rn. 36; *O. Dörr/C. Lenz*, Europäischer Verwaltungsrechtsschutz, 2. Aufl. 2019, Rn. 537 f.; zum Völkerrecht *H. Sauer*, Auswärtige Gewalt, Bezüge des Grundgesetzes zu Völker- und Europarecht, 5. Aufl. 2018, § 6 Rn. 17.
[3] *F. Somló*, Juristische Grundlehre, 2. Aufl. 1927, S. 443.

4.2 Von der Pflicht zur Berechtigung

Forderung.[4] Das Schuldverhältnis begründet für den Gläubiger etwa ganz elementar einen Rechtsgrund zum Behaltendürfen der Leistung, sodann als „Verlangenkönnen" eine materiell-rechtliche Befugnis zur Einziehung der Leistung und die Befugnis zur Selbstexekution, etwa im Wege der Aufrechnung.[5] Die Leistungspflicht als solche ist nicht identisch mit der Berechtigung des Gläubigers. Im Verwaltungsrecht ist also zu bestimmen, zu welchem Verhalten die Verwaltungsrechtsnorm die Verwaltung verpflichtet.

Erst wenn diese Pflicht bestimmt ist, kann in einem weiteren Schritt gefragt werden, ob der Pflicht ein **subjektives Recht** des Einzelnen korrespondiert.[6] Es ist zu ermitteln, ob die Verwaltung bestimmten Personen *gegenüber* zu dem jeweiligen Verhalten verpflichtet ist. Genau an dieser Stelle setzt die Schutznormtheorie ein. Mit ihrer Hilfe kann bestimmt werden, ob die Pflicht einzelne Personen begünstigt und insofern individuelle Berechtigungen kreiert. Mit der Schutznormtheorie kann aber auch *nur* eine solche „Berechtigung kraft Begünstigung" festgestellt werden. Es ist möglich, schon diese elementare Berechtigung als Recht oder als Anspruch zu bezeichnen. In der Rechtstheorie findet eine solche Terminologie zum Teil Verwendung. So oder so geht mit ihr aber nicht automatisch auch die Befugnis einher, die Beachtung des Rechts vom Staat **verlangen** zu dürfen. Anders gesagt, die elementare Berechtigung erfüllt noch nicht die Voraussetzungen eines **Anspruchs** im Sinne des § 194 BGB. Anspruch ist in dieser Terminologie das Recht, ein Tun oder ein Unterlassen verlangen zu können. Diese Befugnis wird im verwaltungsrechtlichen Kontext als **Rechtsmacht** oder als Durchsetzungsmacht bezeichnet. Üblicherweise wird erst dann, wenn dem Einzelnen diese Rechtsmacht zugewiesen ist, vom Vorliegen eines subjektiven öffentlichen Rechts gesprochen. Sie kann geradezu als die Essenz des subjektiven öffentlichen Rechts angesehen werden.[7] Diese Rechtsmacht bezieht sich auf die Stellung **gegenüber der Verwaltung**, nicht gegenüber dem Gericht. Mit der gerichtlichen Durchsetzungsmacht darf sie nicht verwechselt werden. Die Befugnis, das subjektive öffentliche Recht vor Gericht einklagen zu können, ist eine *weitere* rechtliche Position. Sie folgt letztlich aus den Sachentscheidungsvoraussetzungen für die verwaltungsgerichtlichen Klagen und soll zunächst außer Betracht bleiben.

35

---

[4] *M. Avenarius*, JR 1996, 492.
[5] Sehr klare Erläuterung der verschiedenen Rechtspositionen des Gläubigers im Schuldverhältnis (allerdings ohne unmittelbare Anknüpfung an § 241 BGB) bei *T. Riehm*, in: Auer/Grigoleit/Hager u.a. (Hrsg.), Privatrechtsdogmatik im 21. Jahrhundert, 2017, S. 345 (348 ff.).
[6] Das Folgende knüpft an die Darstellung bei *A. Funke*, JZ 2015, 369 (372), an, wo sich auch weitere Nachweise finden. Die Terminologie wurde allerdings zum Teil verändert.
[7] Vgl. nur *A. Scherzberg*, in: Ehlers/Pünder (Hrsg.), Allgemeines Verwaltungsrecht, 15. Aufl. 2016, § 12 Rn. 4.

4.3 Der Inhalt der Berechtigung: negativer und positiver Status

36 Auf der Ebene der Rechtsmacht ergibt sich die Notwendigkeit, bei der Analyse der Schutzwirkungen einer Norm eine Differenzierung vorzunehmen. Berechtigungen des öffentlichen Rechts unterfallen nämlich in zwei Gruppen, die kategorial auseinandergehalten werden müssen. Zum einen kann die Berechtigung darin bestehen, dass die Norm überhaupt zum Rechtskreis des Berechtigten zählen soll, den der Staat zu achten verspricht. Eingriffe in den Rechtskreis der Person sollen unterbleiben. Damit begründet die Norm einen **negativen Status**. Zum anderen kann die Berechtigung darin bestehen, dass dem Berechtigten eine Leistung des Staates gewährt wird. Damit begründet die Norm einen **positiven Status**. Diese Unterscheidung ist für das Anspruchsmodell von zentraler Bedeutung und bedarf der Erläuterung, zunächst im Folgenden auf einer grundsätzlichen Ebene, später dann im Detail (Kap. 5).

37 Das Anspruchsmodell verknüpft auf diese Weise den Begriff des subjektiven öffentlichen Rechts mit der sogenannten **Statuslehre**. Manchen ist die Statuslehre aus der Vermittlung der Grundrechte bekannt.[8] Sie wurde maßgeblich von Georg Jellinek (1851–1911) entwickelt.[9] Georg Jellinek zielte eigentlich nicht auf eine spezielle grundrechtliche Statuslehre, sondern darauf, allgemein die rechtlichen Beziehungen der Einzelnen zum Staat zu erfassen und zu strukturieren. Der Status ist die Rechtsstellung einer Person.[10] Status werden also nicht nur durch Grundrechte, sondern auch durch verwaltungsrechtliche Normen begründet. Die verwaltungsrechtlichen Pflichten lassen sich demnach im Ausgangspunkt danach unterscheiden, ob die individuelle Berechtigung, die mit ihnen einhergeht, für den Bürger einen negativen oder einen positiven Status begründet. Ein negativer Status wird begründet, wenn die Berechtigung darin besteht, dass der mit der Norm begründete Vorteil nicht entzogen werden darf. In die von der Norm begründete Sphäre, das von ihr begründete Rechtsgut, darf nicht eingegriffen werden. Ein positiver Status wird begründet, wenn die Berechtigung darin besteht, dass die Verwaltung für den Bürger eine Leistung erbringt und der Bürger diese Leistung verlangen darf. Um den Unterschied zwischen den beiden Status deutlich zu machen, lässt sich auch von negativer und positiver Berechtigung sprechen.[11] Negative Berechtigungen sind Rechte *zu* etwas, oder Ausübungsberechtigungen; positive Berechtigungen sind Rechte *auf* etwas, oder Einräumungsberechtigungen.[12]

---

[8] Siehe etwa die Darstellung bei *T. Kingreen/R. Poscher*, Grundrechte, 35. Aufl. 2019, Rn. 95 ff. Zur Aktualität etwa *C. Enders*, in: Brugger/Gröschner/Lembcke (Hrsg.), Faktizität und Normativität, 2016, S. 109 (114 ff.).

[9] *G. Jellinek*, System der subjektiven öffentlichen Rechte (2. Aufl. 1905), 2011, S. 81 ff.; eine Kurzfassung in *G. Jellinek*, Allgemeine Staatslehre, 3. Aufl. 1914, S. 419 ff.

[10] *H. J. Wolff/O. Bachof/R. Stober u.a.*, Verwaltungsrecht I, 13. Aufl. 2017, § 32 Rn. 15.

[11] *H. J. Wolff/O. Bachof/R. Stober u.a.*, Verwaltungsrecht I, 13. Aufl. 2017, § 40 Rn. 10, 11.

[12] *H. J. Wolff/O. Bachof/R. Stober u.a.*, Verwaltungsrecht I, 13. Aufl. 2017, § 43 Rn. 56. Diese Terminologie geht auf den Schöpfer dieses Werks, Hans Julius Wolff, zurück, vgl. *H. J. Wolff*,

4.3 Der Inhalt der Berechtigung: negativer und positiver Status

Sofern eine Norm einen **positiven Status** begründet, kann davon ausgegangen werden, dass mit der Einräumung der elementaren Gewährung auch die entsprechende Rechtsmacht zugewiesen wird. Anders gesagt, der Einzelne hat einen Anspruch auf die Leistung. Üblicherweise wird insofern auch von einem subjektiven öffentlichen Recht gesprochen. Bei den elementaren Berechtigungen, die einen **negativen Status** begründen, fehlt es allerdings an der entsprechenden Rechtsmacht. Sie stellt noch keinen Anspruch dar. Zwar handelt es sich um eine individualisierende Begünstigung, aber noch nicht um ein Forderungsrecht. Denn die Rechtsposition, die aus dem (negatorischen) Versprechen auf Achtung des zugewiesenen Bereiches dient, stellt für sich genommen noch kein Recht auf ein Tun oder Unterlassen des Staates dar. Zwar muss der Staat Beeinträchtigungen unterlassen. Zu einem Anspruch auf Unterlassen lässt sich diese Pflicht aber erst ausformen, wenn eine konkrete Beeinträchtigung der elementaren Berechtigung droht. Dann hat der Berechtigte die Rechtsmacht, Unterlassung zu beanspruchen. Bevor eine konkrete Beeinträchtigung droht, richtet sich das Unterlassungsbegehren nur unspezifisch gegen den Staat als solchen, einem noch schemenhaften Gebilde. Mit Eintritt der Gefährdungslage schält sich daraus das handelnde öffentliche Rechtssubjekt, in der Regel ein bestimmter Verwaltungsträger, heraus. Gegen den Verwaltungsträger richtet sich der Unterlassungsanspruch. Droht der Unterlassungsanspruch nicht erfüllt zu werden, kann der Verwaltungsträger verklagt werden. Das hat im Übrigen eine praktisch wichtige Seite: Erst mit der Identifikation des jeweiligen staatlichen Hoheitsträgers kann dem Verwaltungsgericht eine ladungsfähige Anschrift des Beklagten mitgeteilt werden. Der Staat als solcher hat keine Adresse.[13] Wenn eine Beeinträchtigung eingetreten ist, hat der Berechtigte die Rechtsmacht zu verlangen, dass die Beeinträchtigung beseitigt wird. Mit einer staatlichen Pflicht, die eine **negatorische Berechtigung** begründet, ist also nicht – so wie beim positiven Status – unmittelbar eine Rechtsmacht verbunden. Erst mit der Einräumung der Rechte auf Unterlassung und Beseitigung wird dem Berechtigten eine Rechtsmacht zugewiesen. Daraus wurde zum Teil die Konsequenz gezogen, dass der negative Status gar kein subjektives öffentliches Recht ist.[14] Eine rechtstheoretische Notwendigkeit, nur solche Rechtspositionen als subjektives Recht zu bezeichnen, die zugleich die Merkmale eines Anspruchs erfüllen, besteht aber nicht.[15] Es handelt sich dabei um eine Frage der Zweckmäßigkeit. Im Folgenden wird auch schon die elementare negatorische Berechtigung als „Recht" bezeichnet.

38

Verwaltungsrecht I, 7. Aufl. 1968, § 43 II und III, mit der Erläuterung zur Terminologie auf S. 270.

[13] Vgl. *R. Gröschner*, in: Brugger/Neumann/Kirste (Hrsg.), Rechtsphilosophie im 21. Jahrhundert, 2008, S. 90 (95).

[14] So insbesondere, im Anschluss an Georg Jellinek, *H. Rupp*, Grundfragen der heutigen Verwaltungsrechtslehre, 2. Aufl. 1991, S. 161 ff. In diesem Sinne etwa auch *C. Enders*, GVwR III, 2. Aufl. 2013, § 53 Rn. 6.

[15] In der Rechtstheorie steigert sich eher die begriffliche Komplexität, weil die elementare Berechtigung dort „Anspruch", die kraft Einräumung einer Rechtsmacht begründete Position aber „Anspruchsrecht" genannt wird, vgl. *A. Funke*, JZ 2015, 369 (372).

39 Gegen die verwaltungsrechtsdogmatische Relevanz der Unterscheidung dieser beiden Status können verschiedene Einwände erhoben werden, deren Grundton in diesem Buch an verschiedenen Stellen eine Rolle spielt. So lassen sich in gewisser Hinsicht *alle* Ansprüche dem positiven Status zuordnen, weil der Bürger, streng betrachtet, im Streitfall *immer* eine Leistung von der Verwaltung erlangen möchte. Denn wie eben gezeigt wurde, sind die Rechte, die den negativen Status begründen, noch zu unspezifisch, als dass sie von der Verwaltung eingefordert werden könnten. Erst ihre unmittelbar bevorstehende oder bereits geschehene Verletzung löst Ansprüche aus, etwa die Unterlassung eines bevorstehenden Realakts oder die Aufhebung eines rechtsverletzenden Verwaltungsakts. Diese noch genauer zu erörternden **Reaktionsansprüche**, die aus der Verletzung des negativen Status resultieren, sind aber ihrerseits Ansprüche auf Gewährung einer Leistung und begründen damit einen **positiven Status**.[16] In ihrer Entstehung weisen jedoch diejenigen Ansprüche, die aus der Verletzung des negativen Status resultieren, erhebliche Besonderheiten auf, die es rechtfertigen, ihren „positiven" Charakter weitgehend zu vernachlässigen. Das hat nicht zuletzt einen wichtigen verfassungsrechtlichen Hintergrund: Der Sinn eines Freiheitsrechts besteht nicht darin, einen Anspruch auf Abwehr von Verletzungen zu begründen, sondern darin, dem Grundrechtsträger die Rechtsposition der Freiheit von Eingriffen einzuräumen. Solange solche Eingriffe nicht erfolgen, wird das Recht auf Achtung des negativen Status „erfüllt". Die Ebene der Rechtsverletzungsreaktion wird hingegen betreten, wenn dieses Recht beeinträchtigt wird.

40 Bei den subjektiven Rechten, die einen negativen Status darstellen, besteht das Interesse des Inhabers des Rechts also zunächst einfach darin, dass die Verwaltung das Recht nicht verletzt, dass sie es **achtet**. Nicht jede Konstellation, in der der Betroffene von der Verwaltung verlangt, dass sie das subjektive Recht achtet, muss schon als Geltendmachung eines Anspruchs gedeutet werden. So kann sich der Betroffene schon bei der Anhörung zum Erlass des bevorstehenden Verwaltungsakts (§ 28 VwVfG) auf sein Recht „berufen". An dieser Stelle scheint die Grenze zum Reaktionsrecht zu verschwimmen. Aber das „Berufen" ist kein Hinweis auf Ansprüche, die aus der Verletzung eines Rechts resultieren, sondern auf dieses Recht selbst. Gleichwohl ist es für den Betroffenen wichtig, den Verwaltungsakt abwehren zu können, sollte er erlassen werden. Hierfür stellt die Rechtsordnung die Abwehransprüche zur Verfügung.

41 Damit sollte hinreichend deutlich geworden sein, dass es sinnvoll ist, subjektive Rechte des negativen Status von solchen des positiven Status abzuheben. Umgekehrt könnte allerdings argumentiert werden, dass es doch letztlich auch bei den Rechten, die einen positiven Status begründen, um Eingriffsabwehr gehe, sodass letztlich alle Rechtspositionen dem negativen Status zuzuordnen seien. In eine solche Richtung weisen Ansätze, die versuchen, alle Funktionen der Grundrechte auf die Abwehrfunktion zurückzuführen.[17] Auch unabhängig von dieser komplexen

---

[16] *G. Jellinek*, System der subjektiven öffentlichen Rechte (2. Aufl. 1905), 2011, S. 106.
[17] Vgl. *B. Schlink*, EuGRZ 1984, 457; *G. Lübbe-Wolff*, Die Grundrechte als Eingriffsabwehrrechte, 1988 (mit erheblichen Differenzierungen); *R. Poscher*, Grundrechte als Abwehrrechte, 2003, S. 315 ff.

4.3 Der Inhalt der Berechtigung: negativer und positiver Status

Debatte wird zum Teil die Versagung einer Leistung als Eingriff konzipiert. Auf dieses Problem ist noch zurückzukommen (Rn. 55).

Ein **negativer Status** kann sowohl aus Grundrechtsnormen wie auch aus Normen des einfachen Rechts erwachsen. Der Status besteht darin, vom Staat Beachtung der jeweiligen Norm verlangen zu können. Im Zusammenhang mit einem Grundrecht erwächst daraus, wie erwähnt, die Position der Freiheit. Es handelt sich um den jeweils geschützten Freiheitsraum, etwas allgemeiner: das grundrechtliche Rechtsgut. A hat die Freiheit, seine Meinung zu äußern, seine Religion auszuüben usw. Bei einfachen subjektiven-öffentlichen Rechten lässt sich die Subjektivierung, die mit der Achtungspflicht verbunden ist, in der Regel nicht als Freiheit erfassen. Die Begünstigung, d. h. die Einräumung eines negativen Status, ist formaler Art, wie im Zusammenhang mit den praktisch wichtigen Fällen näher erläutert wird. Dies sind der sog. drittschützende Charakter öffentlich-rechtlicher Normen (ausführlich in Abschn. 14.3.1) und das Recht auf fehlerfreie Ermessensentscheidung (Abschn. 6.1.2). Während also ein negativer Status durch Grundrechtsnormen ebenso wie durch Bestimmungen des einfachen Rechts begründet werden kann, steht bei den Rechten des **positiven Status** das einfache Recht im Vordergrund. Grundrechte können in der Regel – d. h. abgesehen von wenigen Ausnahmen – nicht unmittelbar als Grundlage für Leistungsansprüche dienen. Grundrechte gelten „klassischerweise" (nur) als **Abwehrrechte**.[18] Ein anschauliches Beispiel für dieses Verständnis ist das Grundrecht auf Gewährleistung eines menschenwürdigen Existenzminimums nach Art. 1 Abs. 1 i. V. m. dem Sozialstaatsprinzip nach Art. 20 Abs. 1 GG. Das Grundrecht richtet sich in erster Linie an den Gesetzgeber, der es konkretisieren und stetig aktualisieren muss.[19] Ansprüche werden also erst durch das SGB II begründet. In der Entscheidung des BVerfG, die dieses Grundrecht erstmals anerkannt hat, wurde im Rahmen der Rechtsfolgeanordnungen für Härtefälle (ein unabweisbarer, laufender, nicht nur einmaliger, besonderer Bedarf zur Deckung des Existenzminimums) aber zugleich angeordnet, dass dieser Anspruch ausnahmsweise bereits ab Verkündung des Urteils zu Lasten des Bundes geltend gemacht werden kann.[20] Sofern eine Norm einen positiven Status begründet, gewährt sie dem Berechtigten ein Recht auf eine bestimmte **Leistung**. Diese Leistung besteht keineswegs immer in einer finanziellen Zuwendung. Als Leistung in diesem Sinn kommt jede für den Berechtigten vorteilhafte Art der Zuwendung in Betracht. Insbesondere sind damit begünstigende Verwaltungsakte erfasst, also die Bewilligung einer Genehmigung ebenso wie die Bewilligung einer Geldleistung (dazu näher Rn. 192).

42

---

[18] *V. Epping*, Grundrechte, 7. Aufl. 2017, Rn. 14; *R. Breuer*, in: Bachof/Heigl/Redeker (Hrsg.), Verwaltungsrecht zwischen Freiheit, Teilhabe und Bindung, 1978, S. 89 (89). Die jüngere Diskussion hebt allerdings hervor, dass neben den mit der Abwehrfunktion verbundenen Achtungspflichten gleichwertig die Schutzpflichten sowie weitere Grundrechtsfunktionen stehen, vgl. *T. Kingreen/R. Poscher*, Grundrechte, 35. Aufl. 2019, Rn. 116 ff.
[19] BVerfGE 125, 175 (222).
[20] BVerfGE 125, 175 (255, 259 f.). Siehe jetzt § 21 Abs. 6 SGB II.

43 Die Schutzwirkungen, die von Normen ausgehen, sind insbesondere im einfachen Recht nicht auf ein bipolares Verhältnis von Verwaltung und einem einzigen Bürger beschränkt. Das Verwaltungsrecht kennt **„Dritte"**. Paradebeispiel ist im Baurecht der Nachbar, d. h. der Eigentümer eines Grundstücks, das neben einem Grundstück liegt, das bebaut wird. Der Begriff des Dritten speist sich daraus, dass zu zwei „eigentlich" berechtigten oder verpflichteten Personen, nämlich Staat und Bürgerin, eine weitere Person hinzutritt. Kategorial ist diese Dritte aber nicht anders zu behandeln als der „Zweite". Die Rechtspositionen des Nachbarn und des Bauherrn, der die Baugenehmigung beantragt hat, werden mit dem gleichen begrifflichen Instrumentarium erschlossen. Die Rechtsstellung des Dritten richtet sich ebenfalls strikt danach, ob er sich nur dem objektiven Recht gegenübersieht oder ob bzw. inwieweit dieses Recht ihm nach der oben eingeführten Definition ein Recht verleiht. Im Baurecht kann dies etwa eine landesrechtliche Bestimmung über die Wahrung bestimmter Abstandsflächen sein.[21] Für die Bildung und Lösung verwaltungsrechtlicher Fälle führt die Rolle von „Dritten" gleichwohl zu Konstellationen, die gesondert zu würdigen sind (Falltypus 4 und 6, siehe Kap. 14 und 16). Auf „drittschützende" Vorschriften kann sich der Nachbar **berufen**. Diese „Berufbarkeit" ist nichts anderes als der Umstand, dass die entsprechende Norm eine individuelle Begünstigung und damit einen negativen Status begründet. Die Frage, wie dieses Recht sich in der Form von Ansprüchen bewährt, ist damit noch nicht beantwortet. Am Beispiel drittschützender Abstandsflächen: Die Nachbarn – und nur diese – können vom Staat verlangen, dass er bei Entscheidungen über die Zulässigkeit von Vorhaben und über ein baurechtliches Einschreiten die Normen über die Abstandsflächen einhält. Die übliche Terminologie trägt der Komplexität der Lage allerdings nicht immer hinreichend Rechnung. Ein Beispiel ist der baurechtliche Begriff des „Gebietserhaltungsanspruchs". Hier werden zwei Rechtspositionen verschmolzen: Das Recht auf Achtung des Gebietscharakters und der Anspruch auf Abwehr von Maßnahmen, die den Gebietscharakter beeinträchtigen. Es ist also beispielsweise ungenau (wenn auch verbreitet), im Bereich des baurechtlichen Nachbarschutzes zu sagen, schon durch Zulassung eines Vorhabens werde der Gebietserhaltungsanspruch „ausgelöst".[22] Das *Recht* auf Gebietserhaltung ist darauf gerichtet, dass es gar nicht erst zu einer solchen Zulassung kommt. Wird sie verfügt, löst die darin liegende Rechtsverletzung in der Tat einen *Anspruch* aus – den Reaktionsanspruch.

44 Gerade in Konstellationen mit Drittbeteiligung wird – im Zusammenhang mit der Klagebefugnis oder der Begründetheitsprüfung – oft gelehrt (und in Klausuren geschrieben), dass mangels Einschlägigkeit eines Grundrechts unter Anwendung der **Schutznormtheorie** eine subjektive Berechtigung zu ermitteln sei. Es komme auf eine „drittschützende" Norm an. Das ist natürlich nicht falsch. Aber die besondere Erwähnung der Schutznormtheorie verdeckt, dass auch schon die Relevanz irgendeines **Grundrechts** nur deshalb angenommen werden kann, weil die

---

[21] § 6 BauO NRW, Art. 6 BayBO, § 5 LBO BW, § 6 HBO, § 6 HBauO, § 6 BauO SH, § 5 NBauO, § 6 BbgBO, § 6 SächsBO, § 6 BauO LSA, § 6 ThürBO, § 8 LBauO Rh.-Pf., § 6 BremLBO, § 7 LBO SL, § 6 LBauO MV, § 6 BauO Bln.
[22] So etwa *S. Muckel/M. Ogorek*, Öffentliches Baurecht, 3. Aufl. 2018, § 10 Rn. 29a.

4.3 Der Inhalt der Berechtigung: negativer und positiver Status

Grundrechtsnorm und die in ihr begründete Pflicht des Staates zur Achtung des Grundrechts mit einer individuellen Berechtigung verbunden ist.[23] Sie macht erst das Grundrecht zum Recht. Aber dies ist eben nur unter Anwendung der Schutznormtheorie zu vermitteln – wie in Drittbeteiligungsfällen mit Blick auf Normen des einfachen Rechts. Der Schutznormcharakter der Grundrechte ist lediglich so selbstverständlich geworden, dass er keiner besonderen Erwähnung mehr bedarf.

Im Grundsatz entspricht das Nebeneinander von positivem und negativem Status der Unterscheidung von Tun und Unterlassen, so wie sie, bezogen auf den Gegenstand von Ansprüchen, in **§ 194 Abs. 1 BGB** zu finden ist: das Recht, ein Tun oder Unterlassen verlangen zu können.[24] Ein subjektives öffentliches Recht, das einen positiven Status begründet, ist auf ein staatliches Tun gerichtet, dementsprechend ist ein subjektives öffentliches Recht, das einen negativen Status begründet, auf ein staatliches Unterlassen gerichtet. Im ersten Fall wird ein Anspruch auf staatliche Leistung begründet, etwa auf die Erteilung einer Genehmigung oder auf die Auszahlung einer bewilligten Subvention, im zweiten Fall allerdings noch kein Anspruch darauf, dass keine Eingriffe erfolgen. Diese Position ist noch zu unspezifisch. Ansprüche entstehen erst, wenn Beeinträchtigungen drohen oder eingetreten sind. Doch gibt die terminologische Anknüpfung an den Dualismus von Tun und Unterlassen, abgesehen von der Schwierigkeit, dass konstruktiv das eine auf das andere zurückgeführt werden kann, nicht hinreichend den dahinterstehenden rechtlichen Sinn wieder. Mit der Differenz des geschuldeten Verhaltens (Tun/Unterlassen) verbindet sich eine je eigene **Rechtsstellung** des Berechtigten im Verhältnis zur Verwaltung. Sie kommt durch den Bezug auf verschiedene Status deutlicher zum Ausdruck.

45

---

[23] Zutreffend deshalb *U. Ramsauer*, JuS 2012, 769 (772): „Dass die Grundrechte im Interesse des Einzelnen erlassen worden sind und eine entsprechende Rechtsmacht vermitteln, darf als anerkannt gelten." Zweifelnd an der Anwendbarkeit der Schutznormtheorie bei Grundrechten hingegen *A. Scharl*, Die Schutznormtheorie, 2018, S. 33, 173.

[24] Anknüpfung bei *F. Weyreuther*, in: Ständige Deputation des Deutschen Juristentages (Hrsg.), Verhandlungen des 47. Deutschen Juristentages Nürnberg 1968, Band I (Gutachten), 1968, S. 1 (79 ff., 94 ff.) Sie findet sich im Übrigen schon bei *F. Somló*, Juristische Grundlehre, 2. Aufl. 1927, S. 450 ff., auf den sich wiederum *H. Rupp*, Grundfragen der heutigen Verwaltungsrechtslehre, 2. Aufl. 1991, S. 262, bezieht. Verwandt, aber nicht hinreichend trennscharf ist die Unterscheidung von Beherrschungs- und Forderungsrechten bei *H. J. Wolff/O. Bachof/R. Stober u.a.*, Verwaltungsrecht I, 13. Aufl. 2017, § 43 Rn. 5 f. Den Unterschied zwischen Status und Anspruch bildet vermutlich die Unterscheidung von abstraktem und konkretem Recht bei *M. Fischer*, Die verwaltungsprozessuale Klage im Kraftfeld zwischen materiellem Recht und Prozessrecht, 2011, S. 11 ff., ab.

Die Ansprüche des Verwaltungsrechts 5

Inhaltsverzeichnis

5.1	Überblick	47
5.2	Der positive Status als Recht und Anspruch	54
5.3	Der negative Status und die Ansprüche zu seinem Schutz	60
5.4	Der öffentlich-rechtliche Erstattungsanspruch	77
5.5	Rechte des Staates gegen den Bürger	79
5.6	Die Subjektivierung des staatlichen Binnenbereichs	82
	5.6.1 Innenrecht und Außenrecht	82
	5.6.2 Die Achtung von Organrechten	84
5.7	Die Achtung formaler Rechtspositionen	91
	5.7.1 Das Recht auf Wahrung der Zuständigkeitsordnung	91
	5.7.2 Verfahrensrechte	94

Auf der Grundlage der vorstehenden Überlegungen lässt sich ein System verwaltungsrechtlicher Positionen, d. h. von Rechten und Ansprüchen, entwickeln, das im Folgenden zu erläutern ist. Sie werden in einer Übersicht zusammengefasst (Rn. 53).[1] Dieses System knüpft nicht an der Art des rechtsverletzenden Akts an. Sie baut also nicht darauf auf, ob der Betroffene von einem Gesetz, einem Verwaltungsakt oder einem Realakt in einem Recht verletzt zu werden droht oder verletzt wurde. Relevant werden die Rechtsformen erst im Zusammenhang mit den Falltypen.

46

---

[1] Die Systematisierung stützt sich – mit einigen wichtigen Abweichungen – u. a. auf *W. Höfling*, GVwR III, 2. Aufl. 2013, § 51 Rn. 7, 83 ff.; *M. Morlok*, GVwR III, 2. Aufl. 2013, § 52 Rn. 7 ff.; *C. Enders*, GVwR III, 2. Aufl. 2013, § 53 Rn. 5 f.

© Springer-Verlag GmbH Deutschland, ein Teil von Springer Nature 2020
A. Funke, *Falldenken im Verwaltungsrecht*, Tutorium Jura,
https://doi.org/10.1007/978-3-662-60631-5_5

5.1 Überblick

47 Den Ausgangspunkt bildet die bereits behandelte Untscheidung von Rechtspositionen des **positiven** und des **negativen Status** (Rn. 37 ff.). Hinter diesen Positionen steht die kraft einer Norm bestehende Pflicht, die vom Staat zu beachten ist und die den Begünstigten berechtigt. Auf diese Berechtigung kann sich das Interesse des Betroffenen beziehen, sie bildet das denkbare Anspruchsziel. Für die positiven und negativen Rechte stellt die Rechtsordnung eine ganze Reihe von Ansprüchen zur Verfügung, die zum Teil dem Staatshaftungsrecht zugeordnet werden, zum Teil nicht. Letztendlich sind Betroffene, wie bereits erwähnt, *stets* darauf verwiesen, einen **Anspruch** auf eine bestimmte **Leistung** des Staates geltend zu machen.

48 Die strikte Orientierung an den beiden Status und ihrer Absicherung durch Ansprüche führt im Folgenden zu einer Systematisierung, die von gängigen Darstellungen des Verwaltungsrechts und des Staatshaftungsrechts etwas abweicht. Auf diese grundsätzlichen Zuordnungen ist zunächst einzugehen, bevor die beiden Status selbst weiter entfaltet werden (unter Abschn. 5.2 und 5.3). So ergibt sich vor allem die Erkenntnis, dass das **Staatshaftungsrecht** bzw. das Recht der öffentlichen Ersatzleistungen bereits in die Deutung der verwaltungsprozessual begründeten Rechtsstellung des Betroffenen hineinragt. Die Anfechtungsklage nach § 42 Abs. 1 VwGO ist ohne den materiell-rechtlichen Anspruch auf Aufhebung des angegriffenen Verwaltungsakts nicht verständlich. Das bedeutet allerdings für das Staatshaftungsrecht, dass es den mit der Anfechtungsklage verbundenen materiell-rechtlichen negatorischen Rechtsschutz integrieren muss.[2] Das Geschehen, das von einer verwaltungsgerichtlichen Anfechtungsklage erfasst wird, ist also auch innerhalb des Staatshaftungsrechts zu bewältigen.

49 Deshalb ist die herkömmliche Unterscheidung von **Primär- und Sekundärrechtsschutz** unzulänglich, jedenfalls sofern dabei – wie häufig – mit dem Primärrechtsschutz die gerichtliche Eingriffsabwehr, mit Sekundärrechtsschutz das (eigentlich materiell-rechtliche) Recht der Schadenersatz- und Entschädigungsleistungen gemeint wird.[3] Sie hat für die hier verfolgte Fragestellung zu wenig Tiefenschärfe und ist eher an funktionalen Aspekten ausgerichtet. Die Unterscheidung bildet nicht hinreichend ab, dass der gerichtliche negatorische Rechtsschutz eine materiell-rechtliche Grundlage hat. Die Reaktion auf staatliches Unrecht ist also nicht auf den „sekundären" Bereich beschränkt, sondern ist ein Teil des Primärrechtsschutzes. Zudem kann „Primärrechtsschutz" nicht allein als Rechtsverletzungsreaktionsrechtsschutz angesehen werden, mit der Anfechtungsklage als para-

---

[2] *M. Morlok*, DV 25 (1992), 371 (378).
[3] So etwa bei *W. Erbguth*, VVDStRL 61 (2002), 221; *W. Höfling*, VVDStRL 61 (2002), 260; *M. Baldus/B. Grzeszick/S. Wienhues*, Staatshaftungsrecht, 4. Aufl. 2013, Rn. 2. Zur Ambivalenz von Wiederherstellungsansprüchen zwischen Primär- und Sekundärebene des Rechtsschutzes *C. Enders*, GVwR III, 2. Aufl. 2013, § 53 Rn. 52. *F. Schoch*, VerwArch 79 (1988), 1 (61 f.), sieht hier nur ein terminologisches Problem – womit die erhebliche rechtssystematische und rechtsdidaktische Bedeutung verkannt wird.

digmatischer Klageart.⁴ Das Nebeneinander von negativem und positivem Status würde damit vernachlässigt werden. Denn die verwaltungsgerichtlichen Leistungsklagen dienen nicht nur dem Schutz vor Rechtsverletzungen, sondern auch der Durchsetzung von Ansprüchen auf Befolgung und Erfüllung gesetzlicher Verpflichtungen (etwa der Anspruch auf Erteilung einer Baugenehmigung). Diese Erfüllungsansprüche sind kein Thema des Staatshaftungsrechts. Sie sind nicht dem negativen, sondern von Anfang an dem positiven Status zuzuordnen.

Ein Vorteil der hier gewählten Systematik ist, dass sachspezifische Begriffsprägungen auf gemeinsame Oberbegriffe zurückgeführt werden können und somit besser eingeordnet und verstanden werden können. So ist etwa der „Genehmigungsabwehranspruch" des Nachbarn, der sich gegen die dem Bauherrn erteilte Baugenehmigung richtet,⁵ nur eine sachlich spezifizierte Form des *allgemeinen* Aufhebungsanspruchs. Das Gleiche gilt etwa für den „Immissionsabwehranspruch" und ähnliche Ansprüche (siehe Rn. 267). 50

Die Zuordnung des Entschädigungsbereichs – **Aufopferung, Enteignung** etc. – zum Staatshaftungsrecht bereitet seit je konzeptionelle Schwierigkeiten, weil es sich nicht um Unrechtshaftung handelt.⁶ Allein schon um eine klare Abgrenzung zu erreichen, ist er mit in den Blick zu nehmen. Als Oberbegriff für die Entschädigung dient dabei das Anspruchsziel der **Kompensation**. Dies ist ein recht enges Verständnis des Begriffs der Kompensation. Er wird zum Teil in einem weiter gefassten Sinne verwendet, indem er restitutorischen Ansprüchen wie dem Folgenbeseitigungsanspruch, dem Unterlassungsanspruch und dem Erstattungsanspruch gegenübergestellt wird, zusammen mit dem Anspruch aus Amtshaftung.⁷ Das ist aber eine unbefriedigende Art der Klassifikation, denn in gewisser Hinsicht ist auch der Amtshaftungsanspruch auf eine Restitution gerichtet, nämlich Naturalrestitution im Sinne des § 249 Abs. 1 BGB. Wie noch im Detail zu erläutern ist, ist der Begriff der Restitution ohnehin zu unscharf, um bei der Ordnung reaktionsrechtlicher Ansprüche Kraft entfalten zu können (Rn. 284). 51

Für die Ansprüche auf Schadenersatz und Entschädigung sind nach Art. 34 Satz 3 GG, Art. 14 Abs. 3 Satz 4 GG und § 40 Abs. 2 VwGO die **ordentlichen Gerichte** zuständig. Sie spielen deshalb bei den im dritten Teil entwickelten Falltypen keine Rolle. Aber es ist hilfreich, die anderen, im Verwaltungsrechtsweg einklagbaren Ansprüche von ihnen abzugrenzen. Vollständig ausgegrenzt bleibt jedoch der sozialrechtliche Herstellungsanspruch, über den die **Sozialgerichte** entscheiden. Er ist einer dogmatischen Begründung nur schwer zugänglich⁸ und entzieht sich deshalb einer systematischen Zuordnung. 52

---

⁴ So *W. Höfling*, VVDStRL 61 (2002), 260 (266); *B. Grzeszick*, Rechte und Ansprüche, 2002, S. 92.
⁵ Terminologie bei *J. Lindner*, Öffentliches Recht, 2. Aufl. 2017, Rn. 1106.
⁶ Dazu *W. Höfling*, VVDStRL 61 (2002), 260 (265).
⁷ *H. Sauer*, JuS 2012, 800 (801); *W. Brugger*, JuS 1999, 625 (629). Wie hier (kategorialer Unterschied zwischen Schadenersatz und Entschädigung) *F. Weyreuther*, in: Ständige Deputation des Deutschen Juristentages (Hrsg.), Verhandlungen des 47. Deutschen Juristentages Nürnberg 1968, Band I (Gutachten), 1968, S. 1 (58).
⁸ *F. Schoch*, VerwArch 79 (1988), 1 (25 ff.).

53 So ergibt sich folgende Übersicht:

Übersicht: Von der Norm zum subjektiven Recht, vom subjektiven Recht zum Anspruch

Rechtsgrundlage		Norm (Verfassung, Gesetz, Verwaltungsakt, Vertrag etc.)			
Pflicht des Staates	einen Vorteil zu gewähren	nicht einzugreifen			
Mit Einräumung einer Berechtigung	positiver Status	negativer Status			
Ziel des Inhabers des Rechts	(positive) Verwirklichung des Rechts = des Anspruchs	(negative) Verwirklichung des Rechts	Wiedergutmachung: Ausgleich für die Folgen einer Rechtsverletzung		
Mittel	Erfüllung des Anspruchs	(1) Verhinderung einer Rechtsverletzung (2) Wiederherstellung des Zustandes, der bestehen würde, wenn die eingetretene Rechtsverletzung nicht mehr vorhanden wäre	Herstellung des Zustandes, der bestehen würde, wenn die Rechtsverletzung nie eingetreten wäre	Beseitigung einer Vermögenseinbuße, die durch *rechtmäßiges* und deshalb vom Betroffenen zu duldendes Verhalten des Staates entstanden ist (Sonderopfer)	
Anspruch auf	Erfüllung	(1) Unterlassung der Rechtsverletzung (2) Beseitigung der Rechtsverletzung (inklusive Aufhebung eines Verwaltungsaktes)	Schadenersatz (Amtshaftung: keine Naturalrestitution, sondern Geldersatz)	Entschädigung wegen – Enteignung – enteignenden oder enteignungsgleichen Eingriffs – Aufopferung	
Verbreitete Klassifikationen	Primärrechtsschutz	Aufhebung Verwaltungsakt: Primärrechtsschutz ansonsten Sekundärrechtsschutz „öffentlich-rechtliches Reaktionsrecht"	Sekundärrechtsschutz = Staatshaftungsrecht		

5.2 Der positive Status als Recht und Anspruch

54 Die Rechtsposition des positiven Status ist Recht und Anspruch in einem. Mit der Einräumung eines positiven Status geht die Rechtsmacht einher, die Berechtigung durchzusetzen. Das Recht auf Erteilung der Baugenehmigung lässt sich zwanglos **zugleich als Anspruch** auf Erteilung der Baugenehmigung denken, d. h. als Recht, nicht nur die Baugenehmigung zu *erhalten*, sondern sie zu *fordern* (vgl. § 194 BGB). Diese Rechtsposition hat ihren eigenen sozialen Sinn: Der Berechtigte darf von Anfang an verlangen, dass die Behörde ihrer gesetzlichen Verpflichtung zur Erteilung der Genehmigung nachkommt. Er macht insofern nicht geltend, dass die Behörde ihm gegenüber rechtswidrig gehandelt hat. Die Verletzung des positiven Status löst mithin **keine weiteren Ansprüche** aus. Das ist ein wichtiger Unterschied zum negativen Status, dessen Verletzung als Reaktion neue Ansprüche, die Reaktionsansprüche, hervorruft. Das Recht, das den positiven Status begründet, besteht schlicht fort, solange es nicht erfüllt worden ist. In gewisser Hinsicht lässt sich der positive Status gerade dadurch definieren, dass seine Verletzung wirkungslos ist. Wenn also beispielsweise

5.2 Der positive Status als Recht und Anspruch

die Behörde eine beantragte Baugenehmigung, deren Erteilungsvoraussetzungen erfüllt sind, versagt, „verletzt" sie natürlich in gewisser Hinsicht das Recht des Bauherrn auf Erteilung der Baugenehmigung. Aber mit dieser Verletzung ändert sich nichts am Rechtszustand. Eine Verdoppelung dieses Rechts zu einem davon zu unterscheidenden Leistungsanspruch findet nicht statt.[9] Die Nichterfüllung des gesetzlichen Anspruchs auf Erteilung der Baugenehmigung löst keinen weiteren Leistungsanspruch aus. Dementsprechend dient die Norm, die das Recht begründet, als Anspruchsgrundlage für das Begehren gegenüber der Verwaltung.

Diese Einsicht ist wohl unbestritten. Aber sie steht in einer gewissen Spannung zu anderen Erkenntnissen. Es geht dabei um die Einordnung und Beurteilung von gesetzlichen Genehmigungsvorbehalten, die lediglich eine präventive Funktion haben, wie etwa bei der Baugenehmigung oder einer gewerberechtlichen Erlaubnis. Die entsprechende Tätigkeit ist grundrechtlich geschützt (Art. 12, Art. 14 GG), weshalb der Genehmigungsvorbehalt als **Grundrechtseingriff** rechtfertigungsbedürftig ist. Der negative Status, den die freiheitsrechtlichen Grundrechtsnormen gegenüber aller staatlichen Gewalt einräumen, ist also durch den gesetzlichen Genehmigungsvorbehalt beschränkt worden. Da die begehrte Tätigkeit dem Betroffenen erst mit der Bewilligung zusteht, wird der negative Status dann erst wieder eröffnet. Bis dahin besteht das gesetzliche Verbot. Hingegen begründet die gesetzliche Anspruchsnorm für die Erteilung der Bewilligung einen positiven Status. Die Überlegung, mit der Versagung der Genehmigung werde der Freiheitsbereich des Antragstellers verkürzt,[10] geht an der Sache vorbei, weil dieser Freiheitsbereich schon mit der gesetzlichen Begründung des Genehmigungsvorbehalts verkürzt worden ist. Der Bauherr unterliegt einem gesetzlichen Bauverbot, solange die Genehmigung für das genehmigungsbedürftige Vorhaben nicht erteilt worden ist. Erst mit der wirksamen Erteilung darf gebaut werden.

Dennoch kann die **Versagung** der Erlaubnis **als Eingriff** in das jeweilige Grundrecht angesehen werden. Dieser Eingriff ist allerdings nicht als Beeinträchtigung des negativen Status fassbar. Sicherlich kann ein reaktionsrechtlicher Anspruch auf Aufhebung der Versagung angenommen werden. Doch bildet er das Begehren des Berechtigten nicht ab. Wenn die Behörde den versagenden Verwaltungsakt aufhebt, geht damit nicht die Erteilung der Genehmigung einher. Prozessual schlägt sich dies darin nieder, dass mit der Anfechtung der Ablehnung nicht erreicht werden kann, dass das Gericht die Verwaltungsbehörde dazu verpflichtet, die Genehmigung zu erteilen. Mit der Existenz der Verpflichtungsklage nach § 42 Abs. 1 VwGO steht hingegen eine Rechtsschutzform bereit, die das Interesse des Bürgers am Erlass der Genehmigung erfasst. Mit dieser Klageart hat die VwGO es entbehrlich gemacht, den Fokus auf die Versagung als belastenden Verwaltungsakt zu richten; der Bürger

---

[9] *H. Rupp*, Grundfragen der heutigen Verwaltungsrechtslehre, 2. Aufl. 1991, S. 263; *F. Weyreuther*, in: Erichsen/Hoppe/Mutius (Hrsg.), System des verwaltungsgerichtlichen Rechtsschutzes, 1985, S. 681, 685; *E. Schmidt-Aßmann*, in: Maunz/Dürig (Hrsg.), GG, Stand: März 2019, Art. 19 Abs. 4 Rn. 284; *W.-R. Schenke*, in: Kahl/Waldhoff/Walter (Hrsg.), GG, Stand: 9/2019, Art. 19 Abs. 4 Rn. 471; *F. Schoch*, DV 34 (2001), 261 (267 f.). Ergänzend dazu Rn. 59, Kap. 6, Fn. 22, und Rn. 211.
[10] *V. Struzina/J. Lindner*, VerwArch 108 (2017), 266 (267); ähnlich *A. Köpfler*, Die Bedeutung von Art. 2 Abs. 1 Grundgesetz im Verwaltungsprozess, 2008, S. 116.

begehrt einen begünstigenden Verwaltungsakt.¹¹ Denkbar ist es, jedenfalls nach einer rechtswidrigen Versagung auf einen unmittelbaren grundrechtlichen Leistungsanspruch auf Genehmigungserteilung abzustellen.¹² Aber wenn der einfach-rechtliche Anspruch fortbesteht, besteht kein Anlass, einen solchen grundrechtlichen Anspruch zu postulieren. Hier greift der Anwendungsvorrang des einfachen Rechts. Im konkreten Fall muss zunächst die rangniedrigere Norm angewendet werden.¹³ Wenn also die Versagung eines begehrten Verwaltungsakts, jedenfalls sofern es sich dabei um eine Kontrollerlaubnis handelt (wie etwa die Baugenehmigung), „materiell" als Grundrechtseingriff angesehen werden kann, so ist es verkürzt zu sagen, dass dieser Eingriff nach den Maßstäben der Eingriffsverwaltung zu behandeln sei.¹⁴ Es handelt sich um ein Leistungsbegehren, und zwar um ein solches, das nicht reaktionsrechtlich fundiert ist.

57   Doch muss dies nicht zur Folge haben, den grundrechtlichen Hintergrund der Kontrollerlaubnisse und ihrer Erteilung vollständig zu vernachlässigen. Er **verstärkt** den einfach-rechtlichen Anspruch. Bei der Interpretation der entsprechenden Gesetzesbestimmungen kann das eine Rolle spielen.¹⁵ So spricht der grundrechtliche Schutz des Anspruches dafür, ihn gegenüber Änderungen der Sach- und Rechtslage so zu stärken, dass die Relevanz der Änderungen in verstärktem Maße rechtfertigungsfähig ist.¹⁶ Die verstärkende Wirkung des Grundrechtsschutzes einschließlich ihrer Komplexität zeigt anschaulich der vom BVerwG entschiedene Fall des Erwerbs eines Betäubungsmittels zum Zwecke der Selbsttötung.¹⁷ Das verwaltungsrechtliche Begehren ist auf eine Leistung gerichtet, die Erteilung einer Erlaubnis nach § 3 BtMG. Das Bundesinstitut für Arzneimittel und Medizinprodukte versagte die Erteilung und stützte sich auf den Versagungsgrund des § 5 Abs. 1 Nr. 6 BtMG. Die Nutzung des Mittels zur Selbsttötung würde dem Zweck des BtMG zuwiderlaufen. Das BVerwG sieht in dem gesetzlichen Verbot, Betäubungsmittel zum Zweck der Selbsttötung zu erwerben, einen Eingriff in das mit dem allgemeinen Persönlichkeitsrecht nach Art. 2 Abs. 1 i. V. m. Art. 1 Abs. 1 GG verbürgte Recht auf selbstbestimmtes Sterben. Der Versagungsgrund des § 5 Abs. 1 Nr. 6 BtMG dürfe deshalb in extremen Notlagen nicht greifen. Soweit bewegt sich das Gericht in den vorgezeichneten Bahnen der grundrechtlichen Abwehrfunktion. Doch stellt das Gericht ohne ersichtlichen Grund *zusätzlich* auf eine staatliche Schutzpflicht für die

---

[11] H. *Faber*, Verwaltungsrecht, 4. Aufl. 1995, S. 250.
[12] So T. *Kingreen*/R. *Poscher*, Grundrechte, 35. Aufl. 2019, Rn. 121.
[13] H. *Maurer*/C. *Waldhoff*, Allgemeines Verwaltungsrecht, 19. Aufl. 2017, § 4 Rn. 59.
[14] So aber H. *Maurer*/C. *Waldhoff*, Allgemeines Verwaltungsrecht, 19. Aufl. 2017, § 9 Rn. 54; V. *Struzina*/J. *Lindner*, VerwArch 108 (2017), 266 (267). Ablehnend etwa F. *Weyreuther*, in: Ständige Deputation des Deutschen Juristentages (Hrsg.), Verhandlungen des 47. Deutschen Juristentages Nürnberg 1968, Band I (Gutachten), 1968, S. 1 (94); differenzierend H. J. *Wolff*/O. *Bachof*/R. *Stober* u. a., Verwaltungsrecht I, 13. Aufl. 2017, § 60 Rn. 65. Eine sehr komplexe Untersuchung der Problematik in G. *Lübbe-Wolff*, Die Grundrechte als Eingriffsabwehrrechte, 1988.
[15] Vgl. H. *Rupp*, Grundfragen der heutigen Verwaltungsrechtslehre, 2. Aufl. 1991, S. 272.
[16] B. *Vogler*, Der Genehmigungsanspruch, 2000, S. 149 ff.
[17] BVerwGE 158, 142.

Selbstbestimmung ab und es setzt sich insgesamt in einen deutlichen Widerspruch zur Regelungsabsicht des Gesetzgebers.[18]

Praktisch relevant wird die Frage nach der Eingriffsqualität einer Versagung zudem bei der Anwendung des § 28 VwVfG. Das Erfordernis, den Betroffenen **anzuhören**, besteht vor dem Erlass von Verwaltungsakten, „die in Rechte eines Beteiligten eingreifen". Dass die Versagung einer Leistung belastend wirkt, reicht aber nicht aus, sie als Eingriff zu werten.[19] Eine Anhörung ist also regelmäßig nicht erforderlich, wenn die Behörde beabsichtigt, einen Antrag abzulehnen.

Von der vorstehend diskutierten Problematik ist die Konstellation zu unterscheiden, in der die Verwaltung ein bereits durch Verwaltungsakt begründetes Recht wieder aufhebt, etwa wenn die Widerspruchsbehörde im Wege einer *reformatio in peius* die erteilte Bewilligung kürzt oder aufhebt. Hier liegt ein Eingriff vor, der bei Rechtswidrigkeit einen Aufhebungsanspruch auslöst, der mit der Anfechtungsklage durchgesetzt werden kann.[20]

5.3 Der negative Status und die Ansprüche zu seinem Schutz

Im Bereich des negativen Status liegen die Dinge komplizierter als beim positiven Status. Das Feld negatorischer Ansprüche lernen die Studierenden an sich bereits in den ersten Semestern kennen, nämlich in der Vorlesung zu den Grundrechten. Freiheitsgrundrechte gelten als Abwehrrechte gegen den Staat (Rn. 42). Nur wird der Zusammenhang dieser Lehre mit dem Staatshaftungsrecht selten deutlich gemacht. Es ist der Sinn der Freiheitsgrundrechte, verstanden als Abwehrrechte, dass der Staat Eingriffe in die Grundrechte *unterlässt*, und wenn ein Eingriff ohne Rechtfertigung erfolgt, muss der Staat den Eingriff *rückgängig* machen. Der Staat ist verpflichtet, das grundrechtsverletzende Gesetz, den grundrechtsverletzenden Verwaltungsakt oder das grundrechtsverletzende Urteil aufzuheben. Als Rechtsschutzformen zur Realisierung dieses Anspruchs lernen die Studierenden am Anfang des Studiums nur die Verfassungsbeschwerde nach Art. 93 Abs. 1 Nr. 4 GG, § 90 BVerfGG kennen.

Anders als beim positiven Status erfordert die Durchdringung des negativen Status, zwei Ebenen von Rechten zu unterscheiden. Der Grundsatz lautet: Die Verletzung des gesetzlich begründeten negativen Status löst **Reaktionsrechte** aus.[21] Bei den Grundrechten macht das schlichte Recht auf Achtung des Grundrechts den Grundrechtsstatus

---

[18] Kritisch zum erstgenannten Punkt *M. Sachs*, JuS 2017, 800 (802), zum zweiten *A. Weilert*, DVBl. 2017, 910 (913).

[19] *D. Kallerhoff*, in: Stelkens/Bonk/Sachs (Hrsg.), VwVfG, 8. Aufl. 2014, § 28 Rn. 27; *H. J. Wolff/O. Bachof/R. Stober u. a.*, Verwaltungsrecht I, 13. Aufl. 2017, § 60 Rn. 63.

[20] Vgl. *A.-P. Heinze*, Systematisches Fallrepetitorium Allgemeines Verwaltungsrecht, 2014, Fall 6, 2. Komplex.

[21] *H. Rupp*, Grundfragen der heutigen Verwaltungsrechtslehre, 2. Aufl. 1991, S. 158; *E. Schmidt-Aßmann*, in: Maunz/Dürig (Hrsg.), GG, Stand: März 2019, Art. 19 Abs. 4 Rn. 285; *W.-R. Schenke*, in: Kahl/Waldhoff/Walter (Hrsg.), GG, Stand: 9/2019, Art. 19 Abs. 4 Rn. 472; *F. Weyreuther*, in: Erichsen/Hoppe/Mutius (Hrsg.), System des verwaltungsgerichtlichen Rechtsschutzes, 1985, S. 681 (686); *H. Dreier*, Jura 1994, 505 (507); *H.-U. Gallwas*, Grundrechte, 2. Aufl. 1995,

aus. Dieser Status ist, wie gezeigt (Kap. 4), nicht als Anspruch fassbar, weil er immer und überall gilt und damit keine Kontur hat. Erst die bevorstehende oder bereits geschehene Verletzung führt zu Rechtsansprüchen, die auf Unterlassung sowie Beseitigung gerichtet sind. Die Ansprüche des Staatshaftungsrechts sind *Reaktion* auf Rechtsverletzungen, weshalb sie auch als Reaktionsrechte bezeichnet werden. Es kann sich dabei, so die verbreitete Terminologie, um Ansprüche auf die Unterlassung bevorstehender Eingriffe, auf die Beseitigung von Eingriffen oder auf die Beseitigung der Folgen von Eingriffen handeln. Zum Teil ist in diesem Zusammenhang allgemein vom grundrechtlichen Schutzanspruch auf **Unterlassung, Beseitigung und Herstellung** die Rede.[22] Er bündelt eine Vielzahl von Reaktionsrechten.

62 Über den Rechtsgrund und den Inhalt dieser Ansprüche besteht in Rechtsprechung und Literatur keine Einigkeit. Auch die Terminologie ist leider nicht einheitlich. Für die folgende Darstellung wird davon ausgegangen, dass mit den genannten Ansprüchen auf Unterlassung, Beseitigung und Herstellung zwei Arten von Ansprüchen erfasst sind: der **öffentlich-rechtliche Unterlassungsanspruch** und der **öffentlich-rechtliche Beseitigungsanspruch**. Der Folgenbeseitigungsanspruch ist nur eine Unterart des Beseitigungsanspruchs, er schließt wiederum den Vollzugsfolgenbeseitigungsanspruchs – prozessual erfasst in § 113 Abs. 1 Satz 2 VwGO – als Unterart ein. Auch der Anspruch auf Aufhebung eines Verwaltungsakts, der ein subjektives öffentliches Recht verletzt, ist ein Beseitigungsanspruch. Es ist nur eine terminologische Frage, ob es sich um einen einheitlichen Anspruch mit verschiedenen Wirkungsmodalitäten (Unterlassung und Beseitigung) oder um verschiedene Ansprüche handelt (siehe Rn. 279). Der größeren Klarheit zuliebe wird in diesem Buch von verschiedenen Ansprüchen ausgegangen.

63 Der Unterlassungs- und der Beseitigungsanspruch haben einige Gemeinsamkeiten. Die wichtigste ist ihr **Rechtsgrund**: Zwar ist umstritten, was den Rechtsgrund ausmacht, aber unbestritten ist, dass er für alle Ansprüche identisch sein muss. In Betracht kämen das Rechtsstaatsprinzip, die Grundrechte oder eine Analogie zu § 1004 BGB. Nach einer verbreiteten Herangehensweise – vor allem beim Folgenbeseitigungsanspruch, der in der Praxis die größte Rolle spielt – wird die Frage nach dem Grund der Ansprüche offengelassen, weil das Ergebnis stets das gleiche sei.[23] Über das Bestehen des Anspruchs bestehe Einigkeit. Für Klausuren ist dies durchaus eine empfehlenswerte Strategie. Um Verständnis zu erlangen, ist diese Strategie aber zu einfach, weil die Frage der rechtlichen Grundlage Auswirkungen auf Tatbestand und Rechtsfolge der Ansprüche hat.

64 Die Ansprüche sind mehr als nur allgemeine Grundsätze des Verwaltungsrechts, sie stellen **geltendes Recht** dar. Sie sind nach der Rechtsprechung des BVerwG nicht dem Landesrecht zuzuordnen, sondern dem Bundesrecht.[24] Es liegt nahe, für die Begründung der Ansprüche auf das Rechtsstaatsprinzip und den Grundsatz der

---

Rn. 131 ff. Zu einer Dogmatik des grundrechtlichen Reaktionsrechts *J. Lindner*, Theorie der Grundrechtsdogmatik, 2005, S. 489 ff.

[22] *F. Ossenbühl/M. Cornils*, Staatshaftungsrecht, 6. Aufl. 2013, S. 351 ff.

[23] Ausführlich zur Rechtsgrundlage des Folgenbeseitigungsanspruchs *F. Schoch*, Jura 1993, 478 (480).

[24] BVerwG, Urt. v. 25.8.1971, IV C 23.69, DÖV 1971, 857 (857).

5.3 Der negative Status und die Ansprüche zu seinem Schutz

Gesetzmäßigkeit der Verwaltung nach Art. 20 Abs. 3 GG abzustellen. Dann würden die Ansprüche kein Gewohnheitsrecht darstellen, sondern, da Teil des Rechtsstaatsprinzips, verfassungsrechtlichen Ursprungs sein. Doch setzt sich diese Zuordnung dem Einwand aus, zu abstrakt und zu wenig sachhaltig zu sein. Eine *rein* grundrechtliche Fundierung der Ansprüche würde die Reichweite der Reaktionsrechte beschränken. Sie können nämlich im Grundsatz auch bei Beeinträchtigungen von einfachen subjektiven öffentlichen Rechten greifen.[25] Ein plastisches Beispiel ist die Verletzung einer „drittschützenden" Norm der Gemeindeordnung über Beschränkungen der wirtschaftlichen Betätigung der Gemeinden: Wird die Norm verletzt, hat der Private, der in seinem aus der Norm folgenden Recht verletzt ist, einen Unterlassungs- und Beseitigungsanspruch darauf, dass die entsprechende Betätigung nicht mehr erfolgt (näher Rn. 67).

Wenn aber auch einfachgesetzlich begründete subjektive öffentliche Rechte reaktionsrechtliche Ansprüche auslösen können, dann können diese nicht allein auf den grundrechtlichen Status zurückgeführt werden. Ein Unterschied besteht insofern allenfalls mit Blick auf den unterschiedlichen Spielraum bei der Ausgestaltung der Reaktionsrechte. Die reaktionsrechtliche Absicherung eines Grundrechts muss sich an den Anforderungen des Grundrechts messen lassen. Dieser Maßstab gilt bei subjektiven Rechten des einfachen Rechts nicht. Wie weit die Ausgestaltungsmöglichkeit des Gesetzgebers bei Grundrechtsverletzungen reicht, hängt von vielen Umständen ab und kann nicht abstrakt beurteilt werden. 65

Der Weg zur Lösung des Problems, wo die Reaktionsansprüche ihren Rechtsgrund haben, ist mit der Unterscheidung von negatorischem Recht und Anspruch (Kap. 4) eigentlich schon gewiesen. Wie gezeigt wurde, ist das negatorische Recht als solches nicht mit der Rechtsmacht verbunden, das Recht durchzusetzen. Begründungsbedürftig ist mit anderen Worten gerade diese **Rechtsmacht**. So ergibt sich ein Zusammenwirken zweier Begünstigungen: derjenigen, die das negatorische Recht begründet (Grundrechtsnorm, einfaches Recht) mit derjenigen, die die Rechtsmacht einräumt und damit das Reaktionsrecht begründet.[26] Wenn ein Recht einen negativen Status begründet, kann der Berechtigte Unterlassung und Beseitigung von Verletzungen des Rechts verlangen. Diese Pflicht hat ihren Rechtsgrund aber nicht in derjenigen Norm, die das Recht begründet. Sie hat ihren Rechtsgrund im **Rechtsstaatsprinzip** nach Art. 20 Abs. 3 GG. Ihm kann eine reaktionsrechtliche Grundnorm entnommen werden: Immer dann, wenn die Auslegung einer Norm ergibt, dass sie einen negativen Status begründet, hat der Begünstigte Ansprüche auf 66

---

[25] Siehe für den Folgenbeseitigungsanspruch *F. Schoch*, DV 34 (2001), 261 (265); *M. Hoffmann-Becking*, JuS 1972, 509 (512); für den Unterlassungsanspruch *H.-W. Laubinger*, VerwArch 80 (1989), 261 (293) (mit Hinweis auf nachbarschützende Vorschriften des öffentlichen Bau- und Immissionsschutzrechts); für den allgemeinen Beseitigungsanspruch etwa *H. Rupp*, JA 1979, 506 (509).

[26] Ähnlich *W.-R. Schenke*, Rechtsschutz bei normativem Unrecht, 1979, S. 79 (zugewiesene Rechtsmacht als *actio negatoria* im Sinne eines Beseitigungsanspruchs); *B. Grzeszick*, Rechte und Ansprüche, 2002, S. 162, 475 („materieller Reaktionsgehalt", bei Grundrechten kraft ihres vorstaatlichen Charakters zwingend, bei einfach-rechtlich begründeten Rechten von gesetzgeberischer Entscheidung abhängig); *W. Müller*, Beseitigungs- und Unterlassungsansprüche im Verwaltungsrecht, 1967, S. 62 (bezogen auf Freiheitsrechte).

Unterlassung und Beseitigung von Verletzungen des Status. Rechtsstaatliche Bindung heißt in seinem Kern, dass die Rechtssphäre des Einzelnen, soweit sie durch subjektive Rechte ausgeformt ist, zu achten ist – und dass Verletzungen negatorischer Rechte unterlassen wie auch beseitigt werden müssen.[27] *Diese* Pflicht überträgt der verletzten Person unmittelbar die Rechtsmacht, ihre Erfüllung vom Staat zu verlangen. Insofern ist also die Zuordnung einer Norm zum negativen Status mit der Begründung eines Unterlassungs- und Beseitigungsanspruchs verknüpft, allerdings nur über den Umweg, dass dieser Anspruch in einer rechtsstaatlichen Grundnorm wurzelt. So wird überhaupt erst deutlich, dass auch Grundrechte, genauer die Freiheitsgrundrechte verstanden als Abwehrrechte, eine negatorische Zuweisung enthalten, die zur Begründung von Unterlassungs- und Beseitigungsansprüchen erforderlich ist.[28] Das Zutreffende an der verbreiteten Ableitung der Ansprüche aus den Grundrechten ist, dass damit an deren *Abwehrcharakter* angeknüpft wird. Diesen Charakter haben Grundrechte gerade insofern, als mit ihnen die Zuweisung eines negativen Status verbunden ist. Nur können eben auch einfach-rechtliche Normen eine solche Zuweisung enthalten. Entscheidend ist die Ausschlussfunktion, die mit einem Recht des negativen Status verbunden ist. Der Staat ist von der Einwirkung auf die Position des Berechtigten ausgeschlossen.

67 Für die **Rechtsanwendung** – und dementsprechend für die gutacherliche Lösung von Fällen – kommt es demnach entscheidend darauf an, den Schutznormcharakter (einschließlich der negatorischen Komponente) einer bestimmten Rechtsnorm zu ermitteln. Diese Frage muss, ebenso wie der Inhalt der Norm, im Wege der gewöhnlichen Auslegung beantwortet werden. Manche Vorschriften sind in einer subjektiv-rechtlichen Sprache verfasst. So hat nach § 1 VersammlG jedermann „das Recht", öffentliche Versammlungen und Aufzüge zu veranstalten und an solchen Veranstaltungen teilzunehmen. Es handelt sich um eine Schutznorm für jedermann, also auch, über Art. 8 GG hinaus, für Ausländer/-innen. Hingegen sind die Normen der Landesbauordnungen über die Erteilung der Baugnehmigungen in der Regel rein objektiv-rechtlich formuliert.[29] Dass sie dennoch für den Bauherrn – und nur für ihn – ein Recht auf Erteilung der Baugenehmigung begründen (siehe Rn. 206), kann unter Rückgriff auf den Schutz des Grundeigentums nach Art. 14 GG begründet werden. Dieser zusätzliche gedankliche Schritt zur Annahme eines Anspruchs auf Erteilung der Baugenehmigung ist so selbstverständlich, dass er in der Regel gar nicht erwähnt wird (und auch nicht erwähnt werden muss). Für den drittschützenden Charakter der kommunalrechtlichen Bestimmungen über die wirtschaftliche

---

[27] Weitgehend gleich *C. Enders*, GVwR III, 2. Aufl. 2013, § 53 Rn. 63.
[28] Vgl. *F. Schoch*, Jura 1993, 478 (481); *R. Breuer*, in: Bachof/Heigl/Redeker (Hrsg.), Verwaltungsrecht zwischen Freiheit, Teilhabe und Bindung, 1978, S. 89 (89); *D. Röder*, Die Haftungsfunktion der Grundrechte, 2002, S. 213 (allerdings mit Bezug auf die Grundrechte allein). Dies übersieht die ansonsten scharfsinnige Darlegung bei *W. Brugger*, JuS 1999, 625 (631).
[29] § 74 Abs. 1 BauO NRW, Art. 68 Abs. 1 Satz 1 BayBO, § 58 Abs. 1 Satz 1 LBO BW, § 74 HBO, § 72 Abs. 1 Satz 1 HBauO, § 73 Abs. 1 Satz 1 BauO SH, § 70 Abs. 1 Satz 1 NBauO, § 72 Abs. 1 Satz 1 BbgBO, § 72 Abs. 1 SächsBO, § 71 Abs. 1 BauO LSA, § 71 Abs. 1 Satz 1 ThürBO, § 70 Abs. 1 Satz 1 LBauO Rh.-Pf., § 72 Abs. 1 BremLBO, § 73 Abs. 1 Satz 1 LBO SL, § 72 Abs. 1 LBauO MV, § 71 Abs. 1 Satz 1 BauO Bln.

5.3 Der negative Status und die Ansprüche zu seinem Schutz

Betätigung der Gemeinden kann in systematischer Auslegung sprechen, dass der Gesetzgeber die Betätigung von einer Marktanalyse abhängig macht, die u. a. die Auswirkungen der Betätigung auf private Anbieter einbeziehen muss.[30] In historisch-genetischer Auslegung kann es gegen den drittschützenden Charakter sprechen, dass der Gesetzgeber bei einer Gesetzesänderung bestätigend auf gerichtliche Entscheidungen verweist, die den Schutznormcharakter verneinen.[31] Der Vorschlag, auch auf die Garantie der Menschenwürde nach Art. 1 Abs. 1 GG zurückzugreifen, sofern ein Gesetz den Einzelnen selbst, unmittelbar und gegenwärtig betreffe,[32] geht sehr weit, kann im Zweifel aber sicherlich tragen.

Nicht immer ist die Zuordnung einer Berechtigung zum negativen oder zum positiven Status einfach. Ein Beispiel ist das **Unterlassen eines Verwaltungsakts**. Zum einen ist die Verwaltung dazu verpflichtet, den Erlass eines Verwaltungsakts zu unterlassen, wenn der Verwaltungsakt rechtswidrig ein Freiheitsrecht des Adressaten beeinträchtigt. Der Unterlassungsanpruch ist in diesem Fall reaktionsrechtlich fundiert (seine prozessuale Durchsetzung ist allerdings in der Regel ausgeschlossen, siehe Abschn. 15.3). Eine Pflicht zur Unterlassung kann aber auch selbstständig durch verwaltungsrechtlichen Vertrag nach § 54 VwVfG oder eine Zusicherung nach § 38 VwVfG begründet werden. Der Unterlassungsanspruch besteht damit unmittelbar kraft der Verpflichtung der Behörde. Es wäre konstruiert, den Unterlassungsanspruch als reaktionsrechtliche Folge der Verletzung eines zunächst von der Verwaltung begründeten negatorischen Status anzusehen. Auch hängt der Erlass des Verwaltungsakts in solchen Fällen nicht von irgendwelchen einzuhaltenden Vorgaben ab, er soll schlicht nicht ergehen.[33] Die Verpflichtung der Verwaltung, den Erlass des Verwaltungsakts zu unterlassen, begründet also einen **positiven Status**. Diese Schlussfolgerung wird aber problematisch in dem Fall, dass die Behörde den Verwaltungsakt entgegen ihrer Verpflichtung erlässt. Die Behörde ist zweifellos verpflichtet, den Verwaltungsakt wieder aufzuheben. Nur stellt sich die Frage, ob es sich dabei um eine reaktionsrechtliche Einstandspflicht oder immer noch um eine unabhängig davon bestehende Verpflichtung handelt. Die Pflicht zur Beseitigung anders zu behandeln als die Pflicht zur Unterlassung, ist allerdings nicht sonderlich konsequent. Also ist es naheliegender, in die Pflicht zur Unterlassung die Pflicht zur Beseitigung von Ver-

68

---

[30] OVG Nordrhein-Westfalen, Beschl. v. 13.8.2003, 15 B 1137/03, NVwZ 2003, 1520 (1521), zu § 107 GO NRW. Freilich ist die Rechtsprechung zurückhaltend bei der Annahme eines drittschützenden Charakters, vgl. *W. Frotscher/U. Kramer*, Wirtschaftsverfassungs- und Wirtschaftsverwaltungsrecht, 7. Aufl. 2019, § 3 Rn. 5 f.; Überblick bei *A. Berger*, DÖV 2010, 118. Entsprechende landesrechtliche Normen: Art. 87 Abs. 1 BayGO; § 91 Abs. 2–4 BbgKVerf; § 102 Abs. 1 GO BW; § 121 Abs. 1 HessGO; § 68 Abs. 2 KV MV; § 136 Abs. 1 NdsKomVG; § 85 Abs. 1 GO Rh.-Pf.; § 108 Abs. 1 KSVG; § 97 Abs. 1 SächsGO; § 116 Abs. 1 GO LSA; § 101 Abs. 1 GO SH; § 71 Abs. 1 ThürKO.

[31] VG Würzburg, Urt. v. 5.9.2012, W 2 K 10.1204, juris, Rn. 34.

[32] *H. Rupp*, in: Brenner/Huber/Möstl (Hrsg.), Der Staat des Grundgesetzes – Kontinuität und Wandel, 2004, S. 995 (1005 f.).

[33] Vielleicht liegt demgegenüber der tiefere Sinn der Kategorie des negativen Status gerade darin, dass Beeinträchtigungen grundsätzlich möglich, aber von der Einhaltung bestimmter Voraussetzungen abhängig sind.

waltungsakten mit hineinzulesen. Der Anspruch auf Beseitigung des Verwaltungsakts ist Teil der positiven Berechtigung des Betroffenen. Für die verwaltungsgerichtliche Durchsetzung dieses Anspruchs zieht die Praxis die Anfechtungsklage heran.[34] Dies überzeugt nicht; einschlägig ist die Verpflichtungsklage (siehe Rn. 170).

69 Die so begründete Verortung von Reaktionsrechten im Rechtsstaatsprinzip fügt sich ein in die Rechtsprechung des BVerwG, das den Folgenbeseitigungsanspruch als Grundsatz des Bundesrechts qualifiziert hat (Rn. 64). Praktisch gesehen, konnte das BVerwG nur unter dieser Voraussetzung als Revisionsgericht über den Fall überhaupt entscheiden (§ 137 Abs. 1 VwGO). Dass auch subjektive öffentliche Rechte des Landesrechts, etwa nachbarschützende Vorschriften des Bauordnungsrechts oder in einem kommunalen Bebauungsplan, Reaktionsrechte auslösen, ist insofern kein Problem. Das BVerwG hat offengelassen, welcher der vielfältigen Ansätze zutreffend ist, da alle im Bundesrecht ansetzten, von Art. 20 Abs. 3 GG bis zu den Freiheitsgrundrechten. Wenn die Reaktionsansprüche so konstruiert werden, dass ihre Entstehung (1) die Zuweisung eines negativen Status, durch Bundes- oder Landesrecht und (2) die rechtsstaatliche negatorische Grundnorm voraussetzen, ergeben sich keine Spannungen zu dieser Judikatur.

70 Auch die reaktionsrechtlichen Ansprüche als solche beruhen also auf einer **Norm** und **begründen Pflichten**. In einer jüngeren Terminologie ist treffend von Einstandspflichten die Rede.[35] Wie erwähnt, ist der Rechtsgrund der Pflichten umstritten. Auch wenn der Auffassung gefolgt wird, dass sie im Rechtsstaatsprinzip wurzeln, sind sie als solche ungeschrieben. Deshalb lässt sich selten eine konkrete Verfassungs- oder Gesetzesbestimmung als „Anspruchsgrundlage" für eine begehrte Unterlassung oder Beseitigung benennen. Als eine seltene Ausnahme gilt Art. 39 BayVwZVG. Diese Norm begründet einen Anspruch auf Beseitigung der Folgen einer Verwaltungsvollstreckung, sofern der vollstreckte Verwaltungsakt sofort vollziehbar war, vom Gericht aber aufgehoben wird. Doch ist auch bei den Reaktionsansprüchen die Kette Norm-Pflicht-Berechtigung konstruier- sowie identifizierbar. Der Unterlassungs- und der Beseitigungsanspruch beruht auf einer Norm, die den Staat objektiv-rechtlich verpflichtet. Sie wird zur Berechtigung erst dadurch, dass sie – wie die verletzte Norm – Schutzwirkung für die geschädigte Person entfaltet. Gemeinhin wird dieser Zusammenhang jedoch nicht offengelegt, was sicherlich auch darauf zurückzuführen ist, dass die Anspruchsnorm nur im Wege der Auslegung ermittelt werden kann. Das wäre anders, wenn das geplante, aber gescheiterte Staatshaftungsgesetz v. 26.6.1981 verabschiedet worden wäre. Dort war der Folgenbeseitigungsanspruch in § 3 normiert.[36]

71 Weil die öffentlich-rechtlichen Reaktionsrechte ungeschrieben sind, bestehen aber nicht nur auf der Tatbestandsseite Unsicherheiten, sondern auch bei der **Rechtsfolge**. Die Rechtsordnung kann ganz unterschiedliche Reaktionen auf eine Rechtsverletzung vorsehen und ihre Konkretisierung im konkreten Fall ist nicht immer eindeutig. Es führt keine zwingende logische Notwendigkeit von einer Rechtsver-

---

[34] OVG Thüringen, Urt. v. 24.10.2007, 1 KO 645/06, juris, Rn. 30; dafür auch *U. Stelkens*, in: Stelkens/Bonk/Sachs (Hrsg.), VwVfG, 8. Aufl. 2014, § 38 Rn. 122.

[35] *W. Höfling*, GVwR III, 2. Aufl. 2013, § 51 Rn. 7.

[36] BGBl. I S. 553.

letzung zu einer bestimmten rechtlichen Reaktion.[37] Der Gesetzgeber kann die Reaktionen auf eine Rechtsverletzung ausgestalten. Die Rechtsfolgen einer Rechtsverletzung müssen festgelegt werden, und hier verfügt die Rechtsordnung über einen Spielraum. Rechtsstaatlich sind jedenfalls die Unterlassung und die Beseitigung der Rechtsverletzung gefordert, wie gezeigt. Damit steht aber nicht schon ohne Weiteres fest, was genau im konkreten Fall zu tun ist, um die Rechtsverletzung zu unterlassen oder zu beseitigen. Die Verletzungslage als solche erlaubt nur selten einen zwingenden Schluss auf eine bestimmte Reaktion. Sofern die Rechtsverletzung auf eine Regelung zurückgeht, kann sicherlich noch die Kassation dieser Regelung als „denknotwendiger" Inhalt der Beseitigungsverpflichtung angesehen werden. Hier lässt sich ein schlichter „actus contrarius" benennen, der allein logisch aus dem Vorliegen einer Rechtsverletzung abgeleitet werden kann. Wenn die Bauordnungsbehörde eine rechtswidrige Nutzungsuntersagung verfügt, ist mit der Aufhebung der Verfügung der vorherige Zustand wiederhergestellt. Schwieriger wird es etwa, wenn der Staat eine Studentin rechtswidrig exmatrikuliert hat. Die Studentin muss wieder zum Mitglied der Universität werden. Die Rechtsverletzung könnte durch eine erneute Immatrikulation beseitigt werden. Da aber schon die Aufhebung der rechtswidrigen Exmatrikulation den kraft der ursprünglichen Immatrikulation bestehenden Status wieder aufleben lässt, reicht dies zur Beseitigung der Rechtsverletzung aus. In vielen Fällen sind Wertungen nötig. Wenn der Staat jemanden beleidigt, muss er sich entschuldigen – aber in welcher Form? Wenn der Staat Immissionen aussendet, muss er sie unterlassen – aber in welchem Umfang, und welche Mittel sind einzusetzen? Wenn der Staat den rechtswidrigen Aufenthalt von Personen in einer Wohnung verantwortet, muss er dafür sorgen, dass sie die Wohnung verlassen – durch welche Maßnahmen? Und so weiter. Selbst bei dem zunächst noch einfachen Fall der bloßen Kassation des rechtsverletzenden Akts kann schnell dieser Bereich der Wertungen erreicht werden, nämlich wenn der Vollzug des Aktes Folgen hatte, deren Beseitigung im Raume steht.

Prinzipiell offen ist für den Gesetzgeber die Ausgestaltung der reaktionsrechtlichen Pflichten auch mit Blick darauf, ob sie zu einer gebundenen oder einer Ermessensentscheidung führen. In der Rechtsordnung sind dazu allerdings keine ausdrücklichen Regelungen vorhanden. Es muss deshalb davon ausgegangen werden, dass im Grundsatz die Entscheidung über die Reaktion nicht im Ermessen der handelnden Behörde steht. Die entsprechende Reaktion muss erfolgen. Es gibt für die Behörde **kein Reaktionsermessen**. Dieser Umstand ist für die Struktur der im dritten Teil behandelten Falltypen von großer Bedeutung.

Die Ansprüche, mit denen der negativen Status bewehrt ist, die negatorischen **Ansprüche,** begründen ihrerseits für den Berechtigten einen positiven Status

---

[37] *J. Lindner*, Theorie der Grundrechtsdogmatik, 2005, S. 510; ausführlich *N. Luhmann*, Öffentlich-rechtliche Entschädigung rechtspolitisch betrachtet, 1965, S. 29 ff., 91 ff. Zu gesetzlichen Beschränkungen des Anspruchs auf Aufhebung von Verwaltungsakten *W.-R. Schenke*, in: Geis/Lorenz (Hrsg.), Staat, Kirche, Verwaltung, 2001, S. 723 (740 ff.). Demgegenüber verankerte *K. Bettermann*, DÖV 1955, 528 (536), den Unterlassungs- und Beseitigungsanspruch in der verletzten Norm selbst, so dass eine gesetzliche Regelung – anders als bei der Rechtsfolge des Schadenersatzes – entbehrlich sei.

(Rn. 39). Denn sie berechtigen dazu, vom Staat eine Leistung – eben die Abwehr der Rechtsverletzung – zu verlangen. Somit stehen den Einzelnen grundsätzlich zwei verschiedene Arten von Leistungsansprüchen zur Verfügung: zum einen diejenigen, die aus einer Verletzung des negativen Status resultieren, zum anderen diejenigen, die ohne eine solche Rechtsverletzung bestehen und sich einer unmittelbaren Gewährung durch eine staatliche Pflichtennorm verdanken. Dieser Unterschied wird im Folgenden begrifflich deutlich gemacht, indem die erstgenannte Kategorie als **abgeleiteter** positiver Status und die zweitgenannte Kategorie als **originärer** positiver Status erfasst wird. Diese Unterscheidung wird noch näher entfaltet (Abschn. 10.2). Sie hat eine Parallele im Bürgerlichen Recht.[38] Die schuldrechtliche Forderung ist von Anfang an als Anspruch im Sinne des § 194 BGB ausgestaltet und hat insofern „originär" einen Anspruchscharakter. Demgegenüber werden absolute Rechte wie das Eigentum (§ 903 BGB) durch Ansprüche (etwa § 1004 BGB) bewahrt und geschützt; sie begründen also abgeleitete Ansprüche.

74　Sowohl der Unterlassungs- als auch der Beseitigungsanspruch schützen den negativen Status. Um sie zusammen darzustellen und zu erörtern, hat sich keine einheitliche Terminologie herausgebildet. Unterlassung und Beseitigung können zu einem „Rechtswidrigkeitsabwehranspruch"[39] oder zu einem allgemeinen Reaktionsanspruch auf Wiederherstellung der Eigenrechtssphäre[40] zusammengefasst werden.

75　Einzelheiten zu den reaktionsrechtlichen Ansprüchen werden im Zusammenhang mit dem **Falltypus 5** erörtert. Zu den reaktionsrechtlichen Ansprüchen kann im Übrigen auch der deliktische **Amtshaftungsanspruch** nach Art. 34 GG i. V. m. § 839 BGB gezählt werden. Für die Geltendmachung dieses Anspruchs ist nach Art. 34 Satz 3 GG, § 40 Abs. 2 Satz 1 VwGO der ordentliche Rechtsweg eröffnet. Da somit die Verwaltungsgerichte über diesen Anspruch nicht entscheiden, bleibt er im Folgenden außer Betracht.

76　Zusammenfassend lässt sich die Begründung eines Reaktionsrechts wie folgt veranschaulichen:

> **Übersicht: Begründung eines Reaktionsrechts**
> (1) Vorliegen einer staatlichen Verpflichtung
> (2) Schutznormcharakter der Verpflichtung. Konsequenz: subjektives öffentliches Recht auf Beachtung der Norm.
> (3) Negatorische Qualität des Rechts: Die Norm verpflichtet den Staat, das geschützte Interesse nicht zu beeinträchtigen. Konsequenz: Beachtung der Norm erfolgt durch Nicht-Eingriff.
> (4) Rechtsstaatlich begründete Zuweisung der Rechtsmacht, im Falle einer bevorstehenden oder geschehenen Beeinträchtigung des Rechts Unterlassung sowie Beseitigung zu verlangen.

---

[38] Vgl. *M. Okuda*, AcP 164 (1964), 536.
[39] *J. Lindner*, Öffentliches Recht, 2. Aufl. 2017, Rn. 1254.
[40] *C. Enders*, GVwR III, 2. Aufl. 2013, § 53 Rn. 68.

5.4 Der öffentlich-rechtliche Erstattungsanspruch

Die dogmatische Zuordnung des *öffentlich-rechtlichen Erstattungsanspruchs* ist schwierig und umstritten. Einigkeit besteht nur darüber, dass der Erstattungsanspruch kein Anspruch ist, der aus einem deliktischen Verhalten – des Staates oder eines Privaten – resultiert. Auch die Rechtsfolge des § 812 BGB lässt sich nicht als Schadenersatz verstehen. Nach überwiegender und zutreffender Auffassung knüpft der öffentlich-rechtliche Erstattungsanspruch nicht an ein rechtswidriges Verhalten des Staates an, sondern daran, ob für eine Bereicherung ein **Rechtsgrund** vorliegt oder nicht.[41] Erstattungsanspruch und **Folgenbeseitigungsanspruch** stehen also nebeneinander, was nicht ausschließt, dass im konkreten Fall beide zugleich erfüllt sein können. Zum Teil wird allerdings vertreten, der öffentlich-rechtliche Erstattungsanspruch sei auf ein rechtswidriges Verhalten des Staates zurückzuführen. Diese Qualifikation kommt insbesondere zum Ausdruck, wenn er als eine Variante des Folgenbeseitigungsanspruchs angesehen wird.[42] Gegen diese Zuordnung spricht aber, dass der Anspruch keinen rechtswidrigen Eingriff voraussetzt.[43] Wie im Zivilrecht kommt es allein auf die Rechtsgrundlosigkeit der Vermögensverschiebung an. Der Anspruch hat also, anders gesagt, gar **keine negatorische Zielrichtung**. Wenn der Bürger zufällig zu viel Geld an eine staatliche Einrichtung überweist und Rückerstattung verlangt, gilt es nicht, irgendeine Rechtsverletzung des Staates abzuwehren. Der Umstand, dass eine rechtsgrundlose Vermögensverschiebung stattgefunden hat, kann nicht damit identifiziert werden, dass der Begünstigte, sei es ein Hoheitsträger oder ein Privater, rechtswidrig gehandelt hat. Sicherlich kommt dem öffentlich-rechtlichen Erstattungsanspruch eine restitutorische Funktion zu,[44] doch wurde bereits darauf hingewiesen, dass der Begriff der Restitution zu unscharf ist, um dogmatische Leistungsfähigkeit zu entwickeln. Der öffentlich-rechtliche Erstattungsanspruch kann nicht als Reaktion auf eine Rechtsverletzung gedacht werden. Insofern hat er eine Parallele im Bereicherungsrecht nach dem BGB. Die Bereicherungshaftung ist völlig *unabhängig vom Verhalten des Schuldners*.[45] Sie dient dazu, im Sinne ausgleichender Gerechtigkeit eine bestimmte Güterzuordnung rückgängig zu machen.[46] In diesem Ausgleich für ein zurückliegendes Geschehen liegt eine gewisse Parallele zu reaktionsrechtlichen Ansprüchen, mehr aber auch nicht. Die Auslösung des Erstattungsanspruchs hängt nicht nur nicht davon ab, ob der Staat irgendein Recht verletzt, es ist auch nicht möglich, den Anspruch an eine Pflichtverletzung zu knüpfen. Die Pflicht, rechtsgrundlos erlangte Vermögenswerte an den

77

---

[41] *F. Weyreuther*, in: Ständige Deputation des Deutschen Juristentages (Hrsg.), Verhandlungen des 47. Deutschen Juristentages Nürnberg 1968, Band I (Gutachten), 1968, S. 1 (23).
[42] Umfassend *M. Morlok*, DV 25 (1992), 371; weiter *C. Enders*, GVwR III, 2. Aufl. 2013, § 53 Rn. 40. Gegenauffassung: *H. J. Wolff/O. Bachof/R. Stober u. a.*, Verwaltungsrecht I, 13. Aufl. 2017, § 55 Rn. 67; *F. Schoch*, VerwArch 79 (1988), 1 (63 f.).
[43] *H. Maurer/C. Waldhoff*, Allgemeines Verwaltungsrecht, 19. Aufl. 2017, § 30 Rn. 2.
[44] Sehr stark dies bei *M. Morlok*, DV 25 (1992), 371 (378 ff.).
[45] *K. Larenz/C.-W. Canaris*, Lehrbuch des Schuldrechts, Bd. II/2, 13. Aufl. 1994, § 67 I 1 b.
[46] *K. Larenz/C.-W. Canaris*, Lehrbuch des Schuldrechts, Bd. II/2, 13. Aufl. 1994, § 67 I 1 b.

Gläubiger zu übertragen, ist eine selbstständige Pflicht.[47] Sie entsteht erst dadurch, dass eine Vermögenslage vorliegt, die der rechtlichen Vermögenszuordnung nicht entspricht. Die Gründe für das Vorliegen dieser Vermögenslage spielen für das Bestehen des Anspruchs keine entscheidende Rolle.

78 Der öffentlich-rechtliche Erstattungsanspruch steht deshalb nach praktischem Ziel und dogmatischer Einordnung *neben* der negatorischen Rechtsverwirklichung und der Wiedergutmachung. So wird der Anspruch aus ungerechtfertigter Bereicherung im Übrigen auch im Zivilrecht behandelt.[48] Aus Sicht des Bürgers begründet der öffentlich-rechtliche Erstattungsanspruch einen **positiven Status**, und zwar ohne dass hierbei – wie bei den Reaktionsansprüchen – ein Recht des negativen Status verletzt wird. Also handelt es sich um einen originären positiven Status (Rn. 73). Da der öffentlich-rechtliche Erstattungsanspruch keinen reaktionsrechtlichen Charakter hat und auf einen Realakt gerichtet ist, kann er dem Falltypus 1 zugeordnet werden. Im Unterschied zu den bisher behandelten Ansprüchen weist der öffentlich-rechtliche Erstattungsanspruch aber eine Besonderheit auf. Er findet im Verhältnis Bürger/Staat ebenso Anwendung wie im Verhältnis Staat/Bürger und zwischen Verwaltungsträgern.

5.5 Rechte des Staates gegen den Bürger

79 Wie das eben genannte Beispiel des öffentlich-rechtlichen Erstattungsanspruchs zeigt, hat auch der Staat **Ansprüche gegen den Bürger**. Ein anderes unmittelbar einsichtiges Beispiel sind Ansprüche, die einer Verwaltungsbehörde auf der Grundlage eines Verwaltungsvertrages erwachsen. Auch sind Beamtinnen und Beamte nach § 48 BeamtStG ihrem Dienstherrn zum Schadenersatz verpflichtet, wenn sie ihre Pflichten verletzen. Doch ist nicht abschließend geklärt, in welchem Umfang sich die Figur des subjektiven öffentlichen Rechts, deren Entwicklung auf die Stellung des Einzelnen gegenüber dem Staat bezogen ist, auf staatliche Berechtigungen übertragen lässt.[49] Wenn jemand Inhaber eines Rechts ist, so ist damit die Vorstellung verbunden, der Inhaber könne von dem Recht nach seinem Belieben Gebrauch machen. Diese Möglichkeit lässt sich nicht damit in Übereinstimmung bringen, dass

---

[47] Diskutabel ist es, die Rechtsgrundlosigkeit der Bereicherung des Schuldners auf eine Berechtigung des Gläubigers zurückzuführen. Dann wäre danach zu fragen, ob mit bestimmten subjektiv-öffentlichen Rechten neben der negatorischen Funktion auch Vermögenszuordnungen verbunden sind. Soweit ersichtlich, kommt es für Tatbestand und Rechtsfolge des Erstattungsanspruchs auf eine solche Vermögensberechtigung (Begriff: *J. Schmidt*, Aktionsberechtigung und Vermögensberechtigung, 1969) jedoch nicht an. Diese Vermögenszuordnung als Normwirkung spielt im Zivilrecht unter dem Begriff des Zuweisungsgehalts eines Rechtes bei der Eingriffskondiktion eine Rolle (neben der mit absoluten Rechten verbundenen Ausschlussfunktion), vgl. *D. Medicus/J. Petersen*, Bürgerliches Recht, 26. Aufl. 2017, Rn. 706 ff.
[48] Siehe *E. Picker*, in: Auer/Grigoleit/Hager u. a. (Hrsg.), Privatrechtsdogmatik im 21. Jahrhundert, 2017, S. 579 (608).
[49] Vgl. *H. J. Wolff/O. Bachof/R. Stober u. a.*, Verwaltungsrecht I, 13. Aufl. 2017, § 41 Rn. 8 ff.; *H. Maurer/C. Waldhoff*, Allgemeines Verwaltungsrecht, 19. Aufl. 2017, § 8 Rn. 2.

der Staat stets und unter allen Umständen an das Gemeinwohl gebunden ist, d. h. nicht aus Freiheit handelt.

Diejenigen Normen, die auf der einen Seite den Bürger verpflichten, berechtigen auf der anderen Seite den Staat. Diese Berechtigungen wirken anders als die Ansprüche, die der Bürger gegen den Staat hat. Die **rechtsstaatliche Formentypik** steht einer solchen Auffassungsweise entgegen. Gesetzliche Eingriffsermächtigungen begründen für die zuständige Behörde die Rechtsposition der Befugnis, gegen die verantwortlichen Personen vorzugehen. Das „Verlangen-können", das „Beanspruchen", das solche Ermächtigungen für die staatliche Seite begründen, lässt sich aber nicht als Anspruch auffassen. Die Behörde ist darauf verwiesen, ein Verwaltungsverfahren zu eröffnen, in dem die Pflichtenstellung des Betroffenen überprüft wird. Am Ende des Verfahrens steht, sofern es nicht eingestellt wird, der Erlass eines **Verwaltungsakts**. Dieser Verwaltungsakt konkretisiert die Pflichtenstellung des Betroffenen. Schon kraft seiner Wirksamkeit nach §§ 43, 44 VwVfG kann dieser Verwaltungsakt allerdings durchaus als Anspruchsgrundlage für die Behörde herangezogen werden. Nicht zuletzt kann und darf der Verwaltungsakt, sofern er auf ein Handeln, Dulden oder Unterlassen des Betroffenen gerichtet ist, von der Verwaltungsbehörde selbst zwangsweise durchgesetzt, d. h. vollstreckt werden. Als Grundlage dienen hierfür die einschlägigen Vollstreckungsgesetze (des Bundes oder des jeweiligen Landes). Es handelt sich dabei um die sogenannte **Titelfunktion** des Verwaltungsakts.[50] Die Behörde ist darauf verwiesen, zur Geltendmachung ihrer Rechte von diesen Instrumenten Gebrauch zu machen.

80

Dieses Selbsttitulierungsrecht der Verwaltung hat eine prozessuale Seite. Wenn etwa eine Behörde einen gesetzlich begründeten Gebührenanspruch geltend machen möchte und den Anspruch mittels eines Bescheides schon gefordert hat, dann wäre zwar eine allgemeine Leistungsklage auf Zahlung des Betrages statthaft. Doch fehlt der Klage das **Rechtsschutzbedürfnis**.[51] Denn die Behörde muss sich nicht erst noch ein stattgebendes Gerichtsurteil beschaffen, um ihren Anspruch durchsetzen zu können. Sie verfügt mit dem Verwaltungsakt bereits über einen Vollstreckungstitel. Wenn der Gebührenanspruch noch nicht durch Bescheid konkretisiert wurde, kann hingegen ein Rechtsschutzbedürfnis der Behörde durchaus angenommen werden, jedenfalls sofern anzunehmen ist, dass sich der Betroffene ohnehin gerichtlich zur Wehr setzt.[52]

81

5.6 Die Subjektivierung des staatlichen Binnenbereichs

5.6.1 Innenrecht und Außenrecht

Es gibt nicht nur Rechte des Staates gegen den Bürger, sondern auch Rechte im Staat. Den Hintergrund hierfür bildet die Unterscheidung von Innen- und Außenrecht. Verwaltungsrechtliche Normen können danach unterschieden werden, ob sie

82

---

[50] *H. Maurer/C. Waldhoff*, Allgemeines Verwaltungsrecht, 19. Aufl. 2017, § 9 Rn. 40.
[51] Vgl. *W.-R. Schenke*, Verwaltungsprozessrecht, 16. Aufl. 2019, Rn. 592.
[52] *W.-R. Schenke*, Verwaltungsprozessrecht, 16. Aufl. 2019, Rn. 592.

Rechtsverhältnisse zwischen Staat und Bürger oder ob sie Rechtsverhältnisse innerhalb der Verwaltung im organisatorischen Sinn begründen. Insofern kann verkürzend von **Außenrecht** und **Innenrecht** gesprochen werden. Die Unterscheidung darf keineswegs so verstanden werden, als würde das gesamte öffentliche Recht aus zwei Rechtsmassen bestehen, die durch eine undurchdringliche Wand getrennt wären. Die Begriffe des Innenrechts und des Außenrechts dienen vornehmlich dazu, den Inhalt und die Reichweite öffentlich-rechtlicher Normen zu ermitteln und aufeinander abzustimmen, wobei sich vielfältige Überschneidungen ergeben können. Die Ausgangspunkte sind vergleichsweise klar: Außenrecht sind diejenigen Rechtssätze, die das Verhältnis des Staates zum Bürger betreffen, oder genauer: zwischen dem Bürger und einem Verwaltungsträger. Innenrecht sind hingegen diejenigen Rechtssätze, die die Rechtsverhältnisse der Organe eines Verwaltungsträgers, ihrer Untergliederungen und der jeweiligen Organwalter zueinander regeln.[53] Beim Innenrecht kann weiter danach unterschieden werden, ob Rechtsverhältnisse des Verfassungs- oder des Verwaltungsrechts betroffen sind. Mit welchen rechtsdogmatischen Konzepten das Innenrecht adäquat erschlossen werden kann, ist umstritten.[54] Die verwaltungsrechtlichen Institute sind vornehmlich an Außenrechtsbeziehungen orientiert. Dies ist nicht zuletzt bei der für das Anspruchsmodell zentralen Frage spürbar, ob es subjektive öffentliche Rechte „im" Innenrecht gibt.

83 Zwei Fragen sind dabei auseinanderzuhalten: erstens die Frage, ob eine Norm überhaupt, d. h. objektiv-rechtlich, das Verhältnis von Staat und Bürger regelt, zweitens und darauf aufbauend die Frage, ob sie für den Bürger ein Recht begründet. So kann bei Zuständigkeitsnormen bezweifelt werden, ob sie überhaupt Außenrecht darstellen, denn sie regeln in erster Linie die Verhältnisse von Verwaltungsträgern und Organen zueinander, aber nicht das Verhältnis des Bürgers zum Staat. Doch regeln sie auch gegenüber dem Bürger, welche Behörde ihm gegenüber zuständig ist. Die entsprechenden Normen haben also eine **Doppelnatur**. Innenrecht ist hingegen bei Regelungen anzunehmen, die in keinerlei Hinsicht das Verhältnis zum Bürger betreffen. Unter den abstrakt-generellen Regelungen sind dies insbesondere **Verwaltungsvorschriften** und **Geschäftsordnungen** von Organen. Sie begründen also schon deshalb kein subjektives öffentliches Recht, weil sie das Merkmal „Norm" nicht erfüllen. Allerdings kann einer Verwaltungsvorschrift ausnahmsweise aufgrund der Selbstbindung der Verwaltung nach Art. 3 Abs. 1 GG mittelbare Außenwirkung zukommen (dazu Falltypus 6, Abschn. 16.3.4). Ebenso wenig gestalten die Geschäftsordnungen von Organen die Rechtsbeziehung zum Bürger aus; sie sind sogar auf den Rechtskreis des jeweiligen Organs beschränkt. Selbst auf der Ebene materiellen Gesetzesrechts ist es aber möglich, Normen eine Außenrechtsrelevanz abzusprechen. Denkbar ist dies bei den Bestimmungen des Haushaltsrechts, die allein das Verhältnis von Parlament und Regierung betreffen. Wie Innenrecht

---

[53] H. *Rupp*, Grundfragen der heutigen Verwaltungsrechtslehre, 2. Aufl. 1991, S. 34; H.-U. *Erichsen*, in: Erichsen/Hoppe/Mutius (Hrsg.), System des verwaltungsgerichtlichen Rechtsschutzes, 1985, S. 211 (218).
[54] Vgl. K. *Lange*, in: Hoffmann-Riem/Schmidt-Aßmann/Schuppert (Hrsg.), Reform des allgemeinen Verwaltungsrechts, 1993, S. 307; M. *Pöcker*, JZ 2006, 1108.

5.6.2 Die Achtung von Organrechten

Auch solche Streitigkeiten, die nur innenrechtliche Normen betreffen, können Gegenstand verwaltungsgerichtlicher Verfahren sein. Sie sind von § 40 Abs. 1 VwGO erfasst. Es handelt sich um einen „**Innenrechtsstreit**" bzw. einen verwaltungsgerichtlichen **Organstreit**. Praktisch wohl häufigster Fall dieses verwaltungsgerichtlichen Organstreits ist der Kommunalverfassungsstreit. Hier streiten die Organe der Gemeinde um ihre Kompetenzen. Der verwaltungsgerichtliche Organstreit ist kein eigenständiges prozessuales Institut. Auch insoweit bietet die VwGO einen Rahmen für die Durchsetzung von Rechtspositionen, die im materiellen Recht geregelt sind.[56] Es ist weitgehend anerkannt, dass es für die Organstreitigkeiten keine Klageart *sui generis* gibt, sondern dass sie sich den gewöhnlichen Klagearten zuordnen lassen. Das bedeutet aber auch, dass die Organstreitigkeit nicht als bloßes Beanstandungsverfahren konzipiert werden kann, in dem es allein auf die Wahrung des objektiven Rechts ankommen würde.[57]

Allerdings ist das Regelwerk der VwGO am Außenrechtsstreit ausgerichtet. Der Innenrechtsstreit lässt sich nur mit Mühe einfügen. So passt etwa bei der Frage der Beteiligtenfähigkeit nach § 61 VwGO keine der verschiedenen Varianten ohne Weiteres. Einige interpretative Modifikationen sind erforderlich. Dabei ist es theoretisch denkbar, für die Behandlung von Außenrechts- und Innenrechtsstreitigkeiten sowohl in einer materiell-rechtlichen wie auch einer prozessualen Betrachtung eine übergreifende, generische Ebene einzunehmen, von der aus der Außenrechtsstreit auf der einen Seite, der Innenrechtsstreit auf der anderen Seite erfasst werden könnte. Aber das würde mit zu vielen Reibungen einhergehen, weil nun einmal die Orientierung am Außenrecht so stark prägend für die VwGO ist, nicht zuletzt begrifflich.

So ist es auch gerechtfertigt, dass sich die Ausführungen dieses Abschnitts stillschweigend auf das Außenrecht bezogen haben und dass jetzt erst das Innenrecht als Anomalie erörtert wird. Warum Organrechte ein Problem sind, das hat Georg Jellinek schon vor langer Zeit treffend formuliert. Der Begriff des subjektiven öffentlichen Rechts ist auf die Verfolgung bestimmter **Interessen** bezogen (das zeigt sich in diesem Buch an vielen Stellen), und das sind je individuelle Interessen. Or-

---

[55] Art. 52 GO Bayern. Die Rechtsprechung, wohl ein bayerischer Sonderweg (vgl. *M.-E. Geis*, Kommunalrecht, 4. Aufl. 2016, Rn. 125), wurde aufgegeben in BayVGHE 61, 432 (434).
[56] Der erstgenannte Begriff etwa bei *H.-U. Erichsen*, in: Erichsen/Hoppe/Mutius (Hrsg.), System des verwaltungsgerichtlichen Rechtsschutzes, 1985, S. 211.
[57] *W. Hoppe*, DVBl. 1970, 845 (845); *R. Wahl/Schütz*, in: Schoch/Schneider/Bier (Hrsg.), VwGO, Stand: Febr. 2019, § 42 Abs. 2 Rn. 94.

gane handeln aber im Interesse des Gemeinwohls. „Alle hierauf bezüglichen Rechtssätze sind nie im partikularen Interesse der zur Organschaft berufenen Personen, sondern stets und ausschliesslich im staatlichen Interesse da [...]."[58] Daraus kann eine scharfe begriffliche Scheidung zwischen **subjektivem Recht** (Private) und **Kompetenz** (Staat) abgeleitet werden. Dennoch kann es sinnvoll sein, solche Kompetenzen als Rechte zu bezeichnen und zu behandeln: dann nämlich, wenn die Kompetenz dem jeweiligen Organ zur eigenverantwortlichen Wahrnehmung übertragen worden ist.[59] „Eigenverantwortlich" heißt dabei, dass die Kompetenz nicht darin aufgeht, vom Organ durchgangsweise als Zuständigkeit des Verwaltungsträgers wahrgenommen zu werden (das ist die Definition eines Organs), sondern einen gewissen Eigenstand hat. Sie wird im Kontrast zu anderen Organen ausgeübt, ohne dass eine hierarchische Einbindung die Entscheidung von Konflikten ermöglicht. Diese Bestimmung ist als solche sicherlich nicht ohne Weiteres subsumtionsfähig, aber glücklicherweise hat sich in der Rechtsprechung eine ganze Reihe von solchen Rechten herausgebildet, die grundsätzlich anerkannt sind. Mitgliedschaftliche Mitwirkungsrechte, Informationsansprüche und Kontrollbefugnisse sind typische Beispiele.[60] Insbesondere im Kommunalrecht spielen sie eine Rolle, weil sie den Status der Gemeinderatsmitglieder und des Bürgermeisters konturieren.

87 Dennoch stellt sich die Frage, wie sich Organrechte in die Systematik der VwGO einfügen lassen. Die Frage ist relevant, weil sie mit darüber entscheidet, inwieweit Kompetenzen in das System der Ansprüche eingefügt werden können und damit in den Falltypen untergebracht werden können. Hier ist Vorsicht angezeigt, um nicht wichtige Unterschiede und Besonderheiten zu übersehen. Die Problematik kann auf drei verschiedene Weisen bewältigt werden, die unterschiedlich elegant und unterschiedlich radikal sind. Die Lösung der herrschenden Meinung ist weder elegant noch radikal, aber sie ist immerhin einigermaßen praktikabel.

88 Eine *radikale Lösung* wäre es, die dargelegten begrifflichen Differenzierungen aufzugeben. Kompetenzen *sind* subjektive Rechte.[61] Sie könnten zur Wahrung eigener oder funktionaler Interessen zugewiesen werden. Das subjektive öffentliche Recht sei nicht auf private Interessen beschränkt, sondern könne auch öffentlichen Interessen dienen. Freilich fragt sich, ob damit nicht die Besonderheiten von Organrechten zu sehr vernachlässigt werden. Sie würden dann auch dem Schutz durch Art. 19 Abs. 4 GG unterfallen.[62] Das ist eine interessante Konsequenz, die freilich dazu zwingt, auch die herkömmlichen Konzeptionen von Freiheits- und Gleichheitsrechten zu überdenken. Verwaltungsprozessrechtlich hat sie weitreichende Konsequenzen. Während die weit überwiegende Auffassung für Organstreitigkeiten die Statthaftigkeit von Anfechtungs- und Verpflichtungsklage ablehnt, weil die im Innenrecht getroffenen Maßnahmen nicht auf unmittelbare Rechtswirkung nach

---

[58] *G. Jellinek*, System der subjektiven öffentlichen Rechte (2. Aufl. 1905), 2011, S. 231.
[59] *H.-U. Erichsen*, in: Erichsen/Hoppe/Mutius (Hrsg.), System des verwaltungsgerichtlichen Rechtsschutzes, 1985, S. 211 (228).
[60] *H. J. Wolff/O. Bachof/R. Stober u. a.*, Verwaltungsrecht II, 7. Aufl. 2010, § 82 Rn. 176.
[61] *R. Schenke*, in: Kopp/Schenke (Hrsg.), VwGO, 25. Aufl. 2019, § 42 Rn. 80.
[62] *W.-R. Schenke*, in: Kahl/Waldhoff/Walter (Hrsg.), GG, Stand: 9/2019, Art. 19 Abs. 4 Rn. 425.

5.6 Die Subjektivierung des staatlichen Binnenbereichs

außen im Sinne des § 35 VwVfG gerichtet seien,[63] gelangt diese radikale Lösung zu einem anderen Ergebnis. Anordnungen des Innenrechts sollen dann Außenwirkung haben, wenn sie in Organrechte eingreifen.[64] Dieser Annahme wird der Vorteil zugesprochen, eine gerichtliche Kassation der eingreifenden Maßnahme zu ermöglichen. Es sei eben ein Verwaltungsakt vorhanden. Dabei wird aber die Frage der Außenwirkung nicht deutlich von der Frage der Regelungsqualität getrennt. Eine Kassation setzt allein voraus, dass eine Regelung vorhanden ist. Dann ist aber auch dem handelnden Organ eine Kassation der Eingriffsmaßnahme möglich. Was ausscheidet, wenn die Außenwirkung verneint wird, ist die Möglichkeit, dass ein Verwaltungsgericht die Maßnahme kassiert. Dass das Verwaltungsgericht das rechtswidrig handelnde Organ zur Kassation verpflichtet, bleibt aber möglich und dürfte, Befolgungsbereitschaft des Organs unterstellt, keine erhebliche Erschwernis mit sich bringen. Aber die Frage der Kassationsmöglichkeit ist nicht der entscheidende Punkt. Die Zuschreibung der Außenwirkung würde die Unterscheidung von Außen- und Innenrecht, die am Ausgangspunkt der Problematik steht, weiter verkomplizieren, indem innerhalb der Rechtssätze des Innenrechts noch einmal eine innen-außen-Differenzierung eingefügt und auf die Rechtsordnung abgestimmt werden müsste. Auch würde sie bei konsequenter Anwendung verlangen, das Verwaltungsverfahrensgesetz umfassend auf solche Verwaltungsakte anzuwenden. Der Innenrechtsbereich würde also ein ganzes Außenrechtsregime in sich aufnehmen müssen.

Die elegante Lösung wäre es demgegenüber, gar nicht erst zu versuchen, den Begriff des subjektiven Rechts und den der Kompetenz kompatibel zu machen. Kompetenzen haben mit Rechten gar nichts zu tun. Der Schlüssel zu verwaltungsgerichtlichen Streitigkeiten sei gar nicht der Begriff des subjektiven öffentlichen Rechts, sondern die Regelung des § 42 Abs. 2 Hs. 1 VwGO („soweit gesetzlich nichts anderes bestimmt"). Wenn ein Organrecht wehrfähig sei, liege eine solche Bestimmung vor.[65] Damit hätte der Innenrechtsstreit sein subjektiv-rechtliches Gewand abgestreift. Allein, diese Lösung bewegt sich vollkommen jenseits der reichhaltigen Rechtsprechung zu verwaltungsgerichtlichen Organstreitigkeiten. Diese Rechtsprechung setzt nun einmal an § 42 Abs. 2 Hs. 2 VwGO an. Wie mit Blick auf die vielen zu lösenden Einzelfragen, von den Sachentscheidungsvoraussetzungen bis zum Begründetheitsmaßstab, hier eine Harmonisierung gelingen soll, bleibt offen. 89

Die herrschende Meinung behilft sich angesichts der Schwierigkeiten, die die beiden genannten Lösungen mit sich bringen, mit einem Kompromiss: Wie so oft in der Rechtswissenschaft, muss einem schwierigen Problem durch Flexibilisierung der Sprache Rechnung getragen werden. Ob Kompetenzen Rechte sind, dies hängt vom jeweiligen Kontext ab. Aus der Perspektive rechtstheoretischer Analyse wie auch der Rechtsschutzgarantie des Art. 19 Abs. 4 GG sind Kompetenzen keine Rech- 90

---

[63] *H.-U. Erichsen*, in: Erichsen/Hoppe/Mutius (Hrsg.), System des verwaltungsgerichtlichen Rechtsschutzes, 1985, S. 211 (230); *W. Hoppe*, DVBl. 1970, 845 (845).
[64] *W.-R. Schenke*, in: Kopp/Schenke (Hrsg.), VwGO, 25. Aufl. 2019, Anh § 42 Rn. 87.
[65] *H. Wißmann*, ZBR 2003, 293 (303).

te.⁶⁶ Dies schließt es aber nicht aus, dass sie verwaltungsrechtlich sowie verwaltungsprozessrechtlich *als* Rechte behandelt werden.⁶⁷ Mit dieser Flexibilisierungsstrategie wird zwar der Begriff des subjektiven Rechts aufgeweicht, aber sie öffnet den Weg zu kontextadäquaten Lösungen innerhalb der VwGO. Organrechte können auf die gleiche Weise wie subjektive Rechte verarbeitet werden. Streitigkeiten um Organrechte folgen dann im Grundsatz den gewöhnlichen Klage- und Antragsarten.

5.7 Die Achtung formaler Rechtspositionen

5.7.1 Das Recht auf Wahrung der Zuständigkeitsordnung

91 Die öffentliche Verwaltungstätigkeit ist durch ein Geflecht von Normen über die örtliche, sachliche und instantielle Zuständigkeit von Verwaltungsträgern und Behörden bestimmt. Die Achtung dieser Normen begründet für Verwaltungsträger und ihre Behörden eine Rechtspflicht. Die Normen dienen aber nicht nur dem öffentlichen Interesse. Die Bürger haben ein Recht darauf, dass die zuständige Behörde entscheidet.⁶⁸ Für die Wahrung der örtlichen Zuständigkeit beschränkt allerdings § 46 VwVfG den Aufhebungsanspruch, der aus der Verletzung des Rechts resultiert. Praktisch relevant sind somit die Bestimmungen über die sachliche und instantielle Zuständigkeit. Eine weitere Einschränkung des Rechts auf Wahrung der Zuständigkeit resultiert daraus, dass es sich nicht auf die Binnenstrukturen von Behörden bezieht. Die Regelungen über Amts- oder Organwalter, Abteilungen, Ämter etc. werden davon also nicht erfasst.⁶⁹

92 Das Recht auf Wahrung der Zuständigkeit ist darauf gerichtet, dass sich die zuständige Behörde mit einer Angelegenheit *befasst* und dass die zuständige Behörde *entscheidet*. Die Frage der Befassung ist aus Sicht des Betroffenen wichtig, wenn er einen Antrag stellen möchte – er muss die Behörde ermitteln, an die der Antrag zu richten ist. Wenn eine abschließende Entscheidung (von Amts wegen oder auf Antrag) ergangen ist, kommt es auf die subjektiv-rechtliche Dimension der Zuständigkeitsnormen oft nicht an. In Anfechtungskonstellationen sorgt jedenfalls dann, wenn der Adressat einer Maßnahme dagegen vorgeht, die sogenannte Elfes-Konstruktion dafür, dass eine explizite Erwähnung des Rechts überflüssig ist (siehe Rn. 226). Wird ein Einzelner von einer staatlichen Maßnahme freiheitsverkürzend betroffen, so muss der Eingriff *in jeder Hinsicht* rechtmäßig sein, sonst ist das je-

---

⁶⁶ *E. Schmidt-Aßmann*, in: Maunz/Dürig (Hrsg.), GG, Stand: März 2019, Art. 19 Abs. 4 Rn. 148; *R. Wahl/Schütz*, in: Schoch/Schneider/Bier (Hrsg.), VwGO, Stand: Febr. 2019, § 42 Abs. 2 Rn. 92.
⁶⁷ *E. Schmidt-Aßmann*, in: Maunz/Dürig (Hrsg.), GG, Stand: März 2019, Art. 19 Abs. 4 Rn. 148; *R. Wahl/Schütz*, in: Schoch/Schneider/Bier (Hrsg.), VwGO, Stand: Febr. 2019, § 42 Abs. 2 Rn. 93; *H. J. Wolff/O. Bachof/R. Stober u. a.*, Verwaltungsrecht II, 7. Aufl. 2010, § 82 Rn. 177.
⁶⁸ *H. Schmitz*, in: Stelkens/Bonk/Sachs (Hrsg.), VwVfG, 8. Aufl. 2014, § 3 Rn. 6; *U. Ramsauer*, in: Kopp/Ramsauer (Hrsg.), VwVfG, 19. Aufl. 2018, § 3 Rn. 15; *H. Faber*, Verwaltungsrecht, 4. Aufl. 1995, S. 62; *H. Maurer/C. Waldhoff*, Allgemeines Verwaltungsrecht, 19. Aufl. 2017, § 21 Rn. 46.
⁶⁹ *H. Schmitz*, in: Stelkens/Bonk/Sachs (Hrsg.), VwVfG, 8. Aufl. 2014, § 3 Rn. 6; *U. Ramsauer*, in: Kopp/Ramsauer (Hrsg.), VwVfG, 19. Aufl. 2018, § 3 Rn. 16.

5.7 Die Achtung formaler Rechtspositionen

weilige Freiheitsgrundrecht verletzt. Jeder Rechtsfehler, also auch der Verstoß gegen eine Zuständigkeitsvorschrift, führt zur Grundrechtsverletzung.

Bedeutung haben die **Zuständigkeitsvorschriften** hingegen dann, wenn sie Gegenstand einer selbstständigen Entscheidung sind. Ein Beispiel hierfür findet sich im europäischen Flüchtlingsrecht. Nach §§ 29 Abs. 1 Nr. 1, 31 Abs. 6 AsylG sind Asylanträge, die in Deutschland gestellt werden, für die aber nach der Dublin III-Verordnung (Verordnung (EU) Nr. 604/2013) ein anderer Mitgliedstaat der EU zuständig ist, als unzulässig abzuweisen. Die Entscheidung wird mit der Mitteilung verbunden, welcher Staat zuständig ist. Die Zuständigkeitsnormen der Dublin-III-Verordnung dienen nicht nur dem öffentlichen Interesse. Schutzsuchende haben einen Anspruch darauf, dass ein von ihnen innerhalb der EU gestellter Antrag auf internationalen Schutz innerhalb der EU geprüft wird.[70] Wenn sich das Bundesamt für Migration und Flüchtlinge in einem Bescheid fehlerhaft für unzuständig erklärt, wird das Recht auf Wahrung der Zuständigkeit verletzt. Die Entscheidung muss aufgehoben werden. Es kann Anfechtungsklage erhoben werden, ohne dass damit die Sachentscheidung über den Antrag auf Schutz berührt wäre.[71]

93

5.7.2 Verfahrensrechte

Verwaltungs*verfahrens*rechtliche Positionen sind im Regelfall nicht selbstständig mit Ansprüchen bewehrt. Ihre Beachtung dient der Sachentscheidung, sozusagen dem Recht auf richtige Sachentscheidung. Prozessual findet dieser Gedanke Ausdruck in § 44a VwGO. Dahinter steht eine vielleicht in Deutschland stärker als in anderen Ländern verbreitete Vorstellung, wonach das Verfahren letztlich nicht von entscheidender Bedeutung für die Sachentscheidung ist, jedenfalls im Vergleich zu den substanziellen Entscheidungsmaßstäben.[72] Das Verfahren hat eine nur **dienende Funktion**.[73] Gleichwohl gibt es verwaltungsverfahrensrechtliche Positionen, die einer eigenständigen gerichtlichen Durchsetzung zugänglich sind. Gemäß der aktionen-orientierten Methode (Kap. 3) stellt sich die Frage, welche Rechte bzw. Ansprüche hierbei gerichtlich durchgesetzt werden. Praktisch kommt es auf diese Frage insbesondere dann an, wenn bei der Genehmigung einer Anlage nach dem einschlägigen Fachrecht (BImSchG, AtomG etc.) Beteiligungsrechte von Dritten bestehen, die sich später gegen die Genehmigung wenden wollen.

94

Verfahrensrechte haben eine Leistungsdimension. Sie sind auf die Erteilung von Informationen, die Entgegennahme von Äußerungen, die Herausgabe von Unterlagen gerichtet. Diese Leistungskomponente ist aber auf ein Verfahren bezogen, weshalb solche Rechte einen Verfahrensrechtsstatus, *status activus processualis*,

95

---

[70] BVerwG, Urt. v. 27.4.2016, 1 C 24.15, NVwZ 2016, 1495 (1497); EuGH, Urt. v. 7.6.2016, C-63/15, ECLI:EU:C:2016:409, Rn. 61. Näher *T. Kleinlein*, DÖV 2016, 1032.
[71] BVerwG, Urt. v. 27.10.2015, 1 C 32/14, NVwZ 2016, 154 (155).
[72] Die Redewendung „Gebt ihm ein faires Gerichtsverfahren und hängt ihn dann auf" stammt dennoch sicherlich nicht aus dem deutschen Rechtskreis.
[73] Zu diesem Topos etwa *F. Schoch*, GVwR III, 2. Aufl. 2013, § 50 Rn. 298 ff.

begründen.⁷⁴ Dieser Status kann auch eine negatorische Komponente haben.⁷⁵ Dabei sind – neben Verfahrenspositionen, die gar nicht zum Recht erstarken – relative und absolute Verfahrensrechte zu unterscheiden.⁷⁶ Bei relativen Verfahrensrechten wird davon ausgegangen, dass sie zwar nach der Schutznormtheorie ein Recht mit sich bringen (sie gelten als „drittschützend"), dass aber dieses Recht in Abhängigkeit zu dem materiellen Recht steht. So gewähren die Vorschriften über die Öffentlichkeitsbeteiligung im Atomrecht einem Dritten Schutz „nur Hinblick auf eine bestmögliche Verwirklichung seiner materiell-rechtlichen Position"; der Verfahrensfehler muss sich auf die materiell-rechtliche Position ausgewirkt haben.⁷⁷ Die Verletzung des relativen Verfahrensrechts löst nur dann einen Aufhebungsanspruch aus, wenn sich der Fehler auf das Ergebnis, die Sachentscheidung, ausgewirkt hat. Wer also ohne materielles Recht ist, hat auch kein Verfahrensrecht, wer ein Verfahrensrecht hat, kann daraus gegenüber dem materiellen Recht im Ergebnis oft keinen Mehrwert ziehen.

96 Bei absoluten Verfahrensrechten besteht der Schutzzweck gerade in der Wahrung des jeweiligen Anhörungs- oder Mitwirkungsrechts, d. h. ohne Rücksicht auf die am Ende stehende Sachentscheidung.⁷⁸ Beispiele hierfür sind allerdings rar.⁷⁹ Im Verfahren auf Erteilung einer luftverkehrsrechtlichen Genehmigung (§ 6 LuftVG) für planfeststellungsbedürftige Flughäfen hat die betroffene Gemeinde kraft Art. 28 Abs. 2 GG ein eigenständiges subjektives Recht auf Information und Anhörung.⁸⁰ Von besonderer Bedeutung sind Beteiligungsrechte anerkannter Umweltschutzvereinigungen, etwa nach § 63 Abs. 1 Satz 1 Nr. 4 BNatSchG, weil diesen Rechten kein materielles Recht korrespondieren kann.⁸¹ Die Verletzung des absoluten Verfahrensrechts führt – unter der Prämisse, dass mit dem Recht eine negatorische Berechtigung einhergeht – zu einem Anspruch auf Aufhebung der verfahrensfehlerhaften Entscheidung. Vornehmlich ist das Recht aber, wie jedes subjekive öffentliche Recht, ein im Verhältnis zur Verwaltungsbehörde zu denkendes Recht.

97 Selbstständige Verfahrensnormen finden sich auch außerhalb des Zulassungsrechts, etwa im Kommunalrecht im Zusammenhang mit Bürgerbegehren und Bürgerentscheid. Zwar vermitteln die Vorschriften zur Durchführung des **Bürgerentscheids** grundsätzlich kein individuelles, gerichtlich einklagbares Recht auf

---

⁷⁴ *H. J. Wolff/O. Bachof/R. Stober u. a.*, Verwaltungsrecht I, 13. Aufl. 2017, § 32 Rn. 23, § 43 Rn. 64.
⁷⁵ Vgl. *H. J. Wolff/O. Bachof/R. Stober u. a.*, Verwaltungsrecht I, 13. Aufl. 2017, § 43 Rn. 68 (allerdings ohne Differenzierung nach absoluten und relativen Verfahrensrechten).
⁷⁶ Vgl. *F. Schoch*, GVwR III, 2. Aufl. 2013, § 50 Rn. 171; *K. Gärditz*, in: Gärditz (Hrsg.), VwGO, 2. Aufl. 2018, § 42 Rn. 80 ff.; *J. Held*, NVwZ 2012, 461 (464).
⁷⁷ BVerwGE 75, 285 (291) (das Zitat); 85, 368 (376) (die Wirkung). Näher *J. Held*, NVwZ 2012, 461 (463); *K. Gärditz*, NVwZ 2014, 1 (2).
⁷⁸ BVerwGE 41, 58 (64 f.).
⁷⁹ Aus der älteren Rechtsprechung: BVerwGE 9, 69 (71); 11, 195 (205).
⁸⁰ BVerwGE 56, 10 (137).
⁸¹ BVerwGE 87, 62 (68 ff.). Zur naturschutzrechtlichen Verbandsklage nach § 64 BNatSchG siehe 9.1.

5.7 Die Achtung formaler Rechtspositionen

Beachtung. Doch haben die Vertreter eines Bürgerbegehrens ein Recht auf ordnungsgemäße Verfahrensgestaltung.[82] Das ist wichtig für die faire Durchführung des Bürgerentscheids. Aus der Verletzung dieser Rechtsposition können Ansprüche auf Unterlassung der Durchführung des Bürgerentscheids erwachsen.[83]

Bewerber in Auswahlverfahren für den öffentlichen Dienst haben kraft Art. 33 Abs. 2 GG einen **Bewerbungsverfahrensanspruch**. Dabei handelt es sich um ein verfassungsrechtlich verstärktes und konturiertes Recht auf ermessens- und beurteilungsfehlerfreie Einbeziehung in die Bewerberauswahl.[84] Es kann, gemäß den beiden Interesserichtungen des Konkurrentenstreits, „positiv" wie „negativ" relevant werden: positiv insofern, als das Interesse des Berechtigten eigentlich darauf gerichtet ist, selbst ernannt zu werden; negativ insofern, als die Aufhebung der Ernennung eines Konkurrenten erstrebt wird. Über das gewöhnliche Recht auf ermessens- und beurteilungsfehlerfreie Entscheidung reicht der Bewerbungsverfahrensanspruch allerdings insofern heraus, als mit ihm bestimmte Verfahrensrechte des Bewerbers verknüpft sind, insbesondere das Recht darauf, von der bevorstehenden Ernennung eines Konkurrenten unterrichtet zu werden. Die Rückgängigmachung einer fehlerhaften Ernennung ist allerdings aus verschiedenen Gründen ein Problem. Nach der älteren Rechtsprechung erlosch aufgrund des Grundsatzes der Ämterstabilität mit der Ernennung der Aufhebungsanspruch. Prozessual hatte dies zur Folge, dass sich ein Rechtsstreit erledigte, wenn die Ernennung erfolgte, auch wenn der Bewerbungsverfahrensanspruch verletzt wurde. Hiervon ist die Rechtsprechung stückweise abgerückt.[85] Nach der neueren Rechtsprechung gelten folgende Grundsätze: Einem unterlegenen Konkurrenten ist Gelegenheit zu geben, im vorläufigen Rechtsschutz seinen Bewerbungsverfahrensanspruch durchzusetzen. Wenn die Einstellungsbehörde die Möglichkeit dieses Rechtsschutzes vereitelt, etwa indem sie die beabsichtigte Ernennung dem Konkurrenten nicht mitteilt, tritt der Grundsatz der Ämterstabilität zurück und es greift der Aufhebungsanspruch; die im Wege einer Anfechtungsklage angegriffene Ernennung ist mit Wirkung für die Zukunft aufzuheben. Bei anderen Verstößen gegen Art. 33 Abs. 2 GG bleibt es jedoch beim Ausschluss des Aufhebungsanspruchs trotz Rechtsverletzung. Diese Rechtsprechung findet ihre Grundlage im materiellen Recht: Es kann davon ausgegangen werden, dass schon die Einstellungsbehörde in der genannten Ausnahmekonstellation verpflichtet (und berechtigt) ist, die Ernennung aufzuheben. Diese Interpretation erlaubt es, die Rechtsprechung in Übereinstimmung mit den allgemeinen Annahmen zum Verhältnis von Recht und Anspruch zu bringen. Die

98

---

[82] BayVGH, Beschl. v. 8.2.1996, 4 CE 96.420, BayVBl. 1996, 597 (597); BayVGH, Beschl. v. 17.3.1997, 4 ZE 97.874, BayVBl. 1997, 435 (435); BayVGH, Beschl. v. 16.8.2004, 4 CE 04.2253, NVwZ-RR 2005, 347 (348); OVG Nordrhein-Westfalen, Beschl. v. 16.12.2003, 15 B 2455/03, NVwZ-RR 2004, 283 (284).
[83] BayVGH, Beschl. v. 25.9.2009, 4 CE 09.2403, BayVBl. 2010, 219 (219).
[84] BVerfGE 143, 22 (28). Zum Recht auf fehlerfreie Ermessensentscheidung siehe 6.1.2.
[85] Siehe nun BVerwGE 138, 102 (109 ff.). Zum Ganzen R. *Schenke*, in: Kopp/Schenke (Hrsg.), VwGO, 25. Aufl. 2019, § 42 Rn. 49; K. *Gärditz*, in: Gärditz (Hrsg.), VwGO, 2. Aufl. 2018, § 42 Rn. 90.

Verletzung des Bewerbungsverfahrensanspruchs löst Unterlassungs- und Beseitigungsansprüche aus.[86] Dass das BVerwG seine Aussagen in prozessualer und rechtsschutzorientierter Terminologie getroffen hat, wird als Argument für eine rein gerichtsbasierte Kassationskompetenz angesehen.[87] Doch kann dies nicht überzeugen, weil dies nun einmal den Zugang des Gerichts zur Problematik ausmacht.[88] Daraus kann nicht geschlossen werden, dass dieser Zugang auch die Handlungsmöglichkeiten der Behörde bestimmen müsse.

---

[86] Ausführlich *W.-R. Schenke*, in: Butzer/Kaltenborn/Meyer (Hrsg.), Organisation und Verfahren im sozialen Rechtsstaat, 2010, S. 655 (672 ff.).
[87] *J. Buchheim*, Actio, Anspruch, subjektives Recht, 2017, S. 236.
[88] Siehe *W.-R. Schenke*, NVwZ 2011, 321 (322).

6 Die Ausgestaltung von Rechten durch Spielräume in den verwaltungsrechtlichen Normen

Inhaltsverzeichnis

6.1 Ermessensausübung 100
    6.1.1 Das Ermessen 100
    6.1.2 Das Recht auf fehlerfreie Ermessensentscheidung 104
6.2 Tatbestandsseite 115
6.3 Die Abwägung 120

Verwaltungsrechtliche Normen haben einen Tatbestand und setzen eine Rechtsfolge.[1] Diese Struktur führt zu einigen verwaltungsrechtlichen Fragen, die für die Konturen des Anspruchsmodells von großer Bedeutung sind. Im Wesentlichen geht es zum einen darum, ob die Wahl der Rechtsfolge im **Ermessen** der Verwaltung besteht oder nicht. In bestimmten Fällen bestehen darüber hinaus auch **Spielräume** auf der Tatbestandsseite. Insbesondere von der Ermessensbetätigung ist die Abwägung betroffener Belange abzugrenzen.

6.1 Ermessensausübung

6.1.1 Das Ermessen

Viele Normen des Verwaltungsrechts räumen der Behörde Ermessen ein. Dies ist insbesondere daran zu erkennen, dass die Rechtsfolge über das Wort „kann" mit dem Tatbestand verbunden wurde. Das Ermessen ist nach § 40 VwVfG pflichtgemäß auszuüben. Die Ermessensnorm verschafft der Verwaltungsbehörde einen Spielraum dafür, ihrem Handeln und Entscheiden Zweckmäßigkeitsüberlegungen zugrunde zu legen. Dies ist bei gebundenen Entscheidungen nicht der Fall.

---
[1] Siehe etwa *H. Maurer/C. Waldhoff*, Allgemeines Verwaltungsrecht, 19. Aufl. 2017, § 7 Rn. 3.

Gebundene Entscheidungen sind oft daran zu erkennen, dass die Rechtsfolge über das Wort „ist" mit dem Tatbestand verbunden wurde. So heißt es z. B. in vielen Bauordnungen „Die Baugenehmigung ist zu erteilen, wenn …".[2] Sofern das Vorhaben alle Anforderungen erfüllt, die im Tatbestand der Norm genannt sind, muss die Bauaufsichtsbehörde die Baugenehmigung erteilen. Sie hat keinerlei Entscheidungsspielraum. Hingegen ist das Instrumentarium der Bauaufsichtsbehörden im Bereich von Eingriffsmaßnahmen – wie regelmäßig im Polizei- und Sicherheitsrecht – flexibel ausgestaltet. Sie haben **Ermessen**. Das kann in der Befugnisnorm wörtlich so statuiert sein, wie etwa in der nordrhein-westfälischen Generalklausel des § 58 Abs. 2 Satz 2 BauO NRW, wonach die Bauaufsichtsbehörden „nach pflichtgemäßem Ermessen die erforderlichen Maßnahmen zu treffen (haben)".[3] Nach § 58 Abs. 1 Satz 2 HBauO „können" die Bauaufsichtsbehörden in Wahrnehmung ihrer Aufgaben die erforderlichen Maßnahmen treffen.[4] Obwohl also eine Anlage gegen Bauvorschriften oder andere Bestimmungen verstößt, ist die Behörde nicht verpflichtet, dagegen vorzugehen.

101   In Lehrbüchern wird die Ermessensausübung häufig aus der verwaltungsgerichtlichen Kontrollperspektive dargestellt. Den Anknüpfungspunkt für die gerichtliche Kontrolle bildet dabei § 114 Satz 1 VwGO, wonach das Gericht nur rechtliche **Ermessensfehler** überprüft. Im Vergleich zur verfahrensrechtlichen Maßstabsnorm des § 40 VwVfG ist mit dieser Bestimmung in der Sache allerdings keine Beschränkung verbunden. Denn die rechtlichen Anforderungen, die aus § 114 Satz 1 VwGO für die gerichtliche Kontrolle folgen, decken sich mit dem behördlichen Handlungsprogramm. Es kommt in beiden Fällen rechtlich auf das Gleiche an, nämlich auf bestimmte Ermessensfehler. Nach § 40 VwVfG sind sie von der Behörde zu vermeiden, nach § 114 Satz 1 VwGO sind sie Gegenstand der verwaltungsgerichtlichen Kontrolle. Auf diejenigen rechtlichen Fehler, die die Behörde bei der Betätigung des Ermessens vermeiden muss, bezieht sich Kontrolle durch das Verwaltungsgericht. Im Wesentlichen sind dies Ermessensnichtgebrauch, Ermessensfehlgebrauch und Ermessensüberschreitung.[5] Der Unterschied zwischen den beiden Normen liegt in der Perspektive auf das Verwaltungshandeln. Während § 40 VwVfG Vorgaben für eine noch zu ergehende Entscheidung aufstellt, d. h. die Verwaltung verpflichtet, Ermessensfehler zu vermeiden, erfordert § 114 Satz 1 VwGO rückblickend die Prüfung, ob Ermessensfehler begangen wurden.

---

[2] Normen: siehe Kap. 5, Fn. 29.
[3] So auch § 47 Abs. 1 Satz 2 LBO BW, § 61 Abs. 2 Satz 2 HBO, § 59 Abs. 1 Satz 2 BauO SH, § 58 Abs. 1 Satz 2 ThürBO, § 59 Abs. 1 Satz 1 Halbs. 2 LBauO Rh.-Pf., § 57 Abs. 2 Satz 2 LBO SL. Einen Sonderfall bildet die brandenburgische Bauordnung. § 58 Abs. 2 Satz 2 BbgBO lautet: „Sie haben in Wahrnehmung dieser Aufgaben die erforderlichen Maßnahmen zu treffen und die am Bau Beteiligten zu beraten".
[4] In diesem Sinne auch § 79 Abs. 1 Satz 1 NBauO, § 58 Abs. 2 Satz 2 SächsBO, § 57 BauO Abs. 2 Satz 2 LSA, § 58 Abs. 2 Satz 2 BremLBO, § 58 Abs. 2 Satz 2 LBauO MV, § 58 Abs. 1 Satz 5 BauO Bln.
[5] Ausführlich etwa *H. Maurer/C. Waldhoff*, Allgemeines Verwaltungsrecht, 19. Aufl. 2017, § 7 Rn. 19 ff.; *F. Schoch*, GVwR III, 2. Aufl. 2013, § 50 Rn. 270 f.

6.1 Ermessensausübung

Der verbreitete prozessuale Zugriff auf die Ermessensausübung verschleiert jedoch wichtige Erkenntnisse. Wenn es heißt, gegen belastende Ermessensentscheidungen könne Anfechtungsklage erhoben werden,[6] greift dies zu kurz. Denn warum steht diese Klagemöglichkeit offen? Wer sich gegen eine belastende Ermessensentscheidung wendet, macht in der Sache das Recht auf fehlerfreie Ermessensentscheidung geltend. Aber wie im Folgenden zu zeigen ist, erfordert dieses Recht eine durchaus komplexe Würdigung des Verwaltungshandelns, wobei verschiedenen Konstellationen Rechnung zu tragen ist.

102

Ein denkbares Missverständnis ist dabei vorab auszuschließen. In der verwaltungsrechtlichen Wissenschaft ist umstritten, ob und inwieweit der Spielraum, der durch Ermessensnormen für die Verwaltungsbehörde begründet wird, nicht doch **rechtlich determiniert** ist.[7] Der Unterschied zur gebundenen Entscheidung läge dann eher darin, dass der Grad der rechtlichen Bindung bei Ermessensentscheidungen geringer ist. Das Anspruchsmodell verhält sich neutral zu dieser Streitfrage. Das Modell knüpft über das Recht auf fehlerfreie Ermessensentscheidung am Konzept des Ermessensfehlers an und setzt dieses Konzept voraus. Was genau einen Ermessensfehler ausmacht, wie weit hier die rechtliche Determination reicht, dies kann das Modell nicht beantworten.

103

6.1.2 Das Recht auf fehlerfreie Ermessensentscheidung

Zu den Rechten, deren Verletzung nach § 113 Abs. 1 Satz 1 VwGO die Begründetheit der Anfechtungsklage auslöst, zählt auch das **Recht auf fehlerfreie Ermessensentscheidung**. Typische Beispiele sind etwa die Entscheidung über die Zulassung von Gemeindeangehörigen zu einer öffentlichen Einrichtung der Gemeinde, sofern die Kapazität der Einrichtung erschöpft ist (Stadthalle, Volksfest etc.),[8] oder nach dem Recht mancher Bundesländer die Entscheidung über die Umbenennung einer Straße für Anlieger oder andere betroffene Personen.[9] Das Recht auf fehlerfreie Ermessensentscheidung besteht gegenüber dem Verwaltungsträger, handelnd durch die zuständige Behörde. Der Berechtigte kann von der Verwaltungsbehörde verlangen, dass sie ihr Ermessen ordnungsgemäß nach § 40 VwVfG betätigt.

104

Die Behörde muss das Ermessen nach § 40 VwVfG pflichtgemäß ausüben. Auch Ermessensnormen dienen zunächst nur dem **öffentlichen Interesse**. Dennoch ist das Ermessen unter bestimmten Voraussetzungen auch im Interesse eines Privaten

105

---

[6] *S. Detterbeck*, Allgemeines Verwaltungsrecht, 17. Aufl. 2019, Rn. 337.
[7] Mit unterschiedlichen Ansätzen für eine rechtliche Determiniertheit etwa *H. Rupp*, Grundfragen der heutigen Verwaltungsrechtslehre, 2. Aufl. 1991, S. 206; *S. Meyer*, VerwArch 101 (2010), 351; vertiefend *A. Funke*, JZ 2015, 369 (377 ff.).
[8] Normen: § 10 Abs. 2 Satz 2 GO BW; Art. 21 Abs. 1 Satz 1 BayGO; § 12 Abs. 1 BbgKVerf; § 20 Abs. 1 HessGO; § 14 Abs. 2 KV MV; § 30 Abs. 1 NdsKomVG; § 8 Abs. 2 GO NRW; § 14 Abs. 2 GO Rh.-Pf.; § 19 Abs. 1 KSVG; § 10 Abs. 2 SächsGO; § 22 Abs. 1 GO LSA; § 18 Abs. 1 GO SH; § 14 Abs. 1 ThürKO.
[9] *F. Schoch*, Jura 2011, 344. Eine breite Übersicht zu positiven und negativen Beispielen bei *M. Sachs*, in: Stelkens/Bonk/Sachs (Hrsg.), VwVfG, 8. Aufl. 2014, § 40 Rn. 141 f.

auszuüben. Der Private hat dann ein Recht auf ermessensfehlerfreie Entscheidung. Dieses Recht besteht, wenn die das Ermessen begründende Rechtsnorm nicht nur dem öffentlichen Interesse, sondern auch dem Interesse des betroffenen Bürgers zu dienen bestimmt ist.[10] Ob dies so ist, muss durch Auslegung derjenigen Norm ermittelt werden, die das Ermessen einräumt. Im Grundsatz folgt dies den gleichen Überlegungen wie bei der Anwendung der sog. Schutznormtheorie (siehe Rn. 67). Häufig ergeben sich aus dem Tatbestand der Ermessensnorm entsprechende Anknüpfungspunkte (dazu gleich Beispiele; auch im Falltypus 6 wird vertiefend darauf eingegangen, Kap. 16). Das Recht auf fehlerfreie Ermessensentscheidung wird auch als **formelles subjektives öffentliches Recht** bezeichnet.[11] Dies ist dann der Gegenbegriff zum **materiellen** subjektiven öffentlichen Recht, das auf einer gebundenen Entscheidung beruht. Zum Teil findet für das materielle subjektive öffentliche Recht auch der Begriff des „gebundenen Anspruchs" Verwendung. In diesem Begriff werden also die Elemente der gebundenen Entscheidung und der Art der Berechtigung zusammengezogen, was nicht ganz glücklich ist. Als weiteres formelles subjektives öffentliches Recht gilt das Recht auf fehlerfreie Wahrnehmung eines Beurteilungsspielraums (Rn. 119).

106   Das Recht auf fehlerfreie Ermessensbetätigung ist nicht mit einem Recht auf **fehlerfreie Abwägung** gleichzusetzen. Denn die Pflicht zur ordnungsgemäßen Ermessensausübung begründet keine rechtliche Pflicht zur gerechten Abwägung. Aus zwei Gründen kann vorschnell eine solche Pflicht angenommen werden. Zum einen lässt sich die behördliche Betätigung des Ermessens – zumindest auch – als Abwägung der nach den Zwecken der Ermächtigung maßgebenden Gesichtspunkte verstehen.[12] Dies ist aber nur eine Beschreibung des tatsächlichen Verwaltungshandelns; sie erfasst eine Art, wie die Behörde ihrer Pflicht zur Ermessensbetätigung nachkommen kann. Zum anderen wird mittlerweile in manchen Darstellungen der Ermessensausübung der Unterschied zwischen Ermessensausübung und Abwägung verwischt. Die aus der Abwägungsfehlerlehre bekannten Maßstäbe werden auf die Betätigung des Ermessens transponiert. So soll es die Ermessensfehler „Ermessensdefizit" und „Ermessensdisproportionalität" geben.[13] Das Ermessensdefizit lässt sich noch als ein Aspekt des Ermessensfehlgebrauchs fassen: Die Behörde handelt nicht dem Zweck der Ermächtigung entsprechend, wenn sie nicht alle relevanten Umstände ermittelt.[14] Anders ist dies mit der Ermessensdisproportionalität. Sie soll vorliegen, wenn die einschlägigen Gesichtspunkte von der Behörde „fehlgewichtet abgewogen" wurden.[15] Solche Formulierungen initiieren ein Prüfprogramm, das die

---

[10] *H. Maurer/C. Waldhoff*, Allgemeines Verwaltungsrecht, 19. Aufl. 2017, § 8 Rn. 15.
[11] Etwa *O. Bachof*, Die verwaltungsgerichtliche Klage auf Vornahme einer Amtshandlung, 1951, S. 69; *W.-R. Schenke*, Polizei- und Ordnungsrecht, 9. Aufl. 2016, Rn. 104. „Formell" ist das Recht aber nicht in dem Sinne, dass das Recht auf ein Verfahren bezogen wäre; es richtet sich auf den Inhalt der Entscheidung (*J. Pietzcker*, JuS 1982, 106 (108)).
[12] So z. B. *U. Ramsauer*, in: Kopp/Ramsauer (Hrsg.), VwVfG, 19. Aufl. 2018, § 40 Rn. 79.
[13] *J. Lindner*, Öffentliches Recht, 2. Aufl. 2017, S. 537.
[14] So etwa *U. Ramsauer*, in: Kopp/Ramsauer (Hrsg.), VwVfG, 19. Aufl. 2018, § 40 Rn. 89.
[15] *J. Lindner*, Öffentliches Recht, 2. Aufl. 2017, S. 537.

6.1 Ermessensausübung

nach § 40 VwVfG bestehenden Anforderungen überdehnt: Eine Rechtspflicht zur gerechten Abwägung besteht nach dieser Norm gerade nicht.[16] Die Frage ist von unmittelbarer Relevanz für die juristische Ausbildung, weil solche Formulierungen die Studierenden dazu veranlassen, das Ermessen intensiver als zulässig zu überprüfen. Wenn in Klausuren – aus der gerichtlichen Kontrollperspektive – eine Abwägung der Interessen der Beteiligten vorgenommen wird oder wenn gefragt wird, ob „eine Disproportionalität vorliegt, indem die einzelnen Belange nicht richtig gewichtet worden sind" (ein Zitat aus einer Klausurbearbeitung), dann überschreitet dies den durch § 40 VwVfG, § 114 Satz 1 VwGO gezogenen rechtlichen Rahmen.

Zwei Fragen bedürfen aus der Perspektive des Anspruchsmodells der Vertiefung. 107
Erstens, worauf ist das Recht auf fehlerfreie Ermessensentscheidung eigentlich gerichtet und kann dies mit den Kategorien des positiven bzw. des negativen Status erfasst werden? Zweitens, was geschieht bei einer **Verletzung** des Rechts auf fehlerfreie Ermessensentscheidung? Bleibt es davon unberührt und besteht weiter (so wie die Rechte des positiven Status), oder löst die Verletzung des Rechts, unabhängig von einer gerichtlichen Kassation der Entscheidung, so wie bei den Rechten des negativen Status einen Aufhebungsanspruch im Verhältnis zur Verwaltung aus?

Diese Fragen sind schwierig zu beantworten. Sie werden in der Literatur kaum 108
vertieft behandelt. Denkbar sind drei Möglichkeiten: (1) Das Recht auf fehlerfreie Ermessensentscheidung ist ein Recht und zugleich ein Anspruch, der auf Unterlassung und Beseitigung ermessensfehlerhafter Entscheidungen gerichtet ist. (2) Das Recht auf fehlerfreie Ermessensentscheidung steht in Abhängigkeit von einer materiellen Berechtigung und partizipiert an deren modaler Ausrichtung, (3) Das Recht auf fehlerfreie Ermessensentscheidung ist eine Berechtigung eigener Art, deren Verletzung stets einen Abwehranspruch auslöst. Wie im Folgenden zu zeigen ist, überzeugt Möglichkeit 3, wobei die Eigenarten dieses Rechts erst in der Konfrontation mit den anderen beiden Möglichkeiten wirklich deutlich werden.

Nach der Möglichkeit 1 wäre das Recht auf fehlerfreie Ermessensentscheidung 109
von vorneherein mit einem Anspruch auf Unterlassung fehlerhafter Ermessensentscheidungen sowie mit einem Anspruch auf Beseitigung fehlerhafter Entscheidungen verbunden.[17] Es würde einen positiven Status begründen. Diese Variante vermengt also die Frage nach der Berechtigung mit der Frage nach der Reaktion. Als „Recht" ist das Recht auf fehlerfreie Ermessensentscheidung allerdings noch kein „Anspruch". Es bringt nur eine ganz bestimmte Art der Berechtigung zum Ausdruck. Diese Berechtigung lässt sich nicht unmittelbar mit einem bestimmten Tun oder Unterlassen der Verwaltung verknüpfen. Zwar ist das Recht auf fehlerfreie Ermessensentscheidung in gewisser Hinsicht auf ein positives Tun der Verwaltung

---

[16] Verfassungsrechtlich lässt sich zum einen dem Rechtsstaatsprinzip ein Gebot gerechter Abwägung der von einer hoheitlichen Planung berührten rechtlichen Interessen annehmen (BVerwGE 61, 295 (301)). Dies gilt aber nicht für eine verwaltungsbehördliche Einzelfallentscheidung ohne Planungscharakter. Zum anderen sind kollidierende Grundrechtspositionen gegeneinander abzuwägen (siehe z. B. BVerfGE 30, 173 (195) – Mephisto). Die Grundrechtsbindung stellt aber nur einen Aspekt der Ermessensbetätigung dar, sie geht darin nicht auf.
[17] *J. Pietzcker*, JuS 1982, 106 (108).

gerichtet, eben darauf, ermessensfehlerfrei zu entscheiden. Aber dies ist nicht im gleichen Sinne eine Leistung der Verwaltung wie bei den Ansprüchen des positiven Status. Sofern eine Norm Ermessen einräumt und Einzelne ein Recht auf fehlerfreie Ermessensentscheidung haben, bleibt das **rechtlich geschützte Interesse** hinter dem **tatsächlichen Interesse** zurück. Umgekehrt formuliert: Der Berechtigte hat ein **überschießendes tatsächliches Interesse**. Er möchte etwa, dass die Polizei gegen Hausbesetzer vorgeht, hat aber nur ein Recht auf fehlerfreie Ermessensentscheidung. Rechtlich geschützt ist lediglich das Interesse daran, dass die Behörde ihr Ermessen fehlerfrei ausübt. Das tatsächliche Interesse ist aber nicht bedeutungslos, weil es der Geltendmachung des Rechts auf fehlerfreie Ermessensentscheidung die Richtung weist. Bei materiellen subjektiven öffentlichen Rechten ist natürlich auch vorstellbar, dass das tatsächliche Interesse des Berechtigten noch größer ist als das rechtlich anerkannte Interesse. Im Unterschied dazu zählt aber beim formellen subjektiven öffentlichen Recht die Befriedigung des tatsächlichen Interesses zu den Handlungsmöglichkeiten der Verwaltung, sofern sie sich im Rahmen des Ermessens bewegt.

110   Dies kann an zwei Beispielen erläutert werden, zum einen dem Interesse einer Person daran, für sich selbst eine Leistung zu erhalten (**Eigenbegünstigung**), zum anderen dem Interesse daran, dass eine dritte Person keine Leistung erhält (Abwehr einer **Fremdbegünstigung**). Zunächst zur Eigenbegünstigung: Die eigentlich begehrte Leistung, etwa die Zulassung zum Volksfest, kann nicht von der Verwaltung verlangt werden, sofern die Norm nur Ermessen einräumt. Günstigstenfalls endet die „positive" Ausübung des Rechts in einer tatsächlich „positiven" Leistungsgewährung. Doch ist das Recht auf fehlerfreie Ermessensentscheidung nicht auf dieses Ergebnis gerichtet. Es kann sein, dass auch die Nichtgewährung der Begünstigung ermessensfehlerfrei ist. Die Rechtsordnung schützt das Interesse an der Eigenbegünstigung, indem sie dem Berechtigten keine Norm mit gebundener Entscheidung zur Verfügung stellt, gerade nicht. Im Ergebnis liegen die Dinge bei der Abwehr der Fremdbegünstigung genauso. Wenn sich der Berechtigte etwa gegen die Zulassung eines Konkurrenten wendet, sollte aus seiner Sicht die „positive" Ausübung des Rechts auf fehlerfreie Ermessensentscheidung günstigstenfalls natürlich damit enden, dass die Fremdbegünstigung nicht verfügt wird, dass also die Behörde den Erlass der Verfügung unterlässt. Aber es kann auch sein, dass die fehlerfreie „positive" Ausübung des Ermessens gar nicht zu einem Unterlassen der Fremdbegünstigung führt. Die Fremdbegünstigung wurde in einem solchen Fall ermessensfehlerfrei gewährt. Wiederum schützt die Rechtsordnung das Interesse des Berechtigten – nunmehr daran, dass die Fremdbegünstigung nicht verfügt wird –, nicht. Das Recht auf fehlerfreie Ermessensentscheidung ist deshalb ein „**formelles**" subjektives öffentliches Recht, kein „materielles". Es ist nicht auf ein bestimmtes Ergebnis gerichtet. Das bedeutet aber auch, dass es **nicht dem positiven Status** zugeordnet werden kann.

111   Eine zweite Möglichkeit zur Konstruktion des Rechts auf fehlerfreie Ermessensentscheidung könnte versuchen, den formellen Charakter des Rechts zu „materialisieren". Ausgangspunkt ist eine Überlegung zur Entstehung des Rechts auf fehlerfreie Ermessensentscheidung. In der Regel lässt sich aus einer verwaltungsrechtlichen Ermessensnorm dann ein Recht auf fehlerfreie Ermessensentscheidung ableiten,

6.1 Ermessensausübung

wenn der in Frage stehende Verwaltungsakt ein materielles Recht des Betroffenen beeinträchtigt.[18] Besonders plastisch ist dieser Zusammenhang beim „Recht auf Einschreiten", d. h. wenn Private von der Polizei ein Tätigwerden zur Sicherung hochwertiger Rechtsgüter begehren. Wenn die Rechtsgüter Gesundheit oder Eigentum betroffen sind, spricht dies dafür, dass die beeinträchtigte Person ein Recht auf fehlerfreie Ermessensentscheidung hat. In einem zweiten Schritt könnte dann das Recht auf fehlerfreie Ermessensentscheidung in Abhängigkeit von der jeweiligen Ausrichtung des einschlägigen materiellen Rechts dem negativen oder positiven Status zugeordnet werden. Diese Variante setzt sich aber dem Einwand aus, dass nicht in jedem Fall das Bestehen eines Rechts auf fehlerfreie Ermessensentscheidung von einem materiellen Recht abhängt. Für die Abweichung von baurechtlichen Vorschriften trägt eine solche Konstruktion. Wenn aber etwa die Verwaltung über die Zulassung mehrerer Bewerber für eine Veranstaltung entscheiden muss, fällt dies schwer. Der **Gleichheitsgrundsatz** aus Art. 3 Abs. 1 GG gibt keinen inhaltlichen Maßstab vor. Im Falle der Zulassungsentscheidung müsste ein Bezug zu **Freiheitsgrundrechten**, etwa Art. 12 GG, hergestellt werden. Natürlich betrifft die Entscheidung eine grundrechtlich geschützte Tätigkeit. Aber der Bezug zu einem negatorischen oder positiven Gehalt des Grundrechts der Berufsfreiheit ist allenfalls schwach. Man müsste einen Grundrechtseingriff durch Versagung der Zulassung konstruieren oder ein grundrechtliches Leistungsrecht annehmen.[19] Beides dürfte allenfalls in Ausnahmefällen möglich sein. Ein anderes Beispiel: Wenn ein Anlieger seine Garagenausfahrt nicht benutzen kann, weil auf der gegenüberliegenden Straßenseite Fahrzeuge parken, hat er gegenüber der Straßenverkehrsbehörde ein Recht auf fehlerfreie Ermessensentscheidung.[20] Hier lässt sich zwar wiederum irgendwie ein grundrechtlicher Bezug herstellen, nun zu Art. 14 GG. Aber erneut ist das Begehren nicht eindeutig negatorischer Art; als leistungsbezogenes Begehren wäre es jedoch grundrechtsdogmatisch voraussetzungsvoll. Es ist die StVO selbst, die die entscheidende Wertung aufstellt, aus der sich die Berechtigung ergibt: Nach § 12 Abs. 3 Nr. 3 StVO ist das Parken vor Grundstückseinfahrten verboten. Insofern werden die Anlieger aus der Allgemeinheit, in deren Interesse die Behörde nach

---

[18] So in der Tendenz *R. Schenke*, in: Kopp/Schenke (Hrsg.), VwGO, 25. Aufl. 2019, § 42 Rn. 93.
[19] Die damit verbundenen Schwierigkeiten zeigt anschaulich die Entscheidung des BVerwG im Fall „Bonner Hofgarten". Obwohl die beantragte Demonstration jenseits des Widmungszwecks lag, so dass nach den Grundsätzen des Schleusenfalles (BVerwGE 39, 235) ein Recht auf fehlerfreie Ermessensbetätigung nicht bestehen würde, hat das Gericht unter Verweis auf die Bedeutung des Art. 8 Abs. 1 GG ein solches Recht angenommen (BVerwGE 91, 135 (139 f.)). Dabei changiert es zwischen abwehr- und leistungsrechtlichem Zugriff (*M. Sachs*, JuS 1993, 686 (687)); wenn überhaupt, ist in solchen Fällen ein Recht nicht grundrechtlich, sondern aus dem Gesamtzusammenhang des öffentlichen Sachenrechts zu rechtfertigen (*M. Burgi*, DÖV 1993, 633 (641)). Konsequent hingegen OVG Rheinland-Pfalz, Urt. v. 2.3.2012, 10 A 11181/11, DVBl. 2012, 695 (696): Die Entscheidung über die Zulassung von Hilfsmitteln im juristischen Staatsexamen hat, soweit dabei bestimmte Verlagsprodukte ausgewählt werden, Auswirkungen auf die von Art. 12 GG geschützte Tätigkeit, aber ein Eingriff in das Grundrecht liege nicht vor; ein Recht auf fehlerfreie Ermessensentscheidung scheidet aus. Zum Ganzen näher Rn. 310.
[20] BVerwGE 37, 112 (113); dazu *J. Pietzcker*, JuS 1982, 106 (109).

§ 45 StVO handelt, herausgehoben; ihre Interessen werden besonders geschützt.[21] Gänzlich versagt der Bezug zu einem „unterliegenden" Grundrecht bei Ausnahmebewilligungen. Hier ist kraft gesetzgeberischer Wertung ein grundrechtlicher Schutz der entsprechenden Betätigung gerade ausgeschlossen. Aus der jeweiligen gesetzlichen Bestimmung selbst muss erkennbar sein, ob sie den Interessen eines bestimmten Personenkreises zu dienen bestimmt ist.

112   Mit der dritten Möglichkeit ist deshalb das Recht auf fehlerfreie Ermessensentscheidung als **Berechtigung eigener Art** anzusehen. Es hat einen Berechtigten, der die ermessensfehlerfreie Entscheidung nicht als Anspruch fordern kann (siehe oben), aber in dessen Interesse das Ermessen auszuüben ist. Entscheidend ist, dass das so verstandene Recht selbst eine **negatorische Komponente** hat: Wenn die Verwaltung die Berechtigung verletzt, d. h. ermessensfehlerhaft zum Nachteil des Berechtigten entscheidet, muss sie diese **Entscheidung rückgängig machen**, d. h. aufheben. Das Recht auf ermessensfehlerfreie Entscheidung hat also einen reaktiosnsrechtlichen Gehalt.[22] Es ist damit ebenfalls Gegenstand der bereits behandelten, im Rechtsstaatsprinzip wurzelnden reaktionsrechtsstaatlichen Grundnorm (siehe Rn. 66). Da das Recht auf fehlerfreie Ermessensentscheidung nicht auf ein bestimmtes substanzielles Verhalten der Behörde gerichtet ist, sollte von einem **Recht** und nicht – wie es häufig geschieht – von einem Anspruch gesprochen werden. Der Begriff „Recht" bezeichnet insofern eben einfach den Umstand, dass die Pflicht der Behörde, ihr Ermessen fehlerfrei auszuüben, auch im Interesse des Begünstigten besteht. Wenn von einem „**Anspruch**" auf fehlerfreie Ermessensentscheidung die Rede ist, wird gemeinhin schon an die Folgen gedacht, die die Verletzung des Rechts nach sich zieht. Diese Redeweise zieht das Recht und die Reaktion auf die Rechtsverletzung zusammen. Die Funktionsweise des Anspruchs, der aus der Verletzung des Rechts auf fehlerfreie Ermessensentscheidung resultiert, weist aber Besonderheiten auf. Ebenso wenig wie das Recht selbst ist er auf ein bestimmtes Unterlassen oder Tun bei der Ermessensausübung gerichtet, auch wenn das eigentliche Interesse des Berechtigten darauf gerichtet sein mag. Der Berechtigte kann weder kraft des Rechts auf fehlerfreie Ermessensentscheidung noch kraft des damit verbundenen Reaktionsrechts eine bestimmte

---

[21] BVerwGE 37, 112 (114).

[22] So erstmals wohl *H. J. Wolff*, in: Festschrift zur Feier des 25jährigen Bestehens der Westfälischen Verwaltungsakademie in Münster und der Verwaltungs- und Wirtschaftsakademie Industriebezirk Sitz Bochum, 1950, S. 119 (127, 135). Wolff sprach vom „Abwendungsanspruch", verstanden als Gegensatz zu einem Leistungsanspruch. Das ist aber nichts anderes als ein Reaktionsanspruch (*H. Rupp*, in: Brenner/Huber/Möstl (Hrsg.), Der Staat des Grundgesetzes – Kontinuität und Wandel, 2004, S. 995 (1004)). Aktuelle Darstellung in *H. J. Wolff/O. Bachof/R. Stober u.a.*, Verwaltungsrecht I, 13. Aufl. 2017, § 49 Rn. 59, 68: Recht auf fehlerfreie Ermessensentscheidung als „Destination". Das von Wolff entwickelte Schema abgestufter Rechtspositionen erlaubt es im Übrigen auch, weitere Rechtsstellungen auf der Ebene des einfachen Rechts differenziert zu entwickeln, ohne direkt auf die nicht immer hinreichend kontextsensiblen Grundrechte abstellen zu müssen. Ein Beispiel ist die Abwehr des Widerrufs einer Begünstigung, für die oft nach der Adressatentheorie auf Art. 2 Abs. 1 GG abgestellt wird. Dabei muss unterstellt werden, dass der begünstigende Verwaltungsakt die Handlungsfreiheit des Berechtigten erweitert, während doch auch die Begünstigung selbst als Rechtstellung (bei Wolff: „Gestattung") verstanden werden kann, deren rechtswidrige Beseitigung einen Aufhebungsanspruch auslöst.

Lösung des Konflikts beanspruchen. Der Anspruch richtet sich lediglich auf die Aufhebung der ermessensfehlerhaften Entscheidung.

Wie auch bei anderen Reaktionsrechten, steht die **Reaktion** auf die Verletzung dieses Rechts **nicht im Ermessen** der Behörde. Davon zu unterscheiden ist der eigenartige Umstand, dass die Abweichung von materiellen subjektiven Rechten, etwa einer nachbarschützenden Norm im Baurecht, in gewisser Hinsicht durchaus im Ermessen der Behörde steht. Wenn nämlich ein genehmigungsfreies Vorhaben die entsprechenden Anforderungen nicht erfüllt, muss die Behörde nicht etwa zwecks Wahrung der Rechte des Nachbarn einschreiten, sie kann es nur (näher Falltypus 6). Anders verhält es sich allerdings merkwürdigerweise, wenn eine Baugenehmigung gegen eine solche nachbarschützende Norm verstößt (näher Falltypus 4). Diese Diskrepanz wird bei der Erfassung der genannten Falltypen eine Rolle spielen. 113

In den eben erläuterten unterschiedlichen Interessenskonstellationen funktioniert das Recht auf fehlerfreie Ermessensentscheidung in gewissem Sinne stets auf die gleiche Weise. Ob nun der Berechtigte eigentlich eine Leistung in der Form der Eigenbegünstigung erstrebt (eine Konzession, Marktzulassung, Beamtenernennung), eine Fremdbegünstigung abwehren (Konzession für den Konkurrenten etc.) oder eine Eigenbelastung abwehren möchte – stets ist in seinem Interesse ermessensfehlerfrei zu entscheiden. Wenn dies misslingt, muss die fehlerhafte Entscheidung aufgehoben werden. Unterschiede zwischen diesen Konstellationen bestehen praktisch nur in einer Hinsicht. Wenn das Begehren darauf gerichtet ist, dass eine Eigenbegünstigung geleistet wird, wird der Berechtigte in der Regel einen **Antrag** stellen. Die ablehnende Entscheidung erweist sich als ermessensfehlerhaft. Sie ist aufzuheben, sei es von der Behörde oder vom Verwaltungsgericht. Das bedeutet aber auch, dass die Behörde ihr Ermessen noch einmal ausüben, d. h. über den Antrag neu entscheiden muss. Darauf hat der Berechtigte einen Anspruch. Dieser **Bescheidungsanspruch** muss vom Recht auf fehlerfreie Ermessensentscheidung streng unterschieden werden. Er wird im Zusammenhang mit dem gewöhnlichen Leistungsbegehren näher erörtert (Falltypus 2). Aus einer rein prozessualen Perspektive kommt er allerdings nicht richtig in den Blick. Gelangt das Verwaltungsgericht in einer Verpflichtungskonstellation zu der Erkenntnis, dass das Recht auf fehlerfreie Ermessensentscheidung verletzt wurde, hebt es die Ablehnung der begehrten Leistung auf und verpflichtet die Verwaltungsbehörde auf der Grundlage von § 113 Abs. 5 Satz 2 VwGO dazu, unter Beachtung der Rechtsauffassung des Gerichts neu zu entscheiden. Diese Sachlage verführt zu der Annahme, das Recht auf fehlerfreie Ermessensentscheidung gehe *ipso iure* mit einem Anspruch auf Neubescheidung einher. Diese Annahme ist aber unzutreffend. Die Pflicht, über den ursprünglichen Antrag zu entscheiden, besteht ganz unabhängig von dem Recht auf fehlerfreie Ermessensentscheidung (siehe Rn. 203). Sie besteht im Übrigen auch bei gebundenen Entscheidungen.[23] Vielmehr lebt mit Aufhebung der fehlerhaften Ablehnungsentscheidung der zunächst mit dem Erlass dieser Entscheidung erfüllte 114

---

[23] Deutlich wird der Bescheidungsanspruch bei gebundenen Entscheidungen dann, wenn ausnahmsweise im Rahmen einer Untätigkeitsklage ein Bescheidungsantrag gestellt wird. Zu dieser eigentümlichen Konstellation siehe Rn. 223.

Anspruch auf Bescheidung wieder auf. Dieser Bescheidungsanspruch trägt die Verurteilung nach § 113 Abs. 5 Satz 2 VwGO. Die Pflicht, neu zu entscheiden, wenn die Entscheidung nicht ermessensfehlerfrei ergangen ist, muss von der Pflicht zur ermessensfehlerfreien Entscheidung unterschieden werden. Besonders deutlich wird dies in den Fällen, in denen eine Fremdbegünstigung das Recht eines Dritten auf fehlerfreie Ermessensentscheidung verletzt (Zulassung des Konkurrenten). Die Behörde ist nicht kraft Aufhebung der ermessensfehlerhaften Begünstigung *ipso iure* verpflichtet, neu über den Antrag des Dritten zu entscheiden. Sie muss vielmehr den Bescheidungsanspruch des Dritten erfüllen.

6.2 Tatbestandsseite

115 Auf der Tatbestandsseite der Verwaltungsrechtsnorm gibt es nach herkömmlichem Verständnis kein Ermessen. Dennoch können Spielräume bestehen. Den Anknüpfungspunkt hierfür bilden **unbestimmte Rechtsbegriffe**. Im Grundsatz geht mit der Wahl solcher Begriffe allerdings kein Spielraum einher. Die übliche, gerichtszentrierte Formulierung dieses Umstands lautet, dass unbestimmte Rechtsbegriffe vollständig gerichtlicher Kontrolle unterliegen.[24] In einer materiell-rechtlichen Reformulierung dieses Gedankens muss es heißen, dass unbestimmte Rechtsbegriffe nicht die materiell-rechtliche Bindung der Behörde lockern. Ebenso wenig „mindern" sie die Rechtsstellung des Einzelnen.

116 In Ausnahmefällen hat die Behörde bei der Anwendung von unbestimmten Rechtsbegriffen aber einen **Beurteilungsspielraum**. Die Behörde entscheidet eigenständig und definitiv über das Vorliegen der Tatbestandsvoraussetzungen der Verwaltungsrechtsnorm. Die von der Behörde vorgenommene Subsumtion entzieht sich der Überprüfung durch den Betroffenen, durch das Verwaltungsgericht und durch die Aufsichtsinstanzen. Typische Fälle sind Prüfungsentscheidungen: Bei der Subsumtion einer Klausurbearbeitung im ersten juristischen Staatsexamen unter das Tatbestandsmerkmal „eine besonders hervorragende Leistung" hat der Prüfer einen Beurteilungsspielraum. Dabei gibt es Grenzen: Die Behörde ist verpflichtet, bei der Wahrnehmung eines Beurteilungsspielraums bestimmte Anforderungen zu erfüllen. So muss die Behörde die geltenden Verfahrensvorschriften einhalten, von einem zutreffenden Sachverhalt ausgehen und sachfremde Erwägungen unterlassen.[25] Ein Prüfer darf eine vertretbare und mit gewichtigen Argumenten folgerichtig begründete Lösung nicht als falsch bewerten.[26]

117 Das Zustandekommen eines Beurteilungsspielraums wird auf unterschiedliche Weise gerechtfertigt. Die Rechtfertigung ist eng damit verknüpft, ob und wie Beurteilungsspielräume in Anbetracht der Garantie effektiven gerichtlichen Rechtsschutzes nach Art. 19 Abs. 4 GG Bestand haben. Insofern sind Beurteilungsspiel-

---

[24] Vgl. *H. Maurer/C. Waldhoff*, Allgemeines Verwaltungsrecht, 19. Aufl. 2017, § 7 Rn. 35.
[25] *H. Maurer/C. Waldhoff*, Allgemeines Verwaltungsrecht, 19. Aufl. 2017, § 7 Rn. 34.
[26] BVerfGE 85, 34 (55).

6.2 Tatbestandsseite

räume problematisch.[27] Wenn die Verwaltung selbst über die Anwendung von Rechtsnormen entscheidet, wird damit in gewisser Hinsicht der Rechtsschutz des Betroffenen reduziert. Freilich ließe sich insoweit einwenden, dass der Gesetzgeber kraft der Einräumung einer **Beurteilungsermächtigung** das subjektive öffentliche Recht insoweit von vorneherein beschränkt hat. Nur in diesem Umfang kann es dann verfassungsrechtlich geschützt sein. Das Problem ist nicht unbedingt Art. 19 Abs. 4 GG, sondern sein Zusammenwirken mit dem Grundsatz der Gesetzmäßigkeit der Verwaltung. Wenn nach dem Vorbehalt des Gesetzes Eingriffe einer gesetzlichen Grundlage bedürfen, dann müssen Eingriffe *stets* die Voraussetzungen der Grundlage erfüllen, und die Einzelnen sind grundrechtlich vor rechtswidrigen Eingriffen geschützt. Dieser Schutz wiederum ist nach Art. 19 Abs. 4 GG gerichtlich abgesichert. Deshalb lässt sich – gegen die Theorie der Beurteilungsermächtigung – argumentieren, dass es dem Gesetzgeber verwehrt sein müsse, Fälle ohne Überprüfung der Eingriffsvoraussetzungen zu schaffen.[28] Selbst nach dieser Auffassung ist es aber nicht ausgeschlossen, dass Gerichte aufgrund praktischer Schwierigkeiten bei der Rechtsanwendung der Behörde einen Beurteilungsspielraum zuerkennen müssen.[29] Insofern besteht im Ergebnis eine gewisse Übereinstimmung der unterschiedlichen Auffassungen.

Das Anspruchsmodell ist gegenüber der Theorie der Beurteilungsermächtigung neutral. Allerdings berührt die eben erwähnte Auffassung, die einen Beurteilungsspielraum damit rechtfertigt, dass das Gericht im Verhältnis zur Behörde nur über beschränkte Kapazitäten verfügt, einen relevanten, aber schwierigen Punkt. Es stellt sich die Frage, ob das Argument auch auf das Verhältnis der Behörde zum Betroffenen übertragen werden muss. Denn über dessen Rechte entscheidet das Gericht. „Praktische Schwierigkeiten", vor denen sich das Gericht sieht, lassen sich nicht einfach in Lockerungen der materiell-rechlichen Bindungen der Behörde übersetzen. Beschränkungen der gerichtlichen Kompetenz, die an solche Schwierigkeiten anknüpfen, müssten eigentlich zu einer Beschränkung der Ansprüche des Berechtigten führen. Ein solcher Gedankengang ist aber zirkulär, weil die Rechtsstellung des Einzelnen den Maßstab für die gerichtliche Entscheidung bildet, nicht aber dessen Konsequenz. Insofern bietet die Theorie der Beurteilungsermächtigung zumindest den ehrlicheren Weg an. **118**

Auch Beurteilungsspielräume können mit einer individuellen Berechtigung verbunden sein, die wiederum von der Schutzrichtung der Norm abhängt: das Recht auf **fehlerfreie Wahrnehmung** des Beurteilungsspielraums. Es beruht auf der zunächst wieder nur objektiv-rechtlichen Pflicht der Behörde, bei der Wahrnehmung des Beurteilungsspielraums die geltenden Anforderungen zu erfüllen (Rn. 116). Strukturell entspricht dieses Recht dem Recht auf fehlerfreie Ermessensausübung, und aus der Perspektive des Anspruchsmodells können bei beiden Rechten die gleichen Grundsätze zur Anwendung kommen. Insbesondere löst die Verletzung des **119**

---

[27] Eingängige Darstellung des Streits bei *H. Maurer/C. Waldhoff*, Allgemeines Verwaltungsrecht, 19. Aufl. 2017, § 7 Rn. 31 ff.
[28] *D. Jesch*, AöR 82 (1957), 163 (245 f.).
[29] *D. Jesch*, AöR 82 (1957), 163 (246).

Rechts auf fehlerfreie Wahrnehumg des Beurteilungsspielraums kraft seiner negatorischen Natur Reaktionsrechte aus (Rn. 111). Das Recht auf fehlerfreie Wahrnehmung eines Beurteilungsspielraums kann wie das Recht auf fehlerfreie Ermessensentscheidung als ein **formelles subjektives öffentliches Recht** angesehen werden.

6.3 Die Abwägung

120   Im Planungsrecht verpflichten bestimmte Normen die Träger öffentlicher Verwaltung, bei Planungsentscheidungen die betroffenen Belange (gerecht) abzuwägen. Das für die juristische Ausbildung wichtigste Beispiel ist das Abwägungsgebot nach **§ 1 Abs. 7 BauGB**. Das Abwägungsgebot ist verletzt, wenn der Planungsträger Abwägungsfehler begeht.[30] Unter bestimmten Voraussetzungen begründet dieses Gebot ein korrespondierendes Recht Einzelner, das Recht auf fehlerfreie Abwägung. Dieses subjektive öffentliche Recht wird aber nur auf bestimmten verwaltungsprozessualen Kanälen relevant, die je für sich gewürdigt werden müssen.

121   Das Abwägungsgebot nach § 1 Abs. 7 BauGB gilt für Bebauungspläne. Bebauungspläne können Gegenstand einer inzidenten gerichtlichen Normenkontrolle sein, die im Rahmen einer gewöhnlichen Klage stattfindet, etwa wenn das Gericht über den Anspruch auf Erteilung einer Baugenehmigung entscheiden muss. Insofern kommt es aber nicht auf die subjektiv-rechtliche Qualität der Bauvorschriften an, da der gesetzliche Anspruch auf Erteilung der Baugenehmigung den rechtlichen Rahmen bildet. Bei der prinzipalen Normenkontrolle nach **§ 47 Abs. 1 Nr. 1 VwGO** wird das Recht auf fehlerfreie Abwägung hingegen relevant. Denn der Antragsteller muss nach § 47 Abs. 2 Satz 1 VwGO geltend machen, durch die Norm oder ihre Anwendung in Rechten verletzt zu sein. Dann stellt sich die Frage, ob der Einzelne sich auf § 1 Abs. 7 BauGB berufen kann. Auch im Rahmen einer Anfechtungsklage kann es auf das Abwägungsgebot ankommen, allerdings nicht dasjenige des Bauplanungsrechts. Der **Planfeststellungsbeschluss** ist ein Verwaltungsakt, was mittelbar aus § 74 Abs. 1 VwVfG abgelesen werden kann. Das einschlägige Fachrecht sieht für den Erlass des Planfeststellungsbeschlusses Abwägungen vor, im Übrigen sind diese verfassungsrechtlich verankert.[31]

122   Für die **Begründung** eines **Rechts auf Abwägung** ist zunächst wieder davon auszugehen, dass das jeweilige gesetzliche Abwägungsgebot eine objektiv-rechtliche Verpflichtung der Verwaltung begründet. Es gilt aber auch als „drittschützend". Das heißt, Einzelne können ein Recht auf ordnungsgemäße Abwägung ihrer Belange haben. Dieses Recht wird in der Rechtsprechung wie folgt konkretisiert: „Ein privater Belang, der in der Abwägung zu berücksichtigen ist, wird durch den drittschützenden Charakter des Abwägungsgebots nicht selbst zum subjektiven Recht und ist auch als solcher nicht wehrfähig in dem Sinne, dass der Private die

---

[30] Zur jüngeren Diskussion der komplizierten Abwägungsfehlerlehre des BVerwG siehe *J. Lege*, DÖV 2015, 361; *J. Berkemann*, ZUR 2016, 323.
[31] Siehe etwa § 17 Satz 2 FStrG für Bundesfernstraßen, § 8 Abs. 1 Satz 2 LuftVG für Flughäfen. Zum rechtsstaatlichen Charakter siehe oben Fn. 16.

6.3 Die Abwägung

Durchsetzung seines Belangs – wie bei einem subjektiven Recht – verlangen könnte. Der Private hat lediglich ein subjektives Recht darauf, dass sein Belang in der Abwägung seinem Gewicht entsprechend ‚abgearbeitet' wird."[32] Dabei kann der Berechtigte nicht geltend machen, dass die Planung insgesamt fehlerhaft ist oder dass andere Belange nicht gerecht abgewogen worden sind.[33] Möglich ist beispielsweise, dass Mieter oder Pächter, die benachbarte Grundstücke nutzen, gegen einen Bebauungsplan vorgehen. Sie können aber nur Auswirkungen des Vorhabens auf ihre eigene Situation einbeziehen.

Bei der Begründung eines Rechts auf fehlerfreie Abwägung stellen sich die gleichen Probleme wie bei der Begründung des Rechts auf fehlerfreie Ermessensentscheidung, ja wie überhaupt bei der Anwendung der Schutznormtheorie: Kann der objektiv-rechtlich formulierten Norm eine Berechtigung entnommen werden und wie weit reicht sie? Wiederum ist es dabei hilfreich (wie auch schon beim Recht auf fehlerfreie Ermessensentscheidung), auf Grundrechte zurückzugreifen. Da beispielsweise Gesundheit und Eigentum nach Art. 2 Abs. 2 Satz 2 und Art. 14 GG rechtlich geschützte Interessen sind, hat der Betroffene ein Recht darauf, dass diese Interessen als rechtliche Interessen Berücksichtigung in einer luftverkehrsrechtlichen Planung finden.[34] Auch das Recht auf fehlerfreie Abwägung lässt sich als **formelles subjektives öffentliches Recht** qualifizieren.

123

---

[32] BVerwGE 107, 215 (221). Weiter BVerwGE 48, 56 (66).
[33] BVerwGE 48, 56 (66); 107, 215 (219).
[34] BVerwGE 111, 276 (281 f.). Das Gericht weist aber einschränkend darauf hin, dass „im Rahmen der Abwägung dem individuellen Interesse im Wege einer generalisierenden Betrachtung Rechnung getragen wird" (S. 282).

Die prozessuale Relevanz der Ansprüche 7

Inhaltsverzeichnis

7.1	Der Verwaltungsrechtsweg	126
7.2	Die Beteiligten des Rechtsstreits	128
7.3	Die statthafte Klageart	131
7.4	Die Klagebefugnis	136
7.5	Die Begründetheit	140
7.6	Der vorläufige Rechtsschutz	143
	7.6.1 Aufschiebende Wirkung nach §§ 80, 80a VwGO	144
	7.6.2 Einstweilige Anordnung nach § 123 Abs. 1 VwGO	147

Die Ansprüche des Verwaltungsrechts (Kap. 5) kommen im Rahmen der Begründetheit verwaltungsgerichtlicher Klagen umfassend zur Geltung. In der Begründetheit werden die Anspruchsvoraussetzungen gewürdigt. Die Ansprüche haben aber auch bestimmte Aus- und Rückwirkungen auf die Sachentscheidungsvoraussetzungen der Klage. Die wichtigsten werden in diesem Kapitel dargestellt. 124

Dabei ist Folgendes zu beachten: Die materiell-rechtlichen, gegen die Verwaltung gerichteten Ansprüche sind von dem gegen das Verwaltungsgericht gerichteten **prozessualen Anspruch** zu unterscheiden. Der prozessuale Anspruch hat zum Inhalt, dass das Gericht, sofern der geltend gemachte materiell-rechtliche Anspruch besteht, den Beklagten antragsgemäß verurteilt.[1] Der prozessuale Anspruch besteht, wenn sämtliche Sachentscheidungs- und die Begründetheitsanforderungen erfüllt sind. Er wird in juristischen Gutachten in der Regel nicht gesondert erwähnt. 125

---

[1] Vgl. die Übersicht bei *S. Haack*, VerwArch 109 (2018), 503 (508).

7.1 Der Verwaltungsrechtsweg

126 Nach § 40 Abs. 1 VwGO ist der Verwaltungsrechtsweg für **öffentlich-rechtliche Streitigkeiten** eröffnet. Nach der herrschenden Sonderrechtstheorie richtet sich der öffentlich-rechtliche Charakter einer Streitigkeit danach, ob die **streitentscheidende Norm** öffentlich-rechtlicher Art ist. In der Regel begnügt man sich in diesem Zusammenhang damit, die zentrale einschlägige materiell-rechtliche Bestimmung zu nennen, die über den Ausgang des Rechtsstreits entscheidet. Dies kann eine gesetzliche Ermächtigung sein (in der Regel bei der Anfechtungsklage) oder die Anspruchsnorm für die Erteilung einer Genehmigung (bei der Verpflichtungsklage). Sofern bei der Anfechtungsklage der Aufhebungsanspruch als Streitgegenstand angesehen wird, wäre es konsequenter, diejenige Norm als streitentscheidende zu benennen, die diesen Anspruch begründet. Wohl auch deshalb, weil eine solche Norm, wie gezeigt, nicht ausdrücklich in der Rechtsordnung enthalten ist, behilft sich die Praxis aber damit, nur auf die gesetzliche Eingriffsgrundlage zu verweisen.

127 In der Praxis haben sich einige Fallgruppen herausgebildet, in denen die Subsumtion unter § 40 VwGO nicht einfach ist, im Ergebnis aber unstreitig ist. Das Anspruchsmodell ist durchaus geeignet, die Behandlung dieser Fallgruppen zu präzisieren. Die typischen schwierigen Fälle wie Hausrecht, Kirchturm-Glockenschlagen etc. betreffen gerade die Rechtsnatur des geltend gemachten Anspruchs. Die schwierigen Abgrenzungsfragen resultieren daraus, dass Unterlassungs- und Beseitigungsansprüche zivilrechtlicher oder öffentlich-rechtlicher Natur sein können. Dies gilt auch für den öffentlich-rechtlichen Erstattungsanspruch, der im Bereicherungsrecht der §§ 812 ff. BGB eine Parallele hat.

7.2 Die Beteiligten des Rechtsstreits

128 Theoretisch kann ein Rechtsstreit auf Kläger- wie auf Beklagtenseite von Personen geführt werden, denen die streitige Rechtsposition materiell-rechtlich gar nicht zugeordnet ist. **Prozessführungsbefugnis** und **Sachlegitimation** sind nicht denklogisch der gleichen Person zugewiesen. Die Prozessführungsbefugnis betrifft die Sachentscheidungsvoraussetzungen einer Klage, die Sachlegitimation die Begründetheit. In der Begründetheit einer Klage gilt der Inhaber eines Anspruchs als aktivlegitimiert, als passivlegitimiert derjenige, gegen den der Anspruch sich richtet. Das klassische Beispiel für ein Auseinanderfallen von Prozessführungsbefugnis und Sachlegitimation ist der Insolvenzverwalter, der im eigenen Namen, d. h. als Prozesspartei, die Erfüllung eines Kaufvertrages gerichtlich einklagt, den der in Insolvenz befindliche Gläubiger abgeschlossen hat (§ 80 InsO).

129 Im verwaltungsgerichtlichen Verfahren rücken Prozessführungsbefugnis und Sachlegitimation jedoch recht eng zusammen, ohne dass dies auf den ersten Blick ersichtlich wäre. Die Begriffe werden von der VwGO nicht verwendet. Eine gesonderte Regelung der Prozessführungsbefugnis enthält die VwGO nicht. Eine Regelung der **aktiven Prozessführungsbefugnis** ist jedoch im Erfordernis der Klagebefugnis nach § 42 Abs. 2 Hs. 2 VwGO enthalten: Nur der Inhaber des als verletzt

7.2 Die Beteiligten des Rechtsstreits

geltend gemachten Rechts ist befugt, die Klage zu erheben.[2] Daraus folgt, dass im Verwaltungsprozess eine gewillkürte Prozessstandschaft ausgeschlossen ist.[3] Eine Teilregelung der passiven Prozessführungsbefugnis kann in § 78 VwGO für die Anfechtungs- und die Verpflichtungsklage gesehen werden. Allerdings ist umstritten, ob diese Norm die passive Prozessführungsbefugnis oder die Passivlegitimation regelt. Wortlaut und Systematik sprechen gegen die Zuordnung zur Passivlegitimation.[4] In § 78 VwGO eine Regelung der Passivlegitimation zu sehen, würde zu absurden Konsequenzen führen. Dann müsste das Landesrecht nach § 78 Abs. 1 Nr. 2 VwGO bestimmen können, dass eine Behörde passivlegitimiert ist, obwohl sie doch nach allgemeinen verwaltungsrechtlichen Grundsätzen gar kein Rechtssubjekt ist. Streitig ist dabei nicht, dass der Beklagte das Erfordernis einer passiven Prozessführungsbefugnis erfüllen muss. Diskutiert wird aber, ob dieses Erfordernis gerade durch § 78 VwGO geregelt ist oder als ungeschriebenes allgemeines Erfordernis greift. Sofern in § 78 VwGO die Regelung der passiven Prozessführungsbefugnis gesehen wird, ermöglicht sie es über ihren Abs. 1 Nr. 2, dass auf der Beklagtenseite die jeweilige Behörde einen Prozess über eine Verpflichtung führt, die ihrem Rechtsträger obliegt. Sofern § 78 VwGO als Regelung der Passivlegitimation angesehen wird, fehlt es in der VwGO an jeglicher expliziten Zuweisung der passiven Prozessführungsbefugnis, was zur Folge hat, dass nur derjenige passiv prozessführungsbefugt sein kann, der auch passivlegitimiert ist (aus Sicht der Klageerhebung).

In der verwaltungsrechtlichen Ausbildungspraxis ist es in Baden-Württemberg und Bayern üblich, die **Passivlegitimation** des Beklagten zum Einstieg in die Begründetheit ausdrücklich zu prüfen. Dies entspricht durchaus dem Anspruchsmodell; passivlegitimiert ist der Anspruchsgegner, also dasjenige Rechtssubjekt, gegen das sich der geltend gemachte Anspruch richtet. Bei der Anfechtungsklage ist dies derjenige Rechtsträger, der den angegriffenen Verwaltungsakt erlassen hat und die Aufhebung schuldet. Bei den Leistungsklagen ist derjenige Rechtsträger passivlegitimiert, der die Erbringung der Leistung schuldet, also dafür zuständig ist. Die **Aktivlegitimation** wird hingegen in der Ausbildungspraxis wie auch in der gerichtlichen Praxis selten ausdrücklich gewürdigt. Dass der Kläger aktivlegitimiert ist, wird als selbstverständlich vorausgesetzt. Dagegen ist nichts einzuwenden, weil in der Regel mit der Bejahung der Klagebefugnis implizit schon die Aktivlegitimation bejaht wurde.

130

---

[2] *H.-W. Laubinger*, VerwArch 82 (1991), 459 (492); *M. Fischer*, Die verwaltungsprozessuale Klage im Kraftfeld zwischen materiellem Recht und Prozessrecht, 2011, S. 287; tendenziell *R. Schenke*, in: Kopp/Schenke (Hrsg.), VwGO, 25. Aufl. 2019, § 42 Rn. 60; ablehnend *R. Wahl/Schütz*, in: Schoch/Schneider/Bier (Hrsg.), VwGO, Stand: Febr. 2019, § 42 Abs. 2 Rn. 17.

[3] Fälle gesetzlicher Prozessstandschaft, in Spezialgesetzen enthalten, lassen sich hingegen auf die Ausnahme „soweit gesetzlich nichts anderes bestimmt" stützen, *R. Schenke*, in: Kopp/Schenke (Hrsg.), VwGO, 25. Aufl. 2019, § 42 Rn. 61. Ein typisches Beispiel ist wiederum der Insolvenzverwalter nach § 80 InsO.

[4] Vgl. *W.-R. Schenke*, in: Kopp/Schenke (Hrsg.), VwGO, 25. Aufl. 2019, § 78 Rn. 1; *D. Ehlers*, in: Erichsen/Hoppe/Mutius (Hrsg.), System des verwaltungsgerichtlichen Rechtsschutzes, 1985, S. 379 (385).

7.3 Die statthafte Klageart

131 Der geltend zu machende oder geltend gemachte materiell-rechtliche **Anspruch** entscheidet schon über die statthafte **Klageart**. Das Begehren des Klägers ist mit Blick auf die Umstände des Falles zu analysieren und in Deckung mit einem denkbaren und klagbaren Anspruch zu bringen. In der Praxis der Verwaltungsgerichte – und ihr folgt die Praxis der juristischen Ausbildung – wird der Anspruch bei allen Klagearten außer der Anfechtungsklage ausdrücklich benannt, häufig allerdings erst im Zusammenhang mit der Klagebefugnis. Bei der Anfechtungsklage reicht für die Bejahung der Statthaftigkeit in der Regel die Identifikation eines anzugreifenden Verwaltungsakts, verbunden mit der Identifikation des Interesses an der Aufhebung des Verwaltungsakts. Die verschiedenen Anspruchsziele prägen entscheidend die verwaltungsrechtlichen Falltypen und werden im Zusammenhang mit der Konstruktion der Falltypen näher erläutert (Kap. 10). Demgegenüber ist es missverständlich zu sagen, die Einordnung einer Handlung als Verwaltungsakt entscheide über die statthafte Klageart.[5] Den gedanklichen Ausgangspunkt bildet dabei vielmehr der vom Kläger geltend gemachte Anspruch, und erst in einem weiteren Schritt interessiert die Verwaltungsakteigenschaft. Es muss ermittelt werden, worauf der Anspruch gerichtet ist: auf den Erlass eines Verwaltungsakts, auf die Aufhebung eines Verwaltungsakts oder auf eine andere Leistung. Denknotwendig muss also schon auf der Ebene der Statthaftigkeit der Klage der geltend gemachte Anspruch in den Blick genommen werden.

132 Es gibt allerdings eine Klageart, die nicht der Durchsetzung eines Anspruchs dient: die **Feststellungsklage nach § 43 VwGO**. Diese besondere Natur der Feststellungsklage bedarf der Erläuterung, genauer gesagt, ihr Verhältnis zu Rechten und Ansprüchen. Keine Rolle spielt dabei der Umstand, dass der Kläger mit Erhebung der Feststellungsklage stets auch einen prozessualen, gegen das Gericht gerichteten Anspruch auf Feststellung geltend macht. Vergleichbare prozessuale Ansprüche stützen auch die anderen Klagearten (Rn. 125). Die Frage ist aber, warum das Prozessrecht den prozessualen Anspruch auf ein Feststellungsurteil einräumt. Die scheinbar naheliegende Möglichkeit, insofern auf einen Anspruch auf Feststellung gegenüber der Verwaltung abzustellen,[6] überzeugt bei genauerer Betrachtung nicht. Denn da die behördliche Feststellung ein Verwaltungsakt ist, wäre dann eigentlich ein auf Erlass eines Verwaltungsakts gerichtetes Leistungsbegehren zu identifizieren. Nicht die Feststellungsklage, sondern die Verpflichtungsklage auf Er-

---

[5] So aber eine verbreitete Auffassung, siehe nur *H. Maurer/C. Waldhoff*, Allgemeines Verwaltungsrecht, 19. Aufl. 2017, § 9 Rn. 39; *F. Hufen*, Verwaltungsprozessrecht, 10. Aufl. 2016, § 13 Rn. 1. Im Hintergrund steht dabei der Umstand, dass vor dem Erlass der VwGO schon die Eröffnung des Verwaltungsrechtswegs vom Vorliegen eines Verwaltungsakts abhing. Die zentrale, im juristischen Studium allerdings etwas unterbelichtete Funktion des Verwaltungsakts besteht darin, dass seinem Erlass überhaupt ein rechtsstaatliches Verfahren vorausgehen muss, für das im VwVfG Anforderungen aufgestellt werden (vgl. *H. Maurer/C. Waldhoff*, Allgemeines Verwaltungsrecht, 19. Aufl. 2017, § 9 Rn. 38; zur Bedeutung des Verwaltungsverfahrens siehe auch Rn. 397).

[6] Überlegungen in diese Richtung bei *S. Kempny/P. Reimer*, Die Gleichheitssätze, 2012, S. 186. Wenn hingegen ein Gesetz ausdrücklich einen gegen die Behörde gerichteten Feststellungsanspruch statuiert, wie etwa in § 30 Abs. 1 StAG, ist natürlich die Verpflichtungsklage statthaft (BVerwGE 151, 245 (248)).

lass des feststellenden Verwaltungsakts müsste statthaft sein, und sie wäre gemäß dem Subsidiaritätserfordernis nach § 43 Abs. 2 VwGO sogar vorrangig. Aber auch praktisch leuchtet die Annahme eines solchen Feststellungsanspruchs gegenüber der Verwaltung nicht ein. Der Rechtsstreit würde sich damit gleichsam in sich selbst einfalten: Das Begehren des Bürgers wäre darauf gerichtet, dass die Verwaltung feststellt, dass eine bestimmte, streitige Berechtigung oder Verpflichtung entgegen ihrer eigentlichen Auffassung besteht (oder nicht besteht). Das Interesse der Beteiligten betrifft doch aber unmittelbar diese Berechtigung oder Verpflichtung.

Naheliegender ist eine andere Deutung der Feststellungsklage. Sie ist ein **prozessuales Institut** ohne materiell-rechtliche Grundlage.[7] Sie dient nicht der Durchsetzung eines bestehenden Anspruchs.[8] Während bei den anderen Klagearten materielle Ansprüche mit einem prozessualen Recht auf gerichtliche Anerkennung verknüpft werden, hat der prozessuale Anspruch auf Feststellung keine solche Grundlage. Gleichwohl steht die Feststellungsklage auf verschiedene Weise in einem Zusammenhang mit Rechten und Ansprüchen. Sie dient der Feststellung des Bestehens oder Nichtbestehens eines Rechtsverhältnisses zwischen Bürger und Staat. Darunter wird eine rechtlich geregelte Beziehung zwischen zwei Rechtssubjekten verstanden. Auch Rechte können eine solche Rechtsbeziehung ausmachen.[9] Das Rechtsverhältnis nimmt damit zum einen das subjektive öffentliche Recht (im Sinne des Status) als auch den Anspruch (im Sinne des Forderungsrechts) auf. So gesehen, ist von der Feststellungsklage das gesamte Spektrum an Rechten und Ansprüchen (originär oder als Reaktionsrecht), und zwar vergangene wie aktuell bestehende Rechte und Ansprüche, erfasst. 133

Freilich hätte die Feststellungsklage allein mit dieser Bestimmung einen sehr weiten Anwendungsbereich. Er wird durch die Erfordernisse der Subsidiarität nach § 43 Abs. 2 VwGO und des rechtlichen Interesses nach § 43 Abs. 1 VwGO an der Feststellung erheblich beschränkt. Das Subsidiaritätserfordernis nimmt **durchsetzbare** Leistungsansprüche von der Feststellungsklage aus. Die Feststellungsklage scheidet aus, wenn der Kläger aktuell Inhaber eines Leistungsanspruchs (auf gewöhnliche Leistung oder auf Aufhebung eines Verwaltungsakts gerichtet) ist. Dies gilt auch für den Fall, dass ein solcher Anspruch zwar besteht und mittels Gestaltungs- oder Leistungsklage hätte durchgesetzt werden können, aber die Prozessvoraussetzungen nicht mehr erfüllt sind. Der wichtigste Fall ist insoweit die Verfristung der Anfechtungs- oder Verpflichtungsklage. Wenn die Klagen verfristet sind, scheidet kraft der Subsidiaritätsanordnung die Möglichkeit aus, das bloße negatorische Recht der Feststellungsklage zugänglich zu machen. Dies gilt im Übrigen auch für die Fortsetzungsfeststellungsklage bei vorprozessualer Erledigung analog § 113 Abs. 1 Satz 4 VwGO.[10] 134

---

[7] Vgl. *W.-R. Schenke*, Verwaltungsprozessrecht, 16. Aufl. 2019, Rn. 377; *M. Fischer*, Die verwaltungsprozessuale Klage im Kraftfeld zwischen materiellem Recht und Prozessrecht, 2011, S. 62 A. A.: *S. Haack*, VerwArch 109 (2018), 503 (524).
[8] Das Anspruchsmodell beansprucht also nicht, alle Klagearten zu fundieren, dies verkennt *J. Buchheim*, Actio, Anspruch, subjektives Recht, 2017, S. 18.
[9] *W.-R. Schenke*, in: Kopp/Schenke (Hrsg.), VwGO, 25. Aufl. 2019, § 43 Rn. 11.
[10] *A. Funke/I. Stocker*, JuS 2019, 979.

135 Das Erfordernis des berechtigten Interesses – das gerade gegenüber dem Gericht bestehen muss – hat vor diesem Hintergrund die Funktion, dem Kläger die Rechtfertigungslast dafür zuzuweisen, warum die geltend gemachte Berechtigung vom Gericht festzustellen sein soll, *obwohl* sie nicht die Natur eines durchsetzbaren Leistungsanspruchs gegen die Verwaltung hat. Zum einen ist dies der Fall bei Berechtigungen, die gar nicht zu Ansprüchen erwachsen, weil sie keinen negativen oder positiven Status begründen. Ein Beispiel ist die Mitgliedschaft in einer öffentlich-rechtlichen Körperschaft. Zum anderen ist dies der Fall, wenn der Kläger zwar solche Leistungsansprüche hat, aber ihre Durchsetzung aus besonderen Gründen zum Schutz der Rechte des Klägers nicht ausreicht. Schließlich begrenzt das Feststellungsinteresse auch den Bereich feststellungsfähiger „vergangener" Rechtsverhältnisse. Nicht zuletzt sind damit Leistungsansprüche, die einmal bestanden haben und deren Durchsetzbarkeit aus Gründen entfallen ist, die nicht im Verantwortungsbereich des Klägers liegen, von der Feststellungsklage erfasst. So kann beispielsweise, wenn sich ein Amtsträger unter Verstoß gegen Art. 5 Abs. 1, Art. 8 Abs. 1 GG rechtswidrig politisch äußert, abgesehen von einem eventuellen Widerruf ein Unterlassungsanspruch Gegenstand eines verwaltungsgerichtliches Verfahren werden. Die Feststellungsklage ist darauf gerichtet festzustellen, dass die Meinungsäußerung rechtswidrig war, was zugleich bedeutet, dass der Kläger einen öffentlich-rechtlichen Unterlassungsanspruch *hatte*.[11] Insoweit besteht eine große Nähe zwischen der allgemeinen Feststellungsklage nach § 43 VwGO und der **Fortsetzungsfeststellungsklage** nach **§ 113 Abs. 1 Satz 4 VwGO**. Die Fortsetzungsfeststellungsklage dient ausschließlich der Feststellung von Ansprüchen, die einmal bestanden haben. Bei Erledigung eines rechtswidrigen, rechtsverletzenden Verwaltungsakts erlischt der Aufhebungsanspruch. Mit der Fortsetzungsfeststellungsklage kann die gerichtliche Feststellung erreicht werden, dass der Aufhebungsanspruch bis zur Erledigung bestanden hat. In der Verpflichtungskonstellation dient die Fortsetzungsfeststellungsklage der Feststellung, dass der Anspruch auf Verpflichtung der Verwaltungsbehörde zur Vornahme des begehrten Verwaltungsakts bis zur Erledigung des Verpflichtungsbegehrens bestand.

7.4 Die Klagebefugnis

136 Nach § 42 Abs. 2 Hs. 2 VwGO sind Anfechtungs- und Verpflichtungsklage nur zulässig, wenn der Kläger die Verletzung eines Rechts geltend macht. Wie vorstehend dargelegt wurde (Abschn. 7.2), regelt diese Norm jedenfalls das Erfordernis der **aktiven Prozessführungsbefugnis**. Nach herrschender Auffassung regelt sie darüber hinaus die sogenannte Klagebefugnis. Die VwGO enthält diesen Begriff nicht. Mit ihm wird das Erfordernis der „Geltendmachung einer Rechtsverletzung" so interpretiert,

---

[11] OVG Nordrhein-Westfalen, Urt. v. 4.11.2016, 15 A 2293/15, NVwZ 2017, 1316 (1320). Der Düsseldorfer Oberbürgermeister hatte mit der auf der Webseite der Stadt veröffentlichten Erklärung „Lichter aus! Düsseldorf setzt Zeichen gegen Intoleranz" zur Teilnahme an Gegendemonstrationen aufgerufen.

dass der Kläger darlegen können muss, dass sein Recht durch den angegriffenen Verwaltungsakt möglicherweise verletzt wurde. Im Wesentlichen soll es darauf ankommen, dass eine Rechtsverletzung nicht von vornherein ausgeschlossen ist. Es handelt sich eigentlich um eine Anforderung an den **Tatsachenvortrag** des Klägers. Zu prüfen ist, ob der Kläger hinreichend substanziiert Tatsachen vorträgt, die eine Rechtsverletzung plausibel erscheinen lassen.[12] Das verwaltungsgerichtliche Prüfprogramm ist also im Hinblick auf das geltend gemachte Recht verdoppelt: In der Zulässigkeit wird geprüft, ob das Recht *möglicherweise* verletzt ist, in der Begründetheit, ob es *wirklich* verletzt ist. Dabei kann die erste Frage nur mit einem Blick auf die zweite Frage beantwortet werden. Effizient ist die Doppelung also nicht. Auch bei der Verfassungsbeschwerde wird die Beschwerdebefugnis (§ 90 Abs. 1 BVerfGG: Behauptung einer Grundrechtsverletzung) davon abhängig gemacht, ob das vom Beschwerdeführer angeführte Grundrecht möglicherweise verletzt ist.[13] Vermutlich hat sich die Rechtsprechung des BVerfG, die diese Auslegung der Norm verfolgt, hierbei am Verwaltungsprozessrecht orientiert. Wirklich überzeugen kann die „möglichkeits-orientierte" Interpretation des § 42 Abs. 2 VwGO allerdings nicht. Die herrschende Auffassung wird damit begründet, dass die Norm erstens dem Ausschluss der Popularklage diene und dass zweitens die möglichkeits-orientierte Auslegung die Erreichung dieses Ziels gewährleiste.[14] Dabei ist schon die Annahme jenes ersten Ziels nicht unproblematisch, weil nicht klar ist, welcher Norm eigentlich dieses Ziel entnommen werden kann, wenn nicht gerade § 42 Abs. 2 VwGO – doch diese Norm soll ja erst ausgelegt werden. Hier droht die Gefahr eines Zirkelschlusses. Wichtiger ist aber eine andere Überlegung. Schon wenn § 42 Abs. 2 VwGO allein als Regelung der aktiven Prozessführungsbefugnis interpretiert wird, sind Popularklagen im Ergebnis ausgeschlossen. Der Kläger muss eben Inhaber desjenigen Rechts sein, das er einklagen möchte. Damit scheidet nicht nur die Möglichkeit aus, dass jemand die Verletzung eines fremden Rechts einklagt, sondern auch, dass jemand die Verletzung einer Norm einklagt, die gar keine Rechte begründet. Mit Blick darauf, dass die Normen des öffentlichen Rechts nur ausnahmsweise (nämlich unter Anwendung der Schutznormtheorie) Rechte begründen, ist mit dieser Lesart des § 42 Abs. 2 VwGO ein Schutz vor Popularklagen gewährleistet.

Dass § 42 Abs. 2 VwGO der Verhinderung von Popularklagen dienen soll, wird in einem Verständnis als Erfordernis der Prozessführungsbefugnis in einem gewissen Sinne also insofern erfüllt, als damit die gewillkürte Prozessstandschaft entfällt. Deshalb sieht das Anspruchsmodell die herrschende Interpretation des § 42 Abs. 2 VwGO als ein **historisches Relikt** an.[15] Hier wird wieder die bereits erwähnte Spannung zwischen subjektiver und objektiver Funktion des Verwaltungsprozesses spürbar (Abschn. 3.5). Wenn der Sinn des Verwaltungsprozesses in einer objektiven Rechtskontrolle der Verwaltung gesehen wird, ist es in der Tat nach-

---

[12] *F. Hufen*, Verwaltungsprozessrecht, 10. Aufl. 2016, § 14 Rn. 108.
[13] *K. Schlaich/S. Korioth*, Das Bundesverfassungsgericht, 11. Aufl. 2018, Rn. 216.
[14] Vgl. *F. Hufen*, Verwaltungsprozessrecht, 10. Aufl. 2016, § 14 Rn. 56.
[15] Vgl. *H. Rupp*, DVBl. 1982, 144. Zur Diskussion siehe *H. Sodan*, in: Sodan/Ziekow (Hrsg.), VwGO, 5. Aufl. 2018, § 42 Rn. 368 f.

vollziehbar, dass die Prozessordnung den Zugang zu dieser Kontrolle mittels eines Erfordernisses wie der Möglichkeit der Rechtsverletzung beschränkt; dabei kam es aber auf das Bestehen der Rechtsverletzung in der Begründetheit nicht an. Seitdem aber der verwaltungsgerichtliche Rechtsschutz über § 113 Abs. 1 und Abs. 5 VwGO zur sogenannten Verletztenklage übergegangen ist und damit das Bestehen der Rechtsverletzung die Begründetheit der Klage trägt, ist nicht einzusehen, warum die Rechtsverletzung zusätzlich auch noch in der Zulässigkeit in den Blick genommen werden soll. Im Übrigen ist ein **praktischer Gewinn** mit der herrschenden Auffassung nicht verbunden. So muss das Gericht auch dann, wenn die Möglichkeit einer Rechtsverletzung nicht besteht, eine mündliche Verhandlung durchführen (§ 101 VwGO), ein Urteil fällen (§ 107 VwGO) und das Urteil schriftlich abfassen (§ 117 VwGO).

138   Selbst wenn aber die Klagebefugnis im Sinne der herrschenden Meinung interpretiert wird, spielt sie bei der Erfassung und Darstellung des Verwaltungsrechts eine problematische Rolle. Sie dominiert in der gutachterlichen Würdigung oft die Fallprüfung, weil hier in der Prüfungsreihenfolge oft überhaupt zum ersten Mal das subjektive öffentliche Recht angesprochen wird. Das verdeckt zuweilen den Umstand, dass dieses Recht eigentlich die **Begründetheit** betrifft, gerade bei Anfechtungsklagen im zweipoligen Verhältnis (Falltypus 3). Bei der Adressaten-Anfechtungskonstellation (d. h.: keine Drittanfechtung) spielt das als verletzt geltend gemachte Grundrecht in der Begründetheit oft gar keine zentrale Rolle. Im Rahmen der Klagebefugnis wird zwar die Möglichkeit der Rechtsverletzung geprüft, doch wird oft, entgegen dem durch § 113 Abs. 1 VwGO eigentlich vorgegebenen Prüfprogramm, die Rechtsverletzung gar nicht mehr thematisiert. Das ist insofern hinnehmbar, als die Klagebefugnis unter Rückgriff auf die **Adressatentheorie** bestimmt wird. Denn dies bedeutet: Wenn der angegriffene Verwaltungsakt in irgendeiner Hinsicht rechtswidrig ist, liegt – entsprechend der „Elfes-Logik" (Rn. 226) – eine Rechtsverletzung definitiv vor. Die Adressatentheorie impliziert mit anderen Worten, dass in der Begründetheit auf das Merkmal der Rechtsverletzung gar nicht mehr eingegangen werden muss. Problematisch ist es jedoch, wenn die Adressatentheorie so verstanden wird, dass sie die Benennung des möglicherweise verletzten Rechts überflüssig machen soll. Dann könnte ein Rechtsgutachten zur Zulässigkeit und Begründetheit einer Anfechtungsklage gelangen, ohne irgendein verletztes Recht zu benennen. Manche Studierende gehen in Klausuren tatsächlich so vor. Die Adressatentheorie erfordert aber die Benennung des möglicherweise verletzten Rechts des Adressaten. Nur wenn ein bestimmtes Recht wirklich verletzt wurde, ist die Klage begründet. Gelegentlich werden in der rechtsgutachterlichen Würdigung der Klagebefugnis nach § 42 Abs. 2 VwGO die „Möglichkeitstheorie" und die „Adressatentheorie" als Alternativen behandelt, so als ob die Einschlägigkeit der Adressatentheorie die Anwendung der Möglichkeitstheorie erübrigen würde.[16] Damit wird aber verdeckt, dass die Adressatentheorie lediglich dazu dient, die Möglichkeitstheorie für einen bestimmten Fall, eben die Adressierung, operabel zu machen.

---

[16] Diese Tendenz findet sich etwa bei *A. Scharl*, Die Schutznormtheorie, 2018, S. 174 ff.

7.5 Die Begründetheit

Nach herrschender Meinung ist § 42 Abs. 2 VwGO bei der **allgemeinen Leistungsklage** analog anzuwenden.[17] Vor dem Hintergrund, dass auch die allgemeine Leistungsklage der Durchsetzung eines Anspruchs dient, ist gegen diese Analogie aus der Sicht des Anspruchsmodells nichts einzuwenden. Sie ist gewissermaßen konsequent. Anders liegen die Dinge aber bei der **Feststellungsklage** nach § 43 VwGO. Auch hier soll, jedenfalls nach der Rechtsprechung, analog § 42 Abs. 2 VwGO die Klagebefugnis zu prüfen sein.[18] Da die Feststellungsklage aber, wie vorstehend gezeigt, gar nicht der Durchsetzung eines Anspruchs dient, ist dies erstaunlich. Wie soll hier ein Recht verletzt worden sein? Die für eine Analogie erforderliche Regelungslücke wird zu verneinen sein: In den Fällen, in denen das festzustellende Rechtsverhältnis unmittelbar ein Recht oder einen Anspruch des Klägers betrifft, steht damit zugleich ein hinreichend dichter Bezug zur Rechtssphäre des Klägers fest. Problematisch sind nur Rechtsverhältnisse, an denen der Kläger nicht direkt beteiligt ist. Aber auch insofern dürfte ein richtig akzentuiertes Verständnis des Begriffs des Rechtsverhältnisses eine Regelungslücke gar nicht erst entstehen lassen.[19] § 43 VwGO erfordert, dass der Kläger ein zwischen ihm und dem Beklagten bestehendes Rechtsverhältnis festgestellt haben möchte, dass sich also aus jenem zu Dritten bestehenden Rechtsverhältnis Auswirkungen auf die Beziehungen zwischen Kläger und Beklagtem ergeben. Eine analoge Anwendung des § 42 Abs. 2 VwGO ist damit nicht erforderlich.

139

7.5 Die Begründetheit

Die anspruchsgetragenen Klagen sind begründet, wenn der geltend gemachte Anspruch besteht. Der Kläger muss der Anspruchsberechtigte sein (Aktivlegitimation), der Beklagte der Anspruchsverpflichtete (Passivlegitimation).

140

Schwierigkeiten bereiten Situationen, in denen zwischen dem letzten Behördenhandeln und dem Zeitpunkt der gerichtlichen Entscheidung über die Klage **Veränderungen der Sach- und Rechtslage** eingetreten sind. Hierbei muss zwischen der **prozessualen** und der **materiell-rechtlichen** Ebene unterschieden werden.[20]

141

---

[17] BVerwGE 147, 312 (316); *R. Schenke*, in: Kopp/Schenke (Hrsg.), VwGO, 25. Aufl. 2019, § 42 Rn. 62; *M. Happ*, in: Eyermann/Fröhler (Hrsg.), VwGO, 15. Aufl. 2019, § 42 Rn. 80; *H. Sodan*, in: Sodan/Ziekow (Hrsg.), VwGO, 5. Aufl. 2018, § 42 Rn. 371.

[18] Insbesondere die Rechtsprechung, siehe BVerwGE 99, 64 (66), 111, 276 (279), 114, 356 (360), zustimmend *M. Happ*, in: Eyermann/Fröhler (Hrsg.), VwGO, 15. Aufl. 2019, § 43 Rn. 4.

[19] So *J. Pietzcker*, in: Schoch/Schneider/Bier (Hrsg.), VwGO, Stand: Febr. 2019, § 43 Rn. 31; *R. Schenke*, in: Kopp/Schenke (Hrsg.), VwGO, 25. Aufl. 2019, § 42 Rn. 63; *A. Glaser*, in: Gärditz (Hrsg.), VwGO, 2. Aufl. 2018, § 43 Rn. 86. Im Ergebnis so auch *H. Sodan*, in: Sodan/Ziekow (Hrsg.), VwGO, 5. Aufl. 2018, § 43 Rn. 72; *H.-W. Laubinger*, VerwArch 82 (1991), 459 (494), die in dem Erfordernis des rechtlichen Interesses den Ausschluss der Regelungslücke sehen. Mit Ausnahmen (insbesondere für den Organstreit) *T. Würtenberger/D. Heckmann*, Verwaltungsprozessrecht, 4. Aufl. 2018, Rn. 489; *F. Hufen*, Verwaltungsprozessrecht, 10. Aufl. 2016, § 18 Rn. 17.

[20] Die folgende Darstellung dieser schwierigen und im Detail umstrittenen Thematik beschränkt sich auf Grundzüge; sie stützt sich maßgeblich auf *W.-R. Schenke*, Verwaltungsprozessrecht, 16. Aufl. 2019, Rn. 782 ff.; *M. Fischer*, Die verwaltungsprozessuale Klage im Kraftfeld zwischen materiellem Recht und Prozessrecht, 2011, 335 ff.

Prozessual stellt sich zunächst die Frage, auf welchen Zeitpunkt das Gericht bei der Beurteilung der Begründetheit abstellen muss. Sollte dies der Zeitpunkt der letzten Behördenentscheidung sein, käme es auf die zweite Frage gar nicht mehr an. Nicht zuletzt der Wortlaut von § 113 Abs. 1 Satz 1 und Abs. 5 VwGO verweist auf die Gegenwart, woraus zu schließen ist, dass prozessual auf den Zeitpunkt der letzten mündlichen Verhandlung des Gerichts abzustellen ist. Dieser Grundsatz kann auf alle Klagearten erweitert werden. Da es somit aus prozessualer Sicht auf den Zeitpunkt der letzten mündlichen Verhandlung ankommt, ist Raum für die vom materiellen Recht geregelte Frage, ob Veränderungen der Sach- und Rechtslage den geltend gemachten Anspruch berühren.

142 Hierbei ist nach den Rechten des positiven und des negativen Status zu unterscheiden. Zunächst zu den positiven Rechten: Ansprüche auf ein Tätigwerden der Verwaltung sind im Grundsatz Veränderungen unterworfen.[21] Wenn die bauliche Anlage, warum auch immer, plötzlich eine Genehmigungsvoraussetzung nicht mehr erfüllt, entfällt der Genehmigungsanspruch. Die Verpflichtungsklage auf Erteilung der Genehmigung, die bis dahin begründet gewesen wäre, wird unbegründet. Im negativen Status liegen die Dinge eigentlich nicht anders, nur wirken die Parameter in eine andere Richtung. Materiell-rechtlich kommt es auf den Fortbestand des Reaktionsrechts an. Ein einmal entstandenes Reaktionsrecht ist – so zumindest die Faustregel – unabhängig von späteren Änderungen der Sach- und Rechtslage. Weder sind die Veränderungen geeignet, bei einem ursprünglich rechtmäßigen Verwaltungsakt einen Aufhebungsanspruch auszulösen, noch können sie einen Anspruch auf Aufhebung eines rechtswidrigen Verwaltungsakts ausschließen. Die Begründetheit der Anfechtungsklage bleibt davon unberührt. Wenn Studentin S rechtswidrig exmatrikuliert wurde, sie aufgrund einer Änderung der Studienordnung nun aber exmatrikuliert werden dürfte, ändert dies nichts an ihrem Anspruch auf Aufhebung der Exmatrikulation. Die Verwaltung muss eine neue Exmatrikulation verfügen. Bei Dauerverwaltungsakten können spätere Änderungen zur Entstehung eines Aufhebungsanspruchs führen. Hier werden aber oft Spezialregelungen einschlägig sein, die die Problematik lösen. Ein Beispiel ist die Beschlagnahme einer Sache, ein Dauerverwaltungsakt. Das Entfallen der Beschlagnahmevoraussetzungen bringt nicht einen Beseitigungsanspruch als Reaktionsrecht zur Entstehung, aber sehr wohl einen originären Leistungsanspruch auf Rückgabe.[22] Relevant werden können im Übrigen Einwendungen gegen die Geltendmachung des Aufhebungsanspruchs, die analog § 242 BGB auf Treu und Glauben beruhen, etwa kraft Verwirkung oder widersprüchlichen Verhaltens.

---

[21] Ausführlich dazu *B. Vogler*, Der Genehmigungsanspruch, 2000 (S. 88: Grundsatz der Änderungsrelevanz – mit zahlreichen Ausnahmen).
[22] Normen: Art. 28 Abs. 2 bayPAG; § 28 BbgPolG; § 41 berlASOG; § 26 BremPolG; §§ 34, 83a bwPolG; § 14 Abs. 3 hambSOG; §§ 43, 83a HSOG; § 61 Abs. 2 u. 3 mvSOG; § 29 Nds. SOG; § 46 nwPolG; § 25 rpPOG; § 24 saarlPolG; § 28 sächsPolG; § 48 SOG LSA; §§ 210 Abs. 2 u. 3, 227a shLVwG; § 30 thürPAG; § 25 thürOBG; § 50 BPolG.

7.6 Der vorläufige Rechtsschutz

Die materiell-rechtlichen Ansprüche prägen nur zum Teil den vorläufigen Rechtsschutz des Betroffenen. 143

7.6.1 Aufschiebende Wirkung nach §§ 80, 80a VwGO

Sofern in der Hauptsache die Anfechtungsklage statthaft ist, hat der Betroffene im 144
Grundsatz die Möglichkeit, durch Erhebung des Widerspruchs (sofern statthaft) oder der Anfechtungsklage **selbst** vorläufigen Rechtsschutz herbeizuführen. Das ist der primäre Sinn der Regelung des § 123 Abs. 5 VwGO. Mit Einlegung des Rechtsbehelfs tritt nach § 80 Abs. 1 VwGO **aufschiebende Wirkung** ein. Der Konflikt zwischen Behörde und Betroffenem wird damit vorübergehend geregelt. Sofern nach § 80 Abs. 2 VwGO die aufschiebende Wirkung entfällt, kann sie unter Umständen auf Grund eines Antrages beim Verwaltungsgericht nach § 80 Abs. 5 Satz 1 VwGO angeordnet bzw. wiederhergestellt werden. Die aufschiebende Wirkung lässt sich nicht auf den Aufhebungsanspruch zurückführen, der die Klage in der Hauptsache trägt. Es handelt sich bei der aufschiebenden Wirkung um ein prozessuales Institut, das verwaltungsverfahrensrechtliche Wirkungen entfaltet. Was genau aufschiebende Wirkung bedeutet, ist umstritten, wobei im Ergebnis weitgehend Einigkeit besteht. Ob nun die Rechtsfolge der aufschiebenden Wirkung nach der strengen oder nach der eingeschränkten Wirksamkeitstheorie oder nach der Vollziehbarkeitstheorie beurteilt wird,[23] der Verwaltungsakt muss nicht befolgt werden und die Behörde darf keinen Gebrauch von dem Verwaltungsakt machen. Damit darf sie ihn auch nicht vollstrecken. So verstanden, **sichert** die aufschiebende Wirkung den **Aufhebungsanspruch**. Der Betroffene muss, sofern aufschiebende Wirkung eintritt, den Verwaltungsakt nicht befolgen und kann die Durchsetzung des Aufhebungsanspruchs gerichtlich betreiben. Der Betroffene wird damit, solange die aufschiebende Wirkung besteht, so gestellt, als würde der Unterlassungsanspruch, der bis zum Erlass des Verwaltungsakts bestand, fortbestehen. Der Unterlassungsanspruch verlängert sich in die Zeit nach Erlass des Verwaltungsakts. Aus der anspruchstheoretischen Perspektive erwächst allerdings ein Argument gegen die strenge Wirksamkeitstheorie. Nach dieser Theorie wird der Verwaltungsakt erst mit Wegfall der aufschiebenden Wirkung wirksam. Wenn also die Rechtslage geklärt wurde, soll – anders als bei der eingeschränkten Wirksamkeitstheorie – der Verwaltungsakt auch nicht rückwirkend als von Anfang an wirksam gelten.[24] Insofern wird der Streit praktisch relevant: Nur nach der strengen Wirksamkeitstheorie stehen einem Beamten, der gegen eine Entlassungsverfügung klagt, für die Dauer des Rechtsbehelfsverfahrens Bezüge zu.[25] So würde aber der Betroffene aufgrund des

---

[23] Zu den Theorien *T. Würtenberger/D. Heckmann*, Verwaltungsprozessrecht, 4. Aufl. 2018, Rn. 577 ff.; *W.-R. Schenke*, in: Kopp/Schenke (Hrsg.), VwGO, 25. Aufl. 2019, § 80 Rn. 22.
[24] Wohl *H.-U. Erichsen*, Jura 1984, 414 (423).
[25] Beispiel nach *T. Würtenberger/D. Heckmann*, Verwaltungsprozessrecht, 4. Aufl. 2018, Rn. 580.

Verfahrensrechts einen Zugewinn erlangen, der ohne materiell-rechtliche Grundlage ist, denn ein Aufhebungsanspruch bestand, wie sich am Ende des Gerichtsverfahrens herausstellt, gerade nicht. Ein solcher Zugewinn kann aber nicht Folge einer Regelung sein, die nur einen eventuell bestehenden Aufhebungsanspruch sichern soll. Die Vollziehbarkeitstheorie und die eingeschränkte Wirksamkeitstheorie wahren diesen Zusammenhang.

145 Das Anspruchsmodell erlaubt eine Präzisierung des Rechtsschutzbedürfnisses. Der Antrag nach § 80 Abs. 5 Satz 1 VwGO muss nach allgemeiner Auffassung innerhalb der Anfechtungsfrist des § 74 VwGO gestellt werden. Dies ist kein selbstständiges Fristerfordernis, sondern eine Überlegung, die dem Rechtsschutzbedürfnis zuzuordnen ist. Die formelle Bestandskraft des Verwaltungsakts soll nicht umgangen werden. Aus der Sicht des Anspruchsmodells heißt das, dass der Aufhebungsanspruch noch nicht unvollziehbar geworden sein darf. Ein unvollziehbarer Aufhebungsanspruch kann nicht durch Anordnung einer aufschiebenden Wirkung vorläufig gesichert werden.

146 Auch bei Verwaltungsakten mit Doppelwirkung kommt vorläufiger Rechtsschutz über das Institut der aufschiebenden Wirkung in Betracht. Der Dritte stellt durch Einlegung eines Rechtsbehelfs **aufschiebende Wirkung** her. **§ 80 Abs. 1 Satz 2 VwGO** stellt dies klar. Für den Fall, dass die aufschiebende Wirkung nach § 80 Abs. 2 VwGO entfällt, stellt **§ 80a VwGO** ein differenziertes Instrumentarium bereit. Stärker als das Vorgehen in einer bipolaren Konstellation nach § 80 VwGO ist § 80a VwGO daran orientiert, der Behörde Handlungsmöglichkeiten zu geben, wie die ersten beiden Absätze der Vorschrift zeigen. Nach § 80a Abs. 3 VwGO kann auch das Verwaltungsgericht auf Antrag die gewünschten Maßnahmen treffen. Mit einem Antrag bei der Behörde nach § 80a Abs. 1 Nr. 2 VwGO sichert der berechtigte Dritte seinen Aufhebungsanspruch, so wie bei einem Antrag nach § 80 Abs. 5 VwGO der Adressat des Verwaltungsakts. Demgegenüber dienen § 80a Abs. 1 Nr. 1 und Abs. 2 VwGO dazu, Rechte des originär positiven Status zu sichern, in dem ersten Fall ein positives Recht des Adressaten des Verwaltungsakts, in dem zweiten Fall ein positives Recht des Dritten.

7.6.2 Einstweilige Anordnung nach § 123 Abs. 1 VwGO

147 In allen anderen Konstellationen richtet sich der vorläufige Rechtsschutz nach **§ 123 Abs. 1 VwGO**. Der Betroffene muss den Erlass einer **einstweiligen Anordnung** beantragen. Dabei stellt sich die Frage, ob eine Regelungs- oder eine Sicherungsanordnung begehrt wird. Die Begriffe „Recht" und „Rechtsverhältnis" i. S. d. § 123 Abs. 1 VwGO sind allerdings schwer zu präzisieren. Dies hängt vor allem damit zusammen, dass ein Recht nichts anderes als ein Rechtsverhältnis ist (siehe Rn. 133) und somit die Abgrenzung zwischen der Sicherungsanordnung nach Satz 1 und der Regelungsanordnung nach Satz 2 kaum sinnvoll gelingen kann. Reaktionsrechtliche Ansprüche werden sich oft der Sicherungsanordnung zuordnen lassen,[26] insofern ist

---

[26] *W.-R. Schenke*, Verwaltungsprozessrecht, 16. Aufl. 2019, Rn. 1025.

7.6 Der vorläufige Rechtsschutz

das beeinträchtigte negatorische Recht das „Recht" im Sinne dieser Norm. Hingegen werden die originären Rechte des positiven Status eher bei der Regelungsanordnung eine Rolle spielen.

In der Praxis kommt es auf diese Differenzierung oft nicht an. Gerade weil in materiell-rechtlicher Hinsicht zwischen Regelungs- und Sicherungsanordnung keine Unterschiede bestehen, wird nicht zwischen den beiden Formen differenziert.[27] In der Begründetheit des Antrages nach § 123 Abs. 1 VwGO kommt es dann vereinheitlichend darauf an, ob ein Anordnungsgrund vorliegt (die Dringlichkeit betreffend) und ein Anordnungsanspruch besteht. Der Anordnungsanspruch erfasst Rechte wie Ansprüche.

148

---

[27] Statt vieler: *M. Happ*, in: Eyermann/Fröhler (Hrsg.), VwGO, 15. Aufl. 2019, § 123 Rn. 20.

Nebenbestimmungen zu Verwaltungsakten   8

Inhaltsverzeichnis

8.1 Diskussionsstand 149
8.2 Vorüberlegung: Abhängigkeit von der Art der Nebenbestimmung 151
8.3 Die Rechtsstellung des Betroffenen 153

8.1 Diskussionsstand

Ein schwieriges und an dieser Stelle nicht erschöpfend zu behandelndes Thema ist die anspruchsorientierte Verarbeitung des Erlasses von **Nebenbestimmungen** zu Verwaltungsakten auf der Grundlage von **§ 36 VwVfG**. Die Situation ist, das kann man nicht anders sagen, verfahren. Seit Jahrzehnten ist in Rechtsprechung und Literatur umstritten, wie sich Einzelne gegen Nebenbestimmungen zur Wehr setzen können. Dabei dominiert in der Problemaufbereitung ein prozessualer Zugriff. In strikter Orientierung an der Prüfungsreihenfolge der Sachentscheidungsvoraussetzungen verwaltungsgerichtlicher Klagen werden zentrale dogmatische Fragen schon unter dem Aspekt der Statthaftigkeit einer Klage behandelt. „Rechtsschutz" gegen Nebenbestimmungen ist eben das Thema.[1] Die **Rechte und Ansprüche**, die in Anbetracht von Nebenbestimmungen bestehen, bilden also bislang nicht den Ausgangspunkt der Problemanalysen; eigentlich werden sie als solche nicht einmal in der Begründetheit gewürdigt. Auch das Verwaltungsverfahrensrecht kommt mit seinen Regelungen zur Bestandskraft und zur Ermessensausübung nur eingeschränkt zur Geltung.

149

---

[1] *H. Maurer/C. Waldhoff*, Allgemeines Verwaltungsrecht, 19. Aufl. 2017, § 12 Rn. 23 ff.; *F. Hufen/C. Bickenbach*, JuS 2004, 867; *C. Labrenz*, NVwZ 2007, 161.

150 Die Praxis hat sich nach der Entscheidung des BVerwG vom 22.11.2000 mit der vom Gericht vertretenen, pragmatischen Lösung arrangiert.² Demnach ist gegen Nebenbestimmungen grundsätzlich die **Anfechtungsklage** statthaft, gegebenenfalls als Teilanfechtung. Diese Klage ist begründet, wenn die Nebenbestimmung rechtswidrig ist und der begünstigende Verwaltungsakt ohne die Nebenbestimmung sinnvoller- und rechtmäßigerweise bestehen kann. Eine Verpflichtungsklage ist hingegen zu erheben, wenn eine (isolierte) Aufhebbarkeit von vorneherein ausscheidet. Ein Beispiel hierfür ist die Aufenthaltserlaubnis, die nach § 7 Abs. 2 AufenthG nur befristet erteilt werden kann. Daraus folgt, dass die Befristung „als integrierender Bestandteil einer Aufenthaltserlaubnis" *nicht* isoliert anfechtbar und aufhebbar ist.³ Sofern eine solche Ausnahme nicht gegeben ist und die Nebenbestimmung isoliert angefochten wird, und wenn sich in der Begründetheit herausstellt, dass die Nebenbestimmung nicht getrennt aufhebbar ist, soll – gegebenenfalls nach richterlichem Hinweis – auf eine Verpflichtungsklage umgestellt werden.

8.2 Vorüberlegung: Abhängigkeit von der Art der Nebenbestimmung

151 Im Rahmen des Anspruchsmodells ist die Problematik bislang nur unzureichend durchdrungen worden.⁴ Eckpunkte lassen sich aber nennen; das Bild, das sich daraus ergibt, deckt sich allerdings nicht mit der vom BVerwG etablierten prozessualen Lage. Zu unterscheiden ist zunächst – wie in der älteren Rechtsprechung – nach der **Art der Nebenbestimmungen**.⁵ Das heißt die Auflage und der Auflagenvorbehalt sind isoliert anfechtbar. Die Auflage stellt einen eigenständigen Verwaltungsakt dar und hat einen belastenden Inhalt. Sie wird regelmäßig ein Freiheitsrecht des Betroffenen berühren. Sofern die Voraussetzungen für die Erteilung der Auflage nicht erfüllt sind, hat der Adressat demnach einen Anspruch auf Aufhebung der Auflage. Die Anfechtungsklage, gerichtet gegen die Auflage, wäre die richtige Klageart. Gleiches wird für den praktisch unbedeutenden Auflagenvorbehalt gelten.

152 Demgegenüber sind Bedingung, Befristung und Widerrufsvorbehalt nicht als Verwaltungsakte greifbar. Sie haben keinen eigenständigen Regelungsgehalt,

---

² BVerwGE 112, 221 (224). Dazu etwa *H. Maurer/C. Waldhoff*, Allgemeines Verwaltungsrecht, 19. Aufl. 2017, § 12 Rn. 27 f.
³ VG Stuttgart, Urt. v. 29.11.2010, 11 K 1867/10, juris, Rn. 16.
⁴ Die einzige Arbeit, soweit ersichtlich: *B. Remmert*, VerwArch 88 (1997), 112 (allerdings mit einigen Schlußfolgerungen, von denen die im Folgenden entwickelten Grundsätze abweichen); daran anknüpfend *P. Reimer*, Verw 45 (2012), 491 (504 ff.). Die Darstellung bei *W.-R. Schenke*, Verwaltungsprozessrecht, 16. Aufl. 2019, Rn. 292 ff., stützt sich, abweichend vom sonstigen Vorgehen, nicht auf anspruchsorientierte Überlegungen (zu Recht kritisch insofern *M. Fischer*, Die verwaltungsprozessuale Klage im Kraftfeld zwischen materiellem Recht und Prozessrecht, 2011, S. 109, 148).
⁵ BVerwGE 29, 261 (265); 36, 145 (154); so auch *P. Axer*, Jura 2001, 748 (752); *J. Pietzcker*, NVwZ 1995, 15 (18); *B. Remmert*, VerwArch 88 (1997), 112 (135).

sondern sind auf den Hauptverwaltungsakt bezogen. Ersichtlich ist dies auch an der Formulierung des § 36 Abs. 2 VwVfG. Während die Auflage und der Auflagenvorbehalt mit dem Verwaltungsakt nur „verbunden" werden, werden Bedingung, Befristung und Widerrufsvorbehalt mit dem Verwaltungsakt „erlassen". Diese Nebenbestimmungen schränken die beanspruchte Leistung ein. Die Verwaltung kommt also, wenn sie eine solche Nebenbestimmung verfügt, der geltend gemachten positiven Berechtigung nicht vollumfänglich nach. Demnach kann das Begehren des Einzelnen stets nur auf nebenbestimmungsfreie positive Berechtigung gerichtet sein. Um diesen Anspruch einzuklagen, steht die Verpflichtungsklage bereit.

8.3 Die Rechtsstellung des Betroffenen

Aus der Perspektive des Anspruchsmodells muss die entscheidende Rolle der materiellen **Rechtsstellung** des Betroffenen zukommen, um die Problematik handhabbar zu machen. Das Abstellen auf die Art der Nebenbestimmung ist hierfür nur der erste Schritt. In einem zweiten Schritt kommt es darauf an, ob auf den Erlass des Hauptverwaltungsakts ein Anspruch besteht. Wenn der Erlass der Begünstigung im Ermessen der Verwaltungsbehörde steht, ist das Ermessen im Interesse des Begünstigten auszuüben. Ihm kommt dann mit Blick auf den Hauptverwaltungsakt nur ein Recht auf fehlerfreie Ermessensentscheidung zu. **153**

Häufig lässt sich, sofern der Verwaltung Ermessen eingeräumt ist, die Entscheidung über den Hauptverwaltungsakt von der Entscheidung über die Nebenbestimmung nicht trennen. Dabei kann wohl davon ausgegangen werden, dass die Behörde auch Ermessen im Hinblick darauf hat, die Entscheidung über die Nebenbestimmung zu einem späteren Zeitpunkt zu treffen. Handelte es sich stets und zwingend um eine einheitliche Entscheidung, wäre die später erfolgende Hinzufügung einer Nebenbestimmung eine Teilaufhebung des ursprünglich nebenbestimmungsfreien Verwaltungsakts. Das gleiche gilt, wenn die Behörde sich zunächst ausdrücklich dagegen entscheidet, eine Nebenbestimmung zu verfügen, dies aber später nachholt. Besonders deutlich ist die Einheitlichkeit der **Ermessensausübung** im Anwendungsbereich des § 36 Abs. 2 VwVfG, bei dem die begehrte Begünstigung ohnehin im Ermessen der Behörde steht. So hatte in einem vom BVerwG entschiedenen Fall die Behörde eine Genehmigung zum Abbruch eines Wohnhauses, deren Erteilung in ihrem Ermessen stand, mit der Auflage verbunden, Zahlungen zu Gunsten des sozialen Wohnungsbaus zu leisten.[6] Materiell-rechtlich betrachtet, liegt damit insgesamt keine gebundene Entscheidung vor. Der Antragsteller hat nur ein **Recht auf fehlerfreie Ermessensentscheidung**. Sofern die einheitliche Entscheidung dieses Recht verletzt, sind Hauptverwaltungsakt und Auflage aufzuheben. Entsprechend dem tatsächlichen Interesse des Eigentümers an einer (möglichst großen) **154**

---

[6] BVerwGE 55, 135.

Eigenbegünstigung wäre hier Verpflichtungsklage, gerichtet auf Neubescheidung nach § 113 Abs. 5 Satz 2 VwGO, zu erheben (Falltypus 6).

155 Die Ermessensbetätigung kann sogar den Bereich derjenigen Verwaltungsakte erfassen, auf die ein Anspruch besteht, nämlich dann, wenn die Nebenbestimmungen die Einhaltung der gesetzlichen Bestimmungen sicherstellen soll, § 36 Abs. 1 VwVfG. Denn in einer solchen Situation besteht der geltend gemachte Anspruch konkret *noch nicht*. Der Behörde ist Ermessen im Hinblick darauf eingeräumt, ob sie statt der Ablehnung des Antrags den begehrten Verwaltungsakt erteilt, aber mit einer Nebenbestimmung versieht, die die Einhaltung der gesetzlichen Bestimmungen sicherstellen soll.[7] Die Behörde trifft also wiederum eine einheitliche Ermessensentscheidung über den Hauptverwaltungsakt und die Nebenbestimmung.

156 Für den praktisch wichtigsten Fall, dass der Betroffene eine Begünstigung begehrt, die mit einer belastenden Nebenbestimmung versehen wird, ist somit im Ergebnis für ein selbstständiges Aufhebungsbegehren wenig Raum. Nur dann, wenn auf den Erlass des Hauptverwaltungsakts ein Anspruch besteht, die Voraussetzungen tatsächlich erfüllt sind und die Nebenbestimmung die Natur einer Auflage oder eines Auflagenvorbehalts hat, kann die Nebenbestimmung ein negatorisches Recht des Betroffenen beeinträchtigen. Prozessual umreißt dies den Anwendungsbereich der **Anfechtungsklage**. In allen anderen Fällen muss – sofern nicht die behördliche Entscheidung über die Nebenbestimmung ausnahmsweise eigenständig ergeht – **Verpflichtungsklage** erhoben werden. Ein Beispiel für die Möglichkeit eines selbstständigen Aufhebungsbegehrens bietet die Struktur der Regelungen des GaststättenG über die Erlaubnispflichtigkeit eines Gaststättengewerbes. Während § 2 GaststättenG die Erlaubnispflichtigkeit und § 4 GaststättenG die Versagungsgründe für die Erlaubnis regelt, räumt § 5 GaststättenG der Behörde die Möglichkeit ein, Auflagen zu erteilen. Solche Auflagen müssen sich als Eingriff in die Freiheitsrechte des Adressaten rechtfertigen können. Sind sie rechtswidrig, können sie mit der Anfechtungsklage angegriffen werden.

157 Das eben erwähnte negatorische Recht bedarf allerdings vertiefter Aufmerksamkeit. Im Grundsatz kann hierfür sowohl auf die allgemeine Handlungsfreiheit nach Art. 2 Abs. 1 GG als auch auf ein speziell einschlägiges Grundrecht zurückgegriffen werden; im Beispiel des Gaststättenrechts für den Betreiber der Gaststätte etwa Art. 12 Abs. 1 GG. Jedoch muss in Rechnung gestellt werden, dass der Gesetzgeber durch den Genehmigungsvorbehalt im Grundsatz eine Leistungskonstellation geschaffen hat. Für den Berechtigten stellt der Anspruch auf Genehmigungserteilung einen positiven Status dar. Es ließe sich also einwenden, dass durch den Rückgriff auf die Grundrechte gleichsam durch die Hintertür wiederum eine negatorische Position geschaffen werde.[8] Ein solcher Einwand setzt allerdings die Annahme voraus, dass allein kraft der gesetzlich bestehenden Möglichkeit der Auflagenerteilung von

---

[7] Vgl. *U. Ramsauer*, in: Kopp/Ramsauer (Hrsg.), VwVfG, 19. Aufl. 2018, § 36 Rn. 44.
[8] In diesem Sinne wird für die generelle Statthaftigkeit der Verpflichtungsklage beim Vorgehen gegen Nebenbestimmungen geltend gemacht, dass stets ein nebenbestimmungsfreier Verwaltungsakt begehrt werde, so etwa *C. Labrenz*, NVwZ 2007, 161 (164).

voneherein der Schutzbereich des einschlägigen Grundrechts – Art. 2 Abs. 1 GG wie auch eines speziellen Grundrechts – beschränkt ist. Diese Annahme ist nicht nur grundrechtsdogmatisch zweifelhaft, sondern bedürfte auch einfachrechtlich der Validierung anhand der konkret einschlägigen Regelung. Am Beispiel des GaststättenG: Hier stehen der Anspruch auf Erlaubniserteilung nach §§ 2, 4 und die Auflagenbefugnis nach § 5 deutlich selbstständig nebeneinander; die Auflagen betreffen nicht die Versagungsgründe und gestalten demnach nicht den positiven Status des Gaststättenbetreibers aus. Insofern sollte es bei dem dargelegten Grundsatz bleiben, dass die Auflage den negativen Status berührt, ein Aufhebungsanspruch möglich und damit die Anfechtungsklage statthaft ist.

Die Verbandsklagen

Inhaltsverzeichnis

9.1 Allgemeines 158
9.2 Verbandsklagen in der Systematik der VwGO 159

9.1 Allgemeines

Der Ausgangspunkt des Anspruchsmodells bilden Rechte, die der Einzelne gegenüber der Verwaltung hat. Über die Konstruktion von Rechten werden die Rechtspflichten der Verwaltung „anspruchsfähig" und damit zugleich gerichtsfähig gemacht. Darin liegt, wie bereits erörtert wurde (Rn. 27), eine Form der Verwaltungskontrolle. Der Bereich der Verwaltungskontrolle wird damit aber nicht abgedeckt. Dabei ist insbesondere an Gemeingüter zu denken, deren Erhaltung im Interesse aller liegt. Das klassische Beispiel ist der **Schutz der Umwelt**. Umweltrechtliche Normen begründen oft keine subjektiven Berechtigungen, weil ihr Schutzgut nicht hinreichend individualisiert werden kann, wie es nach der Schutznormtheorie erforderlich ist. Zwar ist es möglich, etwa über den Schutz der Gesundheit derjenigen, die von umweltrelevanten Vorhaben betroffen sind, in expansiver Anwendung der Schutznormtheorie Berechtigungen zu konstruieren.[1] Aber die Leistungsfähigkeit solcher Ansätze ist begrenzt. Seit langem schon spielt deshalb im Umweltrecht das Institut der Verbandsklage eine wichtige Rolle. Bestimmte Umweltschutzvereinigungen haben das Recht, gegen eine staatliche Maßnahme gerichtlich vorzugehen. Die wichtigsten Beispiele sind das Klagerecht nach § 64 BNatSchG und die Rechtsbehelfe im Anwendungsbereich des § 1 UmwRG. Es handelt sich um sog. altruistische Verbandsklagen, weil sie nicht der Durchsetzung von Verbandsinteressen, sondern der objektiven Rechtskontrolle der

158

---

[1] *A. Scherzberg*, in: Ehlers/Pünder (Hrsg.), Allgemeines Verwaltungsrecht, 15. Aufl. 2016, § 12 Rn. 20.

Verwaltung dienen.² Um Popularklagen handelt es sich nicht, weil sie nicht „jedermann" zugänglich sind. Die Verbände können die Klagen „nach Maßgabe" der VwGO einlegen, d. h. die gewöhnlichen Klagen erheben oder Anträge stellen.³ Denkbar sind Begehren, die auf die Abwehr oder auf den Erlass einer Entscheidung gerichtet sind. Mit dem jeweiligen Rechtsbehelf wird ein rein objektives Beanstandungsverfahren eingeleitet. Auf die Geltendmachung oder das Bestehen einer Rechtsverletzung kommt es für die Klage nicht an. Die Zulässigkeit der Klage hängt nicht einmal von einem bestimmten rechtlichen Interesse ab. Erforderlich ist allerdings die Eigenschaft des klagenden Verbandes, über die erforderliche Anerkennung zu verfügen (§ 3 UmwRG), zudem muss der Verband in seinem satzungsmäßigen Aufgabenbereich betroffen sein (§ 64 Abs. 1 Nr. 2 BNatSchG, § 2 Abs. 1 Satz 1 Nr. 2 UmwRG). Darin sind noch Reste eines rechtlichen Interesses erkennbar.

9.2 Verbandsklagen in der Systematik der VwGO

159 Egoistische Verbandsklagen weisen im Rahmen der VwGO keine Besonderheiten auf. Eine mitgliedschaftlich organisierte juristische Person klagt damit eigene Rechte ein, sei es beim Vorgehen gegen ein Vereinsverbot oder wegen einer Verletzung des Eigentumsgrundrechts des Verbandes.⁴ Auch umweltrechtliche Normen können einem Umweltschutzverband ein solches subjektives öffentliches Recht einräumen. So hat das BVerwG der Deutschen Umwelthilfe e. V. nach § 47 Abs. 1 BImSchG i. V. m. § 27 der 39. BImSchV einen Anspruch darauf zugesprochen, dass das Land Hessen den Luftreinhalteplan für die Stadt Darmstadt ändert, und dabei betont, dass es sich nicht um eine altruistische Verbandsklage handelt.⁵ All die genannten Klagen fallen unter § 42 Abs. 2 Hs. 2 VwGO. Die altruistischen Verbandsklagen sind hingegen der „**Öffnungsklausel**" des § 42 Abs. 2 Hs. 1 VwGO zuzuordnen. Sie knüpfen ausdrücklich nicht an eine Rechtsverletzung an, können also erhoben werden, „ohne in eigenen Rechten verletzt zu sein" (§ 64 Abs. 1 BNatSchG, ähnlich § 2 Abs. 1 UmwRG). Es handelt sich um rein gerichtsbezogene Positionen.⁶ Sie stehen weitgehend unabhängig neben dem individuellen Rechtsschutz nach § 42 Abs. 2 Hs. 2, § 113 VwGO. Zwar wird in dem Erfordernis der Klagebefugnis nach § 42 Abs. 2 VwGO verbreitet eine „Systementscheidung"

---

²Vgl. *F. Schoch*, GVwR III, 2. Aufl. 2013, § 50 Rn. 175.
³*S. Schlacke*, in: Gärditz (Hrsg.), VwGO, 2. Aufl. 2018, § 2 UmwRG Rn. 19.
⁴Vgl. *W.-R. Schenke*, Verwaltungsprozessrecht, 16. Aufl. 2019, Rn. 526.
⁵BVerwGE 147, 312. Der Verband habe das Recht, die öffentlichen Belange des Umweltschtzes zu einem eigenen Anliegen zu machen (S. 326). Ein Luftreinhalteplan ist im Grundsatz eine Maßnahme des Innenrechts, er ähnelt einer Verwaltungsvorschrift.
⁶So *E. Schmidt-Aßmann*, in: Maunz/Dürig (Hrsg.), GG, Stand: März 2019, Art. 19 Abs. 4 Rn. 150.

9.2 Verbandsklagen in der Systematik der VwGO

für den individuellen Rechtsschutz gesehen.[7] Dies könnte bedeuten, dass sich die vor allem auf europäische Impulse zurückzuführenden Verbandsklagen nicht ohne Spannungen in die deutsche Rechtsordnung integrieren lassen. Aber im Grundsatz können beide Arten gerichtlicher Entscheidungsbefugnisse nebeneinander bestehen.[8] Nur von einer reibungslosen Arbeitsteilung zwischen den beiden „Systemen" kann noch nicht die Rede sein. Das wird insbesondere im Umweltschutz deutlich, wo eine intensive Diskussion um die jeweilige Reichweite stattfindet.[9] Erforderlich ist eigentlich für den Bereich der VwGO eine Art „Beanstandungssonderprozessrecht".[10] Die Dinge sind hier, nicht zuletzt unter dem Einfluss des Europarechts, weiter im Fluss.

Das Anspruchsmodell steht also neben den altruistischen Verbandsklagen.[11]   160
Die Frage ist, ob den Klageberechtigungen der Verbände in irgendeiner Hinsicht **Rechtspositionen** entsprechen, die die Verbände auch gegenüber der Verwaltung berechtigen. Im Rahmen des § 42 Abs. 2 Hs. 2 VwGO ist dies natürlich der Fall, denn dort ist ein Recht betroffen, das von vornherein gegenüber der Verwaltung besteht. Die Klage auf Erlass eines Luftreinhalteplanes, erhoben von einem anerkannten Umweltverband, kann etwa dem Falltypus 1 zugeschlagen werden.[12] Eine vergleichbare Rechtsposition besteht bei altruistischen Verbandsklagen

---

[7] Siehe nur m. w. N. *K. Gärditz*, in: Gärditz (Hrsg.), VwGO, 2. Aufl. 2018, § 42 Rn. 1.

[8] *S. Schlacke*, in: Gärditz (Hrsg.), VwGO, 2. Aufl. 2018, § 2 UmwRG Rn. 10. Fundamentalkritik bei *S. Haack*, VerwArch 109 (2018), 503 (519).

[9] Vgl. *S. Schlacke*, NVwZ 2014, 11; *K. Gärditz*, NVwZ 2014, 1; *K. Gärditz*, in: Ständige Deputation des Deutschen Juristentages (Hrsg.), Verhandlungen des 71. Deutschen Juristentages Essen 2016, Bd. 1, 2016, S. 14 ff. Eine ähnliche Diskussion wird um die zivilrechtlichen Verbandsklagen geführt. Die Verbandsklage nach § 8 Abs. 3 UWG muss wohl so gedeutet werden, dass ihr ein eigener Unterlassungs- und Beseitigungsanspruch des Verbandes zugrunde liegt (*R. Greger*, NJW 2000, 2457 (2462)), doch lässt sich diesem Anspruch kein vorausliegendes Recht des Verbandes zuordnen (diesen Hinweis verdanke ich Prof. Dr. Franz Hofmann).

[10] *K. Gärditz*, in: Ständige Deputation des Deutschen Juristentages (Hrsg.), Verhandlungen des 71. Deutschen Juristentages Essen 2016, Bd. 1, 2016, S. 48.

[11] Zu einem anderen Ergebnis, auf der Grundlage des Anspruchsmodells, gelangt *M. Fischer*, Die verwaltungsprozessuale Klage im Kraftfeld zwischen materiellem Recht und Prozessrecht, 2011, S. 324 ff. Indem der Gesetzgeber mit der altruistischen Verbandsklage den Verbänden die Möglichkeit einräume, erfolgreich eine Genehmigungsentscheidung anzufechten, begründe er unweigerlich *zugleich* einen materiell-rechtlichen Verbandsaufhebungsanspruch (der nicht reaktionsrechtlichen Ursprungs wäre). Fischer schließt dies aus dem Umstand, dass die einschlägigen Regelungen auch beanspruchen, die Begründetheit der Verbandsklagen zu regeln. Altruistische Verbandsklagen wären somit nicht der Öffnungsklausel des § 42 Abs. 2 1. Hs. VwGO zuzuordnen. Das Argument hat Charme. Aber dass die Anknüpfung an das materielle Recht, die der Gesetzgeber bei der Aufstellung des Programms für die Begründetheit einer Klage zwangsläufig vornehmen muss, zugleich als Schaffung neuen materiellen Rechts verstanden werden *muss*, leuchtet mir nicht ein (so auch *S. Haack*, VerwArch 109 (2018), 503 (518)).

[12] Siehe 11.1. Zur Diskussion siehe die zahlreichen Nachweise bei *R. Schenke*, in: Kopp/Schenke (Hrsg.), VwGO, 25. Aufl. 2019, § 42 Rn. 153 (insb. Fn. 460).

nicht. Allerdings darf nicht übersehen werden, dass diese Klagen zahlreiche Verfahrensrechte der Verbände ergänzen (§ 63 BNatSchG, § 18 Abs. 1 Satz 2 i. V. m. § 2 Abs. 9 UVPG). Somit liegt auf dem Klagerecht, auch wenn es nur zu einer scheinbar rein objektiven Beanstandung führt, doch noch ein subjektiv-rechtlicher Schimmer.

Teil III
Die verwaltungsrechtlichen Falltypen

10 Verwaltungsrechtliche Fälle konstruieren und lösen: Kartierung des Geländes

Inhaltsverzeichnis

10.1 Kassatorisches und gewöhnliches Leistungsbegehren 162
10.2 Originäre und abgeleitete Fundierung der Leistungsbegehren 169
10.3 Gebundene und Ermessensentscheidung 176
10.4 Rechtsformen 178
10.5 Integration des verwaltungsgerichtlichen Organstreits 180
10.6 Folgen für den Aufbau des Gutachtens in der Fallbearbeitung 183
10.7 Die Falltypen im Überblick 189

Im dritten Teil werden typische verwaltungsrechtliche Fälle auf systematische Weise gebildet. Die Strukturen dieser Fälle ergeben sich aus bestimmten Parametern, insbesondere dem rechtlichen Begehren des Berechtigten. Diese Parameter werden im Folgenden näher erläutert.

10.1 Kassatorisches und gewöhnliches Leistungsbegehren

Bürger werden von Entscheidungen der Verwaltung bzw. des Staates auf unterschiedliche Art und Weise berührt. Ansprüche auf ein bestimmtes Verhalten des Staates (Tun oder Unterlassen) bestimmen die Situation derjenigen Person, die in einem Recht beeinträchtigt wurde, beeinträchtigt wird oder beeinträchtigt zu werden droht (siehe die Übersicht bei Rn. 53). Abgesehen von der Feststellungsklage, die rein prozessualer Natur ist (Rn. 133), geht es dieser Person stets um eine Leistung, die von der Verwaltung gegenüber dem Bürger zu erbringen ist. „Leistung" ist jedes begünstigende Verhalten der Verwaltung. Es kann in einem Tun oder Unterlassen bestehen, rechtsförmlich oder nicht. Von zentraler Bedeutung ist somit das **Leistungsbegehren** der Bürgerin. Prozessual lässt es sich dadurch beschreiben, dass die entsprechende Klage auf Verurteilung der Behörde zu einem Unterlassen oder zu einem Tun gerichtet ist. Soweit jemand den Erlass einer Kontrollerlaubnis begehrt, d. h. einer Erlaubnis, die ein gesetzlich bestehendes, präventives Verbot aufhebt (wie etwa die Baugenehmigung), kann die Verfügung nur in einem *formellen* Sinne als leistend angesehen werden, weil sie eben nur ein gesetzlich bestehendes Verbot aufhebt.[1]

163   Grundlage einer solchen Klage ist ein Leistungsanspruch. Ein Gericht, sei es ein Verwaltungsgericht oder ein ordentliches Gericht, kann also den Staat immer nur dazu verurteilen, den geltend gemachten Anspruch durch Leistung zu erfüllen. Damit ist die **allgemeine Leistungsklage** die zentrale Rechtsschutzform, die von der VwGO bereitgestellt wird.[2] Dieser Umstand wird dadurch verdeckt, dass im 8. Abschnitt der VwGO die Anfechtungs- und die Verpflichtungsklage als zwei besondere Klagearten ausführlich geregelt werden. Für Ansprüche, die vor ordentlichen Gerichten geltend gemacht werden, etwa aus Amtshaftung nach Art. 34 GG i. V. m. § 839 BGB, ist ebenfalls die Leistungsklage einschlägig, in diesem Falle auf der Grundlage der ZPO.

164   Die Situation, die von der **Anfechtungsklage** erfasst wird, unterscheidet sich auf eigentümliche Weise von der Leistungsklage. Ergeht ein rechtswidriger Verwaltungsakt, der ein Recht des Betroffenen verletzt, will der Betroffene den Verwaltungsakt abwehren. Die Verwaltungsbehörde muss den Verwaltungsakt aufheben. Mit der Aufhebung des Rechtsakts würde die Behörde gegenüber dem Bürger ebenfalls eine Leistung erbringen. Die Verweigerung dieser Leistung führt jedoch nach dem Verwaltungsprozessrecht nicht zur Leistungsklage. Die Anfechtungsklage ist auf **Kassation** des angegriffenen Verwaltungsakts gerichtet, § 113 Abs. 1 Satz 1 VwGO. Die Anfechtungsklage dient insofern also der Durchsetzung eines kassatorischen Begehrens. Das Urteil, das bei erfolgreicher Klage den Verwaltungsakt aufhebt, hat **rechtsgestaltende Wirkung**. Prozessual weicht die Anfechtungsklage damit von ihrem materiell-rechtlichen Gegenstand ab. Sie ist, aus der Perspektive des erfolgreichen Urteils, eine besondere Gestaltungsklage. Eine allgemeine Gestaltungsklage gibt es nach überwiegender Auffassung in der VwGO gar nicht.[3] Die Besonderheit der Anfechtungsklage besteht darin, dass das Gericht die von der Behörde geschuldete Leistung selbst bewirken kann. Es ergeht kein Leistungsurteil, etwa in der Form eines Vornahmeurteils („die Körperschaft X wird verpflichtet, den

---

[1] Zu dieser Terminologie *H. Maurer/C. Waldhoff*, Allgemeines Verwaltungsrecht, 19. Aufl. 2017, § 9 Rn. 52.

[2] *K. Gärditz*, in: Gärditz (Hrsg.), VwGO, 2. Aufl. 2018, § 42 Rn. 42 (als verfassungsrechtlich garantierter „Basisrechtsbehelf"). Inwieweit die von der VwGO bereitgestellten Klagearten durch Art. 19 Abs. 4 GG vorgegeben sind, ist umstritten. Manche wollen die Feststellungsklage ausreichen lassen (*E. Schmidt-Aßmann*, in: Maunz/Dürig (Hrsg.), GG, Stand: März 2019, Art. 19 Abs. 4 Rn. 288). Dem wird entgegengehalten, dass dies nicht hinreichend effektiv sei, ein vollstreckbares Leistungsurteil müsse erzielbar sein (*W.-R. Schenke*, in: Kahl/Waldhoff/Walter (Hrsg.), GG, Stand: 9/2019, Art. 19 Abs. 4 Rn. 224). Hingegen ist die Anfechtungsklage (d. h. die auf kassatorische Wirkung des Urteils gerichtete Klage) nicht durch Art. 19 Abs. 4 GG zwingend vorgegeben. Jedoch kann Art. 19 Abs. 4 GG eine Rechtfertigung dafür entnommen werden, dass den Gerichten überhaupt eine solche kassatorische Befugnis gesetzlich zugewiesen wird (so wohl *M. Ibler*, in: Friauf/Höfling (Hrsg.), GG, Stand: Sept. 2019, Art. 19 IV Rn. 239).

[3] *J. Pietzcker*, in: Schoch/Schneider/Bier (Hrsg.), VwGO Stand: Febr. 2019, Vorb § 42 Abs. 1 Rn. 19 ff.; a. A.: *F. Hufen*, Verwaltungsprozessrecht, 10. Aufl. 2016, § 13 Rn. 12.

10.1 Kassatorisches und gewöhnliches Leistungsbegehren

Verwaltungsakt Y aufzuheben"). Die Leistung, auf die der Anspruch gerichtet ist, wird auf der Grundlage von § 113 Abs. 1 Satz 1 VwGO und § 43 Abs. 2 VwVfG vom Gericht anstelle der Verwaltung erbracht.[4] Insofern ist die Anfechtungsklage, obwohl die erfolgreiche Klage zu einem Gestaltungsurteil führt, eine **Leistungsklage**.[5] Nicht eine Verurteilung zur Leistung, sondern die stellvertretende Leistungserbringung durch das Gericht macht, so gesehen, die erfolgreiche Anfechtungsklage aus. Das Anspruchsziel der Anfechtungsklage, das oft als paradigmatisch für den verwaltungsgerichtlichen Rechtsschutz des Betroffenen angesehen wird, erweist sich damit als ein Sonderfall, der nicht verallgemeinerungsfähig ist. Die Klage ist auf ein **kassatorisches Leistungsbegehren** gerichtet, im Unterschied zu den sonstigen eigentlichen Leistungsbegehren. Diese werden, um den Unterschied kenntlich zu machen, im Folgenden als **gewöhnliches Leistungsbegehren** zusammengefasst.

Die **Falltypen 3 und 4** erfassen das kassatorische Leistungsbegehren. Ihr Unterschied liegt lediglich darin, dass im Falltypus 3 das Begehren des Adressaten behandelt wird, im Falltypus 4 hingegen das Begehren einer dritten Person, die von dem Verwaltungsakt (mit Doppelwirkung) in ihrer Rechtsstellung berührt wird. Die anderen Falltypen betreffen gewöhnliche Leistungsbegehren.

Die gerichtliche Aufhebung einer rechtswidrigen Verwaltungsentscheidung – also das kassatorische Leistungsbegehren – wird, wie erwähnt, zuweilen als der Archetyp des verwaltungsgerichtlichen Rechtsschutzes angesehen. In den verwaltungsgerichtlichen Systemen anderer Länder steht sie oft im Mittelpunkt. In Österreich ist der verwaltungsgerichtliche Rechtsschutz heute noch auf die „Bescheidbeschwerde", die der deutschen Anfechtungsklage entspricht, beschränkt.[6] Dahinter steht nicht zuletzt Rücksichtnahme auf die Verwaltung: Die bloße Aufhebung einer Maßnahme ist gewissermaßen der schonendste Eingriff in deren Kompetenzbereich, weil das Verwaltungsgericht keine positive Aussage darüber trifft, welche alternative Regelung die Verwaltung zur Lösung des jeweiligen Sachproblems treffen muss. Dass das kassatorische Leistungsbegehren in der deutschen Rechtsordnung eine Sonderrolle im Verwaltungsprozessrecht spielt, hat auch historische Gründe. Im 19. Jahrhundert waren die Administrativjustiz und die ersten Verwaltungsgerichte darauf beschränkt, über **Beschwerden** gegen Verwaltungsakte zu entscheiden. Das Vorliegen eines Verwaltungsakts eröffnete überhaupt erst den Rechtsschutz. Die erfolgreiche Beschwerde führte zur Kassation des Verwaltungsakts, andere Entscheidungsmöglichkeiten konnte es gar nicht geben.

Dass Rechtsverletzungen durch eine solche Kassation geheilt werden können, bringt eine hervorhebenswerte Eigenschaft des Rechts zum Ausdruck. Verwaltungsakte

---

[4] Zu dieser Leistungskomponente der Anfechtungsklage etwa *F. Weyreuther*, in: Erichsen/Hoppe/Mutius (Hrsg.), System des verwaltungsgerichtlichen Rechtsschutzes, 1985, S. 681 (686).
[5] *C. Ule/H.-W. Laubinger*, Verwaltungsverfahrensrecht, 4. Aufl. 1995, § 62 Rn. 2 („verkappte Leistungsklage"); ohne Einschränkungen *M. Fischer*, Die verwaltungsprozessuale Klage im Kraftfeld zwischen materiellem Recht und Prozessrecht, 2011, S. 195.
[6] Art. 130 Abs. 1 Nr. 1 Bundes-Verfassungsgesetz.

bewirken, sofern sie rechtswidrig sind, eine besondere Art von Rechtsverletzung, nämlich eine Rechtverletzung, die durch schlichten *actus contrarius* wieder beseitigt werden kann. Mit der Aufhebung der belastenden Verfügung befindet sich der Betroffene in vielen Fällen wieder in der gleichen Lage wie vor dem Eingriff. Das Recht regelt also, rechtstheoretisch betrachtet, nicht nur seine eigene Erzeugung,[7] sondern *bewirkt* insofern auch die Beseitigung von Rechtsverletzungen. Die Sonderrolle des kassatorischen Leistungsbegehrens hängt auch mit dem *Eingriffsbegriff* zusammen. Das Begehren richtet sich auf die Abwehr eines normativen Eingriffs. Anders verhält es sich beim **gewöhnlichen**, d. h. dem nicht kassatorischen **Leistungsbegehren**. Insofern es reaktionsrechtlich fundiert ist und damit ebenfalls an das Vorliegen eines Eingriffes anknüpft, geraten nun auch andere als normative Eingriffe in den Blick, eben faktische Beeinträchtigungen (z. B. Immissionen, Äußerungen). Bei solchen Eingriffen ist es nicht möglich, die damit verbundene Rechtsverletzung durch eine bloße Kassation zu beseitigen. Aber die reaktionsrechtlichen Ansprüche sind ebenfalls auf Leistung gerichtet. Unterlassung, Beseitigung und Folgenbeseitigung sind reale Tätigkeiten der Verwaltung, die den Einzelnen begünstigen, mit anderen Worten: Leistungen.

168 Damit ist schon angedeutet, dass die Unterscheidung von kassatorischem und gewöhnlichem Leistungsbegehren zwar der Unterscheidung von **Eingriffs- und Leistungsverwaltung** ähnelt, sich aber nicht damit deckt. Man könnte zwar zunächst vermuten, die Kassation vollziehe sich im Rahmen der **Eingriffsverwaltung**, und die übrigen Fälle seien der Leistungsverwaltung zuzuordnen.[8] Dies ist aber schon deshalb unzutreffend, weil, wie eben gezeigt, auch die Eingriffsabwehr *immer* einen Leistungsaspekt hat (das kassatorische Leistungsbegehren). Das Verwaltungsgericht entscheidet sowohl beim kassatorischen wie auch beim gewöhnlichen Leistungsbegehren substanziell über Leistungsansprüche, d. h. über Ansprüche, die auf eine Leistung der Verwaltung gerichtet sind. Eine Entsprechung findet die Unterscheidung von Eingriffs- und Leistungsverwaltung vielmehr im Anspruchsmodell in anderer Hinsicht (Rn. 174).

---

[7] *H. Kelsen*, Reine Rechtslehre, 1934, S. 74.
[8] So in der Tat *H. Faber*, Verwaltungsrecht, 4. Aufl. 1995, der eine strikte Unterteilung in Eingriffs-, Leistungs- und Infrastrukturverwaltung verwendet (§ 5 II). Dabei bezieht Faber das Begehren von Rechtsschutzsuchenden ein, was analytisch fruchtbar ist, aber Spannungen hervorruft, weil die Dreiteilung nicht mit Blick auf Aufgaben und Mittel relativiert wird. Hier macht sich wohl auch ein starkes sozialwissenschaftliches Interesse daran bemerkbar, die Tätigkeit des gewährleistenden Staates zu fassen. „Eingriffsverwaltung" ist für Faber nur die direkte rechtsförmliche Belastung eines Bürgers (§ 20, S. 172), während er die Anfechtung drittbegünstigender Verwaltungsakte und das schlichte Verwaltungshandeln schon der Leistungsverwaltung zuordnet. Das kassatorische Leistungsbegehren des Adressaten eines Verwaltungsakts soll also der Eingriffsverwaltung unterfallen, nicht aber das entsprechende Begehren eines Dritten (z. B. Nachbarn im Baurecht). So wird nicht deutlich, dass *jede* Abwehr eines Eingriffs auf eine Leistung gerichtet ist. Der von Faber behauptete kategoriale Unterschied zwischen dem kassatorischen Begehren eines Adressaten und eines Dritten besteht nicht.

10.2 Originäre und abgeleitete Fundierung der Leistungsbegehren

Der Leistungsanspruch kann sich einer unmittelbar vom Staat begründeten positiven Berechtigung (originärer Leistungsstatus) oder einem Reaktionsrecht (abgeleiteter positiver Status) verdanken (siehe Rn. 73).

Das **kassatorische Leistungsbegehren** muss an sich nicht zwingend auf ein Reaktionsrecht gestützt sein. Gesetzliche Ansprüche auf Aufhebung eines Verwaltungsakts, die nicht zugleich auf die Rechtswidrigkeit des Verwaltungsakts Bezug nehmen, gibt es zwar nicht. Doch ist es denkbar, dass sich die Verwaltung in einem Vertrag zur Aufhebung eines Verwaltungsakts verpflichtet oder in einem Verwaltungsakt die Aufhebung eines anderen Verwaltungsakts zusagt. Die Verwaltung ist dann ebenso wie bei der Verletzung des negativen Status zur Aufhebung verpflichtet. Einen Unterschied gibt es allerdings in prozessualer Hinsicht. Statthaft ist nicht die Anfechtungsklage, sondern die Verpflichtungsklage (zur abweichenden Praxis Rn. 68). Das Verwaltungsgericht könnte in solchen Fällen also nicht selbst den Verwaltungsakt aufheben, sondern müsste die Behörde dazu verurteilen, die Aufhebung vorzunehmen.

Das **gewöhnliche Leistungsbegehren** kann auf ähnliche Weise originär oder abgeleitet begründet sein, doch ist hier der Unterschied von enormer prozessualer und praktischer Relevanz. Aus prozessualer Sicht ist dies bei der allgemeinen Leistungsklage bemerkbar, die sowohl der Durchsetzung einer gewissermaßen „regulären" Leistungsverpflichtung, etwa aufgrund eines verwaltungsrechtlichen Vertrages, als auch der Durchsetzung eines Folgenbeseitigungsanspruchs dienen kann. Die gewöhnlichen Leistungsbegehren lassen sich also in zwei Gruppen aufteilen: **Erfüllung** auf der einen Seite, **Reaktion** auf eine Rechtsverletzung auf der anderen Seite. Es können Erfüllungsansprüche und Rechtsverletzungsansprüche unterschieden werden. Beide befähigen ihren Inhaber, im eigenen Interesse die Leistung zu fordern. Hier realisiert sich der positive Status, der durch eine Norm begründet worden sein muss. Der Unterschied liegt darin, dass Erfüllungsansprüche um ihrer selbst willen eingeräumt werden, Reaktionsansprüche hingegen funktional der Eingriffsabwehr dienen (negatorische Funktion). Sie bewehren den negativen Status.

An dieser Stelle zeigen sich schwierige Zusammenhänge zwischen der verwaltungsrechtlichen und der grundrechtlichen Rechtsstellung des Einzelnen. Nach traditioneller Betrachtung gelten Grundrechte in erster Linie als Abwehrrechte und nur ausnahmsweise als Leistungsrechte (Rn. 42). Diese Entgegensetzung wird heutzutage als überholt angesehen, weil sich gezeigt hat, dass *jedem* Grundrecht Abwehr-, Leistungs- und andere Funktionen zugeschrieben werden können. Gerade die grundrechtlichen **Abwehransprüche** sind **Leistungsansprüche**.[9] Wenn hingegen grundrechtliche Leistungsansprüche etwa auf bestimmte Verfahrensregelungen oder auf die Erfüllung von Schutzpflichten gerichtet sind, ist der Bereich des verwaltungsgerichtlichen Rechtsschutzes in vielen Fällen verlassen. Denn die genannten Leistungsansprüche richten sich primär an den **Gesetzgeber**. Sie formen die

---

[9] Im Kontext der allgemeinen Grundrechtslehren: *T. Kingreen/R. Poscher*, Grundrechte, 35. Aufl. 2019, Rn. 124.

Anforderungen an die Verfassungsmäßigkeit von Gesetzen. Ihre gerichtliche Durchsetzung (beginnend mit ihrer Konturierung und Entwicklung) obliegt vornehmlich dem Bundesverfassungsgericht, weil die Verwerfung parlamentarischer Gesetze nach Art. 100 Abs. 1 GG den einfachen Gerichten verwehrt ist. Die Erfüllung einer staatlichen Schutzpflicht kann deshalb in der Regel nicht mit einem Anspruch verknüpft werden, weil die staatlichen Organe im Grundsatz in eigener Verantwortung entscheiden, wie sie ihre Schutzpflichten erfüllen.[10] Konkrete Anforderungen an die Art und das Maß des gebotenen Schutzes können dem Grundrecht also nur ganz ausnahmsweise entnommen werden. Beispiele für **Ansprüche aus Schutzpflichten** finden sich gleichwohl in der jüngeren Rechtsprechung: So wurde deutschen Staatsangehörigen, die sich in Syrien im Gebiet des sogenannten Islamischen Staates befinden, ein aus Art. 2 Abs. 2 Satz 1 GG folgender, gegen die Bundesrepublik gerichteter Anspruch auf Rückführung in das Bundesgebiet zugesprochen.[11] Jemenitische Staatsangehörige haben einen aus Art. 2 Abs. 2 Satz 1 GG folgenden Anspruch darauf, dass die Bundesrepublik sie vor Beeinträchtigungen ihres Lebens schützt, die die Folge bewaffneter, völkerrechtswidriger US-Drohneneinsätze sind, die von der in Rheinland-Pfalz gelegenen Air Base Ramstein aus gesteuert werden.[12] Auch im Zusammenhang mit Normenkontrollbegehren spielen Ansprüche aus Schutzpflichten eine Rolle (Rn. 373, 382).

173   Innerhalb der gewöhnlichen Leistungsbegehren lassen sich zwei Falltypen, die eine originäre Leistungsposition betreffen (**Falltypus 1 und 2**), von zwei reaktionsrechtlichen Falltypen unterscheiden (**Falltypus 5 und 6**).

174   Die beiden Arten von Leistungsansprüchen tragen in einer bestimmten Hinsicht auch die bereits erwähnte Unterscheidung von **Eingriffs- und Leistungsverwaltung**. Diese Unterscheidung ist freilich doppeldeutig. Zum einen ist sie darauf bezogen, welche *Aufgaben* die Verwaltung erfüllt, unabhängig von den dabei verwendeten Mitteln.[13] Die klassische Aufgabe der Gefahrenabwehr ist insofern die Eingriffsverwaltung (wobei zum Teil der Begriff der Ordnungsverwaltung Verwendung findet), die Bereitstellung von öffentlichen Einrichtungen ist Leistungsverwaltung. Mit der aufgabenorientierten Unterscheidung von Eingriffs- und Leistungsverwaltung hat die Unterscheidung von kassatorischem und gewöhnlichem Leistungsbegehren nichts zu tun. Zum anderen kann sich die Unterscheidung von Eingriffs- und Leistungsverwaltung darauf beziehen, welche *Mittel* die Verwaltung verwendet und welche Wirkungen diese Mittel für die Bürger haben.[14] Wird die Rechtssphäre des Bürgers durch einen Befehl berührt, handelt es sich um Eingriffsverwaltung, erbringt die Verwaltung eine Vergünstigung, um Leistungsverwaltung.

---

[10] BVerfGE 46, 160 (164) – Schleyer.
[11] VG Berlin, Beschl. v. 10.7.2019, 34 L 245/19, NVwZ 2019, 1302 (1303). Hingegen zu „Klima-Klagen" Ansprüche verneinend: VG Berlin, Urt. v. 31.10.2019, 10 K 412.18, juris, Rn. 68 ff.
[12] OVG Nordrhein-Westfalen, Urt. v. 19.3.2019, 4 A 1361/15, juris, Rn. 182.
[13] Vgl. *H. Maurer/C. Waldhoff*, Allgemeines Verwaltungsrecht, 19. Aufl. 2017, § 1 Rn. 15 ff. (Ordnungs-, Leistungs-, Gewährleistungs-, Lenkungs-, Abgaben- und Bedarfsverwaltung).
[14] *H. Maurer/C. Waldhoff*, Allgemeines Verwaltungsrecht, 19. Aufl. 2017, Rn. 22. An diese Terminologie noch anknüpfend *A. Funke*, JZ 2015, 369 (372); sie ist in dem vorliegenden Buch präzisiert worden.

Die Aufgabe „Gefahrenabwehr" kann erfüllt werden, indem die Verwaltung Leistungen als Mittel verwendet, nämlich polizeilichen Genehmigungen für ein verbotenes Verhalten; ebenso finden sich im Sozialrecht Sanktionen, die als Mittel eingreifend wirken. Die mittelorientierte Unterscheidung blickt von der Verwaltung zum Bürger und fragt, welche Wirkungen die Mittel haben; die begehrensorientierte Unterscheidung blickt vom Bürger zur Verwaltung und fragt, was das rechtlich geschützte Interesse des Bürgers ist. Eine Entsprechung findet die mittelorientierte Unterscheidung von Eingriffs- und Leistungsverwaltung beim jeweiligen **Rechtsgrund** des geltend zu machenden Leistungsanspruchs. Wenn das Leistungsbegehren auf einem originären positiven Status beruht, so handelt es sich um Leistungsverwaltung, beruht das Leistungsbegehren auf einem abgeleiteten positiven Status, ist es also reaktionsrechtlich begründet, um Eingriffsverwaltung.

Die mittelbezogene Unterscheidung von Eingriffs- und Leistungsverwaltung hat eine wichtige Funktion. Sie dient dazu, die Reichweite des **Vorbehalts des Gesetzes** zu bestimmen: Maßnahmen, die eingreifend wirken, bedürfen einer gesetzlichen Grundlage, leistende Maßnahmen im Grundsatz nicht. Der Vorbehalt des Gesetzes spielt – gemäß der eben zum Ausdruck gebrachten Entsprechung – für alle reaktionsrechtlich begründeten Leistungsbegehren eine unmittelbare Rolle. Das Reaktionsrecht entsteht, wenn ein Eingriff vorliegt, der sich nicht auf eine gesetzliche Grundlage stützen kann (z. B. Unterlassen einer ehrverletzenden amtlichen Äußerung). Für originäre leistungsrechtliche Begehren erfordert der Vorbehalt des Gesetzes eine differenzierte Betrachtung, auf die im Zusammenhang mit dem Falltypus 2 näher eingegangen wird (Rn. 209).

10.3 Gebundene und Ermessensentscheidung

Für die Rechtsstellung des Betroffenen ist zentral, ob die Verwaltung im Rahmen einer **Ermessensnorm** handelt oder ob sie eine **gebundene Entscheidung** trifft. Sowohl die materiell-rechtliche Lage als auch die Rechtsschutzmöglichkeiten sind verschieden. Diesem Unterschied ist bei der Bildung der Falltypen Rechnung zu tragen. Hinter der Einräumung von Ermessen steht eine wichtige Entscheidung des Gesetzgebers über die Rechtsstellung des Bürgers. Diese Entscheidung betrifft sowohl das Interesse des Bürgers daran, von Eingriffen verschont zu bleiben (relevant etwa gegenüber den Eingriffsnormen des Polizei- und Sicherheitsrechts) als auch das Interesse, Leistungen zu erhalten (relevant etwa bei Genehmigungen). Der Bürger hat, sofern sein Interesse auf eine Begünstigung gerichtet ist, bei Ermessensnormen keinen Anspruch auf diese Begünstigung. Sofern sein Interesse auf Verschonung von Eingriffen gerichtet ist, muss der Bürger bei Ermessensnormen hinnehmen, dass seine Rechtssphäre durch den Tatbestand der Norm von vornherein beschnitten ist.[15] Bei Ermessensnormen kann der Bürger allerdings ein Recht auf ermessensfehlerfreie Entscheidung haben (siehe Abschn. 6.1.2). Dessen Verletzung kann Gegenstand eines Leistungsbegehrens sein (siehe **Falltypus 6**).

---

[15] *D. Jesch*, AöR 82 (1957), 163 (245 f.).

177 Die Entscheidung über Reaktionsansprüche steht nicht im Ermessen der Verwaltung; es gibt kein Reaktionsermessen (siehe Rn. 72). Die fehlerhafte Entscheidung muss aufgehoben werden. Dies gilt auch für die Verletzung des Rechts auf fehlerfreie Ermessensentscheidung *als solchem*. Alle sechs Falltypen betreffen somit materiell-rechtliche Ansprüche. Wenn ein Recht auf fehlerfreie Ermessensentscheidung besteht und verletzt wurde, dann ist die entsprechende Entscheidung aufzuheben. Diese Leistung kann als solche ausreichen (Falltypus 4) oder von einem überschießenden Leistungsinteresse begleitet sein (Falltypus 6).

10.4 Rechtsformen

178 Die Verwaltung handelt in bestimmten Formen. Neben den Rechtsformen Verwaltungsakt, Satzung und Rechtsverordnung ist dabei das schlichte Verwaltungshandeln (= Realakt) zu nennen. Materiell-rechtlich macht es keinen Unterschied, ob der Staat durch Gesetz oder durch Verwaltungsakt ein negatorisches Recht verletzt. In beiden Fällen muss die Rechtsverletzung beseitigt werden. Doch werden die entsprechenden reaktionsrechtlichen Begehren in der Rechtsordnung auf verschiedene Kanäle verwiesen. Diesen Vorgaben ist bei der Bildung der Falltypen Rechnung zu tragen. So ist es hilfreich, die Verpflichtung zum Erlass eines Verwaltungsakts (**Falltypus 2**) von der Verpflichtung zur Vornahme eines Realakts (**Falltypus 1**) zu unterscheiden.

179 Gesonderte Behandlung erfordert der Rechtsschutz im Zusammenhang mit materiellen Gesetzen. Aufgrund der Vielgestaltigkeit der Begehren lassen sich diese nicht zu einem eigenständigen Falltypus ausgestalten. Sie werden unter dem zusammenfassenden Begriff des **Normenkontrollbegehrens** aber zusammenhängend behandelt.

10.5 Integration des verwaltungsgerichtlichen Organstreits

180 Die Achtung und Durchsetzung von Organrechten wird im Grundsatz vom Anspruchsmodell erfasst (Abschn. 5.6.2). Die gängigen Problemkonstellationen des verwaltungsgerichtlichen Organstreits lassen sich damit in die Falltypen einfügen.

181 Wenn zum Beispiel ein Gemeinderatsmitglied ein Recht auf Teilnahme an der Sitzung oder auf Aufnahme eines Tagesordnungspunkts geltend macht, so handelt es sich dabei um ein Begehren, das auf eine gewöhnliche Leistung gerichtet ist; die Verwaltung hat kein Ermessen und die Position entspricht dem positiven Status (Falltypus 1). Oder wenn ein Recht auf Berücksichtigung bei der Besetzung von Ausschüssen in Rede steht: Es handelt sich um eine gewöhnliche Leistung, die in der Regel als gebundene Entscheidung greifbar sein wird (Falltypus 1). Wenn ein Gemeinderatsmitglied während einer Sitzung von anderen Gemeinderatsmitgliedern oder von Zuschauern gestört wird, hat es gegenüber dem Bürgermeister ein Recht auf fehlerfreie Ermessensentscheidung darüber, ob und welche Ordnungsmaßnahmen getroffen werden;[16] hier wird also ein gewöhnliches Begehren auf eine Leistung geltend gemacht, die im Ermessen des Verpflichteten steht (Falltypus 6).

---

[16] *M. Burgi*, Kommunalrecht, 6. Aufl. 2019, § 12 Rn. 38 (auch zum folgenden Beispiel).

10.5 Integration des verwaltungsgerichtlichen Organstreits

Wird hingegen ein Gemeinderatsmitglied ungerechtfertigt mit einer Ordnungsmaßnahme des Bürgermeisters belegt, entsteht ein mitgliedschaftsrechtlicher **Störungsbeseitigungsanspruch**, gerichtet auf Abwehr der Maßnahme. Gerade dieses letzte Beispiel zeigt aber auch die Problematik dieser Art von Rechtsstreitigkeiten auf. Der Bürgermeister muss die Ordnungsmaßnahme rückgängig machen. Es handelt sich um ein Leistungsbegehren. Er ist dazu verpflichtet, d. h. hat kein Ermessen. Der Bürgermeister muss die Ordnungsmaßnahme aufheben, und dies ist möglich, weil es sich um eine Regelung handelt. Das Leistungsbegehren ist mithin kassatorischer Natur. Fraglich ist allerdings, ob auch das Verwaltungsgericht nach § 113 Abs. 1 Satz 1 VwGO – oder auf andere Weise – eine solche Kassation vornehmen kann. Das setzt voraus, dass sich die Maßnahme als Verwaltungsakt darstellt, d. h. dass Falltypus 3 einschlägig ist. Ansonsten würde Falltypus 5 greifen.

Sofern im Rahmen einer Feststellungsklage nach § 43 VwGO das Bestehen oder Nichtbestehen von Rechten festzustellen ist, stellen sich für die Behandlung des Organstreits kaum Probleme. Auch ist es, wie die beiden Beispiele des Falltypus 1 zeigen, recht reibungslos möglich, positive Berechtigungen der allgemeinen Leistungsklage zuzuordnen. Schwierig ist aber das eben erwähnte **kassatorische Begehren** einzuordnen. Die gerichtliche Kassation bezieht sich auf wirksame Verwaltungsakte. Um die Kassation überhaupt denken zu können, müssten die Maßnahmen des Innenrechts eigentlich Verwaltungsakte sein. Dies ist nur möglich im Rahmen der bereits erörterten, problematischen Auffassung, dass jedenfalls solchen Maßnahmen des Innenrechts Außenwirkung zukommt, die Eingriffe in Organrechte darstellen (Rn. 88). Diese Auffassung findet kaum Zustimmung, stattdessen diskutiert die Literatur eine eigenständige kassatorische Gestaltungsklage;[17] in der Rechtsprechung wurde sogar schon eine kassatorische Leistungsklage als statthaft angesehen.[18] Aber ob nun Anfechtungsklage, kassatorische Gestaltungsklage *sui generis* oder kassatorische Leistungsklage, in allen Fällen würde sich ein weiteres Problem stellen, das auch im Rahmen einer allgemeinen Leistungsklage zu lösen ist, sofern sie auf die Abwehr eines Eingriffs in ein Organrecht gerichtet ist. Die Rückgängigmachung der Ordnungsmaßnahme ist hierfür ein Beispiel: Es wäre das System der reaktionsrechtlichen Ansprüche auf Organrechte zu übertragen. Diese Frage berührt weitgehend unerschlossenes Terrain. Es gibt einige wenige Vorarbeiten in der Literatur, die sich mit der Frage beschäftigen und, zum Teil vorsichtig, eine Übertragbarkeit annehmen.[19] Die Rechtsprechung operiert durchaus in diesem Sinne, hält sich aber

---

[17] Bejahend *F. Hufen*, Verwaltungsprozessrecht, 10. Aufl. 2016, § 21 Rn. 14; *H.-U. Erichsen*, in: Erichsen/Hoppe/Mutius (Hrsg.), System des verwaltungsgerichtlichen Rechtsschutzes, 1985, S. 211 (232).
[18] BayVGH, Urt. v. 31.7.1974, 2 V 72, BayVBl. 1976, 753 (754): Kassation eines Gemeinderatsbeschlusses, bei dessen Fassung ein Gemeinderatsmitglied rechtswidrig ausgeschlossen wurde – eigentlich die Konstellation eines Folgenbeseitigungsanspruchs.
[19] Unbefangene Entwicklung eines Modells sekundärer Hilfsansprüche (Unterlassung, Beseitigung, Folgenbeseitigung) bei Organrechten: *W. Roth*, Verwaltungsrechtliche Organstreitigkeiten, 2001, S. 856 ff.; weiter *M. Morlok*, DV 25 (1992), 371 (380), *W.-R. Schenke*, in: Kopp/Schenke (Hrsg.), VwGO, 25. Aufl. 2019, Anh § 42 Rn. 87; *W. Krebs*, in: Butzer/Kaltenborn/Meyer (Hrsg.), Organisation und Verfahren im sozialen Rechtsstaat, 2010, S. 141 (147 ff.) (hypothetisch); *W. Hoppe*, DVBl. 1970, 845 (848).

mit ausdrücklichen Stellungnahmen zurück. Organrechte müssten so gedacht werden können, dass mit ihnen ein negativer Status einhergeht, dessen Verletzung **Reaktionsrechte** auslöst. Den Schwierigkeiten, die mit einer solchen Annahme einhergehen, könnte allerdings diejenige Auffassung entgehen, die Kompetenzen ohnehin gar nicht als subjektive Rechte behandelt.[20] Nach dieser Auffassung wäre es nicht erforderlich, ein auf Organrechtsverletzungen gestütztes Anspruchssystem zu entwickeln. Konstruktiv sind solche Alternativen allerdings bislang nicht entfaltet worden. Sie würden ein ganz anderes Bild des Kommunalverfassungsstreits entstehen lassen und den gerichtlichen Rechtsschutz einem bloßen Beanstandungsverfahren annähern. Diese Möglichkeit wird im Folgenden bei der Entfaltung der Falltypen ausgeblendet.

10.6 Folgen für den Aufbau des Gutachtens in der Fallbearbeitung

183 Die vorstehenden Überlegungen zum Leistungsbegehren haben wichtige Konsequenzen für den gutachterlichen Prüfungsaufbau, auf die im Zusammenhang mit den jeweiligen Falltypen näher einzugehen ist. Im Grundsatz ist die Struktur des Aufbaus stets gleich, doch lassen sich **drei Aufbauweisen** zu unterscheiden.

184 Wie das Anspruchsmodell zeigt, macht der Kläger sowohl bei den Leistungsklagen als auch bei der Anfechtungsklage einen Leistungsanspruch geltend. Stets sind die Voraussetzungen dieses Anspruchs zu prüfen. Einfach ist die Prüfung bei einem Recht, das originär einen positiven Status begründet. Hier kann sich die Würdigung in der Regel ohne Weiteres am Vorgehen in der zivilrechtlichen Anspruchsprüfung orientieren. Die Frage lautet also: Wer will was von wem woraus? Es ist die Anspruchsgrundlage zu identifizieren (etwa eine gesetzliche Bestimmung) und es ist unter deren Voraussetzungen zu subsumieren. Man kann vom einfachen **Leistungsanspruch-Aufbau** sprechen. Nach einer „Eingriffsermächtigung" o. ä. muss nicht gefragt werden, weil das Begehren nicht auf die Abwehr eines Eingriffs zielt. Der Anspruch bedarf einer Anspruchsgrundlage, auch der Begriff der Rechtsgrundlage ist insofern verbreitet. Nur ausnahmsweise wird der Vorbehalt des Gesetzes eine Rolle spielen, nämlich dann, wenn die Anspruchsgrundlage keine (parlamentarische) gesetzliche Grundlage hat, nach dem Vorbehalt des Gesetzes aber eine solche Grundlage erforderlich ist (Rn. 331).

> **Einfacher Leistungsanspruch-Aufbau**
> (1) Anspruchsgrundlage, die einen originären positiven Status begründet (Gesetz, Vertrag, Verwaltungsakt)
> (2) Voraussetzungen der Anspruchsgrundlage

---

[20] Vorschlag eines „Pflichtenmodells" bei *W. Krebs*, in: Butzer/Kaltenborn/Meyer (Hrsg.), Organisation und Verfahren im sozialen Rechtsstaat, 2010, S. 141 (150 ff.). Das Modell will als Organrecht „nicht die Berechtigung, die eigenen Kompetenzen wahrzunehmen, sondern das Recht, von einem anderen Organ die Einhaltung von dessen Pflichten verlangen zu dürfen", verstehen. Damit wird zwar nicht auf die Konstruktion von Rechten, aber von Ansprüchen verzichtet; dies entspräche einem reinen aktionenrechtlichen Modell (siehe 3.4).

Macht der Berechtigte einen reaktionsrechtlichen Anspruch geltend, muss der einfache Leistungsanspruch-Aufbau verfeinert werden. Anspruchsgrundlage ist der öffentlich-rechtliche Unterlassungs- oder Beseitigungsanspruch. Die Voraussetzungen der Anspruchsgrundlage umfassen die Verletzung eines negatorischen Rechts. Die Verletzung ist in die Prüfungsstruktur einzubauen; diese gewinnt eine weitere Ebene hinzu. Die Verletzung ist im Detail zu prüfen. Diese Würdigung ist an den Grundsätzen des Vorbehalts und Vorrangs des Gesetzes nach Art. 20 Abs. 3 GG ausgerichtet. Die wesentlichen Prüfungsstationen sind dabei: (1) gesetzliche Ermächtigung für den Eingriff,[21] (2) formelle Rechtmäßigkeit, (3) materielle Rechtmäßigkeit. Auch ist, der Natur reaktionsrechtlicher Ansprüche entsprechend, die Rechtsfolge in den Blick zu nehmen. Daraus ergibt sich eine umfassende Prüfungsstruktur. Sie kommt allerdings nur für das **gewöhnliche** reaktionsrechtlich fundierte **Leistungsbegehren** zum Zuge, nicht für das kassatorische Leistungsbegehren. In der Praxis hat es sich eingebürgert, die Prüfung des kassatorischen Leistungsbegehrens verkürzt durchzuführen. Dies rechtfertigt sich daraus, dass die Anspruchsvoraussetzungen des allgemeinen öffentlich-rechtlichen Unterlassungs- und Beseitigungsanspruch etwas komplexer und wertungsoffener sind als beim schlichten Aufhebungsanspruch. So kommt es beim Unterlassungsanspruch darauf an, ob eine Rechtsverletzung unmittelbar bevorsteht; beim Folgenbeseitigungsanspruch darf keine Duldungspflicht bestehen. Auch auf der Rechtsfolgenseite sind weitere Überlegungen erforderlich, gerade weil es nicht möglich ist, einfach einen rechtsförmlichen *actus contrarius* zur Beseitigung der Rechtsverletzung zu benennen. Hinzu können Überlegungen zum Ausschluss des Anspruchs wegen Unmöglichkeit, Mitverschulden und ähnlichen Dingen kommen.

185

Reaktionsrechtlicher Leistungsanspruch-Aufbau
(1) Anspruchsgrundlage: öffentlich-rechtlicher Unterlassungs- und Beseitigungsanspruch
(2) Tatbestand: rechtswidriger Eingriff in ein subjektives öffentliches Recht
    a) Beeinträchtigung eines Rechts mit negatorischem Gehalt
    b) Rechtmäßigkeit der Beeinträchtigung
        (a) Gesetzliche Ermächtigung
        (b) Formelle Rechtmäßigkeit (Zuständigkeit, Verfahren, Form)
        (c) Materielle Rechtmäßigkeit
            Je nach gesetzlicher Ermächtigung: Tatbestandsvoraussetzungen, Rechtsfolge (dabei ggf. Ermessen)
(3) Rechtsfolge: Ausschluss des Anspruchs durch Mitverschulden, Unmöglichkeit, § 242 BGB etc.

---

[21] Nicht „Ermächtigungsgrundlage", wie es oft heißt. Die Norm, um die es geht, ist nicht „Grundlage" einer Ermächtigung, sondern wirkt selbst ermächtigend. Besser ist der Begriff „Eingriffsermächtigung" (vgl. *H. Faber*, Verwaltungsrecht, 4. Aufl. 1995, S. 94).

186 Beim kassatorischen Leistungsbegehren ist es üblich, die Prüfung gewissermaßen auf ein Extrakt zu verkürzen und diejenigen drei Prüfungsschritte in den Mittelpunkt zu stellen, die die Rechtmäßigkeit der Beeinträchtigung des subjektiven Rechts betreffen. Dieses Vorgehen hat sich so verselbstständigt, dass es gerechtfertigt ist, von einem gesonderten Prüfungsaufbau zu sprechen, dem **Eingriffsabwehr-Aufbau**. Er ist etwa dann angebracht, wenn in einer Aufgabenstellung schlicht nach der Rechtmäßigkeit eines bestimmten staatlichen Vorgehens gefragt ist (bei dem es sich in der Regel um ein für Einzelne nachteiliges Vorgehen handeln wird). Gebräuchlich ist das Schema auch im Rahmen der Begründetheitsprüfung bei der Normenkontrolle nach § 47 VwGO (siehe Rn. 369). Bei der Anfechtungsklage rückt das Eingriffsabwehr-Schema in der Begründetheit der Klage in den Mittelpunkt der Überlegungen; der Prüfungspunkt „Beeinträchtigung eines subjektiven öffentlichen Rechts" wird oft schon im Rahmen der Klagebefugnis abgehandelt oder in Anlehnung an § 113 Abs. 1 Satz 1 VwGO nach der Würdigung der Rechtmäßigkeit des Verwaltungsakts als Prüfungspunkt „Rechtsverletzung" noch einmal gesondert erörtert. Der Aufhebungsanspruch muss beim Eingriffsabwehr-Aufbau in der Regel nicht erwähnt werden. In vielen Fällen ist dies bedenkenlos möglich, weil das Bestehen des Aufhebungsanspruchs gleichsam nur die logische Konsequenz der Überlegungen ist, die im Rahmen des Eingriffsabwehrschemas angestellt werden. Dies hängt nicht zuletzt damit zusammen, dass es kein Reaktionsermessen gibt. Die Voraussetzungen des Anspruchs und sein Bestehen als Rechtsfolge bedürfen gar nicht der Erwähnung. Die Aufmerksamkeit kann vollständig auf dem Eingriffsabwehrschema liegen. Dessen dogmatische Einbettung in den Leistungsaufbau, darf – wohlgemerkt: in der prozessualen Würdigung – in vielen praktischen Fällen verblassen. Dennoch sollte stets im Blick behalten werden, dass der Eingriffsabwehr-Aufbau nur einen Ausschnitt aus dem Leistungsanspruch-Aufbau bildet. Dies ist in der gutachterlichen Würdigung etwa dann von Bedeutung, wenn der Aufhebungsanspruch ausgeschlossen ist, etwa nach § 46 VwVfG oder analog § 242 BGB. Dann ist die Prüfung um die Frage des Anspruchs des Aufhebungsanspruchs zu ergänzen; im Gutachten wird es dann auch nötig sein, kurz darzustellen, warum überhaupt ein Aufhebungsanspruch relevant ist.

Eingriffsabwehr-Aufbau
(1) Vorliegen eines Eingriffs in ein subjektives öffentliches Recht (mit negatorischem Gehalt)
(2) gesetzliche Ermächtigung
(3) formelle Rechtmäßigkeit (Zuständigkeit, Verfahren, Form)
(4) materielle Rechtmäßigkeit
Je nach gesetzlicher Ermächtigung: Tatbestandsvoraussetzungen, Rechtsfolge (dabei ggf. Ermessen)

Schwierigkeiten bereitet schließlich die gutachterliche Würdigung einer Verletzung des **Rechts auf fehlerfreie Ermessensentscheidung**. Hier wäre aufgrund der reaktionsrechtlichen Einbettung des Rechts (siehe Rn. 112) bei konsequentem Vorgehen wiederum das komplexe Schema des reaktionsrechtlichen Leistungsanspruch-Aufbaus zu wählen. Doch steht praktisch die Beachtung des Rechts selbst im Vordergrund. Die Einzelheiten werden im Zusammenhang mit dem Falltypus 4 und 6 erörtert, mit weiteren, verfeinerten Schemata. 187

Damit dürfte deutlich geworden sein, dass das in der verwaltungsrechtlichen Didaktik so verbreitete **Eingriffsabwehrschema** – noch einmal: Eingriffsermächtigung, formelle Rechtmäßigkeit, materielle Rechtmäßigkeit – nur einen kleinen Teil der denkbaren Fallkonstellationen abdeckt. In der folgenden Systematik tritt es in Reinform nur *in einem von sechs* Falltypen auf, dem Falltypus 3. 188

10.7 Die Falltypen im Überblick

Aus den vorstehenden Überlegungen ergibt sich folgende Übersicht verwaltungsrechtlicher Falltypen. Die Zählung der Falltypen hat keine substanzielle Bedeutung und dient nur der Vereinfachung. 189

Übersicht: Die Falltypen	
Falltypus 1 • originäres (materielles) subjektives öffentliches Recht • gewöhnliche Leistung • Vornahme eines Realakts • allgemeine Leistungsklage	**Falltypus 2** • originäres (materielles) subjektives öffentliches Recht • gewöhnliche Leistung • Erteilung einer Genehmigung/Bewilligung • Verpflichtungsklage
Falltypus 3 • Reaktionsrecht aus der Verletzung eines materiellen subjektiven öffentlichen Rechts • kassatorische Leistung • Adressat eines Verwaltungsakts • Anfechtungsklage	**Falltypus 4** • Reaktionsrecht aus der Verletzung eines (materiellen oder formellen) subjektiven öffentlichen Rechts • kassatorische Leistung • Nicht-Adressat eines Verwaltungsakts („Dritter") • Anfechtungsklage
Falltypus 5 • Reaktionsrecht aus der Verletzung eines materiellen subjektiven öffentlichen Rechts • gewöhnliche Leistung • allgemeine Leistungsklage	**Falltypus 6** • Reaktionsrecht aus der Verletzung eines formellen subjektiven öffentlichen Rechts • gewöhnliche Leistung • Verpflichtungsklage/allgemeine Leistungsklage
Normenkontrollbegehren verschiedene Formen, inzident und prinzipal (Antrag nach § 47 VwGO)	

11 Falltypus 1: gewöhnliches Leistungsbegehren, originärer Anspruch auf Vornahme eines Realakts

Inhaltsverzeichnis

11.1 Beispiele 190
11.2 Merkmale 191
11.3 Materiell-rechtliche Beurteilung 194
11.4 Prozessuale Beurteilung 197

11.1 Beispiele

Beispiele für den Falltypus 1 sind folgende Anspruchsziele:[1] Auszahlung einer bereits durch Verwaltungsakt oder Vertrag bewilligten Subvention; Erteilung einer bewilligten Information; Unterlassung auf der Grundlage eines öffentlich-rechtlichen Vertrages; Unterlassung eines Verwaltungsakts aufgrund einer Zusicherung nach § 38 VwVfG;[2] Erlass eines Luftreinhalteplanes nach § 47 Abs. 1 BImSchG (mit Privatem oder anerkanntem Umweltverband als Anspruchsinhaber);[3] Rückforderung von Folgekosten einer Baumaßnahme, die auf der Grundlage eines nichtigen städtebaulichen Vertrages an die Gemeinde gezahlt wurden.[4]

190

---

[1] Aus der Literatur zur Fallbearbeitung: *A.-P. Heinze*, Systematisches Fallrepetitorium Allgemeines Verwaltungsrecht, 2014, Fälle 7 (2. Komplex), 21 (2. Komplex).
[2] Dazu schon Rn. 68.
[3] Letzteres: BVerwGE 147, 312 (323).
[4] Das ist der öffentlich-rechtliche Erstattungsanspruch. Dazu aus der Literatur zur Fallbearbeitung: *H. Sauer*, Klausurtraining Allgemeines Verwaltungsrecht und Verwaltungsprozessrecht, 2018, Fall 4; *A.-P. Heinze*, Systematisches Fallrepetitorium Allgemeines Verwaltungsrecht, 2014, Fall 4 (1. Komplex).

11.2 Merkmale

191 Die Merkmale des Falltypus 1 sind: Der Betroffene begehrt eine Leistung, die nicht die Form der Aufhebung eines Rechtsakts hat. Es steht für das Begehren eine Anspruchsnorm zur Verfügung, die für die Verwaltung eine gebundene Entscheidung statuiert. Die Leistung wird, anders als im Falltypus 2, bei dem der Erlass eines Verwaltungsakts erstrebt wird, in der Form eines Realakts erbracht. Im Unterschied zu Falltypus 5 und 6 handelt es sich um eine originäre Berechtigung, nicht um ein Reaktionsrecht.

192 Falltypus 1 und 2 liegen eng beieinander, müssen aber kategorisch unterschieden werden. Zum einen ist es möglich, dass die Leistung selbst in der Form eines Verwaltungsakts erbracht wird, etwa die Erteilung einer **Genehmigung**. Falltypus 2 ist einschlägig: Mit der Erteilung der Baugenehmigung – ein Verwaltungsakt – wird in Abhängigkeit von den Rechtswirkungen der Baugenehmigung bereits die begehrte Leistung bewirkt. Denn die Baugenehmigung hebt das gesetzliche Bauverbot auf, das im Genehmigungsvorbehalt enthalten ist (verfügender Teil der Baugenehmigung) und stellt fest, dass das Vorhaben öffentlich-rechtlichen Vorschriften entspricht (feststellender Teil der Baugenehmigung). Die Leistung besteht in solchen Fällen also nicht in einem Realakt, sondern im Erlass eines Verwaltungsakts. Dies hat u. a. zur Folge, dass das VwVfG anwendbar ist. Auch ändert sich die verwaltungsgerichtliche Einordnung des Rechtsschutzes.

193 Zum anderen kann sich zwar die eigentlich begehrte Leistung als **Realakt** darstellen, doch wird über die Erbringung der Leistung durch Verwaltungsakt entschieden. Wiederum ist Falltypus 2 einschlägig: Sofern beispielsweise eine Leistung gesetzlich geregelt ist, hängt ihre Realisierung in der Regel von einer behördlichen Einzelfallentscheidung ab, die die Voraussetzungen des Verwaltungsakts erfüllt. So ist die Entscheidung über die Erteilung einer Information nach § 7 IFG ein Verwaltungsakt.[5] Aber nicht jede Ablehnung eines beantragten Realakts ergeht ihrerseits als Verwaltungsakt.[6] Zum Beispiel lässt sich bei der Akteneinsicht nach § 29 VwVfG eine solche selbstständige normative Entscheidung nicht herausschälen. Zwar gilt die Ablehnung der Akteneinsicht als Verwaltungsakt, doch wird diese Ablehnung nach überwiegender Auffassung als behördliche Verfahrenshandlung im Sinne des § 44a VwGO angesehen, die nicht selbstständig, sondern erst im Rahmen des Vorgehens gegen die abschließende Sachentscheidung angreifbar ist.[7] Die Entscheidung über die Erteilung einer Auskunft kann in besonderen Fällen einen Verwaltungsakt darstellen.[8] Wenn die Erteilung von Auskünften zu den Aufgaben einer Einrichtung zählt, so wie allgemein für staatliche Einrichtungen gegenüber der Presse, wird über konkrete Anfragen nicht durch einen Verwaltungsakt entschieden.[9] Bei der Vergabe finanzieller Leistungen ist

---

[5] *F. Schoch*, Informationsfreiheitsgesetz, 2. Aufl. 2016, § 7 Rn. 71.
[6] Vgl. *U. Stelkens*, in: Stelkens/Bonk/Sachs (Hrsg.), VwVfG, 8. Aufl. 2014, § 35 Rn. 99.
[7] *D. Kallerhoff*, in: Stelkens/Bonk/Sachs (Hrsg.), VwVfG, 8. Aufl. 2014, § 29 Rn. 86.
[8] Bejahend für eine Auskunft über Informationen, die bei einem Landesamt für Verfassungsschutz gespeichert sind: BVerwGE 31, 301 (306).
[9] OVG Nordrhein-Westfalen, Urt. v. 23.5.1995, 5 A 2875/92, NJW 1995, 2741 (2741).

oft ein zweistufiges Verfahren einschlägig. Zunächst wird durch den beantragten Verwaltungsakt die Leistung bewilligt. Dieser Verwaltungsakt stellt, rechtstechnisch gesehen, selbst schon eine Leistung dar, nämlich einen begünstigenden Verwaltungsakt. Doch ist dieser Verwaltungsakt mit der Auszahlung der bewilligten Gelder nicht identisch. Die Auszahlung selbst ist ein Realakt. Für sie ist der Falltypus 1 einschlägig, für die Bewilligung Falltypus 2.

11.3 Materiell-rechtliche Beurteilung

Leistungsbegehren können originär leistungsrechtlich oder reaktionsrechtlich fundiert sein (Abschn. 10.2). Der Falltypus 1 betrifft ein **originäres Leistungsrecht**. Der Betroffene verlangt auf der Grundlage einer einschlägigen Norm unmittelbar eine Leistung, unabhängig davon, ob er zuvor in Rechten verletzt wurde. Praktisch wird der bei Falltypus 1 behandelte Anspruch oft auf ein positives Tun der Behörde gerichtet sein. Gesetzliche Ansprüche auf ein bestimmtes Unterlassen sind in den Gesetzen regelmäßig nicht zu finden; sie sind auch praktisch kaum vorstellbar. Vertragliche Unterlassungansprüche sind allerdings denkbar. 194

Die Prüfungsstruktur liegt im Falltypus 1 nahe am Zivilrecht. Die Leitfrage lautet: Wer will was von wem woraus? Der zugrunde liegende Verwaltungsakt oder der Vertrag wird die Anspruchsbedingungen benennen („hiermit wird den Eheleuten X ein Zuschuss in Höhe von ... bewilligt"). Es kommt auf die Wirksamkeit des Verwaltungsakts nach den §§ 43, 44 VwVfG bzw. die Wirksamkeit des Verwaltungsvertrages nach § 59 VwVfG an. Sofern ein materielles Gesetz unmittelbar als Anspruchsgrundlage dient (praktisch kaum vorstellbar), muss die Vereinbarkeit des Gesetzes mit höherrangigem Recht, einschließlich des Verfassungsrechts, in den Blick genommen werden. Die Fragen, die sich insofern stellen können (den Vorbehalt des Gesetzes betreffend), werden im Zusammenhang mit dem Falltypus 2 behandelt. 195

Relativ zwanglos kann auch der **öffentlich-rechtliche Erstattungsanspruch** dem Falltypus 1 zugeordnet werden, weil er keine reaktionsrechtliche Struktur hat (siehe Rn. 77). Zwar wird der öffentlich-rechtliche Erstattungsanspruch oft im Kontext des Staatshaftungsrechts erörtert. Doch sollte dabei im Blick behalten werden, dass er nicht notwendigerweise auf eine Rechtsverletzung zurückzuführen ist. Aus Sicht des Berechtigten begründet der Anspruch eine rein positive Rechtsstellung, gerichtet auf Leistung des ohne Rechtsgrund Erlangten. Der Anspruch weist insofern eine Besonderheit auf, als er auch im Verhältnis eines Verwaltungsträgers zum Bürger und zwischen Verwaltungsträgern zur Anwendung kommt. Zu beachten ist, dass es einige gesetzliche Regelungen des öffentlich-rechtlichen Erstattungsanspruchs gibt, die als *lex specialis* den Rückgriff auf den ungeschriebenen Anspruch entbehrlich machen. So ist z. B. § 49a VwVfG eine Norm, die zugunsten eines Verwaltungsträgers einen Erstattungsanspruch begründet. 196

11.4 Prozessuale Beurteilung

197 Der Anspruch auf Vornahme des Realakts wird mit der allgemeinen Leistungsklage durchgesetzt. Die allgemeine Leistungsklage ist in der VwGO nicht unmittelbar geregelt, aber ihr Bestehen ist allgemein anerkannt.[10] In den §§ 43 Abs. 2, 111, 113 Abs. 4 VwGO und anderen Vorschriften findet die Leistungsklage Erwähnung, woraus die Rechtfertigung abgeleitet werden kann, der Verpflichtungsklage als einer besonderen Leistungsklage die allgemeine Leistungsklage zur Seite zu stellen. In der Begründetheit ist das Bestehen des Anspruchs zu prüfen. Sofern der Anspruch besteht, d. h. wenn die Anspruchsvoraussetzungen erfüllt sind, ist die Klage begründet, ansonsten ist sie unbegründet. Passivlegitimiert ist derjenige Verwaltungsträger, der den Realakt nach dem Inhalt des Anspruchs vornehmen muss. Sofern also etwa gegenüber einer Behörde ein Recht auf Akteneinsicht geltend gemacht wird, richtet sich der Anspruch gegen den Rechtsträger der Behörde.

---

[10] *T. Würtenberger/D. Heckmann*, Verwaltungsprozessrecht, 4. Aufl. 2018, Rn. 439; *W.-R. Schenke*, Verwaltungsprozessrecht, 16. Aufl. 2019, Rn. 345.

12 Falltypus 2: gewöhnliches Leistungsbegehren, originärer Anspruch auf Erlass eines Verwaltungsakts

Inhaltsverzeichnis

12.1 Beispiele 198
12.2 Merkmale 199
12.3 Materiell-rechtliche Beurteilung 200
    12.3.1 Verfahrensposition: Das Recht auf Bescheidung 201
    12.3.2 Das materielle subjektive öffentliche Recht 205
12.4 Prozessuale Beurteilung 213
    12.4.1 Das materielle subjektive öffentliche Recht 213
    12.4.2 Der Bescheidungsanspruch 220

12.1 Beispiele

Beispiele für den Falltypus 2 sind folgende Anspruchsziele:[1] Erteilung einer Baugenehmigung nach der jeweiligen Bauordnung des Landes (ohne Befreiung bzw. Ausnahme);[2] Zulassung eines Bürgerbegehrens nach der jeweiligen Gemeindeordnung;[3] Zulassung zu einer kommunalen Einrichtung im Falle nicht ausgeschöpfter Kapazität der Einrichtung;[4] Bewilligung der Erteilung einer Information; Bewilligung von beamtenrechtlichen Versorgungsansprüchen; Wiederaufgreifen des Verwaltungsverfahrens nach § 51 VwVfG.

198

---

[1] Aus der Literatur zur Fallbearbeitung: *A.-P. Heinze*, Systematisches Fallrepetitorium Allgemeines Verwaltungsrecht, 2014, Fälle 1, 2, 6 (1. Komplex), 20 (1. Komplex); *H. Sauer*, Klausurtraining Allgemeines Verwaltungsrecht und Verwaltungsprozessrecht, 2018, Fall 7.
[2] Normen: siehe Kap. 5, Fn. 29.
[3] § 21 GO BW; Art. 18a BayGO; § 15 BbgKVerf; § 8b HessGO; § 20 KV MV; §§ 32 f. NdsKomVG; § 26 GO NRW; § 17a GO Rh.-Pf.; § 21a KSVG; § 25 SächsGO; § 25 GO LSA; § 16c GO SH; § 17 ThürKO.
[4] Normen: siehe Kap. 6, Fn. 8.

12.2 Merkmale

199 Die Merkmale des Falltypus 2 sind: Der Betroffene begehrt eine Leistung, die sich als Verwaltungsakt darstellt. Das Interesse ist – in Abgrenzung zu Falltypus 1 – entweder unmittelbar auf diesen Verwaltungsakt gerichtet (z. B. Baugenehmigung) oder der Verwaltungsakt ist Voraussetzung für weitere Leistungen. Im Unterschied zu Falltypus 3 und 4 hat der begehrte Verwaltungsakt nicht den Inhalt, einen anderen Verwaltungsakt aufzuheben; er hat also keine kassatorische Funktion. Es steht eine Anspruchsnorm zur Verfügung, die für die Verwaltung eine gebundene Entscheidung statuiert und für den Betroffenen einen Anspruch begründet. Der Anspruch ist originär, d. h. verdankt sich nicht einem reaktionsrechtlichen Zusammenhang.

12.3 Materiell-rechtliche Beurteilung

200 Im Rahmen des Falltypus 2 steht den materiell-rechtlichen Ansprüchen eine wichtige verfahrensrechtliche Position zur Seite, der **Bescheidungsanspruch**.[5] Dieser Bescheidungsanspruch ist zunächst darzustellen (Abschn. 12.3.1), bevor auf die materiell-rechtliche Seite eingegangen wird (Abschn. 12.3.2).

12.3.1 Verfahrensposition: Das Recht auf Bescheidung

201 Im Falltypus 1 wie im Falltypus 2 steht am Anfang ein **Antrag** des Berechtigten. Bei der Einordnung dieses Antrages gibt es einen wichtigen Unterschied zwischen den beiden Falltypen. Im Falltypus 2 ist das Begehren des Berechtigten auf den Erlass einer (Einzelfall-)Regelung gerichtet. Diese kann als solche dem Interesse des Berechtigten dienen, wie die Baugenehmigung, oder nur eine Entscheidung über die eigentlich begehrte Leistung darstellen (Rn. 193). Über den Erlass der Regelung muss **entschieden** werden, positiv oder negativ. Im Falltypus 1 ergeht demgegenüber keine vergleichbare Regelung, und zwar *per definitionem* (Rn. 191). Wenn die bewilligte Subvention nicht ausgezahlt wird und der Begünstigte sich an die Verwaltung wendet, begehrt er nicht, dass erneut über die Bewilligung der Subvention entschieden wird. Ebenso wenig begehrt er, dass die Behörde über die Auszahlung erst noch eine Entscheidung trifft. Er begehrt die Befolgung der Regelung. Selbst wenn das Ansinnen des Berechtigten als Antrag interpretiert wird, stellt die Entscheidung über den Antrag in solchen Fällen keine Regelung dar, sondern den bloßen Vollzug oder Nichtvollzug der existierenden Regelung.

202 Beim Falltypus 1 ist also die Entscheidung über den Antrag als solche nicht greifbar. Anders ist dies beim dem Antrag, der auf den Erlass einer Regelung gerichtet ist, also im Falltypus 2. Auf die Entscheidung über den Antrag hat derjenige, der den

---

[5] Es wäre denkbar, das Begehren auf Bescheidung zu einem weiteren Falltypus auszuformen. Aber in den allermeisten Fällen ist die Bescheidung für den Berechtigten nur der Zwischenschritt zur eigentlichen Leistung, d. h. sie hat keine eigenständige Bedeutung.

Erlass der Regelung beantragt, einen Anspruch. Dieser **Bescheidungsanspruch** ist von dem geltend gemachten **sachlichen Anspruch** – auf Genehmigung, auf Zahlung etc. – zu unterscheiden. Er besteht nämlich auch dann, wenn derjenige, der einen Antrag stellt, aber die Voraussetzungen für die Gewährung der beantragten Leistung nicht erfüllt.[6] Man könnte sagen, in einem solchen Fall ist der Anspruch eben auf den Erlass einer ablehnenden Entscheidung gerichtet; genau genommen spielt der Inhalt der Entscheidung für den Anspruch aber gar keine Rolle. Ebenso wenig ist der Bescheidungsanspruch identisch mit einem eventuellen Recht auf eine **fehlerfreie Sachentscheidung**. Dieses Recht ist eher der praktische Effekt aus dem Zusammenwirken des Rechts auf eine Entscheidung mit dem materiellen Recht, über das entschieden wird.[7] Der Bescheidungsanspruch ist eine **verfahrensrechtliche** Position. Er hat zum Inhalt, dass die Behörde *irgendeine* Entscheidung trifft, ob ablehnend oder bewilligend. Diese Rechtsposition entsteht mit der Stellung des Antrages. Da die Behörde zur Ermittlung des Sachverhalts und zur Entscheidungsfindung Zeit benötigt, kann der Anspruch nur darauf gerichtet sein, dass die Behörde innerhalb einer angemessenen Frist entscheidet. Nach Ablauf dieser Frist kann sofortige Entscheidung verlangt werden. Das Erfordernis, innerhalb einer angemessenen Frist zu entscheiden, spiegelt sich wider in § 75 VwGO (Untätigkeitsklage), doch ist diese Bestimmung ohne unmittelbare Relevanz für das Verwaltungsverfahren.

Das Schicksal, das der Bescheidungsanspruch im Laufe des Verfahrens erfährt, ist für das Verständnis der Rechtsposition des Antragstellers und deren prozessualen Schutz von erheblicher Bedeutung: Mit der Entscheidung über den Antrag, egal welchen Inhalt sie auch haben mag, wird der Bescheidungsanspruch **erfüllt**. Die Vorstellung, dass der Bescheidungsanspruch durch die Entscheidung erfüllt wird, ist wichtig für den Fall, dass die Entscheidung ergeht, aber sich später herausstellt, dass sie rechtswidrig ist und deshalb aufgehoben wird (von der Behörde oder vom Verwaltungsgericht im Rahmen einer Verpflichtungsklage). Der Antragsteller befindet sich damit wieder in der Ausgangslage. Die Behörde muss erneut über den Antrag entscheiden. Der Anspruch auf Bescheidung **lebt wieder auf**.

Der Bescheidungsanspruch ist nicht ausdrücklich gesetzlich geregelt (etwa im VwVfG). Die Frage nach seinem Bestehen wird selten erörtert, und wenn, dann nicht immer in hinreichend scharfer Trennung vom Recht auf fehlerfreie Ermessensentscheidung, das in den einschlägigen praktischen Konstellationen häufig ebenfalls berührt ist. Auch spielt in manchen Erörterungen die an sich gesondert zu behandelnde Frage, innerhalb welchen Zeitaums die Behörde entscheiden muss, mit hinein.[8] Die Pflicht zur sachlichen Entscheidung – die den Bescheidungsanspruch

---

[6] Beiläufig *V. Struzina/J. Lindner*, VerwArch 108 (2017), 266 (268).
[7] *K. Gierth*, DÖV 1977, 761 (765 f.), unterscheidet sorgfältig zwischen dem Recht darauf, dass (1) ein Vorbringen als Antrag identifiziert wird, (2) dass ein Sachbescheid erteilt wird, (3) dass der Sachbescheid das materielle Recht richtig wiedergibt. Der im Text behandelte Bescheidungsanspruch betrifft die Position 2.
[8] Vgl. BVerfGE 69, 161 (170); *D. Kallerhoff*, in: Stelkens/Bonk/Sachs (Hrsg.), VwVfG, 8. Aufl. 2014, § 24 Rn. 70.

begründet – hat mit der Pflicht zur ordnungsgemäßen Ermessensbetätigung nichts zu tun.[9] Grund für die oft anzutreffende Vermischung ist, dass die einschlägigen Fälle aus der Perspektive des verwaltungsgerichtlichen Bescheidungsurteils nach § 115 Abs. 5 Satz 2 VwGO betrachtet werden. Dieses Urteil kann auch darauf gestützt werden, dass das Recht auf fehlerfreie Ermessensentscheidung verletzt wurde (näher Abschn. 6.1.2). Für die Begründung des Bescheidungsanspruchs ist gemäß der anspruchstheoretischen Orientierung an der Kette Norm-Pflicht-Berechtigung (siehe Rn. 34) zunächst danach zu fragen, ob überhaupt eine Norm vorliegt, die die Verwaltung **zur Bescheidung verpflichtet**, sei es ablehnend oder bewilligend. Eine solche Norm ist im Verwaltungsrecht als solche nirgends zu finden.[10] Zum Teil wird vertreten, der Bescheidungsanspruch folge aus dem Petitionsrecht aus Art. 17 GG.[11] Hiergegen spricht, dass Art. 17 GG keinen Anspruch auf Entscheidung in der Sache gewährt.[12] Vor allem aber ist dieses Grundrecht tatbestandlich gar nicht einschlägig. Wer einen Antrag auf Erfüllung eines Rechts stellt, trägt mehr vor als nur eine „Bitte", und er „beschwert" sich auch nicht bei der Verwaltung.[13] Einen ersten tragfähigen Anknüpfungspunkt bildet hingegen die gesetzliche Einräumung eines Antragsrechts. Hieraus kann erstens geschlossen werden, dass die Verwaltung zur Bescheidung verpflichtet ist, und zweitens, dass der Antragsteller bzw. der Normbegünstigte einen Anspruch auf die Bescheidung hat.[14] Allerdings sind nicht alle materiell-rechtlichen Leistungsansprüche mit einem formalen Antragsrecht verbunden. So regelt § 38 VwVfG zwar die Zusicherung, d. h. die Zusage, einen Verwaltungsakt zu erlassen oder zu unterlassen. Die Norm lässt aber offen, wie die Zusicherung erfüllt wird. Die Erfüllung der Zusicherung kann davon abhängig gemacht werden, dass der Berechtigte einen Antrag stellt.[15] Deshalb kommt als zweiter Anknüpfungspunkt für das Bestehen eines Bescheidungsanspruchs das jeweilige subjektive öffentliche Recht, dessen Erfüllung beantragt wird, in Betracht.[16] Dabei kann es sich um ein materielles oder um ein formelles subjektives öffentliches Recht handeln.

---

[9] *K. Obermayer*, NJW 1956, 361 (363); dies wird nicht deutlich bei *J. Pietzcker*, JuS 1982, 106 (108); *T. Schmidt*, Die Subjektivierung des Verwaltungsrechts, 2006, S. 126.

[10] Näher *P. Reimer*, DVBl. 2017, 333 (335).

[11] Dafür *K. Gierth*, DÖV 1977, 761.

[12] *K. Obermayer*, NJW 1956, 361 (363), unter Hinweis auf BVerfGE 2, 225 (230); *M. Hödl-Adick*, Die Bescheidungsklage als Erfordernis eines interessengerechten Rechtsschutzes, 2001, S. 46.

[13] Art. 17 GG gilt nicht für rechtlich geregelte Anträge: *H. Jarass*, in: Jarass/Pieroth (Hrsg.), GG, 15. Aufl. 2018, Art. 17 Rn. 3.

[14] Aus dem Antragsrecht: *U. Ramsauer*, JuS 2012, 769 (774); *M. Hödl-Adick*, Die Bescheidungsklage als Erfordernis eines interessengerechten Rechtsschutzes, 2001, S. 47.

[15] So ist der Umstand, dass der zugesicherte Verwaltungsakt erst auf Antrag ergehen soll, ein Indiz dafür, dass überhaupt eine Zusicherung vorliegt und noch nicht die eigentliche Sachentscheidung, etwa über die Bewilligung einer Subvention (*U. Stelkens*, in: Stelkens/Bonk/Sachs (Hrsg.), VwVfG, 8. Aufl. 2014, § 38 Rn. 18).

[16] *K. Obermayer*, NJW 1956, 361 (363); *W.-R. Schenke*, DÖV 1996, 529 (533); *M. Hödl-Adick*, Die Bescheidungsklage als Erfordernis eines interessengerechten Rechtsschutzes, 2001, S. 35; *P. Reimer*, DVBl. 2017, 333 (336) (mit präziser Unterscheidung von Pflicht und Recht); wohl auch *U. Ramsauer*, JuS 2012, 769 (774) (Recht auf ordnungsgemäße Bescheidung – Position 3 i. S. v. Gierth, siehe Fn. 7).

12.3.2 Das materielle subjektive öffentliche Recht

Wie im Falltypus 1 liegt die materiell-rechtliche Beurteilung im Falltypus 2, abgesehen vom Bescheidungsanspruch, nahe am zivilrechtlichen Prüfungsmuster: Wer will was von wem woraus? Das Bestehen des Anspruchs hängt schlicht davon ab, ob die **Anspruchsvoraussetzungen** gegeben sind. In der Regel ist ein Antrag erforderlich, der bestimmte Voraussetzungen erfüllen muss und über den von der Behörde entschieden werden muss. Mit der Stellung des Antrags beginnt das Verwaltungsverfahren, § 22 VwVfG. Stets mitzubedenken ist die Frage, ob die einschlägige Norm, auf die sich der Antragsteller beruft, nicht nur im öffentlichen Interesse steht, sondern ob sie Personen wie dem Anspruchssteller ein Recht auf die Leistung einräumt. Oft gibt der Wortlaut der Norm den entscheidenden Hinweis. So hat nach § 1 Abs. 1 Satz 1 IFG jeder nach Maßgabe dieses Gesetzes einen „Anspruch" auf Zugang zu amtlichen Informationen. Damit kann davon ausgegangen werden, dass die Norm ein subjektives öffentliches Recht auf Erteilung der Information begründet. Ähnlich heißt es im Zusammenhang mit der Nutzung kommunaler Einrichtungen etwa in Art. 21 Abs. 1 GO Bayern: „Alle Gemeindeangehörigen sind nach den bestehenden allgemeinen Vorschriften berechtigt, die öffentlichen Einrichtungen der Gemeinde zu benutzen."[17] Das Wort „berechtigt" spricht klar für die Annahme eines subjektiven Rechts. Die Probleme liegen bei einer solchen Bestimmung an einer anderen Stelle: Sofern die Kapazität der Einrichtung erschöpft ist (wenn etwa ein Weihnachtsmarkt nur eine begrenzte Anzahl an Verkaufsständen umfassen kann, oder wenn an einem heißen Sommertag die zulässige Besucherzahl im Schwimmbad erreicht ist), ist die Verwaltung nicht mehr zur Erbringung der Leistung verpflichtet. Die gebundene Entscheidung wird zur Ermessensentscheidung. Damit scheidet auch ein Anspruch aus.[18] In Betracht kommt ein Recht auf fehlerfreie Ermessensentscheidung – Falltypus 6 ist einschlägig. Hingegen ist es nicht selbstverständlich, dass nach § 29 VwVfG ein Recht auf Akteneinsicht besteht. Denn diese Norm begründet dem Wortlaut nach lediglich eine Pflicht der Behörde, Akteneinsicht zu gewähren („hat ... zu gestatten", „ist ... nicht verpflichtet"). Gleichwohl wird mit Blick auf die rechtsstaatliche Bedeutung der Norm selbstverständlich davon ausgegangen, dass sie den Beteiligten ein Recht darauf gewährt, Akteneinsicht zu erhalten.

Um festzustellen, ob ein subjektives öffentliches Recht auf Vornahme des Verwaltungsakts besteht, kann im Grundsatz so vorgegangen werden wie im Rahmen des Falltpyus 1. Zu fragen ist also, ob die jeweils einschlägige Norm überhaupt ein subjektives öffentliches Recht auf die Leistung gewährt. Zum Beispiel ist die Norm der Landesbauordnungen über die Erteilung einer Baugenehmigung üblicherweise objektiv-rechtlich formuliert: „Die Baugenehmigung ist zu erteilen, wenn dem Bauvorhaben keine öffentlich-rechtlichen Vorschriften entgegenstehen, die im

---

[17] In diesem Sinne auch § 10 Abs. 2–4 GO BW; Art. 21 BayGO; § 12 BbgKVerf; § 19 HessGO; § 14 Abs. 2, 3 KV MV; § 30 NdsKomVG; § 8 GO NRW; § 14 Abs. 2–4 GO Rh.-Pf.; § 19 KSVG; § 10 Abs. 2, 3, 5 SächsGO; § 24 KVG LSA; § 18 GO SH; § 14 ThürKO.

[18] Vgl. *H. C. Röhl*, BesVerwR, 2018, Kap. 2 Rn. 170.

bauaufsichtlichen Genehmigungsverfahren zu prüfen sind."[19] Von einem Recht oder einem Anspruch ist in dieser Norm keine Rede. Sie begründet zunächst nur eine **Pflicht** der Behörde. Aber dieser Pflicht korrespondiert ohne Zweifel ein Recht auf Erteilung der Baugenehmigung. Dies lässt sich nicht zuletzt mit grundrechtlichen Erwägungen stützen (ohne dass in einer gewöhnlichen universitären Fallbearbeitung hierzu vertiefte Ausführungen nötig wären, weil niemand am Ergebnis zweifelt), da die Genehmigungsbedürftigkeit für den Eigentümer des Grundstücks freiheitsverkürzend wirkt. Der grundrechtliche Schutz des Eigentums spricht dafür, dass in der Situation der Legalität des Bauwerks dem Eigentümer ein einfachrechtlich gewährtes subjektives öffentliches Recht auf Erteilung der Genehmigung zusteht (zu diesen Zusammenhängen Rn. 55 ff.).

207 Wenn die Verwaltung die gesetzlich begründete Leistung nicht gewährt, erwächst daraus kein Reaktionsrecht. Das wäre eine seltsame Verdoppelung, die durch nichts veranlasst ist. Es wurde bereits dargelegt, dass im positiven Status nicht erforderlich ist, die „Verletzung" mit Reaktionsrechten zu versehen; in der bloßen Nichterfüllung des Leistungsrechts liegt keine Verletzung dieses Rechts (Rn. 54).

208 Aus diesem Grund erübrigt sich beim Falltypus 2 (wie auch bei Falltypus 1) regelmäßig die Frage nach einer **gesetzlichen Ermächtigung** für das Handeln der Verwaltung. Denn der Falltypus 2 betrifft nicht die Abwehr einer freiheitsverkürzenden Maßnahme, sondern die Erbringung einer Leistung. Er bewegt sich rein im Bereich des positiven Status. Die Frage nach einer gesetzlichen Ermächtigung stellt sich im Bereich des negativen Status praktisch mit Blick auf die Gewährung grundrechtlicher Freiheit. Denn der negative Status besteht gerade in der Freiheit von gesetzeswidrigem Zwang. Genau dies bringt der Vorbehalt des Gesetzes zum Ausdruck: Eingriffe bedürfen einer gesetzlichen Grundlage. Danach ist vor allem im Rahmen der Falltypen 3 bis 6 zu fragen.

209 Für die Vergabe von Leistungen hat der **Vorbehalt des Gesetzes** hingegen nur unter bestimmten Voraussetzungen Geltung, die nicht abschließend geklärt sind.[20] Dabei besteht in der Literatur eine terminologische Unklarheit, insofern die Frage nach der Reichweite des Vorbehalts des Gesetzes unspezifisch darauf bezogen wird, ob die „Eingriffsverwaltung" oder die „Leistungsverwaltung" betroffen ist. Das aufgabenbezogene Verständnis der Unterscheidung von Eingriffs- und Leistungsverwaltung (siehe Rn. 174) spielt insoweit nämlich keine Rolle. Der Vorbehalt des Gesetzes bezieht sich nicht auf die Aufgaben der Verwaltung, sondern auf die Mittel, die die Verwaltung zur Erfüllung ihrer Aufgaben einsetzt. Das Arbeitsamt – Aufgabe: Leistungsverwaltung – kann unter der Perspektive der Handlungsform, d. h. des Mittels, eingreifend tätig werden, so wie die Polizei- und Ordnungsbehörden sowohl die Verfügung wie auch die Erlaubniserteilung als Handlungsform nutzen, insofern also leistend tätig werden.[21] Umstritten ist die Reichweite des Vorbehalts des Gesetzes bei der Vergabe **finanzieller Leistungen**. In der sozialstaatlichen Verfassungsordnung der Bundesrepublik sind Sozialleistungen weitgehend gesetzlich

---

[19] Normen: siehe Kap. 5, Fn. 29.
[20] Vgl. *H. Maurer/C. Waldhoff*, Allgemeines Verwaltungsrecht, 19. Aufl. 2017, § 6 Rn. 10 ff.
[21] Zu letzterem etwa *F. Schoch*, BesVerwR, 2018, Kap. 1 Rn. 872 ff.

12.3 Materiell-rechtliche Beurteilung

ausgestaltet. Praktisch relevant ist die Streitfrage deshalb nur bei der Vergabe von Subventionen an Wirtschaftsunternehmen, Verbände und sonstige Private (näher Abschn. 16.3.4). Mangels einer gesetzlichen Regelung wird es regelmäßig an einer Pflicht zur Gewährung einer bestimmten Subvention fehlen. Für die Zuordnung zu den verwaltungsrechtlichen Falltypen bedeutet dies, dass die Geltendmachung einer (verwehrten) Subvention nicht dem Falltypus 2, sondern dem Falltypus 6 zuzuordnen sind. Sofern im konkreten Fall die Würdigung ergibt, dass der geltend gemachte Anspruch nicht oder nur teilweise durch ein formelles Gesetz ausgeformt ist (etwa wenn er auf eine kommunale Satzung gestützt wird), eine solche Regelung aber erforderlich ist, muss das Bestehen des Anspruchs auf Erbringung der Leistung verneint werden. Wurde die Subvention bereits bewilligt, zahlt die Verwaltungsbehörde aber den zugesagten Betrag nicht aus, ist dies dem Falltypus 1 zuzuordnen.

Als Anspruchsgrundlagen für den Erlass des begehrten Verwaltungsakts kommen auch Verwaltungsakte und Verwaltungsverträge in Betracht. So kann durch eine Zusicherung nach § 38 VwVfG ein Anspruch auf den Erlass eines Verwaltungsakts begründet werden. Oder es kann sich die kreisfreie Stadt in einem städtebaulichen Vertrag zur Erteilung einer Baugenehmigung verpflichten. Von dieser dem originären positiven Status zuzuordnenden Anspruchslage ist die wohl eher theoretische Konstellation zu unterscheiden, dass ein Privater durch Verwaltungsakt oder Verwaltungsvertrag negatorisch berechtigt wird. Die bloße Verpflichtung, einen Verwaltungsakt zu unterlassen, ist dem originären positiven Status zuzuordnen (Rn. 68).

Sofern die Gewährung der Leistung durch einen Verwaltungsakt verwehrt wurde, steht dieser Verwaltungsakt als versagende Entscheidung der Erfüllung des Anspruchs entgegen. Die Verwaltung darf, solange der versagende Verwaltungsakt wirksam ist, den Anspruch gar nicht erfüllen. Dies ist die Tatbestandswirkung des Verwaltungsakts.[22] Doch lässt sich für diesen Fall aus dem Anspruch ein Reaktionsrecht folgern. Es ist darauf gerichtet, den **versagenden Verwaltungsakt aufzuheben**.[23] Praktische Bedeutung hat dieses Reaktionsrecht vor allem beim Recht auf fehlerfreie Ermessensentscheidung (siehe allgemein Abschn. 6.2 und bei Falltypus 6, Abschn. 16.3.1).

Einen Anspruch besonderer Art stellt das **Recht auf Wiederaufgreifen** des Verfahrens nach § 51 VwVfG dar. Diese Norm regelt das Wiederaufgreifen im engeren Sinne. Als Wiederaufgreifen im weiteren Sinne gilt die Entscheidung der Behörde, unabhängig von den in § 51 Abs. 1 VwVfG genannten Gründen ein Verfahren wieder aufzugreifen und den bereits erlassenen Verwaltungsakt nach § 51 Abs. 5 i. V. m. §§ 48, 49 VwVfG zu ändern oder aufzuheben. Ein wichtiger Unterschied zwischen diesen beiden Formen des Wiederaufgreifens ist, dass das Wiederaufgreifen im engeren Sinne als gebundene Entscheidung ausgestaltet ist („hat"), das Wiederaufgreifen

---

[22] Vgl. *H. Maurer/C. Waldhoff*, Allgemeines Verwaltungsrecht, 19. Aufl. 2017, § 10 Rn. 20.

[23] Vgl. *H. J. Wolff/O. Bachof/R. Stober u.a.*, Verwaltungsrecht I, 13. Aufl. 2017, § 43 Rn. 68; ausführlich *C. Bickenbach*, Das Bescheidungsurteil als Ergebnis einer Verpflichtungsklage, 2006, S. 51 ff., freilich mit einer komplizierten Konstruktion: Beseitigungsanspruch wegen einer Verletzung des Anspruch auf Unterlassung der Nichterfüllung positiver subjektiver öffentlicher Rechte. Siehe dazu schon Kap. 6, Fn. 22.

im weiteren Sinne hingegen im Ermessen der Behörde liegt. Das Wiederaufgreifen im engeren Sinne muss daher dem Falltypus 2 zugeordnet werden, das andere dem Falltypus 6. Das Wiederaufgreifen des Verfahrens, genauer gesagt, die positive Entscheidung über das Wiederaufgreifen, ist für den Begünstigten eine Leistung. Sie ergeht in der Form eines Verwaltungsakts (in beiden Fällen). Für das Verständnis des Wiederaufgreifens ist es wichtig, die Entscheidung über das Wiederaufgreifen als solche von der danach zu treffenden Sachentscheidung zu unterscheiden.[24] Das Wiederaufgreifen setzt erneut ein Verwaltungsverfahren in Gang, das durch den Erlass einer zweiten Sachentscheidung abgeschlossen wird, dem Zweitbescheid. Sofern die Verwaltung den Antrag auf Wiederaufgreifen als zulässig und begründet ansieht, geht sie allerdings direkt zur Sachentscheidung über.[25] Es ergeht in diesem Fall also nicht eine gesonderte Entscheidung über das Wiederaufgreifen. Der Antragsteller hat es deshalb immer nur mit *einem* Verwaltungsakt zu tun: einer Ablehnung des Antrages auf Wiederaufgreifen oder einer Sachentscheidung, die entweder in seinem Sinne ausfällt oder nicht. Wenn der Zweitbescheid einen belastenden Verwaltungsakt bestätigt und damit neu erlässt, entspricht die Position des Betroffenen dem Falltypus 3. Wenn der Zweitbescheid erneut die begehrte Leistung ablehnt, auf die aus Sicht des Berechtigten (nunmehr) ein Anspruch besteht, ist Falltypus 2 einschlägig – usw.

12.4 Prozessuale Beurteilung

12.4.1 Das materielle subjektive öffentliche Recht

213 Der gewöhnliche Leistungsanspruch wird mit der Verpflichtungsklage nach § 42 Abs. 1 2. Alt. VwGO durchgesetzt. Die Klage ist, in der historisch geprägten Terminologie der Verwaltungsgerichtsordnung, auf **Vornahme** des Verwaltungsakts gerichtet (§§ 68 Abs. 2, 74 Abs. 2, 75 Satz 1, 113 Abs. 5 Satz 1 VwGO).

214 Im Rahmen der Klagebefugnis ist die für die Anfechtungsklage entwickelte sogenannte Adressatentheorie nicht anwendbar, da diese auf Eingriffsabwehr durch kassatorisches Leistungsbegehren beschränkt ist (siehe Falltypus 3). Zum Teil wird angenommen, es gäbe bei der Verpflichtungsklage ein Äquivalent zur Adressatentheorie, die sogenannte **Antragstheorie**. Nach der Antragstheorie ist schon derjenige klagebefugt, dessen Antrag auf Erlass eines begünstigenden Verwaltungsakts an ihn selbst abgelehnt wurde.[26] Dies überzeugt nicht, denn damit würde sich jemand durch abwegige Antragstellung eine Klagebefugnis verschaffen können.[27]

---

[24] Instruktiv *M. Sachs*, in: Stelkens/Bonk/Sachs (Hrsg.), VwVfG, 8. Aufl. 2014, § 51 Rn. 12.

[25] Vgl. *U. Ramsauer*, in: Kopp/Ramsauer (Hrsg.), VwVfG, 19. Aufl. 2018, § 51 Rn. 17.

[26] So nur wenige, etwa *K. Stern/H.-J. Blanke*, Verwaltungsprozessrecht in der Klausur, 9. Aufl. 2008, Rn. 303.

[27] *F. Hufen*, Verwaltungsprozessrecht, 10. Aufl. 2016, § 15 Rn. 17; *R. Wahl/Schütz*, in: Schoch/Schneider/Bier (Hrsg.), VwGO, Stand: Febr. 2019, § 42 Abs. 2 Rn. 71.

12.4 Prozessuale Beurteilung

Die Verpflichtungsklage ist **begründet**, wenn die gesetzlichen Anspruchsvoraussetzungen gegeben sind. § 113 Abs. 5 Satz 1 VwGO ist insofern korrigierend zu lesen.[28] Dieses Vorgehen wird auch Anspruchsaufbau genannt, im Gegensatz zum Rechtswidrigkeitsaufbau. Folgt man dem Wortlaut, müsste man stets die Rechtswidrigkeit der Ablehnung prüfen. In der Sache ist die Ablehnung aber genau dann rechtswidrig, wenn der Kläger den behaupteten Anspruch hat – also muss unmittelbar dieser Anspruch geprüft werden. Sollte die Ablehnung hingegen aus formellen Gründen fehlerhaft sein, ergibt sich aus einem solchen Fehler nicht schon die Rechtfertigung dafür, die Behörde zum Erlass des begehrten Verwaltungsakts zu verpflichten. Ein Beispiel sind die kommunalrechtlichen Vorschriften über die Willensbildung in der Gemeinde. Lehnt der Bürgermeister, handelnd in seiner Eigenschaft als kommunale Behörde, eine Genehmigung ab, handelt es sich aber ausnahmsweise nicht um eine laufende Angelegenheit der Verwaltung, so übergeht der Bürgermeister zwar die Willensbildungskompetenz des Gemeinderates. Für die Begründetheit der Verpflichtungsklage des Antragstellers spielt dieser Umstand aber keine Rolle. Wenn der Anspruch besteht, war dem Antrag stattzugeben, und nur darauf kommt es an. **Verfahrens- und Formfehler**, die womöglich die Ablehnung rechtswidrig machen, sind also, sofern ein Anspruch geltend gemacht wird, für die Begründetheit der Verpflichtungsklage irrelevant. Sie sind gar nicht zu prüfen. Das ist insofern zunächst irritierend, als im verbreiteten Eingriffsabwehrschema (Rn. 186) immer umfassend die Rechtmäßigkeit des staatlichen Handelns gewürdigt wird. Aber wie bereits dargelegt wurde, deckt das Eingriffsabwehrschema nur einen Teil der denkbaren Fallkonstellationen ab. Die **Zuständigkeit** des verklagten Verwaltungsträgers ist nicht im Rahmen der Prüfung des Anspruchs, sondern der Passivlegitimation zu prüfen. Passivlegitimiert ist derjenige Verwaltungsträger, gegenüber dem der geltend gemachte Anspruch besteht und der zum Erlass des begehrten Verwaltungsakts zuständig ist.

215

Der Rechtswidrigkeitsaufbau kann allerdings ausnahmsweise angezeigt sein, wenn ein Bescheidungsurteil erstritten werden soll (Rn. 218).

216

Mit der erfolgreichen Verpflichtungsklage wird die ablehnende Entscheidung der Behörde, die Versagung, mit aufgehoben.[29] Das Verwaltungsgericht erfüllt so auch das Reaktionsrecht auf **Aufhebung der versagenden Entscheidung** (siehe Rn. 211). Soweit dies nicht ausdrücklich geschieht, kann die Vornahmeverurteilung als konkludente Aufhebung der entgegenstehenden Versagung ausgelegt werden. Zur Sicherung des materiell-rechtlichen Anspruchs kann es aus prozessualer Sicht ausnahmsweise zulässig sein, im Falle einer Ablehnung des begehrten Verwaltungsakts allein diese Ablehnung anzufechten. Eine solche isolierte Anfechtung der Versagung ist in der Regel nicht statthaft, jedenfalls besteht für eine solche Klage kein Rechtsschutzbedürfnis.[30]

217

---

[28] Wohl unbestritten, siehe nur *W.-R. Schenke*, Verwaltungsprozessrecht, 16. Aufl. 2019, Rn. 841; *F. Weyreuther*, in: Erichsen/Hoppe/Mutius (Hrsg.), System des verwaltungsgerichtlichen Rechtsschutzes, 1985, S. 681 (685).

[29] Statt vieler: *F. Hufen*, Verwaltungsprozessrecht, 10. Aufl. 2016, § 15 Rn. 4; *W.-R. Schenke/R. Schenke*, in: Kopp/Schenke (Hrsg.), VwGO, 25. Aufl. 2019, § 113 Rn. 179.

[30] Vgl. *R. Schenke*, in: Kopp/Schenke (Hrsg.), VwGO, 25. Aufl. 2019, § 42 Rn. 30.

218 Im Falle unzureichender Sachaufklärung kann das Verwaltungsgericht nicht „durchentscheiden". Es ergeht kein Vornahme-, sondern ein **Bescheidungsurteil, § 113 Abs. 5 Satz 2 VwGO**. Diese Regelung betrifft die mangelnde Spruchreife. Sie erfasst aber zwei ganz unterschiedliche Konstellationen: zum einen eben die unzureichende Sachaufklärung, zum anderen die bloße Verletzung eines Rechts auf fehlerfreie Ermessensentscheidung. In der Fallbearbeitung bis zum ersten juristischen Staatsexamen spielt die unzureichende Sachaufklärung praktisch kaum eine Rolle. Ergeht ein Bescheidungsurteil, obwohl der Antrag auf Vornahme gerichtet war, weist das Gericht den Antrag als teilweise unbegründet zurück.[31] Die Fragen, die sich dabei im Zusammenhang mit dem Recht auf fehlerfreie Ermessensentscheidung ergeben, sind Falltypus 6 zuzuordnen (siehe v. a. Rn. 338).

219 Nicht ganz geklärt sind einige prozessuale Fragen im Zusammenhang mit dem **Wiederaufgreifen des Verfahrens**. Im Grundsatz ergibt sich aus der Trennung der beiden Entscheidungen, nämlich derjenigen über das Wiederaufgreifen und der sodann zu treffenden Sachentscheidung, ein klares prozessuales Bild. Kommt die Behörde dem geltend gemachten Anspruch nach § 51 Abs. 1 VwVfG nicht nach, ist die Verpflichtungsklage (als Vornahmeantrag) statthaft. Der Zweitbescheid kann dann selbstständig, wie im Zusammenhang mit der materiell-rechtlichen Lage gezeigt wurde, den verschiedenen Falltypen zugeordnet werden. Umstritten ist allerdings, ob in dem Fall, dass die Behörde den Antrag auf Wiederaufgreifen abgelehnt hat, die Klage direkt auf die Sachentscheidung gerichtet werden darf, das Verwaltungsgericht dann also „durchentscheiden" könnte. Jedenfalls für gebundene Entscheidungen wird dies zum Teil bejaht, mit Verweis auf die Prozessökonomie.[32] Dass die Behörde sich noch gar nicht mit der Sachfrage befasst hat, soll zu vernachlässigen sein, da bei gebundenen Entscheidungen ohnehin keine andere Sachentscheidung denkbar wäre. Warum die Verwaltung aber die Kostenlast einer solchen erfolgreichen Klage tragen sollte, wenn sie doch dem Sachantrag nachkommen würde, kann diese Auffassung nicht erklären. Zudem steht sie im Widerspruch zum Wortlaut des § 51 VwVfG, der nun einmal von einer Entscheidung der Behörde spricht.[33] Der Berechtigte kann den Klageantrag also nicht schon an der eigentlich begehrten Sachentscheidung ausrichten. Er ist darauf verwiesen, im Falle des verweigerten Wiederaufgreifens zunächst das Wiederaufgreifen als solches zu erstreiten und die dann ergehende Sachentscheidung abzuwarten. Sofern diese nicht in seinem Sinne ausfällt, ist das dann gegebene Begehren selbstständig zu würdigen und gegebenenfalls eine weitere Klage zu erheben.

12.4.2 Der Bescheidungsanspruch

220 Das eigentliche Feld des Bescheidungsanspruchs, insbesondere in prozessualer Hinsicht, ist der Falltypus 6 (Kap. 16). Auf komplizierte Weise wirkt sich der Bescheidungsanspruch aber auch im Falltypus 2 aus. Er kann auf zwei verschiedene

---

[31] *F. Hufen*, Verwaltungsprozessrecht, 10. Aufl. 2016, § 26 Rn. 24.

[32] *U. Ramsauer*, in: Kopp/Ramsauer (Hrsg.), VwVfG, 19. Aufl. 2018, § 51 Rn. 54.

[33] *M. Sachs*, in: Stelkens/Bonk/Sachs (Hrsg.), VwVfG, 8. Aufl. 2014, § 51 Rn. 72.

12.4 Prozessuale Beurteilung

Weisen prozessual relevant werden: wenn er nicht erfüllt wurde und – erstaunlicherweise – wenn er erfüllt wurde. Das heißt genauer, sowohl bei einer erfolgreichen Untätigkeitsklage nach § 75 VwGO also auch bei einer erfolgreichen Versagungsgegenklage kommt es auf den Bescheidungsanspruch an.[34] Dabei ist er auf etwas undurchsichtige Weise mit den eigentlichen Rechten des Berechtigten verwoben.

Die Verwaltungsgerichte haben es sehr häufig mit Fällen zu tun, in denen der Bescheidungsanspruch zunächst erfüllt wurde. Der Betroffene hat einen Antrag gestellt und es ist ein **ablehnender Bescheid** ergangen. Die prozessuale Relevanz des Bescheidungsanspruchs hängt davon ab, ob der Berechtigte ein materielles oder ein formelles subjektives öffentliches Recht geltend macht. Handelt es sich um ein materielles subjektives öffentliches Recht, wird das Verwaltungsgericht, sofern dieses Recht besteht, im Idealfall die Behörde auf der Grundlage des § 113 Abs. 5 Satz 1 VwGO zur **Vornahme** des begehrten Verwaltungsakts verpflichten. Dabei hebt das Gericht in der Regel die ablehnende Entscheidung mit auf (Rn. 217). Wie bereits erörtert wurde, wirkt sich dies auf den Bescheidungsanspruch aus: Er lebt wieder auf (Rn. 203). Der Bescheidungsanspruch geht so in das verwaltungsgerichtliche Urteil mit ein. Wenn die Behörde im Vornahmeurteil zur Sachentscheidung im Sinne des Berechtigten verpflichtet wird, ist in dieser Verpflichtung die Verpflichtung zur Neubescheidung mit enthalten. Wurde ein formelles subjektives öffentliches Recht verletzt, fehlt die Spruchreife (siehe Rn. 218). Diese Konstellation prägt den noch zu erörternden Falltypus 6. 221

Wenn der Berechtigte einen Antrag auf den Erlass eines Verwaltungsakts stellt, aber die Behörde überhaupt nicht reagiert, kann eine Verpflichtungsklage nach § 42 Abs. 1 VwGO in der Form der **Untätigkeitsklage nach § 75 VwGO** erhoben werden. Die Rechtsposition des Berechtigten hängt wiederum davon ab, ob er ein materielles oder ein formelles subjektives öffentliches Recht geltend macht. Wenn er **ein materielles subjektives öffentliches Recht** geltend macht und die Bescheidung unterbleibt, scheidet eine eigenständige gerichtliche Durchsetzung des Bescheidungsanspruchs in aller Regel aus. Die Klage muss direkt auf den materiellrechtlichen Anspruch, der beschieden werden soll, und nicht auf die Verfahrensposition der Bescheidung gestützt werden. Die Klage zielt also auf eine Verurteilung nach § 113 Abs. 5 Satz 1 VwGO, nicht auf Verpflichtung zur (Neu-)Bescheidung nach § 113 Abs. 5 Satz 2 VwGO. Für die Klage auf Bescheidung besteht nämlich kein Rechtsschutzbedürfnis, wenn doch, da eine gebundene Entscheidung zu treffen ist, die Verwaltungsbehörde direkt zur Vornahme verurteilt werden kann. In der Regel wird dieses Vorgehen auch dem Interesse des Berechtigten entsprechen. 222

Doch muss die Untätigkeitsklage, auch wenn ein Anspruch und nicht nur ein formelles subjektives Recht geltend gemacht wird, nicht in jedem Fall als Vornahmeklage erhoben werden. In Betracht kommt unter bestimmten Umständen auch eine **Bescheidungsklage**. Der Verpflichtungsantrag wird also auf die Verurteilung zur Bescheidung beschränkt. Die Rechtsprechung sieht einen solchen Antrag unter engen Voraussetzungen als zulässig an und stützt die entsprechende Verurteilung auf 223

---

[34] Hingegen beschränkt sich *K. Obermayer*, NJW 1956, 361 (361), auf die Untätigkeitsklage.

die fehlende Spruchreife nach § 113 Abs. 5 Satz 2 VwGO.[35] Mit Rücksicht auf die Komplexität des Sachverhalts verzichtet das Gericht also darauf, die Sache spruchreif zu machen. In jüngerer Zeit spielt diese Möglichkeit im Asylverfahren eine wichtige Rolle. Wer auf die Anerkennung als Flüchtling oder Asylberechtiger klagt (§§ 2, 3 AsylG), macht einen Status geltend, dessen Zubilligung nicht im Ermessen der Behörde steht. Wenn die Voraussetzungen für die Anerkennung vorliegen, muss sie erfolgen. Sofern das hierfür zuständige Bundesamt für Migration und Flüchtlinge die Anerkennung versagt, muss das Verwaltungsgericht das Amt an sich zur Vornahme verpflichten. In vielen asylgerichtlichen Streitigkeiten geschieht dies auch. Doch geht die Rechtsprechung davon aus, dass das Asylverfahren Besonderheiten aufweist. Antragsteller befinden sich in einer „sachtypischen Beweisnot" und ihr persönliches Vorbringen hat eine hohe Bedeutung. Mit Blick auf diese Besonderheiten kommt deshalb, trotz des Vorliegens einer gebundenen Entscheidung, auch eine Bescheidungsklage sowie die entsprechende Verurteilung in Betracht.[36]

---

[35] BVerwG, Beschl. v. 23.7.1991, 3 C 56/90, NVwZ 1991, 1180 (1181). Umfassend zu dem Problem *M. Hödl-Adick*, Die Bescheidungsklage als Erfordernis eines interessengerechten Rechtsschutzes, 2001.
[36] BVerwG, Urt. v. 11.7.2018, 1 C 18.17, Asylmagazin 2018, 369 (369); das Rechtsschutzbedürfnis für eine solche Klage entfalle nicht wegen der Beschränkung auf die Bescheidung (mit dem Vorbehalt, dass nicht einzelne Verfahrensrechte dieses Ergebnis begründen würden). Zum Problem etwa *M. Polzin*, DVBl. 2017, 551.

13 Falltypus 3: kassatorisches Leistungsbegehren, reaktionsrechtlicher Anspruch des Adressaten eines Verwaltungsakts auf dessen Aufhebung

Inhaltsverzeichnis

13.1   Beispiele 224
13.2   Merkmale 225
13.3   Materiell-rechtliche Beurteilung 226
      13.3.1   Ansprüche 226
      13.3.2   Verwaltungsverfahren 229
13.4   Prozessuale Beurteilung 237

13.1 Beispiele

Beispiele für den Falltypus 3 sind folgende Anspruchsziele:[1] Aufhebung einer Durchsuchungsanordnung, die gegenüber einem Wohnungsinhaber durch die Polizei erlassen wurde; Aufhebung einer Beseitigungsanordnung, die gegenüber einem Bauherrn erlassen wurde; Aufhebung einer Maßnahme der Rechtsaufsichtsbehörde, die gegenüber einer Gemeinde erlassen wurde, wie z. B. eine Beanstandung.   **224**

13.2 Merkmale

Die Merkmale des Falltypus 3 sind: Der Berechtigte fordert eine Leistung, die darin   **225**
besteht, dass die Verwaltung einen bereits ergangenen, an ihn adressierten Verwaltungsakt aufhebt. Der Berechtigte hat kraft eines Reaktionsrechts einen Anspruch darauf, dass die Verwaltung den Verwaltungsakt aufhebt. Die Behörde hat dabei kein Ermessen.

---

[1] Aus der Literatur zur Fallbearbeitung: *A.-P. Heinze*, Systematisches Fallrepetitorium Allgemeines Verwaltungsrecht, 2014, Fälle 5, 8 (1. Komplex), 11, 14, 17 (2. Komplex), 19 (1. Komplex); *H. Sauer*, Klausurtraining Allgemeines Verwaltungsrecht und Verwaltungsprozessrecht, 2018, Fälle 2, 3, 4, 5, 6, 9.

13.3 Materiell-rechtliche Beurteilung

13.3.1 Ansprüche

226 § 113 Abs. 1 Satz 1 VwGO ist nach allgemeiner Auffassung nicht die materiell-rechtliche Anspruchsnorm für den Anspruch auf Aufhebung des angegriffenen Verwaltungsakts.[2] Diese Norm setzt das Bestehen eines Aufhebungsanspruchs voraus. Sie verknüpft den materiell-rechtlichen Anspruch allerdings mit einem prozessualen, gegen das Gericht gerichteten Anspruch auf Aufhebung des Verwaltungsakts. Die für den materiell-rechtlichen Aufhebungsanspruch entscheidende Rechtsposition ist das betroffene Grundrecht des Adressaten des Verwaltungsakts. Es begründet einen negativen Status, der durch den Erlass des rechtswidrigen Verwaltungsakts verletzt wird, so dass der **ungeschriebene Aufhebungsanspruch** entsteht. Dieser Anspruch ist eine besondere Ausprägung des allgemeinen öffentlichen Beseitigungsanspruchs (Rn. 62). Vor dem Erlass eines rechtsverletzenden Verwaltungsakts besteht ein Unterlassungsanspruch. Dessen prozessuale Durchsetzung scheitert aber in der Regel daran, dass eine darauf gestützte allgemeine Leistungsklage unzulässig wäre (Falltypus 5 ist einschlägig, Abschn. 15.3). Der Unterlassungsanspruch ist dann nicht gerichtlich durchsetzbar. Der Anspruch auf Aufhebung eines Verwaltungsakts wird durch jeden Fehler ausgelöst, das heißt auch durch die Verletzung von Normen, die nicht den Interessen des Betroffenen dienen. Dies folgt aus einer – nicht denklogisch notwendigen – Interpretation des Grundrechts der allgemeinen Handlungsfreiheit nach Art. 2 Abs. 1 GG. Zum einen schützt dieses Grundrecht nicht nur, wie es der Wortlaut andeutet, die Persönlichkeitsentfaltung, sondern umfassend jedes Verhalten des Grundrechtsträgers. Zum anderen verbürgt das Grundrecht wegen des Vorbehalts der „verfassungsmäßigen Ordnung" einen Schutz vor jeglichem rechtswidrigen Handeln des Staates. Diese beiden Erkenntnisse finden sich erstmals in der Elfes-Entscheidung des BVerfG, weshalb auch von der „Elfes-Konstruktion" die Rede ist.[3] Sie zu kennen ist essenziell dafür, das Verhältnis von Anfechtung- und Leistungsklagen zu verstehen. Die genannte zweite Aussage der Elfes-Entscheidung, den grundrechtlichen Schutz vor jeglicher Rechtswidrigkeit einer eingreifenden staatlichen Maßnahme, hat das BVerfG später auf die anderen Freiheitsgrundrechte übertragen. So erklärt sich erst der heutzutage selbstverständliche **Eingriffsabwehr-Aufbau**, der die Begründetheit der Anfechtungsklage prägt (Rn. 186). Nicht nur dann, wenn eine gesetzliche Ermächtigung für den Verwaltungsakt fehlt oder ein spezifischer Grundrechtsverstoß vorliegt, sondern auch bei einem Verstoß gegen Normen, die für sich genommen kein subjektives öffentliches Recht begründen, ist das jeweilige Grundrecht verletzt.

---

[2] Siehe etwa *H. Wolff*, in: Sodan/Ziekow (Hrsg.), VwGO, 5. Aufl. 2018, § 113 Rn. 10; *W.-R. Schenke/R. Schenke*, in: Kopp/Schenke (Hrsg.), VwGO, 25. Aufl. 2019, § 113 Rn. 5; *K.-U. Riese*, in: Schoch/Schneider/Bier (Hrsg.), VwGO, Stand: Febr. 2019, § 113 Rn. 7; vertiefend *W.-R. Schenke*, in: Geis/Lorenz (Hrsg.), Staat, Kirche, Verwaltung, 2001, S. 723. A. A.: *J. Buchheim*, Actio, Anspruch, subjektives Recht, 2017, S. 154.
[3] BVerfGE 6, 34; vgl. *H. Kube*, JuS 2003, 111.

13.3 Materiell-rechtliche Beurteilung

Dieser umfassende Grundrechtsschutz hat Folgen für die gerichtliche Kontrolle der behördlichen Ermessensausübung. Bei einem Vorgehen des Adressaten gegen einen belastenden Verwaltungsakt ist das Recht auf fehlerfreie Ermessensentscheidung praktisch nicht relevant. Denn jeder Ermessensfehler macht den Verwaltungsakt rechtswidrig. Der Verwaltungsakt muss somit nach der Elfes-Konstruktion von der Verwaltung aufgehoben werden.[4] Es liegt also eine Rechtsverletzung vor, die den Aufhebungsanspruch auslöst. In der Regel ist es deshalb nicht erforderlich, im Rahmen des Falltypus 3 auf das Recht auf fehlerfreie Ermessensentscheidung einzugehen. Die Gerichte müssen es nicht gesondert erwähnen. Die gerichtliche Würdigung kann sich darauf beschränken, die Anforderungen, die für die Ermessensbetätigung gelten, objektiv-rechtlich zu prüfen. Es kommt also auf das Vorliegen von Ermessensfehlern an, § 40 VwVfG, § 114 Satz 1 VwGO. Das gleiche gilt entsprechend für das Recht auf beurteilungsfehlerfreie Entscheidung. 227

Der Aufhebungsanspruch ist **Veränderungen** unterworfen. Mit der behördlichen oder gerichtlichen Aufhebung des Verwaltungsakts endet dessen Wirksamkeit, § 43 Abs. 2 VwVfG. Der Aufhebungsanspruch wird damit erfüllt und erlischt. Nicht ganz klar ist, wie es sich auf den Aufhebungsanspruch auswirkt, wenn sich der angegriffene Verwaltungsakt **erledigt**. Da der Verwaltungsakt damit ebenfalls unwirksam wird (§ 43 Abs. 2 VwVfG), kann der Aufhebungsanspruch gar nicht mehr erfüllt werden. Der Aufhebungsanspruch ist auf etwas Unmögliches gerichtet, weshalb der Schluss naheliegt, dass er damit ebenfalls erlischt. 228

13.3.2 Verwaltungsverfahren

Die Auslösung des Aufhebungsanspruchs hat eine wichtige verfahrensrechtliche Konsequenz. Die von der Verwaltung geschuldete Tätigkeit, eben die Aufhebung, ist auf den Erlass eines Verwaltungsakts gerichtet. Die Behörde muss damit eigentlich von Amts wegen ein Verwaltungsverfahren einleiten, § 22 Satz 2 Nr. 1 i. V. m. § 9 VwVfG. Die Rechtsverletzung löst eine Pflicht zur Durchführung eines entsprechenden neuen Verwaltungsverfahrens aus. In diesem Verfahren kann der Bürger den Aufhebungsanspruch geltend machen. Es gibt allerdings kein allgemeines **Aufhebungsverfahren**, weshalb die Aufhebung nach den Regeln erfolgen muss, die für den Erlass des verletzenden Akts gelten.[5] Das Widerspruchsverfahren nach den §§ 88 ff. VwVfG ist eigentlich geeignet, für die Geltendmachung dieses Anspruchs einen Rahmen bereitzustellen. Deshalb ist es problematisch, dass die VwGO in § 68 Abs. 1 Satz 2 gesetzliche Ausnahmen vom Erfordernis des Widerspruchsverfahrens ermöglicht, wovon extensiv Gebrauch gemacht wird.[6] So ist in Bayern nach Art. 15 Abs. 2 AGVwGO das Vorverfahren breitflächig nicht mehr statthaft. Es wäre zumindest hilfreich, wenn 229

---

[4] Zum Problem auch *J. Pietzcker*, JuS 1982, 106 (107).
[5] Vgl. *J. Lindner*, Öffentliches Recht, 2. Aufl. 2017, Fn. 1715. Teilweise kennt die Rechtsordnung Verwaltungsverfahren für die Geltendmachung staatshaftungsrechtlicher Ansprüche, siehe dazu *P. Itzel*, Ad Legendum 2019, 128 (131 f.).
[6] Vgl. knapp *W.-R. Schenke*, in: Kopp/Schenke (Hrsg.), VwGO, 25. Aufl. 2019, § 68 Rn. 17a.

für jede Rechtsverletzung, die von der öffentlichen Verwaltung herbeigeführt wird, ein Verfahren zur Geltendmachung der Rechtsverletzung bereitstehen würde. Denkbar ist insoweit durchaus, mittels gesetzlicher Regelungen generell allen reaktionsrechtlichen Fallkonstellationen ein verwaltungsverfahrensrechtliches „Reaktionsverfahren" zuzuweisen. Gegenwärtig werden die Ansprüche, sofern nicht ein Widerspruchsverfahren statthaft ist, informal zwischen Verwaltung und Betroffenem ausgehandelt.

230 Einer vertieften Würdigung bedarf die Frage, in welchem Zusammenhang die **Rechtsbehelfsfristen** der VwGO mit dem materiell-rechtlichen Aufhebungsanspruch des Betroffenen stehen. Da die Existenz der Rechtsbehelfe für die Begründung und den Inhalt von materiell-rechtlichen Ansprüchen ohne Bedeutung ist, liegt die Annahme nahe, dass sich auch Beschränkungen bei der Einlegung dieser Rechtsbehelfe – wie eben die Unzulässigkeit einer nach §§ 74, 58 VwGO zu spät erhobenen Klage – nicht auf die materiell-rechtliche Lage auswirken.

231 Allerdings knüpft das VwVfG an die VwGO an. Nach Ablauf der Klagefrist nach § 74 VwGO ist die Klage unzulässig. Gemäß der verwaltungsrechtlichen Dogmatik tritt damit die **formelle Bestandskraft** des (eingreifenden oder versagenden) Verwaltungsakts ein. Formelle Bestandskraft bedeutet gerade, dass die gerichtlichen Rechtsbehelfsfristen abgelaufen sind.[7] Entgegen der Überschrift der §§ 43 ff. VwVfG – „Bestandskraft des Verwaltungsakts" – sind damit jedoch nicht unmittelbar verwaltungsverfahrensrechtliche Konsequenzen verbunden. Ein verwaltungsverfahrensrechtliches Institut ist die formelle Bestandskraft nicht, da sie nun einmal in der VwGO geregelt ist. Allerdings knüpfen die verwaltungsverfahrensrechtlichen Regelungen zum Teil an die **Unanfechtbarkeit** des Verwaltungsakts und damit an den Ablauf der Rechtsbehelfsfristen an, so in §§ 48 Abs. 1, 49 Abs. 1, 51 Abs. 1, 52, 75 Abs. 2 VwVfG. Es stellt sich die Frage, wie diese Normen zum materiell-rechtlichen Aufhebungsanspruch stehen.

232 Solange der Verwaltungsakt noch nicht formell bestandskräftig geworden ist, **muss** die Behörde den rechtswidrigen und rechtsverletzenden Verwaltungsakt aufheben.[8] Für diese Auslegung spricht gerade die Existenz des reaktionsrechtlichen Aufhebungsanspruchs. Zwar könnte wiederum § 48 VwVfG so interpretiert werden, dass die Norm schon für den Lauf der Anfechtungsfrist den Aufhebungsanspruch so ausgestaltet, dass die Aufhebung im Ermessen der Behörde stehen soll („kann"). Dies würde aber nicht zuletzt deshalb nicht überzeugen, weil die gerichtliche Aufhebung ohne jeden Zweifel nicht im Ermessen des Gerichts steht. Warum dies für die Behörde anders sein sollte, lässt sich nicht belegen.

---

[7] *H. Maurer/C. Waldhoff*, Allgemeines Verwaltungsrecht, 19. Aufl. 2017, § 10 Rn. 16.
[8] Das ist allerdings streitig, wie hier *P. Baumeister*, Der Beseitigungsanspruch als Fehlerfolge des rechtswidrigen Verwaltungsakts, 2006, S. 226 ff.; *W.-R. Schenke*, in: Geis/Lorenz (Hrsg.), Staat, Kirche, Verwaltung, 2001, S. 723; *J. Schwabe*, JZ 1985, 545 (550); *C. Ule/H.-W. Laubinger*, Verwaltungsverfahrensrecht, 4. Aufl. 1995, § 62 Rn. 2. Gegenmeinung (wohl herrschend): *H. Maurer/C. Waldhoff*, Allgemeines Verwaltungsrecht, 19. Aufl. 2017, § 11 Rn. 73; *M. Sachs*, in: Stelkens/Bonk/Sachs (Hrsg.), VwVfG, 8. Aufl. 2014, § 48 Rn. 48.

13.3 Materiell-rechtliche Beurteilung

Mit dem Eintritt der Unanfechtbarkeit hat der Verletzte keinen Anspruch mehr darauf, dass die Behörde über die Aufhebung des Verwaltungsakts entscheidet, § 51 VwVfG. Damit ist eine verfahrensrechtliche Möglichkeit, eine Aufhebung des Verwaltungsakts zu bewirken, ausgeschlossen. Daraus könnte gefolgert werden, dass der Anspruch auf Aufhebung erlischt.[9] Überzeugender ist jedoch die Annahme, dass der Anspruch bestehen bleibt und lediglich **unvollziehbar** wird.[10] Er ist folglich nicht mehr **durchsetzbar**. „Unvollziehbar" bedeutet, dass dem Betroffenen kein gerichtliches, aber auch kein behördliches Verfahren zur Durchsetzung des Anspruchs mehr zur Verfügung steht. Mit Ablauf der Frist erlischt der Anspruch zwar nicht, aber seiner Geltendmachung steht die **Einrede der formellen Bestandskraft** entgegen. Diese Wirkung ergibt sich daraus, dass das Verwaltungsverfahrensrecht auf die behandelte Weise nach §§ 48, 51 VwVfG an die Unanfechtbarkeit anknüpft.

233

Wenn der Betroffene nach Ablauf der Rechtsbehelfsfrist seinen – fortbestehenden – Aufhebungsanspruch geltend macht und einen Antrag auf Aufhebung stellt, behandelt das VwVfG diesen Antrag als einen Antrag auf **Wiederaufgreifen des Verfahrens**. Dieses ist nur zum Teil in § 51 VwVfG geregelt (Wiederaufgreifen im engeren Sinne). Erforderlich ist nach dieser Norm, dass irgendeine Änderung der Sach- und Rechtslage eingetreten ist, die für den Betroffenen günstige Folgen hätte (die Rechtmäßigkeit oder Rechtswidrigkeit des angegriffenen Verwaltungsakts ist dabei irrelevant). Wenn aber keine solche Änderung eingetreten ist, bleibt dem Betroffenen nur, einen Antrag nach § 51 Abs. 5 i. V. m. § 48 Abs. 1 VwVfG zu stellen (Wiederaufgreifen im weiteren Sinne). Im Unterschied zu § 51 VwVfG ist die Behörde in diesem Verfahren nicht verpflichtet, beim Vorliegen bestimmter Voraussetzungen das Verfahren wieder zu eröffnen. Die Behörde *kann* dies tun, sie hat Ermessen. Dabei hat der Antragsteller ein Recht auf fehlerfreie Ermessensentscheidung.[11] Das Fortbestehen des Aufhebungsanspruchs realisiert sich also gerade dadurch, dass der Betroffene dann, wenn er außerhalb des § 51 VwVfG ein Wiederaufgreifen des Verfahrens begehrt, verlangen kann, dass die Behörde bei der Entscheidung über diesen Antrag ihr Ermessen ordnungsgemäß betätigt. Im Regelfall kann die Behörde allerdings die Ablehnung eines neuen Verfahrens fehlerfrei mit dem Hinweis darauf begründen, dass der Verwaltungsakt bestandskräftig ist; eine nähere Sachprüfung ist nicht erforderlich.[12] Insofern verliert der Aufhebungsanspruch mit dem Eintritt der Bestandskraft seine „Kraft" – er wird eben unvollziehbar.

234

Nach alldem ist also davon auszugehen, dass der Eintritt der formellen Bestandskraft eines rechtswidrigen und rechtsverletzenden Verwaltungsakts den materiell-rechtlichen Aufhebungsanspruch nicht entfallen lässt. Sofern die Behörde, egal aus welchem Anlass, den Verwaltungsakt nach dem Eintritt der formellen Bestandskraft auf der Grundlage des § 48 VwVfG aufhebt, so ist dies als eine – vom Betroffenen

235

---

[9] So *P. Baumeister*, Der Beseitigungsanspruch als Fehlerfolge des rechtswidrigen Verwaltungsakts, 2006, S. 222.
[10] *H. Rupp*, Grundfragen der heutigen Verwaltungsrechtslehre, 2. Aufl. 1991, S. 257 Fn. 473.
[11] *U. Ramsauer*, in: Kopp/Ramsauer (Hrsg.), VwVfG, 19. Aufl. 2018, § 48 Rn. 81.
[12] *U. Ramsauer*, in: Kopp/Ramsauer (Hrsg.), VwVfG, 19. Aufl. 2018, § 48 Rn. 81a; *P. Baumeister*, VerwArch 83 (1992), 374 (382).

lediglich nicht mehr durchsetzbare – Erfüllung des Aufhebungsanspruches zu deuten. Diese Vorstellung ist dem Zivilrecht vertraut: Auch eine verjährte Kaufpreisforderung, der zunächst die Einrede der Verjährung entgegengehalten wurde, kann noch erfüllt werden und geht erst mit der Erfüllung unter.

236   Neben den §§ 48 ff. VwVfG findet sich eine weitere denkbare Ausgestaltung des Aufhebungsverfahrens im Verfassungsprozessrecht. Nach § 79 Abs. 2 BVerfGG bleiben **unanfechtbare Entscheidungen**, die auf einer im Wege der abstrakten Normenkontrolle aufgehobenen Norm – Gesetz, Rechtsverordnung, Satzung – beruhen, unberührt.[13] Mit solchen Entscheidungen sind Vollzugsentscheidungen der Verwaltung, also insbesondere Verwaltungsakte, gemeint, einschließlich Gerichtsentscheidungen, die die Rechtmäßigkeit der Vollzugsentscheidungen bestätigen.[14] Die gleiche Regelung gilt über Gesetzesverweisungen in § 82 Abs. 1, Abs. 2 Satz 3 BVerfGG auch für die konkrete Normenkontrolle und die Verfassungsbeschwerde. Welche Situation all die genannten Normen eigentlich regeln sollen, ist nicht ganz klar.[15] Jedenfalls kann ihnen die Klarstellung entnommen werden, dass die Vollzugsentscheidungen wirksam bleiben. Erkennbar ist aber auch die Wertung, dass das verwerfende Normenkontrollurteil die Situation desjenigen, der – aus welchen Gründen auch immer – nicht mehr klagen kann, nicht verbessern soll. Aufhebungsansprüche **bleiben also nicht durchsetzbar**. Insoweit bestätigen die Normen lediglich die Wirkung der formellen Bestandskraft der Vollzugsentscheidungen. Hinzu kommt allerdings die Rechtsfolge der Unzulässigkeit der Vollstreckung. An sich können formell bestandskräftige Verwaltungsakte vollstreckt werden. Der Betroffene muss die damit verbundene Beeinträchtigung seiner negatorischen Rechtsstellung hinnehmen. Die verwerfende Normenkontrollentscheidung sorgt hier für einen Unterschied: Die negatorische Rechtsstellung, deren Verletzung den Aufhebungsanspruch ausgelöst hat, bleibt gewahrt.

237   13.4 Prozessuale Beurteilung

238   Für die Durchsetzung des Aufhebungsanspruchs steht die Anfechtungsklage nach § 42 Abs. 1 VwGO zur Verfügung.[16] Der Aufhebungsanspruch liegt der Norm des § 113 Abs. 1 Satz 1 VwGO zugrunde, wird durch diese Norm aber nicht begründet (Rn. 226). Er trägt die Begründetheit der Klage. Der Anspruch muss im Rechtsgutachten im Regelfall nicht in der Begründetheit erwähnt werden. Nötig ist ein Eingehen allerdings dann, wenn der Anspruch ausgeschlossen ist. Dies ist etwa dann

---

[13] Eine vergleichbare Regelung findet sich für den Bestand verwaltungsgerichtlicher Entscheidungen bei der Verwerfung von Landesrecht durch das Landesverfassungsgericht in § 183 VwGO.
[14] *H. Bethge*, in: Maunz/Schmidt-Bleibtreu/Klein u. a. (Hrsg.), BVerfGG, Stand: Febr. 2019, § 79 Rn. 46.
[15] Vertiefend *T. Gerhard*, Die Rechtsfolgen prinzipaler Normenkontrollen für Verwaltungsakte, 2008.
[16] Es gibt keine allgemeine Aufhebungsklage, sondern nur rechtsaktspezifische Rechtsbehelfe, so richtig *J. Lindner*, Öffentliches Recht, 2. Aufl. 2017, Rn. 1269.

13.4 Prozessuale Beurteilung

der Fall, wenn die Voraussetzungen des § 46 VwVfG gegeben sind oder wenn der Geltendmachung des Anspruchs eine dolo-agit-Einrede der Verwaltung analog § 242 BGB entgegensteht. Dies ist insbesondere in Drittschutz-Konstellationen denkbar, etwa wenn der Kläger selbst in grober Weise gegen diejenigen Rechtsvorschriften verstößt, deren Verletzung er mit seiner Klage gegen eine dem Nachbarn erteilte Baugenehmigung geltend macht.[17]

Der Aufhebungsanspruch prägt schon die Klagebefugnis nach § 42 Abs. 2 VwGO, auch wenn er in diesem Zusammenhang in der Regel keine Erwähnung findet. Wichtig ist es dabei in der Fallbearbeitung, das möglicherweise verletzte Recht genau herauszustellen (dazu schon Rn. 136). Die Adressatentheorie ist insofern der Hebel zur Aktivierung des möglicherweise verletzten Grundrechts.[18] Der praktisch übliche Verzicht darauf, den Aufhebungsanspruch zu erwähnen, lässt sich nur damit rechtfertigen, dass die Rechtsverletzung geradezu als logische Folge den Aufhebungsanspruch auslöst. Es hat in den meisten Fällen keinen Mehrwert, dessen mögliches Bestehen zu würdigen.

239

In der Begründetheit der Anfechtungsklage richtet sich die Aufmerksamkeit vor allem auf die Frage, ob der Eingriff rechtmäßig ist. Wegen des Vorbehalts des Gesetzes ist eine Eingriffsermächtigung zu identifizieren, deren Voraussetzungen zu würdigen sind. Praktisch wird deshalb in der Regel der Eingriffsabwehr-Aufbau zugrunde gelegt (siehe Rn. 186).

240

Hat sich der angegriffene Verwaltungsakt erledigt, wird der untergegangene Aufhebungsanspruch (siehe oben Rn. 228) zum Gegenstand der **Fortsetzungsfeststellungsklage** nach § 113 Abs. 1 Satz 4 VwGO (dazu Rn. 135). Unzutreffend ist die Annahme, der Aufhebungsanspruch wandele sich im Falle der Erledigung in einen Anspruch auf gerichtliche Feststellung der Rechtswidrigkeit,[19] jedenfalls sofern der materiell-rechtliche Aufhebungsanspruch gemeint ist. Die Regelung des § 113 Abs. 1 Satz 4 VwGO ist so zu verstehen, dass der prozessuale Anspruch auf Anerkennung des gegen die Behörde gerichteten Aufhebungsanspruchs zwar seinen Gegenstand verliert, aber in veränderter Form erhalten bleibt. Er richtet sich nun darauf festzustellen, dass der Verwaltungsakt rechtswidrig war. Im Urteil stellt das Verwaltungsgericht fest, anknüpfend an § 113 Abs. 1 Satz 4 VwGO, dass der Verwaltungsakt rechtswidrig gewesen ist.[20] So wie mit der allgemeinen Feststellungsklage nach § 43

241

---

[17] So ist der Gebietserhaltungsanspruch eines Eigentümers nach Treu und Glauben ausgeschlossen, wenn der Nachbar mit seiner Bebauung selbst die bauplanungsrechtlichen Normen über die Gebietsart verletzt (vgl. BVerwG, Urt. v. 24.2.2000, 4 C 23/98, NVwZ 2000, 1054 (1055); BVerwG, Urt. v. 9.8.2018, 4 C 7/17, NVwZ 2018, 1808 (1081)). Die rechtswidrige Nutzung durch den Kläger ändert also an seinem subjektiven Recht nichts. Aber der Anspruch, der aus der Verletzung des Rechts (im Verhältnis Behörde/Nachbar) resultiert, wird beschränkt. Zu (seltenen) weiteren praktischen Fällen einer dolo-agit-Einrede im bipolaren Verhältnis P. *Baumeister*, Der Beseitigungsanspruch als Fehlerfolge des rechtswidrigen Verwaltungsakts, 2006, S. 339.

[18] Präzise zur Adressatentheorie etwa K. *Gärditz*, in: Gärditz (Hrsg.), VwGO, 2. Aufl. 2018, § 42 Rn. 74.

[19] J. *Lindner*, Öffentliches Recht, 2. Aufl. 2017, Fn. 1716.

[20] Demgegenüber lässt sich die Nichtigkeitsfeststellungsklage der Anfechtungsklage zuordnen, weil mit ihr noch über das Bestehen des Aufhebungsanspruchs entschieden wird (H. *Rupp*, Grundfragen der heutigen Verwaltungsrechtslehre, 2. Aufl. 1991, S. 256).

VwGO festgestellt werden kann, dass ein allgemeiner reaktionsrechtlicher Anspruch bestanden hat, wird mit der Fortsetzungsfeststellungsklage nach § 113 Abs. 1 Satz 4 VwGO also in der Sache festgestellt, dass ein Anspruch auf Aufhebung des rechtswidrigen Verwaltungsakts bestanden hat. Allerdings wird dies bei der Fortsetzungsfeststellungsklage so nicht tenoriert; das Urteil beschränkt sich auf die erwähnte Feststellung der Rechtswidrigkeit des erledigten Verwaltungsakts.

Dies zieht die Frage nach sich, ob die **Behörde** in solchen Fällen eine vergleichbare Handlungsmöglichkeit hat, d. h. die Rechtswidrigkeit des Verwaltungsakts oder den Untergang des Aufhebungsanspruchs feststellen kann. Die Erledigung des Verwaltungsakts ist ihr mit Blick auf die Erfüllung des Aufhebungsanspruchs gewissermaßen zuvorgekommen. Sofern ein Widerspruchsverfahren nach § 68 VwGO statthaft war und vom Betroffenen angestrengt worden ist, stellt sich zudem die Frage, ob die Behörde den Widerspruch als Fortsetzungsfeststellungswiderspruch behandeln muss. Die Rechtsprechung verneint dies, während ein beachtlicher Teil der Literatur anderer Auffassung ist.[21] Auf der Grundlage der Literaturauffassung wäre die Feststellungsbefugnis der Behörde als eine in das Widerspruchsverfahren vorverlagerte gerichtliche Feststellungsbefugnis zu interpretieren, die, ähnlich wie die Feststellungsklage, rein prozessualer Natur ist. Die Behörde stellt eben fest, dass der Verwaltungsakt rechtswidrig war.[22] Nach der Rechtsprechung ist hingegen das Verfahren einzustellen, wenn sich der Verwaltungsakt erledigt. Es ergeht keine Sachentscheidung. Dies hat allerdings die Konsequenz, dass dem Widerspruchsführer die Kosten seiner Rechtsverfolgung nicht erstattet werden. § 80 Abs. 1 VwVfG des Bundes sieht jedenfalls für diesen Fall keine Kostenerstattung vor.[23] Anders verhält es sich nach § 80 Abs. 1 Satz 5 VwVfG Baden-Württemberg sowie Art. 80 Abs. 1 Satz 5 VwVfG Bayern. Nach diesen Normen wird bei Erledigung des Widerspruchs auf sonstige Weise nach billigem Ermessen über die Kosten entschieden, wobei der bisherige Sachstand zu berücksichtigen ist. Wenn der Beschwerdeführer im Falle der Erledigung im Übrigen aber ohne Anspruch auf Kostenerstattung bleiben würde, so kann aus diesem Umstand ein Argument für die Statthaftigkeit des Fortsetzungsfeststellungswiderspruchs abgeleitet werden. Mit der Feststellung der Rechtswidrigkeit wird dem Widerspruch doch noch abgeholfen und der Beschwerdeführer erhält einen Anspruch auf Erstattung seiner Rechtsverfolgungskosten nach § 80 Abs. 1 Satz 1 VwVfG.[24]

---

[21] BVerwGE 26, 161 (167); 81, 226 (229). Zur Gegenauffassung *K.-P. Dolde/W. Porsch*, in: Schoch/Schneider/Bier (Hrsg.), VwGO, Stand: Febr. 2019, § 68 Rn. 23 m. w. N.; *D. Ehlers*, in: Ehlers/Schoch (Hrsg.), Rechtsschutz im Öffentlichen Recht, 2009, § 26 Rn. 47.
[22] Vgl. *W.-R. Schenke*, in: Kopp/Schenke (Hrsg.), VwGO, 25. Aufl. 2019, Vorb § 68 Rn. 2.
[23] BVerwGE 62, 201 (203). Nach BVerfGE 27, 175 (178 ff.) verstößt es nicht gegen Art. 3 Abs. 1 GG, wenn im Widerspruchsverfahren gar keine Kostenerstattung erfolgt.
[24] *H. Dreier*, NVwZ 1987, 474 (476).

14

Falltypus 4: kassatorisches Leistungsbegehren, reaktionsrechtlicher Anspruch eines Dritten auf Aufhebung eines Verwaltungsakts

Inhaltsverzeichnis

14.1 Beispiele 242
14.2 Merkmale 243
14.3 Materiell-rechtliche Beurteilung 244
     14.3.1 Materielle subjektive öffentliche Rechte 245
     14.3.2 Formelle subjektive öffentliche Rechte, insbesondere das Recht auf fehlerfreie Ermessensentscheidung 252
14.4 Prozessuale Beurteilung 258

14.1 Beispiele

Beispiele für den Falltypus 4 sind folgende Anspruchsziele:[1] Aufhebung einer dem Bauherrn erteilten Baugenehmigung, erstrebt von einem Nachbarn; Aufhebung der Zulassung eines Konkurrenten, erstrebt von einem unterlegenen Mitbewerber, etwa bei der Vergabe eines Marktstandes oder bei der Ernennung eines Beamten.

14.2 Merkmale

Die Merkmale des Falltypus 4 sind: Der Betroffene ist nicht Adressat einer behördlichen Verfügung, hat aber einen Anspruch auf Aufhebung dieses Verwaltungsakts. Es handelt sich dabei um einen Verwaltungsakt mit Doppelwirkung. Der Anspruch resultiert daraus, dass der Verwaltungsakt ein subjektives öffentliches Recht (negatorischer Art) des Betroffenen verletzt. Es liegt ein kassatorisches Leistungsbegehren

---

[1] Aus der Literatur zur Fallbearbeitung: *A.-P. Heinze*, Systematisches Fallrepetitorium Allgemeines Verwaltungsrecht, 2014, Fälle 3 (1. Komplex), 12, 13, 15.

vor. Die Behörde hat kein Ermessen, ob sie den rechtsverletzenden Verwaltungsakt aufhebt oder nicht.

14.3 Materiell-rechtliche Beurteilung

244 Die materiell-rechtliche Beurteilung dieser Konstellation muss zunächst danach unterscheiden, ob der Dritte ein materielles oder ein formelles subjektives öffentliches Recht geltend macht. Die Unterscheidung dient vor allem dazu, die Besonderheiten des Rechts auf fehlerfreie Ermessensentscheidung zu erfassen; dieses Recht wird als nur formelles subjektives öffentliches Recht angesehen (siehe Rn. 104). Die materiellen subjektiven öffentlichen Rechte stehen in der folgenden Erläuterung am Anfang, es folgt das Recht auf fehlerfreie Ermessensentscheidung.

14.3.1 Materielle subjektive öffentliche Rechte

245 Die Rechtsposition der Einzelnen bestimmt sich stets nach der Schutznormtheorie (siehe Rn. 33). Die Normen des öffentlichen Rechts dienen dem Allgemeinwohl und begründen deshalb nicht ohne weiteres subjektive öffentliche Rechte für die Einzelnen. Die formellen und materiellen Normen des objektiven Rechts können ein subjektives Recht Einzelner begründen. Solche Rechte bedürfen besonderer Begründung. Das so begründete subjektive Recht ist im Kern ein Recht auf Beachtung des objektiven Rechts, d. h. ein Anspruch auf Gesetzeserfüllung. Nach der sogenannten **Schutznormtheorie** verbürgt eine Norm dann ein subjektiv-öffentliches Recht, wenn sie nicht nur dem öffentlichen Interesse, sondern auch den Interessen einzelner Bürger dient. Die Schutznormtheorie gilt für das gesamte öffentliche Recht. Wie bereits erwähnt wurde, liegt sie unausgesprochen schon dem Verständnis der Grundrechte als subjektive öffentliche Rechte zugrunde. Sie spielt praktisch eine besondere Rolle, wenn eine Verwaltungsmaßnahme zwar nicht unmittelbar, aber mittelbar dritte Personen berührt. Dabei muss es nicht immer um buchstäblich dritte Personen gehen. Wenn sich z. B. eine Gemeinde unter Verstoß gegen „drittschützende" Vorschriften des kommunalen Wirtschaftsrechts wirtschaftlich betätigt und der insofern geschützte private Unternehmer hiergegen vorgehen möchte (was im Übrigen kein kassatorisches Leistungsbegehren wäre),[2] liegt nicht wirklich ein 3-Personen-Verhältnis vor. „Dritte" gibt es insbesondere im öffentlichen Baurecht. Hier stehen der Behörde oft zwei Eigentümer gegenüber, von denen der eine ein Bauvorhaben verfolgt, das der andere abwehren möchte. Diese Person, die sich also gegen ein Vorhaben wendet, ist dann der „Dritte" und es stellt sich die Frage, ob das Vorhaben des anderen Eigentümers gegen drittschützende, genauer: nachbarschützende Vorschriften verstößt.

246 Die Problematik soll im Folgenden primär anhand des **Baurechts** erläutert werden. Diese Materie prägt den einschlägigen Pflichtfachstoff des ersten juristischen

---

[2] Normen: siehe Kap. 5, Fn. 30.

14.3 Materiell-rechtliche Beurteilung

Staatsexamens. Die Rechtslage ist an sich im Grundsatz geklärt, aufgrund einer breiten verwaltungsgerichtlichen Kasuistik aber nur schwer überschaubar. Zudem ist die Entwicklung der Rechtsprechung von stark einzelfallbezogenen, schwer zu verallgemeinernden und systematisch stimmig zu machenden Beurteilungen geprägt. Dennoch, der Kreis derjenigen Normen, deren **drittschützender Charakter** anerkannt ist, ist vergleichsweise klar umrissen. Es handelt sich dabei um

- die Vorschriften über Abstandsflächen,[3]
  Abstandsflächen sind Grundstücksflächen, die von Bebauung freizuhalten sind. Sie müssen auf dem jeweiligen Grundstück liegen und haben den Zweck, dem Nachbargebäude den Zugang zu Sonne, Licht und Luft zu gewährleisten, das Übergreifen eines Brandes zu verhindern und den Wohnfrieden zu erhalten. Damit sollen sie gerade den jeweiligen Grundstücksnachbarn schützen. Auf konkrete Beeinträchtigungen des Nachbarn kommt es nicht an.
- Festsetzungen über die Art der baulichen Nutzung im Bebauungsplan, der sog. Gebietserhaltungsanspruch,[4]
  Die Gemeinde entscheidet im Grundsatz selbst, ob sie im Bebauungsplan eine Festsetzung zum Schutz Dritter trifft. Der Gebietserhaltungsanspruch (bzw. besser: das Gebietserhaltungs*recht*, Rn. 251) ist allerdings vom Willen der Gemeinde unabhängig und folgt unmittelbar aus den Vorschriften der BauNVO über die Art der baulichen Nutzung. Er rechtfertigt sich aus dem Umstand, dass die Eigentümer von Grundstücken im Geltungsbereich eines Bebauungsplanes eine rechtliche Schicksalsgemeinschaft bilden. Der Anspruch besteht auch bei faktischen Baugebieten nach § 34 Abs. 2 BauGB i. V. m. der BauNVO. Auf eine konkrete Beeinträchtigung des jeweiligen Grundstückseigentümers kommt es nicht an.
- Gebot der Rücksichtnahme.
  Das Gebot der Rücksichtnahme ist u. a. verankert in § 15 Abs. 1 Satz 2 BauNVO, im Merkmal des „Einfügens" nach § 34 Abs. 1 BauGB sowie in § 35 Abs. 3 BauGB als ungeschriebener öffentlicher Belang. Es ist nicht generell drittschützend, sondern nur ausnahmsweise dann subjektiviert, „soweit in qualifizierter und zugleich individualisierter Weise auf schutzwürdige Interessen Rücksicht zu nehmen ist".[5]

Hingegen kommt im Baurecht für den Dritten ein Rückgriff auf sein Eigentumsgrundrecht nach **Art. 14 Abs. 1 GG** regelmäßig **nicht in Betracht**. Nach der Rechtsprechung ist wegen Art. 14 Abs. 1 Satz 2 GG davon auszugehen, dass in den Vorschriften des Bauplanungsrechts die notwendigen Regelungen zur Konfliktbewältigung zwischen Bauherr und Nachbar enthalten sind.[6] Der einfache Gesetzgeber

247

---

[3] Normen: siehe Kap. 4, Fn. 21.
[4] BVerwGE 94, 151 (155).
[5] BVerwGE 67, 334 (339). Erhellende Analyse der Subjektivierung durch das Rücksichtnahmegebot bei *U. Ramsauer*, JuS 2012, 769 (775).
[6] BVerwGE 89, 69 (78).

hat den „Drittschutz" als Inhalt und Schranke des Eigentums ausgestaltet. Insofern hat das einfache Recht Anwendungsvorrang gegenüber Art. 14 GG.

248 Die drittschützende Qualität einer Norm strahlt auf das Erfordernis der **Bestimmtheit** eines Verwaltungsakts nach § 37 Abs. 1 VwVfG aus. Dies ist relevant, wenn Dritte von einem Verwaltungsakt begünstigt oder belastet werden. Die Berechtigung, die aus der drittschützenden Norm folgt, erstreckt sich auf das Bestimmtheitserfordernis. Diejenigen Merkmale, deren genaue Festlegung erforderlich ist, um die Verletzung von Rechtsvorschriften auszuschließen, die auch dem Schutz des Dritten dienen, müssen hinreichend bestimmt sein.[7] Ist dies nicht der Fall, ist die jeweilige drittschützende Norm verletzt und der Verwaltungsakt muss aufgehoben werden.

249 Über die Einzelheiten des baurechtlichen Nachbarschutzes ist an dieser Stelle nichts näher auszuführen; sie finden sich in jedem Lehrbuch zum öffentlichen Baurecht. Wichtig ist die strukturelle Seite. Die Berechtigung, die im öffentlichen Baurecht nach der Schutznormtheorie begründet wird, kann nicht so verstanden werden, dass sie einen positiven Status begründet. Der Dritte, die geschützte Person, erhält nicht das Recht, von der Verwaltung eine bestimmte Leistung zu verlangen. Er kann von der Verwaltung verlangen, dass sie die jeweilige drittschützende Bestimmung des Gesetzesrechts **beachtet**. Seine Berechtigung ist zunächst rein negatorischer Art. Dies ist wichtig für den Fall, dass die Verwaltung gegen die Norm verstößt. Kraft der negatorischen Berechtigung löst die Verletzung der Norm die verschiedenen **Reaktionsansprüche** aus. Insbesondere kann der Dritte, sofern die entsprechende Baugenehmigung dem Bauherrn schon erteilt worden ist, die Aufhebung dieser rechtsverletzenden Maßnahme von der Behörde verlangen. Insofern lässt sich – als Pendant zum Genehmigungsanspruch des Bauherrn nach der BauO – auch von einem Genehmigungsabwehranspruch sprechen.[8] Dies ist kein eigenständiger Anspruch, sondern schlicht eine andere Bezeichnung für den rechtsstaatlich fundierten Aufhebungsanspruch, der dadurch ausgelöst wird, dass die erteilte Genehmigung eine drittschützende Vorschrift verletzt.

250 Die vorstehend geschilderte Situation der Abwehr einer Genehmigung ist nicht identisch mit derjenigen, in der ein bauliches Vorhaben genehmigungsfrei errichtet werden darf. Der Staat wird hier gar nicht tätig. Sofern das Vorhaben vom Eigentümer unter Verstoß gegen die Normen des öffentlichen Baurechts errichtet wird, stellt sich die Frage, ob der Dritte von der Verwaltung verlangen kann, dass sie gegen das Vorhaben einschreitet. Das Begehren ist nicht auf eine kassatorische, sondern auf eine gewöhnliche Leistung gerichtet. Damit ist nicht Falltypus 3, sondern Falltypus 6 einschlägig (siehe Kap. 16).

251 Terminologisch ist es angemessen, die kraft der Schutznormtheorie begründete Berechtigung „Recht", die aus der Verletzung dieses Rechts resultierende Abwehrberechtigung „Anspruch" zu nennen. Diese Terminologie ist beim **Gebietserhaltungsanspruch** allerdings unüblich. Zwar schwankt die Terminologie, es ist aber

---

[7] Vgl. *U. Stelkens*, in: Stelkens/Bonk/Sachs (Hrsg.), VwVfG, 8. Aufl. 2014, § 37 Rn. 4, m. w. N.
[8] *J. Lindner*, Öffentliches Recht, 2. Aufl. 2017, Rn. 1106.

14.3 Materiell-rechtliche Beurteilung

eigentlich immer von einem Anspruch die Rede.[9] Dabei verschmelzen in der damit verbundenen Begriffsbestimmung die Perspektive der Berechtigung mit der Perspektive der Verletzungsreaktion.[10] Es wäre präziser, von einem **Gebietserhaltungsrecht** zu sprechen. Erst die Verletzung dieses Rechts löst einen allgemeinen reaktionsrechtlichen Anspruch aus, den man mit Blick auf die besondere Sachlage Gebietserhaltungsanspruch nennen kann.

14.3.2 Formelle subjektive öffentliche Rechte, insbesondere das Recht auf fehlerfreie Ermessensentscheidung

Das Recht auf fehlerfreie Ermessensentscheidung ist im Rahmen des Falltypus 4 einschlägig, wenn der Erlass des vom Dritten angegriffenen Verwaltungsakts im Ermessen der Behörde steht, etwa bei der Auswahl zwischen mehreren Konkurrenten. Eine praktisch wichtige Konstellation bildet die Vergabe kontingentierter Erlaubnisse.[11] Hier geht die Begünstigung der einen Person oder Personengruppe mit einem Ausschluss der unterlegenen Mitbewerber einher.

252

Die Frage nach dem Bestehen des Rechts auf fehlerfreie Ermessensentscheidung als solchem und nach der Art der damit verbundenen Berechtigung wurde bereits erörtert (Abschn. 6.1.2). Offen ist noch die Frage, welchen Inhalt das Recht im konkreten Fall hat, d. h. welche Anforderungen daraus bei der Falllösung folgen. Es können im Wesentlichen die in der folgenden Übersicht genannten gedanklichen Prüfungsschritte aufgestellt werden. Diese Übersicht bezieht sich auf die behördliche ex-ante-Perspektive, d. h. darauf, was die Behörde tun muss, um das Recht auf fehlerfreie Ermessensentscheidung gar nicht erst zu verletzen. In Falllösungen werden die Anforderungen aus der gerichtlichen ex-post-Perspektive relevant. Dies hat zur Folge, dass sich die Prüfung darauf konzentriert, was die Behörde bei ihrer Entscheidung falsch gemacht hat. Die behördliche ex-ante-Perspektive lässt aber den Inhalt des Rechts auf fehlerfreie Ermessensentscheidung noch deutlicher hervortreten:

253

---

[9] Anspruch auf Gebietserhaltung (*K. Finkelnburg/K. Ortloff/C.-W. Otto*, Öffentliches Baurecht, Bd. 2, 7. Aufl. 2018, § 18 Rn. 6); Gebietsgewährleistungs- oder Gebietserhaltungsanspruch (*S. Muckel/M. Ogorek*, Öffentliches Baurecht, 3. Aufl. 2018, § 10 Rn. 28). Den vom BVerwG entwickelten Grundsatz der Gebietsverträglichkeit (BVerwG, Beschl. v. 28.2.2008, 4 B 60/07, NVwZ 2008, 786 (787); BVerwGE 138, 166 (171 f.)) zu einem Gebiets*prägungs*erhaltungsanspruch zu formen, wie es zum Teil vorgeschlagen wird (*A. Decker*, JA 2007, 55; *S. Muckel/M. Ogorek*, Öffentliches Baurecht, 3. Aufl. 2018, § 10 Rn. 30), halte ich hingegen nicht für überzeugend. Es handelt sich dabei nur um eine Modifizierung der objektiv-rechtlichen Anforderungen, auf die sich der gewöhnliche Gebietserhaltungsanspruch bezieht.

[10] Vgl. BVerwG, Urt. v. 24.2.2000, 4 C 23/98, NVwZ 2000, 1054 (1054 f.): „Auf die Einhaltung der festgesetzten Nutzungsart haben die Kläger einen Rechtsanspruch. Als Eigentümer von Grundstücken, die durch denselben Bebauungsplan ebenfalls als Industriegebiet festgesetzt werden, können sie die Zulassung eines mit der Gebietsfestsetzung unvereinbaren Vorhabens abwehren, weil hierdurch das nachbarliche Austauschverhältnis gestört und eine Verfremdung des Gebiets eingeleitet wird […]".

[11] Vgl. *M. Sachs*, in: Stelkens/Bonk/Sachs (Hrsg.), VwVfG, 8. Aufl. 2014, § 50 Rn. 37.

> **Übersicht: Recht auf fehlerfreie Ermessensentscheidung (Interesse: keine Fremdbegünstigung)**
> (1) Die Norm, auf deren Grundlage die Verwaltung (zu Lasten des Betroffenen) handelt, räumt Ermessen ein.
> (2) Der Tatbestand der Norm ist erfüllt.
> (3) Die Norm begründet konkret für den Betroffenen ein Recht auf fehlerfreie Ermessensbetätigung (Schutznormgedanke).
> (4) Die handelnde Behörde ist zuständig und begeht keinen Verfahrensfehler.
> (5) Es liegt kein Ermessensfehler vor.

254   Zu Punkt 4 (Zuständigkeit und Verfahren): Auf die Beachtung der Zuständigkeitsvorschriften hat der Betroffene ein Recht, das schon unabhängig vom Recht auf fehlerfreie Ermessensentscheidung besteht (Rn. 91). Verfahrensvorgaben sind allerdings nur dann vom Recht auf fehlerfreie Ermessensentscheidung umfasst, wenn das jeweilige Erfordernis in einem Zusammenhang mit den rechtlich geschützten Interessen des Betroffenen steht. Ein Beispiel ist die Frage, ob die Entscheidung über die Zulassung zu einer kommunalen Einrichtung dem Gemeinderat oder im Rahmen der laufenden Angelegenheiten der Verwaltung dem Bürgermeister obliegt. Sofern das Vorliegen einer laufenden Angelegenheit gerade mit Blick auf die grundrechtliche Relevanz der Auswahlentscheidung verneint wird, ist das Recht der Bewerber auf fehlerfreie Ermessensentscheidung auch darauf gerichtet, dass der Gemeinderat entscheidet.[12]

255   Zu Punkt 5: Der Ermessensfehler muss in irgendeinem Zusammenhang mit der Rechtsstellung des Berechtigten stehen. Unterschreitet z. B. die Behörde im Verhältnis zum begünstigten Adressaten des Verwaltungsakts eine gesetzliche Ermessensgrenze (sie bewilligt im Gegensatz zur einschlägigen Satzung einen Marktstand nur für die Hälfte der Veranstaltungszeit) und hat der Berechtigte ein Recht auf fehlerfreie Ermessensentscheidung, so berührt der Ermessensfehler ihn in seiner Rechtsstellung nicht.[13] Sein Recht auf fehlerfreie Ermessensentscheidung ist gewahrt worden.

256   Ein Beispiel soll die mit diesen gedanklichen Schritten verbundenen Überlegungen veranschaulichen: Zwei Verkehrsunternehmen beantragen die Genehmigung zum Linienverkehr mit Kraftfahrzeugen nach § 13 Abs. 1 und 2 PBefG. Diese Norm räumt der Behörde Ermessen bei der Frage ein, welches der antragstellenden Unternehmen den Zuschlag erhält (Punkt 1). Beide Unternehmen erfüllen mit ihren Anträgen die in § 13 Abs. 1 und 2 PBefG aufgeführten Voraussetzungen (Punkt 2). Die Norm begründet für die beiden Antragsteller ein Recht auf fehlerfreie Ermessensentscheidung, weil sie einen Antrag gestellt haben und im Grundsatz zum Kreis der Begünstigten zählen (Punkt 3). Sofern das eine Unternehmen ermessensfehlerhaft ausgewählt wird, etwa weil es den Behördenleiter bestochen hat, liegt ein Ermessensfehler vor (Punkt 5).

---

[12] So verstehe ich jedenfalls BayVGH, Urt. v. 31.3.2003, 4 B 00.2823, NVwZ-RR 2003, 771 (772).
[13] Vgl. BVerwGE 56, 110 (122).

Das Recht des anderen Unternehmens auf fehlerfreie Ermessensentscheidung ist damit verletzt. Die Behörde muss die Entscheidung aufheben und neu entscheiden. Wenn die Auswahlentscheidung hingegen ermessensfehlerfrei getroffen wurde, ist die Rechtsstellung des unterlegenen Unternehmens gewahrt worden.

Auf das komplizierte Zusammenspiel der fehlerfreien Ermessensausübung mit den Anforderungen, die aus **Art. 3 Abs. 1 GG** für staatliche Auswahl- bzw. Vergabeverfahren folgen, wird im Kontext des Falltypus 6 eingegangen (siehe Rn. 310).

14.4 Prozessuale Beurteilung

Wendet sich ein Dritter gegen die Begünstigung, die einem anderen kraft eines Verwaltungsakts zuteil wird, ist die Anfechtungsklage nach § 42 Abs. 1 VwGO **statthaft**. Dies gilt heutzutage als selbstverständlich. Doch ist die Situation komplexer, als die Selbstverständlichkeit suggeriert. Der eine Grund hierfür ist, dass mit der Aufhebung der Baugenehmigung für den Dritten nicht nur eine **Eigenbelastung** abgewehrt, sondern zugleich für ihn eine weitere Leistung erbracht wird, nämlich die **Beseitigung** der **Fremdbegünstigung** des Bauherrn.[14] Dieser Aspekt spielt materiell-rechtlich und prozessual im Ergebnis keine Rolle. Er spiegelt aber sehr schön die materiell-rechtliche Unterscheidung von negativem und positivem Status. Die Zuordnung solcher Drittschutzkonstellationen zur Anfechtungsklage lässt sich auf eine Entscheidung des BVerwG vom 5.10.1965 zurückführen.[15] Dieser Rechtsstreit betraf eine Nachbarklage gegen eine Baugenehmigung. Die Klage stützte sich darauf, dass Vorschriften über den Grenzabstand von Grundstücken verletzt worden seien. Das OVG Nordrhein-Westfalen als Vorinstanz hatte eine **Vornahmeklage** auf Erlass eines Verwaltungsakts im Sinne des § 24 MRVO Nr. 165 als statthaft angesehen (heute: Verpflichtungsklage). Dementsprechend würdigte das Gericht das Anspruchsziel des Klägers in den Bahnen eines Verpflichtungsbegehrens. Die Klage könne, so das Gericht, nur dann begründet sein, wenn die Klägerin ein Recht auf die nachträgliche Aufhebung der Baugenehmigung hätte oder wenn die Behörde noch jetzt ein ihr etwa zustehendes Ermessen nur in der Richtung ausüben dürfte, dass sie die Genehmigung zurücknehme oder widerrufe. Das OVG hatte den Fall also aus der Perspektive einer originären positiven Berechtigung betrachtet und insoweit ein gewöhnliches Leistungsbegehren identifiziert. Dagegen führte das BVerwG aus: „Der gegen die einem anderen erteilte Baugenehmigung mit der öffentlich-rechtlichen Klage vorgehende Nachbar behauptet nicht, ein besonderes Recht zum Tätigwerden der Behörde zu seinen Gunsten zu besitzen. … Im vorliegenden Falle macht aber der Nachbar geltend, durch eine von der Behörde getroffene Maßnahme in seinen Rechten verletzt zu sein."[16] Das BVerwG hebt also heraus, dass der Betroffene in einem Abwehrrecht verletzt sein kann. Damit tritt das Begehren „Beseiti-

---

[14] So konstruktiv *H. Faber*, Verwaltungsrecht, 4. Aufl. 1995, S. 300.
[15] BVerwGE 22, 129.
[16] BVerwGE 22, 129 (131 f.). Wenn demgegenüber *H. Faber*, Verwaltungsrecht, 4. Aufl. 1995, S. 330, die Klage gegen die Fremdbegünstigung als „Mittelding zwischen Anfechtungs- und Verpflichtungsklage" ansieht, verkennt er den – kassatorischen – Leistungsgehalt der Anfechtungsklage.

gung einer Fremdbegünstigung" zurück und das Interesse an der Aufhebung der Eigenbelastung wird überhaupt greifbar.

259 Der andere Grund für die verborgene prozessuale Komplexität der Drittanfechtung ist, dass beim Vorgehen gegen die Begünstigung eines anderen das Begehren eigentlich auch darauf gerichtet ist, die Behörde zu verpflichten, die Baugenehmigung (in Zukunft) zu versagen.[17] Die Rechtsprechung vernachlässigt diesen Aspekt ebenfalls. Er berührt einen praktisch wichtigen Punkt. In der Regel kann aber nicht davon ausgegangen werden, dass die Behörde trotz Aufhebung der Baugenehmigung gewillt ist, sofort eine neue Baugenehmigung zu erlassen. Heutzutage wird auf diese Problematik nicht mehr eingegangen.

260 Im Zusammenhang mit der **Klagebefugnis** nach § 42 Abs. 2 VwGO ist das möglicherweise verletzte subjektive öffentliche Recht des Dritten zu benennen. In der Praxis wie auch in der juristischen Ausbildung ist dies ein Schwerpunkt von Rechtsstreitigkeiten. Mangels Adressierung kann dabei auf die Adressatentheorie nicht abgestellt werden. Vielmehr bedarf es einer gesonderten Begründung, warum ein materielles oder formelles subjektives öffentliches Recht einschlägig ist und verletzt sein kann. Wie bei der Anfechtung durch den Adressaten eines Verwaltungsakts wird der Aufhebungsanspruch, den die Verletzung des Rechts auslöst, in der Regel nicht erwähnt.

261 In der **Begründetheit** der Anfechtungsklage ist im Falltypus 4 bei konsequentem Vorgehen nur das möglicherweise verletzte Recht, das in der Klagebefugnis identifiziert wurde (gegebenenfalls mehrere), zu prüfen. Wenn also eine Baugenehmigung angegriffen wird, spielt zum Beispiel die Frage, ob das Vorhaben überhaupt genehmigungsbedürftig war, für die Begründetheit der Klage eines Nachbarn keine Rolle. Die Frage der Genehmigungsbedürftigkeit muss nicht erörtert werden. Denkbar sind vor diesem Hintergrund allerdings zwei Vorgehensweisen in der Begründetheit. Zum einen kann zunächst **umfassend** die Rechtmäßigkeit der angegriffenen Genehmigung überprüft werden. In einem zweiten Schritt wird dann geprüft, ob die verletzte Bestimmung dem Kläger ein Recht gewährt. Zum anderen kann die Prüfung von vorneherein auf die drittschützende Vorschrift **beschränkt** werden. Dieses Vorgehen ist deutlich effizienter. Da nun einmal die nicht-drittschützenden Normen die Klage des Dritten nicht begründet machen können, wäre selbst eine hilfsweise Erörterung dieser Normen nicht angebracht. In der Ausbildungsliteratur wird dennoch oft geraten, die erste Vorgehensweise zu wählen.[18] Einen wirklichen Grund hierfür gibt es aber nicht. Die Empfehlung scheint eher einer gewissen Unsicherheit über den dogmatischen Hintergrund des Prüfungsprogramms der Anfechtungsklage geschuldet zu sein. Das Vorgehen in der Adressaten-Konstellation wird damit grundlos zum Standardfall der Anfechtung eines Verwaltungsakts verallgemeinert.

262 Sofern die Verletzung des Rechts auf fehlerfreie Ermessensentscheidung geprüft wird, ist darauf zu achten, dass der behördliche Entscheidungsspielraum gewahrt

---

[17] Dafür *K. Obermayer*, JuS 1963, 110 (111).
[18] Wie hier hingegen *D. Ehlers*, in: Ehlers/Schoch (Hrsg.), Rechtsschutz im Öffentlichen Recht, 2009, § 22 Rn. 76.

bleibt. § 114 Satz 1 VwGO dient deshalb in der Begründetheit als Einstiegsnorm in die Würdigung des Ermessens (siehe Abschn. 16.4).

Sofern der Verwaltungsakt rechtswidrig und ein Recht des Klägers verletzt ist, sind die Voraussetzungen des § 113 Abs. 1 Satz 1 VwGO erfüllt und das Gericht hebt den angegriffenen Verwaltungsakt auf. **263**

Falltypus 5: gewöhnliches Leistungsbegehren, auf ein Reaktionsrecht gestützt

Inhaltsverzeichnis

15.1	Merkmale	264
15.2	Anspruch auf Unterlassen eines Realaktes	268
	15.2.1 Beispiele	268
	15.2.2 Materiell-rechtliche Beurteilung	269
	15.2.3 Prozessuale Beurteilung	272
15.3	Anspruch auf Unterlassen eines bevorstehenden Verwaltungsakts	273
	15.3.1 Beispiel	273
	15.3.2 Materiell-rechtliche Beurteilung	274
	15.3.3 Prozessuale Beurteilung	275
15.4	Folgenbeseitigungsanspruch	277
	15.4.1 Beispiele	277
	15.4.2 Materiell-rechtliche Beurteilung	278
	15.4.3 Prozessuale Beurteilung	293
15.5	Vollzugsfolgenbeseitigungsanspruch	294
	15.5.1 Beispiele	294
	15.5.2 Materiell-rechtliche Beurteilung	295
	15.5.3 Prozessuale Beurteilung	296

15.1 Merkmale

Der Falltypus 5 ist komplex und vielgestaltig. Er umfasst verschiedene „**Untertypen**", deren gesonderte Behandlung und Ausprägung zu eigenständigen Typen diskutabel, letztlich jedoch nicht sinnvoll erscheinen. In den Falltypus 5 fallen Leistungsansprüche, die nicht auf Kassation eines Rechtsakts gerichtet sind und deren Entstehung sich nicht der originären Zuweisung eines positiven Status verdankt. Die Ansprüche entstehen aus einer Verletzung des negativen Status. „Leistung" ist hier also die Reaktion auf einen rechtsverletzenden Akt, die nicht in der Aufhebung dieses Akts besteht. Diese Reaktion kann in einem Tun oder Unterlassen bestehen. Beide Verhaltensweisen sind Realakte.

264

265 Die Entscheidung über eine solche Leistung ist eine gebundene und keine Ermessensentscheidung. Ein Ermessen der Behörde, gleichsam ein **Reaktionsermessen**, gibt es im Grundsatz *nicht* (Rn. 72). Zweifel an dieser Annahme erwachsen in Anbetracht eines rechtsverletzenden Verwaltungsakts daraus, dass die Rücknahme eines Verwaltungsakts nach § 48 VwVfG generell in das Ermessen der Behörde gestellt ist. Aber diese Norm bedarf einer differenzierenden Betrachtung (Rn. 232). Sie ändert am Grundsatz, dass es kein Reaktionsermessen gibt, nichts. In der Sache kommt es für das Bestehen eines subjektiven öffentlichen Rechts darauf an, dass die anspruchsbegründende Norm eine Pflicht begründet („Einstandspflicht", siehe Rn. 70) und dass diese Pflicht demjenigen, dessen subjektives öffentliches Recht verletzt wurde, einen Anspruch einräumt. Davon kann beim **Unterlassungs-, Beseitigungs- und Folgenbeseitigungsanspruch** ausgegangen werden (siehe Rn. 39).

266 Für die Bildung der Unterfälle dieses Falltyps ist danach zu unterscheiden, ob eine Unterlassung oder eine Beseitigung der Rechtsverletzung begehrt wird.[1] Sofern eine Beseitigung begehrt wird, ist weiter zu unterscheiden, ob die Beseitigungspflicht durch die Aufhebung eines Verwaltungsakts erfüllt werden kann oder nicht. Sofern die Aufhebung eines Verwaltungsakts begehrt wird, handelt es sich um ein kassatorisches Leistungsbegehren. Damit sind Falltypus 3 und 4 einschlägig. Die übrigen Begehren unterfallen dem Folgenbeseitigungsanspruch. Innerhalb dieses Anspruchs ist zu unterscheiden, ob es um Vollzugsfolgenbeseitigung, d. h. Beseitigung der Folgen des Vollzuges eines rechtswidrigen Verwaltungsakts, oder um gewöhnliche Folgenbeseitigung geht.

267 Zum Teil werden in der Rechtsprechung spezifizierende Begrifflichkeiten verwendet, die dem jeweils einschlägigen Sachbereich entstammen. Beispielsweise ist von einem Anspruch auf Abwehr von Immissionen einer hoheitlich betriebenen Anlage die Rede.[2] Dabei handelt es nicht um einen eigenständigen Anspruch, sondern um eine **Ausprägung** des allgemeinen öffentlich-rechtlichen Unterlassungs- bzw. Beseitigungsanspruchs. Das gleiche gilt für den Anspruch auf Wahrung der Verbandskompetenz, der Mitgliedern von Träger (vor allem) funktionaler Selbstverwaltung zukommen kann und auf Unterlassung solcher Handlungen des Selbstverwaltungsträgers gerichtet ist, die die Verbandskompetenz überschreiten (etwa allgemeinpolitische Äußerungen).[3]

---

[1] Siehe die Übersicht bei *H.-W. Laubinger*, VerwArch 80 (1989), 261 (299).
[2] OVG Berlin-Brandenburg, Urt. v. 11.11.2010, 11 B 24.08, juris, Rn. 20.
[3] Vgl. für Kammern der Selbstverwaltung der Wirtschaft *W. Frotscher/U. Kramer*, Wirtschaftsverfassungs- und Wirtschaftsverwaltungsrecht, 7. Aufl. 2019, Rn. 779. Der gleiche Anspruch kommt Mitgliedern der Studierendenschaft gegenüber ihrem Repräsentativorgan zu, sofern die Studierendenschaft als Körperschaft mit dem Recht zur Selbstverwaltung ausgestaltet ist (etwa § 53 Hochschulgesetz NRW).

15.2 Anspruch auf Unterlassen eines Realaktes

15.2.1 Beispiele

Beispiele für diesen Untertypus des Falltypus 5 sind folgende Anspruchsziele:[4] Einführung zeitlicher Einschränkungen für einen kommunalen Bolzplatz, auf dem spielende Kinder und Jugendliche Lärm verursachen; Unterlassen wirtschaftlicher Betätigung der Gemeinde bei einem Verstoß gegen kommunalrechtliche Bestimmungen;[5] Beschränkung des Kirchturm-Glockenschlagens; Unterlassen der Wiederholung einer unbegründeten Warnung vor E-Zigaretten; Unterlassen der Wiederholung einer ehrverletzenden Äußerung.

268

15.2.2 Materiell-rechtliche Beurteilung

Einschlägige Anspruchsgrundlage ist der öffentlich-rechtliche Unterlassungsanspruch. Er ist durch die Rechtsfolge der Unterlassung gekennzeichnet, die tatbestandlich dadurch ausgelöst wird, dass ein Eingriff in ein subjektives öffentliches Recht droht, der vom Inhaber nicht zu dulden ist.[6] Praktisch wichtige Anwendungsfälle sind die Abwehr öffentlicher Immissionen und die Unterlassung ehrverletzender Äußerungen durch Amtsträger. Der Unterlassungsanspruch ist mit dem Recht, das beeinträchtigt zu werden droht, nicht identisch. Natürlich haben negatorische Rechte – insbesondere Freiheitsgrundrechte, verstanden als Abwehrrechte – ihren Sinn gerade darin, dass der Staat Eingriffe unterlässt. Dieser Pflicht als solcher korrespondiert aber noch kein Anspruch. Sie begründet gerade erst – und nur – den negativen Status der berechtigten Person; man kann sich streiten, ob dieser Status selbst schon mit der Bezeichnung „subjektives Recht" belegt werden kann (siehe dazu schon Rn. 38).[7] Denn er richtet sich unspezifisch gegen alle Staatsgewalt. Erst wenn eine Rechtsverletzung droht oder sogar schon eingetreten ist, entsteht als Reaktion darauf der Unterlassungsanspruch, gerichtet gegen den handelnden Verwaltungsträger.[8] Schon weil aber § 42 Abs. 2 VwGO auch für die Anfechtungsklage von einem verletzten „Recht" spricht, sollte – abgesehen von einer Reihe weiterer Gründe – auch der negative Status als Recht bezeichnet werden.[9]

269

---

[4] Aus der Literatur zur Fallbearbeitung: *A.-P. Heinze*, Systematisches Fallrepetitorium Allgemeines Verwaltungsrecht, 2014, Fall 7 (1. Komplex); *H. Sauer*, Klausurtraining Allgemeines Verwaltungsrecht und Verwaltungsprozessrecht, 2018, Fälle 9, 11.

[5] OVG Nordrhein-Westfalen, Beschl. v. 13.8.2003, 15 B 1137/03, NVwZ 2003, 1520.

[6] Vgl. *H.-W. Laubinger*, VerwArch 80 (1989), 261 (292).

[7] Verneinend *G. Jellinek*, System der subjektiven öffentlichen Rechte (2. Aufl. 1905), 2011, S. 58; *H. Rupp*, Grundfragen der heutigen Verwaltungsrechtslehre, 2. Aufl. 1991, S. 165.

[8] Klare Darlegung bei *C. Enders*, in: Brugger/Gröschner/Lembcke (Hrsg.), Faktizität und Normativität, 2016, S. 109 (117).

[9] Vgl. m. w. N. *M. Fischer*, Die verwaltungsprozessuale Klage im Kraftfeld zwischen materiellem Recht und Prozessrecht, 2011, S. 22.

270   Die bevorstehende oder bereits eingetretene Beeinträchtigung eines subjektiven öffentlichen Rechts löst den **Unterlassungsanspruch** aus. Es kann sich dabei auch um einfachgesetzlich begründete subjektive öffentliche Rechte handeln. Ein Beispiel ist der Verstoß einer Gemeinde gegen drittschützende Vorschriften der Gemeindeordnung über die wirtschaftliche Betätigung.[10]

271   Praktisch bereitet es oft Schwierigkeiten, Unterlassung und Beseitigung klar voneinander **abzugrenzen**. Sofern beispielsweise die Abwehr von Immissionen begehrt wird, kommen als Anspruchsziel die Unterlassung der Immissionen oder eine Beseitigung (etwa der Störquelle) in Betracht. Die Unterscheidung ist von praktischer Relevanz. Sie entscheidet über die Art der **Vollstreckung** des erfolgreichen Urteils. Die Vollstreckung verwaltungsgerichtlicher Urteile erfolgt gemäß § 167 Abs. 1 VwGO nach den Vorschriften der ZPO. Unterlassungsverpflichtungen werden nach § 890 ZPO, Handlungsverpflichtungen (also: Beseitigungsanspruch) nach den §§ 887, 888 ZPO vollstreckt. Dabei kommt es darauf an, ob die Handlung vertretbar (Entfernung einer Sache) ist oder nicht (Widerruf ehrverletzender Äußerung). Im Grundsatz richtet sich die Abgrenzung zwischen Unterlassung und Beseitigung danach, ob bereits eingetretene Störungen beseitigt (Beseitigungsanspruch) oder ob künftige Störungen unterbunden werden sollen (Unterlassungsanspruch).[11] Im erwähnten Beispiel eines störenden Bolzplatzes hatte das Verwaltungsgericht als Vorinstanz die Beseitigung des Bolzplatzes angeordnet. Das OVG hat hingegen nur einen Anspruch auf Beschränkung der Nutzungszeiten angenommen, mit Blick darauf, dass ein gewisser Umfang an Nutzung des Bolzplatzes für die gestörte Eigentümerin zumutbar war.[12] Die störende Gemeinde war nach der Auffassung des Gerichts verpflichtet, die Öffnungszeiten des Bolzplatzes auf bestimmte Stunden zu begrenzen. Ob diese zeitlichen Beschränkungen als Unterlassung oder als Beseitigung fassbar sind, kann durchaus diskutiert werden. Die Verpflichtung selbst betrifft vornehmlich die Unterlassung. Sofern die Gemeinde tätig wird, um der Unterlassungsverpflichtung nachzukommen, betrifft dies die Art und Weise der Unterlassung, d. h. die Mittel, die ergriffen werden müssen, damit die Beeinträchtigung unterlassen werden kann. Für die Fallbearbeitung ist es in solchen Konstellationen zu empfehlen, soweit möglich *sowohl* Unterlassung *als auch* Beseitigung als einschlägigen Anspruchsinhalt anzusehen. So hat in dem bereits erwähnten Beispiel der unzulässigen wirtschaftlichen Betätigung einer Gemeinde das Gericht einen Unterlassungs- und einen Folgenbeseitigungsanspruch angenommen. Dabei lagen die Dinge noch etwas komplizierter, weil die Gemeinde nicht selbst Rechtsträger des Unternehmens war, sondern eine Eigengesellschaft (d. h. ein in privater Rechtsform betriebenes Unternehmen, das zu 100 % der Gemeinde gehört). Die Gemeinde war deshalb nur verpflichtet, so auf die Gesellschaft *einzuwirken*, dass die Gemeinde ihrer Unterlassungs- und Folgenbeseitigungspflicht nachkommen kann. An dem Bestehen der Ansprüche änderte das aber nichts. Man müsste die von der Gemeinde geforderten Handlungen künstlich zerlegen, um die zur Einstellung des Betriebes

---

[10] Normen: siehe Kap. 5, Fn. 30.
[11] Vgl. *H.-W. Laubinger*, VerwArch 80 (1989), 261 (301).
[12] OVG Berlin-Brandenburg, Urt. v. 11.11.2010, 11 B 24.08, juris.

erforderlichen aktiven Handlungen in ein Tun und ein Unterlassen aufzuspalten. Deshalb bringt die Kombination von Unterlassungs- und Folgenbeseitigungspflicht das Geschuldete adäquat zum Ausdruck.

15.2.3 Prozessuale Beurteilung

Der öffentlich-rechtliche Unterlassungsanspruch wird mit der allgemeinen Leistungsklage geltend gemacht. Die Prüfung der Begründetheit folgt dem Muster des reaktionsrechtlichen Leistungsanspruch-Aufbaus (siehe Rn. 185).

15.3 Anspruch auf Unterlassen eines bevorstehenden Verwaltungsakts

15.3.1 Beispiel

Ein Beispiel für diesen Falltypus:[13] Die Bauordnungsbehörde kündigt dem Eigentümer an (etwa im Rahmen einer Anhörung nach § 28 VwVfG), die Beseitigung seines Wohnhauses anzuordnen. Es handele sich um einen Schwarzbau. Der Eigentümer wendet zu Recht ein, dass der Bau alle rechtlichen Voraussetzungen wahrt und dass eine wirksame Genehmigung vorliegt. Er möchte, dass die Beseitigungsverfügung nicht ergeht.

15.3.2 Materiell-rechtliche Beurteilung

Die Unterlassung des Erlasses des Verwaltungsakts ist ein Realakt. Für die Abwehr solcher Realakte steht der öffentlich-rechtliche Unterlassungsanspruch zur Verfügung. Er ist gegeben, wenn eine Verletzung eines subjektiven öffentlichen Rechts unmittelbar bevorsteht oder bereits eingetreten ist. Im Beispielsfall würde mit der Beseitigungsverfügung auf rechtswidrige Weise das Grundrecht des Eigentümers aus Art. 14 Abs. 1 GG beeinträchtigt werden. Der genehmigte Bau genießt den Schutz dieses Grundrechts. Damit besteht ein öffentlich-rechtlicher Unterlassungsanspruch. Die Rechtsbeeinträchtigung ist noch nicht gegeben, d. h. der Unterlassungsanspruch wird **vorbeugend** geltend gemacht.[14] Gründe für den Ausschluss des Anspruchs sind nicht einschlägig.

---

[13] Aus der Literatur zur Fallbearbeitung: *A.-P. Heinze*, Systematisches Fallrepetitorium Allgemeines Verwaltungsrecht, 2014, Fall 9 (vorbeugender Unterlassungsanspruch eines unterlegenen Mitbewerbers gegen die Ernennung eines Beamten).
[14] Zur vorbeugenden Funktion des Unterlassungsanspruchs u. a. *J. Lindner*, Öffentliches Recht, 2. Aufl. 2017, Rn. 1257 ff.

15.3.3 Prozessuale Beurteilung

275 Die prozessuale Durchsetzung dieses Anspruchs scheidet in der Regel aus. An sich wäre die **allgemeine Leistungsklage** statthaft, weil das Begehren auf ein Unterlassen als Realakt gerichtet ist. Auch eine vorbeugende Feststellungsklage nach § 43 Abs. 1 VwGO ist denkbar.[15] Doch letztlich sind beide Klagen aus den gleichen Gründen unzulässig. Dies ergibt sich aus einer prozessualen Erwägung zum Sinn und Zweck der **Anfechtungsklage** nach § 42 Abs. 1 VwGO. Erlässt die Behörde die vom Betroffenen vorab beanstandete Verfügung, so löst dies einen gegen den Rechtsträger der Behörde gerichteten Anspruch auf Aufhebung der Verfügung aus. Der Unterlassungsanspruch wandelt sich in einen Aufhebungsanspruch um (dazu gleich näher im Kontext des Folgenbeseitigungsanspruchs, Rn. 279). Statthaft ist dann die Anfechtungsklage. **Falltypus 3** ist einschlägig. Doch stellt sich die Frage, ob das Prozessrecht tatsächlich beide Klagemöglichkeiten eröffnet. Sie ist von erheblicher praktischer Relevanz; hier zeigt sich die innere Architektonik des verwaltungsgerichtlichen Rechtsschutzes. Natürlich wäre es am einfachsten, die abzuwehrende Verfügung würde gar nicht erst ergehen. Der vorbeugende Rechtsschutz kommt den Interessen des Betroffenen am meisten entgegen. Allerdings wird das Rechtsinstitut der Anfechtungsklage so interpretiert, dass es gegenüber der vorbeugenden Unterlassungsklage vorrangig ist. Wäre die vorbeugende Unterlassungsklage ohne Einschränkungen zulässig, würde dies die Anfechtungsklage überflüssig machen. Im Übrigen müssten sich die Verwaltungsgerichte, wäre die Unterlassungsklage in solchen Fällen zulässig, sicherlich auch mit Streitigkeiten beschäftigen, in denen es am Ende doch nicht zum Erlass eines Verwaltungsakts gekommen wäre. Auch steht im Falle eines vorbeugenden Begehrens die endgültige Gestalt des zu erlassenden Verwaltungsakts nicht in jedem Falle schon fest. Schließlich kann nicht ausgeschlossen werden, dass sich der Adressat des Verwaltungsakts nach dessen Erlass aufgrund der **Begründung** (§ 39 VwVfG) davon überzeugen lässt, dass der Verwaltungsakt rechtmäßig ist. Das ist schließlich deren Funktion.

276 Der Betroffene muss also den Erlass der Verfügung abwarten. Der Rechtsschutz kommt damit natürlich in gewisser Hinsicht immer zu spät. Verwaltungsgerichtlicher Rechtsschutz soll im Grundsatz erst einsetzen, wenn die Verwaltung eine Entscheidung getroffen hat. Die vorbeugende Unterlassungsklage ist deshalb schon **unstatthaft**; nach anderer Auffassung ist sie statthaft, aber es besteht kein Rechtsschutzbedürfnis.[16] So oder so ist sie unzulässig. Das gleiche gilt für eine vorbeugende Feststellungsklage nach § 43 VwGO. Eine Ausnahme kann nur gemacht werden, wenn das Abwarten für den Betroffenen unzumutbar ist.[17] Der Unterlassungsanspruch ist im Regelfall also nicht prozessual durchsetzbar, bleibt aber bestehen.

---

[15] Vgl. *W.-R. Schenke*, AöR 95 (1970), 223 (223); *C. Ule*, VerwArch 65 (1974), 291 (291).

[16] Siehe etwa *C. Ule*, VerwArch 65 (1974), 291 (303); *W.-R. Schenke*, AöR 95 (1970), 223 (244, 249). Zur materiell-rechtlichen Lage *H.-U. Gallwas*, Faktische Beeinträchtigungen im Bereich der Grundrechte, 1970, S. 130.

[17] BVerwGE 26, 23 (25); 81, 329 (347); 132, 64 (72).

15.4 Folgenbeseitigungsanspruch

15.4.1 Beispiele

Beispiele für diesen Untertypus des Falltypus 5 sind folgende Anspruchsziele:[18] Rückbau des rechtswidrigen Überbaus eines Anliegergrundstücks durch eine öffentliche Straße; Wiederverbringung eines Ausländers nach Deutschland, nachdem der Ausländer rechtswidrig abgeschoben wurde; Mitteilung, dass eine erteilte Auskunft rechtswidrig war; Entschuldigung nach der ehrverletzenden Äußerung eines Amtsträgers oder einer Behörde.

277

15.4.2 Materiell-rechtliche Beurteilung

Verletzt die Verwaltung ein subjektives öffentliches Recht des Berechtigten, löst dies den öffentlich-rechtlichen Anspruch auf Beseitigung der Rechtsverletzung aus. Der öffentlich-rechtliche Beseitigungsanspruch ist auf Herstellung des Zustandes gerichtet, der bestehen würde, wenn die eingetretene Rechtsverletzung nicht mehr vorhanden wäre.[19] Das heißt nichts anderes, als dass der Berechtigte so zu stellen ist, dass er in Zukunft nicht mehr beeinträchtigt ist. Dieser Anspruch wird als solcher allerdings selten herangezogen, um die praktisch einschlägigen Fälle zu bewältigen. Dies ist darauf zurückzuführen, dass der Beseitigungsanspruch verschiedene Ausprägungen hat, mit denen die meisten Rechtsverletzungen abgedeckt werden. Ist die Rechtsverletzung auf einen Verwaltungsakt zurückzuführen, greift der **Anspruch auf Aufhebung** des Verwaltungsakts (Falltypus 3 und 4). Für bestimmte Beeinträchtigungen, die auf Realakte zurückzuführen sind, hat es sich eingebürgert, den **Folgenbeseitigungsanspruch** heranzuziehen. Auf ihn konzentriert sich die folgende Darstellung. Der Anspruch auf Rückgängigmachung des Vollzuges eines rechtswidrigen Verwaltungsakts wird im Anschluss daran erörtert.

278

Der Beseitigungsanspruch wird teilweise als Fortsetzung des **Unterlassungsanspruchs** angesehen. Der Unterlassungsanspruch soll sich im Falle einer erfolgten Rechtsverletzung in den Beseitigungsanspruch umwandeln.[20] Dem wird entgegengehalten, dass der Unterlassungsanspruch mit der Verletzung nicht untergehe, aber mit der Beseitigung der Beeinträchtigung (als Akt gedacht) komme der Staat der Unterlassungspflicht nach.[21] Doch auch diese Sicht überzeugt nicht ganz. Abgese-

279

---

[18] Aus der Literatur zur Fallbearbeitung: *E. Heyen/P. Collin/I. Spiecker Döhmann*, 40 Klausuren aus dem Verwaltungsrecht, 11. Aufl. 2017, 2. Klausur.
[19] *J. Schwabe*, Probleme der Grundrechtsdogmatik, 2. Aufl. 1997, S. 199, im Anschluss an *W. Müller*, Beseitigungs- und Unterlassungsansprüche im Verwaltungsrecht, 1967, S. 58 ff.
[20] So noch die Konstruktion bei *F. Weyreuther*, in: Ständige Deputation des Deutschen Juristentages (Hrsg.), Verhandlungen des 47. Deutschen Juristentages Nürnberg 1968, Band I (Gutachten), 1968, S. 1 (85).
[21] *W. Müller*, Beseitigungs- und Unterlassungsansprüche im Verwaltungsrecht, 1967, S. 61; *F. Schoch*, VerwArch 79 (1988), 1 (36); *W. Höfling*, VVDStRL 61 (2002), 260 (270); *J. Schwabe*, Probleme der Grundrechtsdogmatik, 2. Aufl. 1997, S. 198.

hen davon, dass sie an einem Denken in Akten orientiert ist (dazu Rn. 286): Solche Überlegungen können vor allem veranschaulichen, was negatorischer Schutz eigentlich bedeutet. Es wäre aber verfehlt, den Beseitigungsanspruch dogmatisch auf den Unterlassungsanspruch zurückzuführen. Beide Ansprüche stehen insofern nebeneinander, als sie, verstanden als Reaktionsrechte, in der negatorischen Funktion des jeweiligen Rechts ihren Grund haben.[22] Sie schützen gleichermaßen den negativen Status des Einzelnen, der, wie erwähnt, eine allgemeine Pflicht des Staates zur Unterlassung von Beeinträchtigungen begründet.

280 Beim **Folgenbeseitigungsanspruch** bestehen nicht unerhebliche Unklarheiten über seine Zielrichtung und seine Reichweite. Die Schwierigkeiten sind im Wesentlichen darauf zurückzuführen, dass in mehrfacher Hinsicht seine Abgrenzung zu ähnlichen Ansprüchen nicht abschließend geklärt ist: zum öffentlich-rechtlichen Beseitigungsanspruch, zum deliktischen Schadenersatzanspruch kraft Amtshaftung und zum öffentlich-rechtlichen Erstattungsanspruch. Diese Unklarheiten sind auf den ersten Blick nicht erkennbar, da Tatbestand und Rechtsfolgen des Folgenbeseitigungsanspruchs eigentlich recht übersichtlich dargestellt werden können:[23] Tatbestandlich sind demnach erforderlich: (1) die Beeinträchtigung eines subjektiven öffentlichen Rechts, (2) durch hoheitliches Handeln, (3) ohne Duldungspflicht, (4) die einen rechtswidrigen Zustand bewirkt. Auf der Rechtsfolgenseite stehen (1) Beseitigung der unmittelbaren Folgen, (2) keine rechtliche oder tatsächliche Unmöglichkeit der Beseitigung, (3) kein Mitverschulden. Ein anschauliches Beispiel aus der Rechtsprechung bilden die zahlreichen Fälle zur Einweisung von Obdachlosen in leerstehende Wohnungen. Sie haben in der Rechtspraxis die Entstehung und Entwicklung des Folgenbeseitigungsanspruchs geprägt. Wenn der Staat mittels einer Verfügung gegenüber dem Eigentümer Obdachlose in eine Wohnung einweist, die Verfügung sich aber später als rechtswidrig erweist und die geschützten Personen die Wohnung nicht verlassen, dann steht dem Eigentümer ein Folgenbeseitigungsanspruch zu. Die Verwaltung muss dafür sorgen, dass die Bewohner die Wohnung wieder verlassen. Je nach prozessualer Konstellation kann dieser Anspruch durch einen Antrag nach § 113 Abs. 1 Satz 2 VwGO oder mittels der allgemeinen Leistungsklage geltend gemacht werden. Das gleiche gilt, wenn die Verfügung gar nicht rechtswidrig ist, aber befristet war. Wenn die vorgesehene Frist abläuft und sich die eingewiesenen Personen noch in der Wohnung befinden, fehlt es zwar an einer rechtswidrigen Verfügung. Doch wird hierfür auf das Kriterium des „rechtswidrigen Zustands" abgestellt, so dass der Tatbestand der Anspruchsnorm ebenfalls erfüllt ist. Dem Eigentümer steht somit ein Folgenbeseitigungsanspruch zu.

281 Über die Lösung solcher Fälle besteht also durchaus Einigkeit. Dennoch ist die Reichweite des Folgenbeseitigungsanspruchs umstritten. Die nicht ganz geklärte Abgrenzung zum öffentlich-rechtlichen Erstattungsanspruch wurde bereits erörtert (Rn. 77). Die Abgrenzung zum deliktischen Schadenersatzanspruch, konkret also

---

[22] Vgl. *D. Röder*, Die Haftungsfunktion der Grundrechte, 2002, S. 226.
[23] Siehe etwa *C. Bumke*, JuS 2005, 22 (22); *W. Brugger*, JuS 1999, 625 (625); *V. Mehde*, Jura 2017, 783.

15.4 Folgenbeseitigungsanspruch

zur Amtshaftung nach Art. 34 GG i. V. m. § 839 BGB, ist wichtig, weil der Folgenbeseitigungsanspruch anerkanntermaßen nicht verschuldensabhängig ist. Der Folgenbeseitigungsanspruch muss deshalb auf der Ebene der Rechtsfolge einen Abstand zum verschuldensabhängigen Schadenersatz wahren. Im Grundsatz lässt sich der Unterschied zwischen diesen beiden Ansprüchen dadurch veranschaulichen, dass der Schadenersatz auf die **Zukunft** gerichtet ist und die **Herstellung** – nicht Wiederherstellung – eines Zustands betrifft, der vorher gar nicht bestanden haben muss.[24] Hingegen betrifft der Folgenbeseitigungsanspruch die **Wiederherstellung** eines Zustands, der in der **Vergangenheit** bereits bestanden hat. Oder um es noch einmal anders zu formulieren: Der negatorische Anspruch zielt auf Wiederherstellung der Rechtsintegrität durch einen *actus contrarius*.[25] Insofern können der Unterlassungs- und der Beseitigungsanspruch als (grundrechtlicher) Integritätsanspruch zusammengefasst werden.[26] Demgegenüber stellt der Schadenersatz nur ein Surrogat dafür bereit, dass ein Wertverlust eingetreten ist.[27]

Doch innerhalb der vergangenheitsorientierten Wiederherstellung, die mit dem Folgenbeseitigungsanspruch verbunden ist, stellt sich ein weiteres Abgrenzungsproblem: Wie verhält sich der Folgenbeseitigungsanspruch zum Beseitigungsanspruch? Was soll es bedeuten, dass er gerade auf die Beseitigung von „Folgen" gerichtet ist? Die Obdachloseneinweisung macht deutlich, wo insofern die Trennlinie zwischen unproblematischer und problematischer Anwendung des Folgenbeseitigungsanspruchs verläuft. Ist die Verfügung rechtswidrig, lässt sich der Aufenthalt der betroffenen Personen so denken, dass er unmittelbar mit der rechtswidrigen Maßnahme verknüpft ist. Die Entfernung der Person ist das negatorische Anspruchsziel, das aus der Rechtsverletzung erwächst. Anders liegen aber die Dinge, wenn die Einweisung rechtmäßig ist, aber die vorgesehene Zeit abgelaufen ist. In gewisser Hinsicht ist ein negatorisches Anspruchsziel, das an einer Rechtsverletzung anknüpfen könnte, nicht identifizierbar. Die Verwaltung wird gar nicht tätig, handelt also schon deshalb gar nicht rechtswidrig.

Die Rechtsprechung zieht den Anwendungsbereich des Folgenbeseitigungsanspruchs recht weit. Dahinter steht wohl das Empfinden, es bestehe eine Schutzlücke zwischen einem eng verstandenen negatorischen Schutz und der Verschuldenshaftung nach § 839 BGB. In der Literatur wird deshalb zum Teil der Folgenbeseitigungsanspruch als **restitutorischer** Beseitigungsanspruch dem negatorischen Beseitigungsanspruch gegenübergestellt.[28] Als restitutorischer Anspruch

---

[24] Vgl. *K. Bettermann*, DÖV 1955, 528 (535); *F. Weyreuther*, in: Ständige Deputation des Deutschen Juristentages (Hrsg.), Verhandlungen des 47. Deutschen Juristentages Nürnberg 1968, Band I (Gutachten), 1968, S. 1 (21). *H. Maurer/C. Waldhoff*, Allgemeines Verwaltungsrecht, 19. Aufl. 2017, § 30 Rn. 1.
[25] *H. Rupp*, Grundfragen der heutigen Verwaltungsrechtslehre, 2. Aufl. 1991, S. 261.
[26] *F. Schoch*, VerwArch 79 (1988), 1 (37).
[27] *H. Rupp*, Grundfragen der heutigen Verwaltungsrechtslehre, 2. Aufl. 1991, S. 261.
[28] *W. Höfling*, VVDStRL 61 (2002), 260 (270); *M. Morlok*, DV 25 (1992), 371 (381).

diene er nicht der „primären Unrechtsbeseitigung".[29] Demnach wäre strikt ein Dreiklang von Unterlassungs-, Beseitigungs- und Folgenbeseitigungsanspruch anzunehmen. Andere lehnen die Möglichkeit einer solchen Trennung ab und unterscheiden innerhalb des Folgenbeseitigungsanspruchs eine negatorische und eine restitutorische Funktion.[30]

284   Auch für diejenigen, die dem Folgenbeseitigungsanspruch eine restitutorische Funktion zusprechen, soll es aber im Unterschied zur **Naturalrestitution** nicht darum gehen, den Betroffenen so zu stellen, wie er ohne den zum Ersatz verpflichtenden Umstand stehen würde.[31] Diese Bestimmung ist weitgehend konsentiert. Vergleichsweise plastisch ist der Unterschied an folgendem Beispiel erkennbar:[32] Ein Lehrer bestand das 2. Staatsexamen erst im zweiten Versuch und beantragte dann die Einstellung in den Schuldienst. Allerdings war die erste Prüfung, wie sich später herausstellte, rechtswidrig. Der Lehrer kann beanspruchen, dass die erste Prüfungsentscheidung aufgehoben wird (Beseitigungsanspruch); er hat aber keinen Folgenbeseitigungsanspruch darauf, so gestellt zu werden, als hätte er bereits die erste Prüfung bestanden. Das wäre Schadenersatz. Dass das BVerwG in einer älteren Entscheidung einen Vergleich mit § 249 Abs. 1 BGB hergestellt hat, um die Rechtsfolge des Folgenbeseitigungsanspruchs zu präzisieren, spricht nicht gegen diese Sicht. Das Gericht wollte insofern nur rechtfertigen, dass der Anspruch auf Ausgleich in natura und nicht auf Geldausgleich gerichtet ist.[33] Der Folgenbeseitigungsanspruch ist insoweit, wie erwähnt, auf Wiederherstellung des vor dem Eingriff bestehenden Zustands gerichtet. Dieses Anspruchsziel kann von Schadenersatz (in der Form der Naturalrestitution) abstrakt unterschieden werden – auch wenn die Wiederherstellung praktisch darauf hinauslaufen kann.

285   Allerdings ist der Begriff der Restitution nicht gut geeignet, das Problemfeld dogmatisch zu strukturieren. Er hat keine starke Kontur. Besser ist es deshalb, dem Folgenbeseitigungsanspruch wie dem Beseitigungsanspruch ausschließlich eine **negatorische Funktion** zuzuschreiben.[34] Differenzierungen zwischen einem negatorischen (Folgen-)Beseitigungsanspruch und einem restitutorischen Folgenbeseitigungsanspruch sind womöglich auch einem zu sehr an § 1004 BGB ausgerichteten Verständnis von „Negation" geschuldet. Nach umstrittener Auslegung richtet sich dieser Anspruch auf Beseitigung der Störungsquelle, wobei dieses Kriterium, so Teile der Literatur, vom BGH sehr weitreichend interpretiert wird.[35] Es würde zu

---

[29] *M. Morlok*, DV 25 (1992), 371 (381). Die vom Folgenbeseitigungsanspruch erfasste Wiederherstellung zwischen Negation und Schadenersatz bei *M. Hoffmann-Becking*, JuS 1972, 509 (513).

[30] *F. Schoch*, VerwArch 79 (1988), 1 (46).

[31] *F. Schoch*, DV 34 (2001), 261 (271) m. w. N. aus der Rechtsprechung; *F. Schoch*, Jura 1993, 478 (484); *M. Baldus/B. Grzeszick/S. Wienhues*, Staatshaftungsrecht, 4. Aufl. 2013, Rn. 21.

[32] BVerwG, Beschl. v. 6.2.1987, 2 B 12/87, BayVBl. 1987, 541.

[33] BVerwGE 69, 366 (371).

[34] Wie hier *H.-W. Laubinger*, VerwArch 80 (1989), 261 (299); *H. Rupp*, JA 1979, 506 (508).

[35] Grundlegend *E. Picker*, Der negatorische Beseitigungsanspruch, 1972. Instruktive Darstellungen bei *H. Westermann/A. Staudinger*, Sachenrecht, 13. Aufl. 2017, Rn. 64 ff.; *J. Baur/R. Stürner*, Sachenrecht, 18. Aufl. 2009, § 12 Rn. 20 f. Die Kasuistik ist unüberschaubar. Beispielhaft lässt sich

15.4 Folgenbeseitigungsanspruch

weit führen, an dieser Stelle die zivilrechtliche und die verwaltungsrechtliche Rechtsprechung näher zu vergleichen und eventuelle Parallelitäten herauszuarbeiten. Für das Vorgehen in juristischen Prüfungsarbeiten ist es ausreichend, das Problem zu erkennen. Die vorstehend genannte Definition des Folgenbeseitigungsanspruchs kann ohne Weiteres verwendet werden.

Dass ein – nicht zu eng – negatorisch verstandener Folgenbeseitigungsanspruch jedenfalls keinen geringen Anwendungsbereich hat, dafür spricht eine wichtige Überlegung. Die staatshaftungsrechtliche Diskussion um den Folgenbeseitigungsanspruch ist stark durch ein Denken in „Akten" geprägt. Dabei ist in den Hintergrund getreten, dass die negatorischen Ansprüche, gleichsam begrifflich, auf Abwehr einer *Rechtsverletzung*, nicht eines *Akts*, gerichtet sind.[36] Die Rechtsverletzung ist natürlich in der Regel auf ein Verhalten des Staates zurückzuführen. Oft kann deshalb der negatorische Anspruch nur dadurch *erfüllt* werden, dass die Maßnahme aufgehoben wird. Insbesondere dann, wenn die Rechtsverletzung durch einen Verwaltungsakt herbeigeführt wurde, funktioniert diese Art der Erfüllung. „Folgen" hat eine solche Rechtsverletzung eigentlich gar nicht. Der Vollzug des Verwaltungsaktes ist nicht Folge der Rechtsverletzung, sondern des Erlasses des Verwaltungsakts. Der gebräuchliche Ausdruck „Vollzugsfolgenbeseitigungsanspruch" für den Anspruch nach § 113 Abs. 1 Satz 2 VwGO ist insofern missverständlich. Der Gesetzeswortlaut hingegen bringt den Zusammenhang treffend zum Ausdruck. Der Vollzug des Verwaltungsaktes stellt die tatsächliche Seite der normativen Rechtsverletzung dar; er ist ebenso zu beseitigen wie die Rechtsverletzung selbst. Auch der Folgenbeseitigungsanspruch ist an der **Beseitigung der Rechtsverletzung** orientiert. Der Anspruch auf Aufhebung eines rechtsverletzenden Verwaltungsakts ist nur eine besondere Ausprägung eines allgemeinen Beseitigungsanspruchs. Von „Folgen" ist eigentlich nur die Rede, und dies ist beim Vollzugsfolgenbeseitigungsanspruch am deutlichsten, wenn die Aufhebung des Rechtsakts nicht hinreichend die Rechtsverletzung beseitigt (oder anders gesagt, das Integritätsinteresse des Verletzten nicht vollständig befriedigt). Die negatorische Funktion des Beseitigungsanspruchs ist also sowohl einschlägig, wenn die Rechtsverletzung durch Aufhebung des rechtsverletzenden Akts direkt beseitigt wird, als auch dann, wenn Folgen der Rechtsverletzung, soweit durch den Rechtsakt hervorgerufen, in Rede stehen.

Diese Klarstellung erfasst aber wohl nicht alle Fälle, die dem Anwendungsbereich des Folgenbeseitigungsanspruchs unterfallen. Die rechtfertigungsbedürftige Erweiterung, die ohne Frage zur Grenze des negatorischen Bereichs führt (aber nicht überschreitet), verbirgt sich im Merkmal des „**rechtswidrigen Zustands**". Wie gesehen, hat dieses Merkmal die Funktion, Situationen in den Anwendungsbe-

286

287

---

auf eine Entscheidung des BGH verweisen, wonach der Anspruch aus § 1004 BGB im Falle eines umgekippten Öllasters auch die Beseitigung der Verseuchung des Bodens umfassen soll (dazu *Westermann/Staudinger*, a. a. O.). Dies steht in einer deutlichen Spannung zu dem anerkannten Schulbeispiel, dass im Falle einer Sprengung auf dem Nachbargrundstück zwar die Beseitigung von Steinen verlangt werden kann, die auf das Grundstück fliegen, nicht aber der Ersatz zersprungener Scheiben (*D. Medicus/J. Petersen*, Bürgerliches Recht, 26. Aufl. 2017, Rn. 629).

[36] Deshalb ist auch die strikte Unterscheidung von Aufhebungs- und Beseitigungsanspruch, so etwa *C. Gusy*, ZJS 2008, 233 (235 f.), nicht überzeugend.

reich des Anspruchs zu ziehen, bei denen kein rechtswidriger Akt ergangen ist oder es jedenfalls nicht auf den Erlass eines solchen Akts ankommt.[37] Doch ist die Vorstellung eines rechtswidrigen Zustands unbefriedigend. Zustände mögen rechtlich missbilligt, nicht gewollt sein. Aber eigentlich können nur *Handlungen* rechtmäßig oder rechtswidrig sein. Hinter dem Kriterium des „rechtswidrigen Zustands" verbirgt sich vielmehr eine Wertung: Trotz eines an sich rechtmäßigen Handelns hat die Verwaltung ein subjektives öffentliches Recht beeinträchtigt. Wenn die eingewiesenen Personen die Wohnung nach Ablauf der Einweisungsverfügung noch nutzen, dann kann die damit verbundene Beeinträchtigung des Eigentums des Wohnungsinhabers dem Staat zugerechnet werden. Denn er hat diese Situation veranlasst. Letztlich greift hier die Idee einer staatlichen Garantenstellung: Die Behörde ist für die Wohnung verantwortlich, weil sie die Einweisung verfügt hat. Dadurch ist eine „hoheitlich begründete Zustandsverantwortlichkeit" entstanden.[38] Das Unterlassen einer Verfügung, gerichtet gegen die Insassen, begründet die Annahme eines rechtswidrigen Zustands.

288   Eine derartige Konstruktion des Merkmals „rechtswidriger Zustand" ist allerdings nicht konsentiert. Manche Autoren stellen für den Fall, dass die Frist abläuft, auf die Einweisungsverfügung selbst, d. h. auf aktives Tun, ab. Mit Ablauf der Frist lebe nur die ursprüngliche Unterlassungspflicht wieder auf.[39] Diese Konstruktion hat aber verschiedene Nachteile: Sie beruht wohl auf der problematischen Annahme einer Ableitung der Beseitigungspflicht aus der Unterlassungspflicht (siehe oben), und sie verschleiert eine wichtige Wertungsfrage. Der Kausalzusammenhang zwischen der behördlich verfügten Einweisung und dem Aufenthalt der Personen in der Wohnung ist dadurch unterbrochen worden, dass sich diese Personen nach Ablauf der Frist dazu entschlossen haben, entgegen der Einweisungsverfügung in der Wohnung zu verbleiben. Das könnte dagegen sprechen, einen Folgenbeseitigungsanspruch anzunehmen, denn eigentlich liegt kein auf die Verwaltung zurückzuführender hoheitlicher Eingriff, sondern ein Eingriff durch Private vor. Deren Handeln wird aber aufgrund der besonderen Situation dem Staat **zugerechnet**. Diese Wertung würde untergehen, wenn ohne Weiteres auf eine Verletzung einer ursprünglichen Unterlassungspflicht durch Erlass der Verfügung abgestellt werden würde. Wenn das Kriterium des rechtswidrigen Zustands im Sinne einer Garantenstellung interpretiert wird, bleibt der negatorische Charakter des Folgenbeseitigungsanspruchs erhalten: Es liegt eine Rechtsverletzung durch den Staat vor, die mittels des Folgenbeseitigungsanspruchs abgewehrt wird. Die Obdachlosen-Fälle sind dann

---

[37] Vgl. *H. Rupp*, JA 1979, 506 (510); *H. Köckerbauer*, JuS 1988, 782 (785). *F. Weyreuther*, in: Ständige Deputation des Deutschen Juristentages (Hrsg.), Verhandlungen des 47. Deutschen Juristentages Nürnberg 1968, Band I (Gutachten), 1968, S. 1 (67), macht hier den Unterschied von Vollzugsfolgenbeseitigungsanspruch (rechtswidriger Verwaltungsakt) und Folgenbeseitigungsanspruch (rechtswidriger Zustand) fest. Hingegen verwendet *K. Bettermann*, DÖV 1955, 528 (535), das Merkmal auf der Rechtsfolgenseite zur Begrenzung des Anspruchs: Es gehe nicht um alle Folgen eines rechtswidrigen Verwaltungsakts und seiner Vollziehung, sondern nur des geschaffenen rechtswidrigen Zustands.

[38] *C. Bumke*, JuS 2005, 22 (22 f.).

[39] *V. Mehde*, Jura 2017, 783 (785); *F. Schoch*, VerwArch 79 (1988), 1 (43).

15.4 Folgenbeseitigungsanspruch

nicht eine auf der Rechtsfolgenseite angesiedelte restitutorische Ausdehnung eines an sich negatorischen Anspruchs, sondern dessen tatbestandliche Präzisierung.

Ein negatorisches Verständnis des Folgenbeseitigungsanspruchs steht allerdings der verbreiteten Sicht entgegen, dass der Anspruch durch **Mitverschulden** entsprechend § 254 BGB beschränkt sein kann. Die Rechtsprechung bejaht dies.[40] Für einen negatorischen Anspruch, der selbst kein Verschulden voraussetzt und gleichsam eine rechtslogische Struktur zum Ausdruck bringt, kann Mitverschulden keine begrenzende Rolle spielen. Diese Rechtsprechung ist deshalb nicht überzeugend.

Gegenüber Realakten, die ein Recht (des negativen Status) verletzen, macht die Unterscheidung von Beseitigungs- und Folgenbeseitigungsanspruch keinen Sinn. Ein Anspruch auf **Beseitigung eines Realakts** ist bei genauerer Betrachtung denknotwendig ausgeschlossen. Was einmal geschehen ist, ist vorbei. Handlungen sind mit ihrem Vollzug abgeschlossen. Sie haben Folgen, die unter Umständen Gegenstand des negatorischen Anspruchs auf Folgenbeseitigung werden können. Die Handlung selbst kann nicht mehr rückgängig gemacht werden. Die Uhr des Zeitlaufs lässt sich nicht zurückdrehen. Wenn z. B. ein Ministerium auf seiner Internetseite eine womöglich rechtswidrige Warnung veröffentlicht hat, besteht das Rechtsschutzziel, die Beseitigung der Warnung, nicht darin, die Veröffentlichung als rechtsverletzende Handlung zu beseitigen. Die Behörde soll eine neue Handlung vornehmen und die Warnung wieder entfernen. Ein andauerndes Tun kann mit einem Anspruch auf Unterlassen abgewehrt werden. Ein rechtsverletzendes Unterlassen (innerhalb des negativen Status) ist wohl nicht denkbar. Es würde sicherlich keine spezifische Pflicht auf „Beseitigung" des Unterlassens auslösen, sondern wiederum nur auf Beseitigung der Folgen des Unterlassens.

Gerade der Umstand, dass ein rechtsverletzender Realakt selbst in der Regel nicht mehr ungeschehen gemacht werden kann, ist wohl für manche Autoren Anlass, dem Folgenbeseitigungsanspruch eine restitutorische Funktion zuzuschreiben. Da aber diese „Restitution" immer noch – vergangenheitsorientiert – daran ausgerichtet ist, eine Rechtsverletzung zu beseitigen und nicht etwa ihre Folgen zu reparieren, rechtfertigt sich die Zuordnung des Anspruchs zum negatorischen Bereich. Dies gilt etwa für Ansprüche auf Unterlassung und Widerruf ehrverletzender Äußerungen oder den Immissionsabwehranspruch.[41]

Die übliche **Terminologie** hat Schwierigkeiten, diese Zuordnung abzubilden. Während der Vollzugsfolgenbeseitigungsanspruch die Aufhebung des rechtsverletzenden Verwaltungsaktes ergänzt, fehlt es beim rechtsverletzenden Realakt an einer vergleichbaren Möglichkeit der Aufhebung. Es hat sich dennoch eingebürgert, im Falle des Vorgehens gegen die Folgen eines Realakts von einer Abwehr durch den *Folgen*beseitigungsanspruch zu sprechen.

---

[40] So etwa BVerwG, Urt. v. 25.8.1971, IV C 23.69, DÖV 1971, 857 (859); so etwa auch *F. Weyreuther*, in: Ständige Deputation des Deutschen Juristentages (Hrsg.), Verhandlungen des 47. Deutschen Juristentages Nürnberg 1968, Band I (Gutachten), 1968, S. 1 (98); ablehnend *W.-R. Schenke*, JuS 1990, 370; *F. Schoch*, VerwArch 79 (1988), 1 (53).

[41] Vgl. *F. Schoch*, Jura 1993, 478 (480).

15.4.3 Prozessuale Beurteilung

293 Der Folgenbeseitigungsanspruch wird mit der allgemeinen Leistungsklage geltend gemacht.

15.5 Vollzugsfolgenbeseitigungsanspruch

15.5.1 Beispiele

294 Beispiele für diesen Untertypus des Falltypus 5 sind folgende Anspruchsziele:[42] Rückgabe einer rechtswidrig sichergestellten Sache; Rückzahlung zu Unrecht erhobener Gebühren; Zulassung zu einer bereits zugesagten Wiederholungsprüfung, die wegen einer rechtswidrigen Exmatrikulation nicht angetreten werden konnte[43].

15.5.2 Materiell-rechtliche Beurteilung

295 Einschlägige Anspruchsgrundlage ist der Folgenbeseitigungsanspruch. Der Vollzugsfolgenbeseitigungsanspruch ist lediglich eine besondere Ausprägung des Folgenbeseitigungsanspruchs. § 113 Abs. 1 Satz 2 VwGO begründet nicht den Vollzugsfolgenbeseitigungsanspruch, sondern setzt das Bestehen dieses Anspruchs voraus.[44]

15.5.3 Prozessuale Beurteilung

296 Der Vollzugsfolgenbeseitigungsanspruch wird nicht mittels einer eigenständigen Klage geltend gemacht. Der Anfechtungskläger muss, zusätzlich zur Klageerhebung, einen Antrag nach § 113 Abs. 1 Satz 2 VwGO stellen. Es liegt eine **Stufenklage** vor (auch: uneigentliche Antragshäufung): Der Antrag nach § 113 Abs. 1 Satz 2 VwGO wird für den Fall gestellt, dass der Antrag auf Aufhebung des Verwaltungsakts nach § 113 Abs. 1 Satz 1 VwGO Erfolg hat. Stellt der Kläger den Antrag nach § 113 Abs. 1 Satz 2 VwGO erst im Laufe des Verfahrens, gilt dies nicht als Klageänderung, sondern als eine nach § 264 Nr. 3 ZPO zulässige Ergänzung der Klage.[45]

297 Wenn die Voraussetzungen des Vollzugsfolgenbeseitigungsanspruchs gegeben sind, muss das Verwaltungsgericht die Behörde zur Beseitigung der Folgen verurteilen. Das Wort „kann" in § 113 Abs. 1 Satz 2 VwGO hat den Sinn, die Befugnis des Gerichts zu einer solchen Verurteilung zu begründen. Es ist nicht so zu verstehen, dass dem Gericht Ermessen eingeräumt wäre.

---

[42] Aus der Literatur zur Fallbearbeitung: *A.-P. Heinze*, Systematisches Fallrepetitorium Allgemeines Verwaltungsrecht, 2014, Fälle 8 (2. Komplex), 11, 12.
[43] VG Würzburg, Urt. v. 14.5.2014, W 2 K 13.963, juris.
[44] Vgl. *F. Brosius-Gersdorf*, JA 2010, 41.
[45] *W.-R. Schenke/R. Schenke*, in: Kopp/Schenke (Hrsg.), VwGO, 25. Aufl. 2019, § 113 Rn. 93.

Falltypus 6: gewöhnliches Leistungsbegehren, Reaktion auf Verletzung eines formellen subjektiven öffentlichen Rechts

Inhaltsverzeichnis

16.1 Beispiele 298
16.2 Merkmale 299
16.3 Materiell-rechtliche Beurteilung 301
    16.3.1 Recht auf fehlerfreie Ermessensentscheidung 301
    16.3.2 Besonderheit: Erstrebt wird nicht nur eine Eigenbegünstigung, sondern auch eine Fremdbelastung 311
    16.3.3 Besonderheit: Ermessensreduktion auf Null 320
    16.3.4 Die Vergabe von Subventionen 329
16.4 Prozessuale Beurteilung 335
    16.4.1 Recht auf fehlerfreie Ermessensentscheidung 337
    16.4.2 Besonderheit: Ermessensreduktion auf Null 347
    16.4.3 Die Vergabe von Subventionen 349

16.1 Beispiele

Beispiele für den Falltypus 6 sind folgende Anspruchsziele:[1] Erteilung einer (verweigerten) Subvention, deren Vergabebedingungen durch Verwaltungsvorschriften festgelegt sind; Erteilung eines (verweigerten) Baudispenses; Zugang zu öffentlichen Einrichtungen der Gemeinde bei erschöpfter Kapazität; Veranlassung der Baubehörde zu prüfen, ob gegen Bauherrn eingeschritten wird (gegebenenfalls ist auch das Einschreiten selbst das Anspruchsziel); Veranlassung der Polizei zu prüfen, ob

298

---

[1] Aus der Literatur zur Fallbearbeitung: *A.-P. Heinze*, Systematisches Fallrepetitorium Allgemeines Verwaltungsrecht, 2014, Fälle 3 (2. Komplex), 4 (2. u. 3. Komplex), 10 (1. Komplex), 17 (3. Komplex), 21 (3. Komplex); *H. Sauer*, Klausurtraining Allgemeines Verwaltungsrecht und Verwaltungsprozessrecht, 2018, Fälle 1, 10, 12.

sie gegen eine Hausbesetzung einschreitet (wiederum mit dem denkbaren weitergehenden Anspruchsziel des Einschreitens selbst); Einsicht in die Akten eines Verwaltungsverfahrens durch einen Nicht-Beteiligten; Einstellung als Beamter.

16.2 Merkmale

299 Die Merkmale des Falltypus 6 sind: Der Betroffene begehrt eine Leistung, die nicht darin besteht, dass das Gericht einen Verwaltungsakt aufhebt. Der Betroffene hat keinen Anspruch auf diese Leistung, aber ein Recht darauf, dass die Verwaltung ermessensfehler- oder beurteilungsfrei über seinen Antrag auf Erbringung der Leistung entscheidet. Die Leistung kann in einem Realakt oder in einem Verwaltungsakt bestehen, wobei praktisch oft der Erlass eines Verwaltungsakts in Frage steht. Dieser Verwaltungsakt ist entweder, als begünstigender Verwaltungsakt, an den Berechtigten gerichtet oder er ist, als belastender Verwaltungsakt, an eine dritte Person gerichtet. In beiden Fällen stellt der Erlass des Verwaltungsakts eine **Leistung** dar, die im **Interesse des Berechtigten** zu erbringen ist. Ein Unterschied zwischen diesen beiden Alternativen ergibt sich daraus, dass die Beteiligung einer dritten Person, zumal wenn diese Person belastet werden soll, Einfluss auf die Ausgestaltung des Anspruchs hat. Denn in der Regel wird mit der begehrten Leistung in die Rechte dieser Person eingegriffen, so dass die Verwaltung wegen des Vorbehalts des Gesetzes gegenüber dieser Person nur handeln darf, wenn sie sich auf eine gesetzliche Eingriffsermächtigung stützen kann.

300 Für den Fall, dass sich das gewöhnliche Leistungsbegehren auf eine *gebundene* Entscheidung der Behörde bezieht, wurde im Vorstehenden danach unterschieden, ob das Begehren auf einen Realakt oder auf den Erlass eines Verwaltungsakts gerichtet ist – Falltypus 1 oder 2. Nunmehr könnte entsprechend naheliegen, dass, indem das gewöhnliche Leistungsbegehren auf eine *Ermessensnorm* gestützt wird, gewissermaßen spiegelbildlich ebenfalls nach Realakt und Verwaltungsakt unterschieden werden muss (mit der daran geknüpften prozessualen Aufspaltung auf allgemeine Leistungsklage und Verpflichtungsklage). Praktisch zielt das Begehren in den meisten Fällen aber auf den Erlass eines Verwaltungsaktes. Dies hängt damit zusammen, dass das Ermessen in der Regel im Rahmen eines Verwaltungsverfahrens betätigt wird, das auf den Erlass eines Verwaltungsakts gerichtet ist. Die wenigen Fälle, in denen dies nicht der Fall ist,[2] rechtfertigen nicht die Etablierung eines weiteren Falltypus, zumal keine wesentlichen Unterschiede bestehen. Realakte können insofern vernachlässigt werden.

---

[2] Bsp. nach *H. Sauer*, Klausurtraining Allgemeines Verwaltungsrecht und Verwaltungsprozessrecht, 2018, Rn. 482: Zulassung zu einem Markt nach § 70 GewO, dessen Durchführung von der Gemeinde einer Eigengesellschaft übertragen wurde. Der Berechtigte kann nur verlangen, dass die Gemeinde im Sinne des Rechts auf fehlerfreie Ermessensentscheidung auf die Gesellschaft einwirkt (= Realakt).

16.3 Materiell-rechtliche Beurteilung

16.3.1 Recht auf fehlerfreie Ermessensentscheidung

Die vorstehend genannten Beispiele lassen sich in zwei Fallgruppen aufteilen, die eine unterschiedliche Behandlung erfordern. Auf der einen Seite stehen die Fälle, in denen jemand für sich eine Begünstigung erstrebt, ohne dass damit zwingend Belastungen für andere verbunden sind (es kann aber sein): die Subvention, die Akteneinsicht, die Beamtenernennung. Begehrt wird primär eine **Eigenbegünstigung**. Sehr oft handelt es sich um eine Situation der Konkurrenz um staatliche Güter, mögen dies öffentliche Einrichtungen, beschränkte Lizenzen oder Stellen im öffentlichen Dienst sein. Auf der anderen Seite stehen die Fälle, in denen jemand – im eigenen Interesse – primär eine **Fremdbelastung** begehrt. Die Unterscheidung ist sicherlich nicht ganz trennscharf, aber sie erlaubt es, einige rechtsdogmatische Probleme auseinanderzuhalten. Auch kann in konkreten Fällen beides in Kombination auftreten, wenn etwa der unterlegene Bewerber für eine Beamtenstelle begehrt, dass die Ernennung des Konkurrenten rückgängig gemacht wird und er selbst ernannt wird. Das Begehren der Eigenbegünstigung wird im Folgenden als Ausgangspunkt gewählt, während auf die Fremdbelastung gesondert eingegangen wird (unter Abschn. 16.3.2).

301

Die rechtliche Ausgangssituation in den eben genannten Beispielsfällen der erstrebten Eigenbegünstigung lässt sich wie folgt beschreiben: Die Verwaltung ist nicht verpflichtet, die Leistung zu erbringen, die der Interessent begehrt, aber sie kann dies tun. Der Interessent hat mangels gebundener Entscheidung kein materielles subjektives öffentliches Recht auf die begehrte Leistung. Sein tatsächliches Interesse ist auf diese Leistung gerichtet, aber das rechtlich geschützte Interesse bleibt dahinter zurück. Das Recht schützt ihn, wenn überhaupt, nur insoweit, als das Ermessen in seinem Sinne auszuüben ist. Die Ermessensnorm gewährt dann ein subjektives öffentliches **Recht auf fehlerfreie Ermessensentscheidung**, ein formelles subjektives öffentliches Recht.

302

Eine Ermessensnorm gewährt ein subjektives öffentliches Recht auf fehlerfreie Ermessensentscheidung, wenn sie nicht nur dem öffentlichen Interesse, sondern auch dem Interesse des betroffenen Bürgers zu dienen bestimmt ist (Rn. 104). Das Recht ist darauf gerichtet, dass die Behörde, sofern die Tatbestandsvoraussetzungen der Norm erfüllt sind, **ohne Ermessensfehler** entscheidet. Das tatsächliche Interesse des Interessenten kann auf die Abwehr einer Fremdbegünstigung gerichtet sein (im Zusammenhang mit der Abwehr einer Eigenbelastung). Das Recht auf fehlerfreie Ermessensentscheidung ermöglicht diese Abwehr. Sie ist Gegenstand des Falltypus 4. Im Falltypus 6 hingegen lassen sich zunächst diejenigen Konstellationen bündeln, in denen das tatsächliche Interesse des Berechtigten, wie erwähnt, darauf gerichtet ist, eine **Eigenbegünstigung** zu erlangen.

303

Das Recht auf fehlerfreie Ermessensentscheidung muss auf irgendeine Weise bei der Behörde geltend gemacht werden – also mit einem **Antrag**. In den einschlägigen Konstellationen ist ein Antragsrecht nur teilweise geregelt. Die Gemeindeordnungen regeln kein Verfahren für Anträge auf Zulassung zu öffentlichen Einrichtungen, die

304

Bauordnungen kein Verfahren für Anträge auf baupolizeiliches Einschreiten. Aber das bedeutet nicht, dass die Stellung eines solchen Antrages ausgeschlossen wäre. Es gilt das **VwVfG** des jeweiligen Landes (oder des Bundes). Mit der Antragstellung wird der Interessierte Beteiligter nach § 13 Abs. 1 Nr. 1 VwVfG, sofern es sich nicht nur um eine Anregung handelt.[3] Damit ist nicht automatisch die Pflicht der Verwaltung verbunden, ein Verwaltungsverfahren durchzuführen.[4] Eine solche Pflicht besteht nach § 22 Nr. 1 VwVfG aber dann, wenn der Antrag auf die Verwirklichung eines Rechts des Antragstellers gerichtet ist, sei es ein materielles subjektives öffentliches Recht oder ein Recht auf fehlerfreie Ermessensentscheidung.[5] Dies dürfte sich daraus rechtfertigen, dass der Antragsteller, wie bereits gezeigt wurde, ein Recht auf Bescheidung des Antrages hat (Abschn. 12.3.1). Ob das Recht wirklich besteht, ist in der Situation der Antragstellung irrelevant, denn dies soll ja erst im Verfahren geprüft werden. Auch wenn somit kein gesetzliches Antragsrecht normiert ist, muss davon ausgegangen werden, dass mit der Antragstellung ein Verwaltungsverfahren durchzuführen ist.

305   Das Prüfprogramm sieht wie folgt aus, wobei wie schon beim Falltypus 4 (Abschn. 14.3.1) die behördliche ex-ante-Perspektive gewählt wird:

> **Übersicht: Recht auf fehlerfreie Ermessensentscheidung (Interesse: Eigenbegünstigung)**
> (1) Die Norm räumt Ermessen ein.
> (2) Der Tatbestand derjenigen Norm, auf deren Grundlage die Verwaltung handelt, ist erfüllt.
> (3) Die Norm begründet für den Antragsteller ein Recht auf fehlerfreie Ermessensbetätigung (Schutznormtheorie).
> (4) Die handelnde Behörde ist zuständig und begeht keinen Verfahrensfehler.
> (5) Es liegt kein Ermessensfehler vor.

306   Zu Punkt 1: Dies kann ausdrücklich formuliert („kann" etc.) oder das Ergebnis einer Auslegung sein. Hierbei ist insbesondere zu beachten, dass Normen, die in ihrer gesetzlichen Formulierung eine gebundene Entscheidung statuieren, in Ermessensnormen umschlagen können: wenn sie auf die Gewährung einer staatlichen Leistung bezogen sind und diese Leistung nur beschränkt zur Verfügung steht. Das klassische Beispiel ist die Nutzung einer kommunalen öffentlichen Einrichtung. Die entsprechenden Anspruchsnormen normieren regelmäßig eine gebundene Entscheidung und begründen für die Gemeindeeinwohner ein Recht auf die Nutzung der Einrichtung (Rn. 205). Falltypus 2 ist insofern einschlägig (wobei, sofern der Zugang privatrechtlich ausgestaltet ist, die 2-Stufen-Theorie erforderlich ist, um die öffentlich-rechtli-

---

[3] *J. Martens*, Die Praxis des Verwaltungsverfahrens, 1985, Rn. 93, der sich dagegen ausspricht, in solchen Fällen generell von einer bloßen Anregung auszugehen.
[4] *U. Ramsauer*, in: Kopp/Ramsauer (Hrsg.), VwVfG, 19. Aufl. 2018, § 9 Rn. 29.
[5] *U. Ramsauer*, in: Kopp/Ramsauer (Hrsg.), VwVfG, 19. Aufl. 2018, § 22 Rn. 26.

che Zulassungsentscheidung über das Ob herauszuschälen). Wenn aber die Kapazitäten der Einrichtung erschöpft sind, wird die Gemeinde nicht etwa von allen Verpflichtungen freigesetzt, sondern sie muss über die Vergabe der vorhandenen Kapazitäten nach pflichtgemäßem Ermessen entscheiden. Den Besonderheiten des Schulwesens ist es geschuldet, dass im Schulrecht diskutiert wird, ob und in welchen Grenzen ein Anspruch auf überkapazitäre Zuweisung besteht, wenn die Auswahlentscheidung bei der Vergabe von Schulplätzen rechtswidrig ist.[6]

Zu Punkt 3: Ein Anhaltspunkt für die Annahme eines Rechts auf fehlerfreie Ermessensentscheidung ist in der vorstehend behandelten Konstellation der Kapazitätserschöpfung der Umstand, dass bei bestehender Kapazität ein Recht auf Zulassung bestehen würde – also muss im Falle einer Ermessensentscheidung ein Recht auf fehlerfreie Ermessensausübung bestehen. Für die Punkte 4 und 5 gilt zudem das Erfordernis, dass der jeweilige Fehler in irgendeinem Zusammenhang mit der Rechtsstellung des Berechtigten stehen muss (siehe Rn. 255).

307

Ein Beispiel soll dies veranschaulichen: Ein Analphabet möchte eingebürgert werden. Die sogenannte Anspruchseinbürgerung nach § 10 StAG, bei der die Behörde kein Ermessen hat und die dementsprechend ein materielles subjektives öffentliches Recht auf Einbürgerung begründet, scheidet aus. Denn die Voraussetzung des § 10 Abs. 1 Nr. 6 StAG, dass der Antragsteller über ausreichende Kenntnisse der deutschen Sprache verfügt, ist nicht erfüllt. Gemäß § 10 Abs. 4 Satz 1 StAG muss die deutsche Sprache auch in Schriftform beherrscht werden. Einschlägig ist aber die sogenannte Ermessenseinbürgerung nach § 8 StAG. Diese Norm räumt wegen der Rechtsfolgenanordnung „kann" Ermessen ein (Punkt 1). Der Antragsteller erfüllt alle im Tatbestand genannten Voraussetzungen (Punkt 2). Ihm steht ein Recht auf fehlerfreie Ermessensentscheidung zu (Punkt 3). Obwohl die Ausübung des Ermessens nach § 8 StAG maßgeblich durch öffentliche Interessen geprägt ist, begründet die Norm aufgrund der erheblichen Bedeutung der Staatsangehörigkeit für die Lebensverhältnisse eines Menschen diese Rechtsstellung für den Antragsteller.[7] Es ist kein Ermessensfehler, bei der Entscheidung nach § 8 StAG die fehlenden schriftlichen Sprachkenntnisse zu Lasten des Antragstellers zu berücksichtigen, jedenfalls wenn der Antragsteller zumutbare Anstrengungen zum Erwerb der Schriftkenntnisse nicht unternommen hat.[8] Eine entsprechend begründete Zurückweisung des Antrags beeinträchtigt die Rechtsstellung des Antragstellers nicht.

308

Wird der Antrag durch Bescheid abgelehnt und verletzt der Bescheid das Recht auf fehlerfreie Ermessensentscheidung, entsteht ein **Reaktionsrecht** auf Aufhebung des Bescheids. Mit der Aufhebung des Bescheids lebt zugleich der Bescheidungsanspruch wieder auf (siehe Rn. 203).

309

Von der Ermessensbindung einer behördlichen Entscheidung zu unterscheiden ist die Verpflichtung, bei der Entscheidung höherrangiges Recht und dabei

310

---

[6] Vgl. BVerfG (K), Beschl. v. 12.3.2019, 1 BvR 2721/16, NVwZ 2019, 1276 (1278).
[7] Zu beiden Aspekten K. *Hailbronner/J. Hecker*, in: Hailbronner/Maaßen/Hecker u. a. (Hrsg.), Staatsangehörigkeitsrecht, 6. Aufl. 2017, § 8 Rn. 51.
[8] BVerwG, Urt. v. 27.5.2010, 5 C 8/09, NVwZ 2010, 1502 (1504 f.).

insbesondere die Grundrechte zu wahren. Bei Auswahlentscheidungen kommt dabei **Art. 3 Abs. 1 GG** eine gewisse Bedeutung zu. Das Recht aus Art. 3 Abs. 1 GG spielt bei der Vergabe von Subventionen eine wichtige Rolle, weil die Behörden sich hier oft durch Vergaberichtlinien selbst beschränken (dazu unter Abschn. 16.3.4). Es greift aber auch unabhängig davon. Das BVerwG hat in einer älteren, vieldiskutierten Entscheidung („Schleusenfall") angenommen, dass dann, wenn der Betroffene kein Recht auf fehlerfreie Ermessensbetätigung habe, auch ein Anspruch auf Gleichbehandlung ausscheide.[9] Diese Annahme ist allerdings nicht überzeugend. Die beiden Rechtspositionen, das Recht auf fehlerfreie Ermessensentscheidung und das Recht auf Gleichbehandlung aus Art. 3 Abs. 1 GG, bestehen unabhängig voneinander. So kann zwar Art. 3 Abs. 1 GG dafür sprechen, dass im Rahmen eines Auswahlermessens geeignete Bewerber zumindest ein Recht auf fehlerfreie Ermessensentscheidung haben.[10] Selbst wenn aber ein solches Recht verneint wird, steht den Bewerbern kraft Art. 3 Abs. 1 GG noch das Recht zu, dass die Behörde ihre Auswahlentscheidung willkürfrei, d. h. nicht ohne sachlichen Grund trifft. Art. 3 Abs. 1 GG wird nicht gleichsam konsumiert, sollte die Norm interpretativ relevant für die Ermessensnorm sein. So hat das OVG Rheinland-Pfalz entschieden, dass im juristischen Staatsexamen bei der Entscheidung über die Zulassung von Hilfsmitteln einem juristischen Fachverlag, der gerne seine Kommentare einbringen möchte, kein Recht auf fehlerfreie Ermessensentscheidung zustehe (u. a. weil die einschlägigen Vorschriften der rheinland-pfälzischen JAPO kein Antragsrecht für die Verlage vorsehen). Aber gleichwohl könne der Verlag nach Art. 3 Abs. 1 GG verlangen, dass über seinen Antrag willkürfrei entschieden werde.[11]

16.3.2 Besonderheit: Erstrebt wird nicht nur eine Eigenbegünstigung, sondern auch eine Fremdbelastung

311   Wie erwähnt, ist es auch denkbar, dass der Interessent primär eine **Fremdbelastung** erstrebt. Beispielsweise möchte er, dass gegen den Bauherrn, der rechtswidrig baut, behördlich eingeschritten wird. In einem solchen Fall werden zwangsläufig Interessen und womöglich auch Rechte Dritter beeinträchtigt. Überhaupt ist das polizeiliche oder ordnungsbehördliche Einschreiten gegen Dritte das Paradebeispiel für diese Konstellation. Deshalb soll diese Fallgruppe direkt anhand der bauordnungsrechtlichen Problematik veranschaulicht werden.

---

[9] BVerwGE 39, 235 (238 f.). *J. Pietzcker*, JuS 1982, 106 (110) ist der Auffassung, dass gerade das Recht auf Gleichbehandlung ein Recht auf fehlerfreie Ermessensentscheidung begründen kann; demgegenüber plädiert *M. Sachs*, in: Steinbach (Hrsg.), Verwaltungsrechtsprechung, 2017, S. 115 (118), zu Recht für völlige gegenseitige Unabhängigkeit. So auch *Kempny/Reimer*, Die Gleichheitssätze, 2012, S. 157.
[10] Unklar BVerfGE 116, 1 (12); deutlich in diesem Sinne *J. Pietzcker*, JuS 1982, 106 (110).
[11] OVG Rheinland-Pfalz, Urt. v. 2.3.2012, 10 A 11181/11, DVBl. 2012, 695 (697); bestätigt durch BVerwG, Beschl. v. 7.8.2012, 6 B 22/12, NVwZ 2012, 1416.

16.3 Materiell-rechtliche Beurteilung

Die Bauaufsichtsbehörden haben nach dem einschlägigen Instrumentarium verschiedene Mittel zum Einschreiten: Einstellung der Bauarbeiten, Nutzungsuntersagung, Beseitigungsverfügung.[12] Die Maßnahmen stehen im Ermessen der Behörde. Tatbestandlich wird in der Regel ein Verstoß gegen öffentlich-rechtliche Vorschriften – insbesondere natürlich diejenigen des Bauplanungs- und Bauordnungsrechts – vorausgesetzt. Zu diesen Vorschriften zählen auch diejenigen über die Genehmigungsbedürftigkeit von Vorhaben. Die Ermessensausübung ist durch den Grundsatz der Verhältnismäßigkeit gegenüber dem Adressaten und durch den Vorrang des Gesetzes beschränkt.

312

Hieraus ergeben sich erste Einschränkungen des Rechts auf fehlerfreie Ermessensentscheidung. Dem Adressaten der begehrten Verfügung gegenüber – d. h. dem Bauherrn – dürfen die Maßnahmen nicht unverhältnismäßig oder sonst rechtswidrig sein. Insbesondere dürfen sie seine Grundrechte nicht verletzen. Wenn die Behörde mit Blick auf die Position des Belasteten nicht einschreiten darf, ist der Verzicht auf ein Einschreiten im Verhältnis zum Berechtigten nicht ermessensfehlerhaft und das Recht auf fehlerfreie Ermessensentscheidung kann von vorneherein nicht verletzt sein. Denn sonst wäre es möglich, dass die in der einen Hinsicht (Interessent) „richtige" Ermessensentscheidung zu einer in der anderen Hinsicht (dem Adressaten gegenüber) falschen Entscheidung führt.

313

Der Tatbestand der Befugnisnormen ist in der Konstellation des „Rechts auf Einschreiten" von unmittelbarer Relevanz für die Begründung des Rechts auf fehlerfreie Ermessensentscheidung. Denn wenn das Vorhaben gegen eine drittschützende Norm verstößt (im Baurecht z. B. das Gebietserhaltungsrecht oder die Vorgaben über Abstandsflächen), dann muss die Behörde ihr Ermessen auch im Interesse dieses Dritten, also des benachbarten Grundstückseigentümers, ausüben. Der Dritte hat ein Recht auf fehlerfreie Ermessensentscheidung. In subjektiv-rechtlicher Hinsicht ist diese Konstellation also durch eine eigenartige **doppelte Relevanz** der Schutznormtheorie gekennzeichnet (die oft nicht gesehen wird):[13] Die Verletzung einer drittschützenden Vorschrift löst eine *weitere* Berechtigung aus, nämlich das Recht auf fehlerfreie Ermessensbetätigung. Die Schutznormtheorie kommt hier also zweimal zur Anwendung. Sie dient erstens dazu, im Tatbestand die verletzte Norm zu subjektivieren, und sie subjektiviert zweitens auf der Rechtsfolgenseite die Bestimmung über die Ermessensausübung.

314

Dass diese Zweistufigkeit häufig vernachlässigt wird, hängt vermutlich damit zusammen, dass das bei der Anfechtungsklage im Vordergrund stehende Eingriffsabwehrmuster (siehe Rn. 186), das auch beim Vorgehen des Dritten gegen die Baugenehmigung im Vordergrund steht (Drittanfechtung, siehe Falltypus 4, Rn. 261), unbesehen auf den Falltypus 6 übertragen wird. Es besteht aber ein struktureller Unterschied zwischen Falltypus 4 und Falltypus 6. Im Falltypus 6 hat die Behörde

315

---

[12] Normen: Art. 75, 76 BayBO; §§ 64, 65 LBO BW, §§ 81, § 82 HBO; §§ 75, 76 HBauO, § 59 BauO SH, § 79 NBauO; §§ 79, 80 SächsBO; §§ 78, 79 BauO LSA; §§ 78, 79 ThürBO; §§ 80, § 81 LBauO Rh.-Pf.; §§ 81, 82 LBO SL; §§ 79, 80 LBauO MV; §§ 79, 80 BauO Bln.

[13] Wie hier etwa *K. Finkelburg/K. Ortloff/C.-W. Otto*, Öffentliches Baurecht, Bd. 2, 7. Aufl. 2018, § 17 Rn. 26, § 20 Rn. 3; *J. Lindner*, Öffentliches Recht, 2. Aufl. 2017, Rn. 991.

ein Ermessen, das **wie ein Reaktionsermessen** wirkt (zum Reaktionsermessen Rn. 72). Demgegenüber reicht im Falltypus 4 die alleinige Bezugnahme auf die Schutznormtheorie auf der Ebene der verletzten Norm praktisch aus, weil der Aufhebungsanspruch auf der Rechtsfolgenseite zwingende Folge der Verletzung ist. Wenn die Behörde selbst tätig wird und eine Baugenehmigung unter rechtswidriger – d. h. nicht durch § 31 BauGB gedeckter – Abweichung von einer drittschützenden Vorschrift erteilt, dann entsteht für den Dritten ein Reaktionsrecht auf Aufhebung der Baugenehmigung – Falltypus 4. Wenn das Vorhaben aber gar nicht genehmigungsbedürftig ist und der Bauherr unter Verstoß gegen eine drittschützende Vorschrift baut, löst dies zunächst nur eine behördliche Handlungsbefugnis aus. Es gibt keinen Hoheitsakt, durch dessen Kassation das Integritätsinteresse des Dritten befriedigt werden könnte. Die bauaufsichtliche Befugnisnorm statuiert keine gebundene Entscheidung. Eine Handlungspflicht der Behörde besteht zunächst also nicht – Falltypus 6. Die Rechtsprechung sieht in dieser Konstellation eine (im Bereich des Baurechts) auf Art. 14 Abs. 1 Satz 2 GG gestützte, verfassungsgemäße Ausgestaltung des Eigentums.[14] Dennoch kann es sein, dass das Ermessen auf Null reduziert ist (dazu Abschn. 16.3.3). Folgt man dieser Linie, würde allerdings nicht schon die Beeinträchtigung der nachbarschützenden Vorschrift als solche die Ermessensreduktion auf Null auslösen, sondern es kommt auf das tatsächliche Ausmaß der damit verbundenen Störung an.[15]

316   Eine vergleichbare Problematik besteht, insofern die Tatbestandsmerkmale polizeilicher Befugnisse zum Einschreiten **Verstöße gegen Grundrechte** aufnehmen. Das klassische Beispiel ist die rechtswidrige Einweisung Obdachloser in eine Wohnung. Aus der Perspektive der polizeilichen Befugnisnorm, in der Regel die polizeiliche Generalklausel,[16] stellt sich die Situation so dar: Kraft der Verletzung des Eigentumsgrundrechts ist ein polizeiliches Schutzgut berührt, ein privates Recht. Unter dem Aspekt der Aufgabenzuweisung gilt hier zwar der Vorrang gerichtlichen Schutzes,[17] aber dieser Vorrang greift wiederum unter bestimmten Voraussetzungen nicht. Der Tatbestand der polizeilichen Befugnisnorm ist erfüllt, die Polizei kann gegen die Personen, die sich in der Wohnung aufhalten, einschreiten. Aber sie hat Ermessen. Der Eigentümer des Grundstücks hat ein Interesse am Einschreiten der Polizei. Weil die rechtswidrige Einweisung sein Eigentumsrecht verletzt, hat er ein Recht darauf, dass die Polizei ihr Ermessen in

---

[14] So BVerwGE 11, 95 (96).
[15] BVerwGE 11, 95 (97).
[16] Art. 11 Abs. 1 bayPAG; Art. 7 Abs. 2 u. 3 bayLStVG; § 10 Abs. 1 BbgPolG; § 13 Abs. 1 bbgOBG; § 17 Abs. 1 berlASOG; § 10 Abs. 1 BremPolG; § 3 bwPolG; § 3 hambSOG; § 11 HSOG; § 13 mvSOG; § 11 Nds. SOG; § 8 Abs. 1 nwPolG; § 14 Abs. 1 nwOBG; § 9 Abs. 1 rpPOG; § 8 Abs. 1 saarlPolG; § 3 Abs. 1 sächsPolG; § 13 SOG LSA; § 174 shLVwG; § 12 Abs. 1 thürPAG; § 5 Abs. 1 thürOBG; § 14 Abs. 1 BPolG.
[17] Art. 2 Abs. 2 bayPAG; § 1 Abs. 2 BbgPolG; § 1 Abs. 4 berlASOG; § 1 Abs. 2 BremPolG; § 2 Abs. 2 bwPolG; § 3 Abs. 3 hambSOG; § 1 Abs. 3 HSOG; § 1 Abs. 3 mvSOG; § 1 Abs. 3 Nds. SOG; § 1 Abs. 2 nwPolG; § 2 Abs. 3 rpPOG; § 1 Abs. 3 saarlPolG; § 2 Abs. 2 sächsPolG; § 1 Abs. 2 SOG LSA; § 162 Abs. 2 shLVwG; § 2 Abs. 2 thürPAG; § 2 Abs. 2 thürOBG; § 1 Abs. 4 BPolG.

seinem Interesse ausübt. Die Frage, ob die Polizei wegen einer Ermessensreduktion auf Null sogar direkt zum Einschreiten verpflichtet sein kann, ist noch zu würdigen.

Sofern wie im Vorstehenden klar die verschiedenen Rechtsverhältnisse zwischen Behörde, Eigentümer und Drittem unterschieden werden, stellt sich allerdings ein Problem, das in Rechtsprechung und Literatur bislang, soweit ersichtlich, noch gar nicht behandelt wurde. Es betrifft die Frage, **wessen Handeln** im Falltypus 6 eigentlich den Abwehranspruch des Dritten auslöst. Sofern die Behörde eine Baugenehmigung erteilt, die gegen eine drittschützende Vorschrift verstößt (Falltypus 4), kann über das Problem hinweggesehen werden. Die Behörde ist gegenüber dem Dritten verpflichtet, die Norm zu achten. Mit der Erteilung der Baugenehmigung verletzt sie diese Pflicht und das entsprechende Recht des Dritten. Das Reaktionsrecht entsteht. Anders verhält es sich aber im Falltypus 6. Hier ist es zunächst der **Bauherr**, der gegen eine drittschützende Vorschrift verstößt. Ohne Zweifel verletzt der Bauherr damit die Pflicht zum rechtmäßigen Bauen. Diese Pflicht besteht allerdings gegenüber der Behörde, nicht gegenüber dem Dritten. Der Behörde kann das Verhalten des Bauherrn **nicht zugerechnet** werden. Der Bauherr verletzt also mit seinem Verhalten nicht das jeweilige materielle Recht des Dritten. Der Umstand, dass die verletzte Norm drittschützend ist, bedeutet, dass der Berechtigte von der Verwaltung verlangen kann, die Norm *ihm gegenüber* zu achten. Doch stehen diese beiden Rechtsverhältnisse nicht völlig unverbunden nebeneinander. Wenn der Bauherr im Verhältnis zur Behörde seine Pflicht verletzt, begründet schon dies die Handlungsbefugnis der Behörde. Der Umstand, dass die verletzte Norm den Dritten schützt, spielt nur im Verhältnis von Behörde und Drittem eine Rolle, denn er begründet die Subjektivierung des Ermessens zugunsten des Dritten. Dem Dritten erwachsen daraus keine Rechte gegenüber dem Bauherrn, umgekehrt wird der Bauherr nicht gegenüber dem Dritten verpflichtet. Die Subjektivierung des Ermessens bleibt auf das Verhältnis des Dritten zur Behörde beschränkt.

Für die Fallbearbeitung ergibt sich aus dem Vorstehenden folgendes Prüfprogramm (wiederum aus der behördlichen ex-ante-Perspektive).

Übersicht: „Recht auf Einschreiten" (Interesse: Fremdbelastung)
(1) 1–4 wie oben (Rn. 305).
(2) Die Verwaltung darf gegen die weitere Person einschreiten.
(3) Es liegt kein (relevanter) Ermessensfehler vor, d. h. die zu wählende Entscheidungsmöglichkeit wahrt das Recht des Interessenten an der fehlerfreien Ermessensentscheidung.

Zu Punkt 2: Das Handeln gegenüber der Person, gegen die eingeschritten werden soll, muss rechtlich zulässig sein. Da das Vorgehen regelmäßig als Eingriff zu qualifizieren ist, gilt insoweit das komplette Prüfungsprogramm der Eingriffsabwehr: Vorbehalt und Vorrang des Gesetzes.

16.3.3 Besonderheit: Ermessensreduktion auf Null

320 Das Ermessen der Behörde ist unter bestimmten Voraussetzungen **„auf Null" reduziert**. Die Anforderungen für eine Ermessensreduktion sind allerdings hoch. Die allgemeine Regel für das Polizei- und Sicherheitsrecht besagt, dass bei einer intensiven Gefahr für ein bedeutendes Rechtsgut eine Ermessensreduktion auf Null eintritt, sofern das mit dem Einschreiten verbundene Risiko für die Polizei hinnehmbar ist.[18] Die Einschränkung der Zumutbarkeit spielt etwa eine Rolle beim Vorgehen gegen rechtswidrige Hausbesetzungen, sofern dort mit aggressiver Gegenwehr zu rechnen ist. Außerhalb des Polizei- und Sicherheitsrechts kann sich eine Ermessensreduktion auf Null mit Rücksicht auf besondere rechtliche, insbesondere verfassungsrechtliche Rechtspositionen ergeben. So muss den politischen Parteien in der Regel eine straßenrechtliche Sondernutzungserlaubnis für die Aufstellung von Wahlplakaten erteilt werden (Ermessensnorm), weil die an Parteien ausgerichteten Wahlen von essenzieller Bedeutung für die Demokratie sind, Art. 28 Abs. 1 Satz 2 und Art. 38 Abs. 1 GG.[19]

321 Sofern eine solche Ermessensreduktion angenommen wird, kommen das tatsächliche Interesse des Berechtigten und das rechtlich geschützte Interesse zur Deckung, obwohl nach der gesetzlichen Grundentscheidung ein Anspruch ausgeschlossen ist. Dennoch bleibt es aber auch im Falle einer Ermessensreduktion auf Null dabei, dass die Rechtsposition des Begünstigten das Recht auf fehlerfreie Ermessensentscheidung ist. Es wirkt sich in einem solchen Fall nur im Ergebnis so aus, als ob es ein materielles subjektives Recht *wäre*. Deshalb ist es vorzugswürdig, die Rechtsposition des Berechtigten in einem solchen Fall nicht als materielles subjektives öffentliches Recht zu beschreiben.[20] So bleibt das Bewusstsein für die gesetzgeberische Grundentscheidung erhalten. Die rechtliche Beurteilung der Lage ist nach wie vor in dem durch § 40 VwVfG eröffneten behördlichen Entscheidungsraum angesiedelt. Soweit die Behörde entschieden hat, ist lediglich ein Ermessensfehler zu prüfen. Prozessual gesehen, bildet § 114 Satz 1 VwGO den Rahmen für den gerichtlichen Zugang zum Begehren des Klägers.

322 In der **Fallbearbeitung** kommt es also auch bei der Ermessensreduktion auf Null darauf an, ob ein **Ermessensfehler** vorliegt. Der Fehler der Verwaltung besteht in diesem Fall darin, trotz der Schrumpfung des Ermessens die einzig denkbare Handlungsmöglichkeit nicht ergriffen zu haben.

---

[18] *W.-R. Schenke*, Polizei- und Ordnungsrecht, 9. Aufl. 2016, Rn. 100. Zur Ermessensreduktion im Baurecht ausführlich *K. Finkelnburg/K. Ortloff/C.-W. Otto*, Öffentliches Baurecht, Bd. 2, 7. Aufl. 2018, § 20 Rn. 5 ff.

[19] BVerwGE 47, 280 (283).

[20] So aber etwa *W.-R. Schenke*, Polizei- und Ordnungsrecht, 9. Aufl. 2016, Rn. 104; *T. Schmidt*, Die Subjektivierung des Verwaltungsrechts, 2006, S. 211; *M. Sachs*, in: Stelkens/Bonk/Sachs (Hrsg.), VwVfG, 8. Aufl. 2014, § 40 Rn. 137.

16.3 Materiell-rechtliche Beurteilung

Das **Prüfprogramm** sieht dann so aus (aus der behördlichen ex-ante-Perspektive): **323**

> Übersicht: „Recht auf Einschreiten" (Interesse: Fremdbelastung), mit Ermessensreduktion „auf Null"
> (1) Stufe 1–4 wie oben (Rn. 305).
> (2) Die Verwaltung darf gegen die weitere Person einschreiten (wie Rn. 318).
> (3) Das begehrte Einschreiten ist die einzige ermessensfehlerfreie Entscheidung.

Die Ermessensschrumpfung kann nur das Entschließungsermessen oder auch das Entschließungs- und das Auswahlermessen zugleich betreffen. Im letzteren Fall ist keine andere ermessensfehlerfreie Entscheidung als diejenige denkbar, überhaupt zu handeln (Entschließungsermessen auf Null) und dabei auf eine bestimmte Weise zu handeln (Auswahlermessen auf Null). Am Beispiel der baurechtlichen Beseitigungsanordnung: Es kann sein, dass sich nur die Beseitigungsanordnung gegen den Bauherrn, der unter Verstoß gegen eine drittschützende Vorschrift baut, als ermessensfehlerfreie Entscheidung erweist. Zum Teil wird der Anspruch auf Einschreiten auf die Ebene des Entschließungsermessens beschränkt.[21] Regelmäßig würden der Behörde mehrere Möglichkeiten zum Einschreiten zur Verfügung stehen (weshalb die Klage entsprechend zu beschränken sei). Dennoch kommt es immer wieder vor, dass sich eine bestimmte Maßnahme aufdrängt, etwa die Beseitigung eines Schwarzbaus. **324**

Wie eben erörtert wurde, kann die Beeinträchtigung eines **Grundrechts** für eine Ermessensreduktion sprechen. Aber nicht jede Grundrechtsbeeinträchtigung führt als solche zwingend zu dieser Reduktion. Dieses Ergebnis steht in gewissem Widerspruch dazu, dass nach den allgemeinen Ausführungen zu den Ansprüchen im Falle einer Grundrechtsverletzung kein Reaktionsermessen besteht (siehe Rn. 72). Die Grundrechtsverletzung löst einen Beseitigungsanspruch aus. Doch geht es dabei in der Regel zunächst um Beeinträchtigungen, die auf normativen Eingriffsakten beruhen, deren Kassation die Rechtsverletzung zum Verschwinden bringt. In den Situationen, die den Tatbestand der polizei- bzw. sicherheitsrechtlichen Ermessens-Befugnisnorm auslösen, handelt es sich hingegen oft um Beeinträchtigungen nicht-normativer Art, die von Dritten ausgehen. Ein einfaches Beispiel: Jemand wird von einer anderen Person verprügelt, ein Polizist steht daneben. Grundrechte greifen dann als Schutzpflichten, bei deren Erfüllung dem Staat ein Gestaltungsspielraum zukommt, der gewissermaßen innerhalb eines Ermessensrahmens fortbestehen kann. **325**

---

[21] *J. Lindner*, Öffentliches Recht, 2. Aufl. 2017, Rn. 1013.

326 Im Baurecht liegt die Situation oft etwas anders. Das Vorhaben des Bauherrn verstößt gegen objektiv-rechtliche Vorschriften des öffentlichen Baurechts. Die erste Frage lautet aus der Sicht von Nachbarn deshalb stets, ob die verletzte Vorschrift drittschützend ist. Sofern dies so ist, folgt daraus aber keineswegs unmittelbar ein Abwehranspruch. Wenn etwa das Recht auf Erhaltung des Gebietscharakters verletzt ist (Gebietserhaltungsanspruch), so werden nicht Unterlassungs- und Beseitigungsansprüche ausgelöst (die ein denkbares Recht auf fehlerfreie Ermessensentscheidung nach den einschlägigen Befugnisnormen der Landes-Bauordnungen überlagern würden).[22] Denn erstens fehlt es schon an einem staatlichen Akt, der kassiert werden könnte. Zweitens hat der Gesetzgeber – ohne Differenzierung nach drittschützenden und nicht-drittschützenden Vorschriften – das Handeln der Bauaufsichtsbehörden in deren Ermessen gestellt. Wie bereits erwähnt, führt nach der Rechtsprechung die Verletzung einer drittschützenden Norm als solche noch nicht zwingend zu einer Ermessensreduktion auf Null. Zu Recht wendet die Literatur ein, dass dies in einen **Wertungswiderspruch** führt: Warum soll die Rechtsposition des Dritten davon abhängen, ob der Schwarzbau genehmigt wurde oder nicht?[23] Wenn der Berechtigte im Falle einer Genehmigung einen Aufhebungsanspruch haben würde – d. h. mit Erfolg Anfechtungsklage erheben könnte –, darf bei fehlender Genehmigungspflichtigkeit keine Verschlechterung der Situation des Nachbarn entstehen. Vorgeschlagen wird deshalb, dass zumindest ein Fall des intendierten Ermessens vorliege, d. h. die Behörde im Falle eines Einschreitens gar keine Ermessenserwägungen mehr anstellen müsse.[24] Erst recht gilt dieses Argument, wenn ein Bauvorhaben ausdrücklich genehmigungsfrei gestellt worden ist. Hier entfällt das präventive behördliche Handeln kraft einer gesetzgeberischen Entscheidung und damit besteht keine Möglichkeit, die Rechtsposition des Dritten an einer Baugenehmigung auszurichten. Zur Kompensation muss dann die Ermessensreduktion auf Null dienen.[25] Deshalb reduziert sich, sofern die geschützten Belange des Nachbarn nicht nur geringfügig berührt sind, das Ermessen auf Null.[26] Der Umstand also, dass es bei normativen Rechtsverletzungen kein Reaktionsermessen gibt, darf im Falle gesetzgeberischer Erleichterungen zu Gunsten von Bauherrn nicht zu reaktionsrechtlichen Nachteilen von Dritten führen.

327 Besondere Schwierigkeiten bestehen dann, wenn die Folgen eines Verwaltungsaktes in Rede stehen. Das Paradebeispiel ist wiederum die rechtswidrige Obdachloseneinweisung. Die gleichen Probleme wirft aber auch der Vollzug einer rechtswidrigen Baugenehmigung auf, gegen die ein Dritter vorgeht. Materiell-rechtlich hat derjenige, gegenüber dem die Behörde rechtswidrig gehandelt hat (im Falle der Obdachloseneinweisung also der Eigentümer, bei der Baugenehmigung der Nachbar), einen **Folgenbeseitigungsanspruch**. Die Befugnisnorm, auf die ein Handeln gegenüber den betroffenen ehemals obdachlosen Personen zu stützen wäre, räumt

---

[22] Normen: siehe oben Fn. 12.
[23] *T. Würtenberger/D. Heckmann*, Verwaltungsprozessrecht, 4. Aufl. 2018, Rn. 396.
[24] *F. Schoch*, Jura 2004, 317 (324). Vertiefend zur Diskussion, auch mit Blick auf zivilrechtliche Ansprüche, *S. Muckel/M. Ogorek*, Öffentliches Baurecht, 3. Aufl. 2018, § 10 Rn. 62 ff.
[25] *F. Schoch*, Jura 2004, 317 (325).
[26] Eingehend *S. Muckel/M. Ogorek*, Öffentliches Baurecht, 3. Aufl. 2018, § 10 Rn. 65 ff.

16.3 Materiell-rechtliche Beurteilung

aber Ermessen ein. Es stellt sich somit die Frage, ob und wie sich das Bestehen des Folgenbeseitigungsanspruchs auf die Ermessensausübung auswirkt. Im Wesentlichen werden dabei zwei Lösungswege vertreten. Sie sind hier nicht im Detail zu würdigen, sondern es soll nur ihre Struktur aufgezeigt werden. Der eine Weg konzentriert sich auf den Folgenbeseitigungsanspruch und konstruiert die Situation gar nicht als eine des Rechts auf Einschreiten. Das polizeiliche Handlungsinstrumentarium ist nur insofern relevant, als es überhaupt ein Handeln ermöglicht und damit die Erfüllung des Folgenbeseitigungsanspruchs nicht unmöglich macht.[27] Aus dem Umstand, dass zur Erfüllung des Anspruchs Rechte Dritter beschränkt werden müssen, könne dem Berechtigten kein Nachteil entstehen. Umstritten ist dabei, ob der Folgenbeseitigungsanspruch selbst im Verhältnis zum belasteten Dritten als Eingriffsermächtigung dienen kann.[28] Die subjektive Position des Berechtigten wird von diesem Problem nicht berührt. Auf irgendein Ermessen kommt es nicht an. Damit wäre gar nicht der Falltypus 6, sondern Falltypus 5 einschlägig. Der andere Weg behandelt die Konstellation, dass der Dritte einen Folgenbeseitigungsanspruch hat, als gewöhnliche Situation eines Anspruchs auf Einschreiten. Der Folgenbeseitigungsanspruch betreffe nur das Verhältnis des Eigentümers zum Staat und nicht das Verhältnis des Staates zum Obdachlosen.[29] Innerhalb dieses zweiten Weges wird dann diskutiert, ob das Bestehen des Folgenbeseitigungsanspruchs nur zu einer Ermessensbindung oder zur Reduktion auf Null führe.[30] Es handelt sich nach diesem Lösungsweg um einen Fall des Falltypus 6. Der zweite Weg ist überzeugender, weil er ohne weiteren Begründungsaufwand den Grundsatz des Vorbehalts des Gesetzes wahrt. Dass damit die Realisierung des Anspruchs auf Folgenbeseitigung erschwert wird, kann als legitime Ausgestaltung des Reaktionsrechts angesehen werden.

Die Problematik ist damit aber nicht erschöpft. In der „Grundkonstellation" der Obdachloseneinweisung ist die Einweisungsverfügung rechtswidrig. Denkbar ist aber auch, dass sie rechtmäßig ist, dass aber nach Ablauf einer vorgesehenen Befristung die eingewiesenen Personen aufgrund eigenen Entschlusses in der Wohnung verbleiben. Das Verbleiben der Obdachlosen kann in einem solchen Fall nicht ohne weiteres auf ein Fehlverhalten des Staates zurückgeführt werden. Die Situation ähnelt mehr derjenigen des Baurechts, in der sich ein Eigentümer fehlerhaft verhält. Diese Konstellation wird wohl überwiegend genauso behandelt wie die erwähnte Grundkonstellation, obwohl eigentlich das Dazwischentreten des Willensentschlusses der Bewohner den Staat aus seiner Verantwortlichkeit nimmt (siehe

328

---

[27] Zu den polizeirechtlichen Fragen näher *V. Götz/M.-E. Geis*, Allgemeines Polizei- und Ordnungsrecht, 16. Aufl. 2017, § 10 Rn. 16 ff.

[28] Bejahend *W.-R. Schenke*, Polizei- und Ordnungsrecht, 9. Aufl. 2016, Rn. 321; verneinend *F.-L. Knemeyer*, JuS 1988, 696 (698).

[29] *F. Weyreuther*, in: Ständige Deputation des Deutschen Juristentages (Hrsg.), Verhandlungen des 47. Deutschen Juristentages Nürnberg 1968, Band I (Gutachten), 1968, S. 1 (108); *F.-L. Knemeyer*, JuS 1988, 696 (697).

[30] Das erste bei *F. Weyreuther*, in: Ständige Deputation des Deutschen Juristentages (Hrsg.), Verhandlungen des 47. Deutschen Juristentages Nürnberg 1968, Band I (Gutachten), 1968, S. 1 (132) (als „Folgenbeseitigungslast"); *C. Enders*, GVwR III, 2. Aufl. 2013, § 53 Rn. 77; das zweite – mit Differenzierungen – bei *C. Bumke*, JuS 2005, 22 (27).

schon Rn. 287).³¹ Die Rechtsposition des Eigentümers wird dann weniger aus der Perspektive eines Folgenbeseitigungsanspruchs als aus derjenigen einer staatlichen Schutzpflicht bestimmt.³²

16.3.4 Die Vergabe von Subventionen

329 Eine praktisch wie „anspruchstheoretisch" nicht einfach zu handhabende Konstellation ist die staatliche Vergabe von Subventionen. Es bedarf einer sorgfältigen Analyse ihrer Bedingungen und ihrer Gestalt. Die Zuordnung der Vergabe von Subventionen zu den Falltypen hängt u. a. davon ab, ob sie im jeweiligen Fall auf einer gesetzlichen Grundlage erfolgt (Rn. 209). Wenn die Vergabe, wie oft, nicht gesetzlich geregelt ist, fehlt es an einer Verpflichtung der Verwaltung zur Gewährung der Leistung, genauer an einer Verpflichtung dem Bürger gegenüber. Damit scheidet ein (materielles) subjektives öffentliches Recht auf eine bestimmte Subventionsleistung aus. Die auch sonst bestehende Verpflichtung der Verwaltung, den Gleichheitssatz nach Art. 3 Abs. 1 GG zu achten, entfaltet bei der Vergabe von Subventionen allerdings besondere Wirkung. Auf der Grundlage dieser Norm gibt es ein subjektives öffentliches Recht der Betroffenen – freilich nicht auf die Leistung selbst, aber gerichtet auf Gleichbehandlung bei der Vergabe der Leistung.

330 Zunächst ist der seltene Fall zu behandeln, dass die Vergabe der Leistung in einem Rechtssatz des Außenrechts geregelt ist. Praktisch gesehen, kommen hierfür v. a. die in den Sozialgesetzbüchern geregelten staatlichen Leistungen in Betracht. Hierüber entscheiden die Sozialgerichte. In denjenigen Bereichen, die die Verwaltungsgerichtsbarkeit beschäftigen – Kommunalrecht, Polizei- und Sicherheitsrecht, öffentliches Wirtschaftsrecht etc. – gibt es allerdings kaum solche volldeterminierten Leistungsvergaben. Vorstellbar ist es etwa, dass eine Gemeinde Zuschüsse zu bestimmten Projekten in einer Satzung regelt.

331 Sofern die Vergabe nicht in einem Rechtssatz des Außenrechts geregelt ist, wird die Verwaltung in der Regel Richtlinien über die Vergabe aufstellen. Diese Richtlinien stellen Innenrecht dar. Es handelt sich um Verwaltungsvorschriften. Da insoweit die Vergabe nicht in einem Gesetz geregelt ist, stellt sich zunächst das Problem des **Vorbehalts des Gesetzes**. Nach überwiegender Auffassung ist der Vorbehalt des Gesetzes nicht von vornherein auf Eingriffe beschränkt. Auch staatliche Leistungen können ihm mit Blick auf die Bedeutung des Rechtsstaats- und des Demokratieprinzips unterliegen. Da es aber keinen „Totalvorbehalt" des Gesetzes gibt, müssen nur die für das Gemeinwesen grundlegenden Entscheidungen vom Gesetzgeber getroffen werden (sog. Wesentlichkeitstheorie).³³ Für die Vergabe von Subventionen geht

---

³¹ Für eine Ausdehnung der Konstruktion als Folgenbeseitigungsanspruch für den Fall, dass die Verfügung rechtmäßig war, aber abgelaufen ist: *W.-R. Schenke*, Polizei- und Ordnungsrecht, 9. Aufl. 2016, Rn. 322. Der rechtswidrige Verbleib der Personen sei der Behörde analog § 278 BGB zuzurechnen.
³² In diese Richtung treffend *C. Enders*, GVwR III, 2. Aufl. 2013, § 53 Rn. 76.
³³ Siehe nur *H. Maurer/C. Waldhoff*, Allgemeines Verwaltungsrecht, 19. Aufl. 2017, § 6 Rn. 11.

16.3 Materiell-rechtliche Beurteilung

die Rechtsprechung davon aus, dass die zu vergebende Leistung nicht vollumfänglich in einem Gesetz geregelt sein muss. Es ist erforderlich, aber auch ausreichend, dass die Vergabe von einer parlamentarischen Willensäußerung wie insbesondere dem Haushaltsplan – auf den sich das Haushaltsgesetz als „nur-formelles" Gesetz bezieht – gedeckt ist.[34] Sofern jedoch mit den Geldleistungen Grundrechtseingriffe ermöglicht werden, reicht der Haushaltsplan nicht aus.[35] Auch kann es mit Blick auf andere verfassungsrechtliche Grundsätze erforderlich sein, die Vergabe finanzieller Mittel gesetzlich zu regeln. Ein Beispiel ist die Finanzierung der politischen Jugendorganisationen in Deutschland. Da diese Finanzierung erhebliche Auswirkungen auf den demokratischen Wettbewerb hat, handelt es sich um eine nach der Wesentlichkeitstheorie vom parlamentarischen Gesetzgeber zu regelnde Materie.[36] Wenn also die Würdigung einer behördlichen Leistungsvergabe zu dem Ergebnis führt, dass ein Gesetz erforderlich, aber nicht vorhanden ist, können keinerlei Rechte oder Ansprüche auf Leistungen bestehen. Eine auf Bewilligung der Leistung gerichtete verwaltungsgerichtliche Klage wäre unbegründet. Ist hingegen ein Gesetz nicht erforderlich, kann die Leistung grundsätzlich vergeben werden.

Den nächsten Schritt bildet die Erkenntnis, dass sich auch eine solche Vergabe in die rechtsnormative Struktur von Tatbestand und Rechtsfolge einfügen lässt. Die Besonderheit besteht allerdings darin, dass der Tatbestand keine Merkmale enthält. Es handelt sich eben um gesetzesfreie Verwaltung.[37] Die Vergabe steht aber im **Ermessen** der Verwaltung: Für die Rechtsfolgenanordnung greift – das ist der ganze Sinn der Strukturierung nach Tatbestand und Rechtsfolge – § 40 VwVfG.[38] Die Subvention wird also nicht im luftleeren Raum vergeben. Sie unterliegt Rechtsbindungen. Mangels Tatbestand und mangels Vorliegen einer gebundenen Entscheidung ist in einer solchen Struktur ein Anspruch auf die Subvention aber stets ausgeschlossen. Zwei Rechtspositionen bestehen dennoch. Denkbar ist zum einen ein **Recht auf fehlerfreie Ermessensentscheidung**. Nach welchen Kriterien es im Falle der Vergabe einer Subvention anzunehmen ist, lässt sich nicht klar sagen. Am naheliegendsten ist es, denjenigen Personenkreis als geschützt anzusehen, an den sich das jeweilige Subventionsprogramm richtet, auch wenn es sich bei den entsprechenden Bestimmungen über das Programm noch um Innenrecht handelt. Die entscheidende Frage ist, welchen Bindungen die Verwaltung bei der Ausübung ihres Ermessens unterliegt. Eine wichtige Rolle spielen dabei Vergaberichtlinien, die die Verwaltung selbst aufstellt. Bei den Richtlinien handelt es sich um ermessenslenkende Verwaltungsvorschriften. Als Regelungen des Innenrechts gestalten sie die Beziehungen

332

---

[34] Siehe BVerwG, Urt. v. 17.3.1977, VII C 59/75, NJW 1977, 1838 (1839); präzise *S. Kluckert*, JuS 2019, 536 (536).

[35] BVerwGE 90, 112 (126). Die Literatur tendiert hingegen dazu, aus dem Prinzip des sozialen Rechtsstaats strengere Anforderungen abzuleiten, siehe etwa *H. Maurer/C. Waldhoff*, Allgemeines Verwaltungsrecht, 19. Aufl. 2017, § 6 Rn. 21.

[36] OVG Berlin-Brandenburg, Urt. v. 14.3.2012, 6 B 19/11, NVwZ 2012, 1265 (1267). Zur daraufhin erfolgten – eher kosmetischen – Neuregelung kritisch *A. Pilniok*, ZG 2016, 62.

[37] *J. Pietzcker*, JuS 1982, 106 (107).

[38] *U. Ramsauer*, in: Kopp/Ramsauer (Hrsg.), VwVfG, 19. Aufl. 2018, § 40 Rn. 5.

der Verwaltung zu den Bürgern eigentlich nicht aus. Aber sie geben Auskunft über die tatsächliche **Verwaltungspraxis**.[39] Deshalb ist mit diesen Richtlinien eine zweite Rechtsposition von Antragstellern verbunden, der Anspruch auf Gleichbehandlung nach Art. 3 Abs. 1 GG. Der Berechtigte hat das Recht, bei der Entscheidung über die Vergabe der Subvention nicht ungleich behandelt zu werden. Art. 3 Abs. 1 GG dirigiert die Ermessenausübung. Diese Wirkung ist nicht mit der allgemeinen Verpflichtung der Verwaltung, über Anträge willkürfrei zu entscheiden (Rn. 302), identisch. Sie ergibt sich bei der Vergabe von Subventionen aus der Sache, weil eine Verteilungsentscheidung zu treffen ist. Zum einen müssen die Richtlinien, für sich genommen, diskriminierungsfrei ausgestaltet sein. Im Übrigen kann die Verwaltung aber die Richtlinien nach Zweckmäßigkeitserwägungen gestalten. Zum anderen greift, sofern es Vergaberichtlinien gibt, die **Selbstbindung der Verwaltung** nach **Art. 3 Abs. 1 GG**. Von den in den Richtlinien festgelegten Kriterien abzuweichen, würde den Anspruch der Betroffenen auf Gleichbehandlung verletzen.[40] Anders formuliert: Die Behörde betätigt ihr Ermessen **pflichtgemäß**, wenn sie ohne weitere Ermessenserwägungen nach einer bestehenden **Selbstbindung** entscheidet.[41] Die gleichheitswidrige Abweichung von einer Förderrichtlinie verletzt neben Art. 3 Abs. 1 GG sicherlich auch das Recht auf fehlerfreie Ermessensausübung; dieser Umstand wird aber regelmäßig vernachlässigt.

333 Sofern die Richtlinien der Verwaltung noch Spielraum belassen oder wenn das Budget nicht ausreicht, so dass eine Auswahlentscheidung erforderlich ist, muss die Verwaltung Ermessen ausüben. Auch ist es der Verwaltung möglich, ihre Praxis zu ändern, wenn sie dies begründet.[42] Wenn sie ihre Praxis ändert, eröffnet sich wieder Raum für eine Ermessensbetätigung. In all diesen Fällen kann also eine Vergabeentscheidung den Anspruch auf Gleichbehandlung kraft Selbstbindung erfüllen, aber aus anderen Gründen ermessensfehlerhaft sein und deshalb das Recht des Antragstellers auf fehlerfreie Ermessensentscheidung verletzen.

334 Die Verpflichtung, von den Vergaberichtlinien nicht abzuweichen, hat für den Antragsteller eine wichtige Konsequenz: Die Kriterien, die in den (ermessenslenkenden) Verwaltungsvorschriften festgelegt sind, greifen *wie* Tatbestandsvoraussetzungen für die Vergabe der Subvention.[43] Nur wenn sie erfüllt sind, kommt eine Bewilligung in Betracht. Regeln sie abschließend die Fördervoraussetzungen, hat

---

[39] BVerwGE 118, 379 (383).
[40] Zur Selbstbindung der Verwaltung sowie zur darauf gestützten mittelbaren Außenwirkung von Verwaltungsvorschriften siehe *H. Maurer/C. Waldhoff*, Allgemeines Verwaltungsrecht, 19. Aufl. 2017, § 24 Rn. 27; *S. Kluckert*, JuS 2019, 536 (537). Eigentlich ist jede falsche Anwendung eines allgemeinen Gesetzes dem Betroffenen gegenüber eine Ungleichbehandlung.
[41] *M. Sachs*, in: Stelkens/Bonk/Sachs (Hrsg.), VwVfG, 8. Aufl. 2014, § 40 Rn. 127.
[42] BVerwGE 104, 220 (223); nach *W. Cremer*, VVDStRL 78 (2019), 117 (134), wird daran ersichtlich, dass eigentlich gar keine Bindung nach Art. 3 Abs. 1 GG besteht. Umfassend zum Ganzen *J. Ruthig/S. Storr*, Öffentliches Wirtschaftsrecht, 4. Aufl. 2015, Rn. 804 ff.
[43] Da sie aber in der Außenbeziehung keine Rechtsvorschriften darstellen, handelt es sich um *Tatsachen*. Sie sind nicht wie Rechtsvorschriften auszulegen (BVerwGE 58, 45 (51)), sondern wie Willenserklärungen zu behandeln und gemäß § 133 BGB nach der von ihrem Urheber gebilligten oder geduldeten tatsächlichen Verwaltungspraxis auszulegen, BVerwGE 52, 193 (199).

die Verwaltung im Ergebnis kein Ermessen mehr. Das Ermessen ist dann kraft der Selbstbindung auf Null reduziert.[44] Die Selbstbindung der Verwaltung nach Art. 3 Abs. 1 GG wirkt damit wie ein materielles subjektives öffentliches Recht, ohne dass dem Berechtigten ein solches Recht kraft Gesetzes eingeräumt wurde. Die Rechtsprechung operiert mit der Formel der „**anspruchsbegründenden** Außenwirkung" der Verwaltungsvorschriften, die kraft Selbstbindung entsteht.[45] Der Bürger hat einen „Anspruch, daß auch in seinem Fall nicht ohne Grund von der üblichen Ermessenshandhabung abgewichen wird".[46] Insofern ist es vertretbar, in der Falllösung als einschlägige Rechtsposition einen *Anspruch* auf Gewährung einer Subvention auf die einschlägigen Verwaltungsvorschriften i. V. m. Art. 3 Abs. 1 GG zu stützen,[47] solange das Bewusstsein dafür besteht, dass damit die Rechtsposition des Antragstellers nicht vollständig beschrieben ist.

16.4 Prozessuale Beurteilung

Für die Nachprüfung von Ermessensentscheidungen stellt § 114 Satz 1 VwGO das gerichtliche Prüfprogramm auf. Erfasst sind nach dem Wortlaut sowohl Anfechtungsklagen („der Verwaltungsakt") als auch Verpflichtungsklagen („seine Ablehnung oder Unterlassung"). Sofern ausnahmsweise die Reaktion auf die Verletzung des Rechts auf fehlerfreie Ermessensentscheidung in einem Realakt besteht und damit die allgemeine Leistungsklage statthaft ist, dürfte der Rechtsgedanke des § 114 Satz 1 VwGO zur Anwendung kommen. 335

Wie bereits ausgeführt wurde, deckt sich das rechtliche Anforderungsprofil des § 114 Satz 1 VwGO mit demjenigen des § 40 VwVfG (Rn. 101). Die Funktion der Norm liegt insoweit vor allem darin klarzustellen, dass dem Verwaltungsgericht – anders als der Behörde – Zweckmäßigkeitserwägungen verwehrt sind.[48] Das gerichtliche Prüfprogramm kann somit entsprechend zur materiell-rechtlichen Lage erfasst und dargestellt werden. 336

16.4.1 Recht auf fehlerfreie Ermessensentscheidung

Wenn die Behörde lediglich das Recht des Berechtigten auf fehlerfreie Ermessensentscheidung verletzt hat, ist eine Verurteilung zum Erlass des an sich begehrten Verwaltungsakts ausgeschlossen. Das Gericht kann also das tatsächliche Interesse des Berechtigten nicht befriedigen. Es kann kein Vornahmeurteil nach § 113 Abs. 5 337

---

[44] *W. Frotscher/U. Kramer*, Wirtschaftsverfassungs- und Wirtschaftsverwaltungsrecht, 7. Aufl. 2019, Rn. 721; *J. Lindner*, Öffentliches Recht, 2. Aufl. 2017, Rn. 1097.
[45] Etwa BVerwGE 34, 278 (280).
[46] BVerwGE 34, 278 (281).
[47] Etwa bei *C. Ebeling/J. Tellenbröker*, JuS 2014, 217 (219); ähnlich *S. Kluckert*, JuS 2019, 536 (540).
[48] *W.-R. Schenke/J. Ruthig*, in: Kopp/Schenke (Hrsg.), VwGO, 25. Aufl. 2019, § 114 Rn. 1a.

Satz 1 VwGO erlassen. Denkbar ist ein Vornahmeurteil lediglich im Fall einer Ermessensreduktion auf Null (dazu unter 16.4.2).

338 Es ergeht also ein **Bescheidungsurteil** nach § 113 Abs. 5 Satz 2 VwGO. Dieses Urteil kommt auch bei der Geltendmachung eines materiellen subjektiven öffentlichen Rechts in Betracht; sein eigentliches praktisches Feld ist aber das Recht auf fehlerfreie Ermessensentscheidung. Wurde durch die Ablehnung einer begehrten Leistung ein formelles subjektives öffentliches Recht, meist das Recht auf fehlerfreie Ermessensentscheidung, verletzt, hebt das Verwaltungsgericht die **Ablehnung** auf und verpflichtet die Behörde auf der Grundlage von § 113 Abs. 5 Satz 2 VwGO zur **Neubescheidung**. Es liegt ein Fall der **fehlenden Spruchreife** vor. Die Spruchreife fehlt zum einen dann, wenn ein Anspruch des Klägers zwar denkbar, ein Vornahmeurteil somit an sich möglich ist, aber der Sachverhalt nicht hinreichend aufgeklärt ist (Rn. 218). Wegen der unzureichenden Sachaufklärung muss das Gericht auf das Bescheidungsurteil ausweichen. Das Vornahmeurteil kommt in diesem Fall aus einem prozessualen Grund nicht in Betracht. Anerkanntermaßen fehlt die Spruchreife aber auch dann, wenn die Ablehnung eines Verwaltungsakts rechtswidrig ist, weil die Verwaltung mit der Ablehnung einen Ermessensfehler begangen hat, wenn also das Recht auf fehlerfreie Ermessensentscheidung verletzt wurde.[49] Die Behörde hat in der Sache falsch entschieden, das Verwaltungsgericht kann aber die Behörde nicht zur Vornahme des begehrten Verwaltungsakts verpflichten.

339 Beantragt der Kläger die Verpflichtung zur Vornahme des Verwaltungsakts, gelangt das Verwaltungsgericht aber zu einem Bescheidungsurteil, so ist die Klage nach weit überwiegender Auffassung teilweise **unbegründet**. Das Bescheidungsurteil gilt als „**Teilerfolg**" des Vornahmeantrags.[50] Es muss demnach davon ausgegangen werden, dass der Verpflichtungskläger, der den Klageantrag nicht beschränkt, stets auch die Bescheidungsverpflichtung mit beantragt. Die Klage wird, insoweit das Verwaltungsgericht keine Vornahmeverpflichtung ausspricht, abgewiesen. Der Kläger **unterliegt teilweise** und bekommt deshalb, obwohl durchaus erfolgreich, nicht alle Kosten von der beklagten Behörde erstattet.[51] Sofern keine Besonderheiten vorliegen, sollten die Kosten den Beteiligten zu gleichen Teilen auferlegt werden.[52]

---

[49] *W.-R. Schenke/R. Schenke*, in: Kopp/Schenke (Hrsg.), VwGO, 25. Aufl. 2019, § 113 Rn. 195.
[50] BVerwGE 11, 95 (98).
[51] BVerwGE 37, 57 (61); *W.-R. Schenke/C. Hug*, in: Kopp/Schenke (Hrsg.), VwGO, 25. Aufl. 2019, § 155 Rn. 2; *C. Jeromin*, in: Gärditz (Hrsg.), VwGO, 2. Aufl. 2018, § 155 Rn. 5. Andere Ansicht: *M. Fischer*, Die verwaltungsprozessuale Klage im Kraftfeld zwischen materiellem Recht und Prozessrecht, 2011, S. 225 ff., der mit dem Normtext argumentiert – es gebe nun einmal nur die Verpflichtungsklage – und der Auffassung ist, mit Blick auf Art. 19 Abs. 4 GG könne es nicht zu Lasten des Klägers gehen, dass kaum prognostiziert werden könne, ob das Gericht eine Ermessensreduktion auf Null annehme. Bedenkenswert ist seine Überlegung, die Regelung des § 113 Abs. 5 Satz 2 VwGO betreffe gar nicht das Recht auf fehlerfreie Ermessensentscheidung; hierüber werde so wie beim materiellen subjektiven öffentlichen Recht nach § 113 Abs. 5 Satz 1 VwGO entschieden (a. a. O., S. 218 ff.). Aber sie greift im Ergebnis nicht durch; Fischer verkennt den reaktionsrechtlichen Gehalt des Rechts auf fehlerfreie Ermessensentscheidung (siehe Rn. 342).
[52] *W. Neumann/N. Schaks*, in: Sodan/Ziekow (Hrsg.), VwGO, 5. Aufl. 2018, § 155 Rn. 17. Praktisch besteht hier Spielraum zu Gunsten des Klägers, etwa mit Blick auf § 155 Abs. 1 Satz 3 VwGO.

16.4 Prozessuale Beurteilung

Wenn der Kläger also seinen Klageantrag an seinem tatsächlichen Interesse, der gewöhnlichen Leistung (Subvention, Zulassung etc.), ausrichtet und nicht mit Blick auf das denkbare Bescheidungsurteil beschränkt, das Gericht aber zu einem solchen Urteil gelangt, unterliegt er teilweise. Prozessrechtlich ist diese Betrachtung ein wenig umstritten. Die Kritik reibt sich daran, dass der Kläger ein **Kostenrisiko** trägt, wenn er die Vornahme beantragt, dass er aber auf der anderen Seite zu wenig erhalten würde, wenn er nur Bescheidung beantragt, aber das Gericht eigentlich zur Vornahme verpflichten *könnte*. Diskutiert wird in diesem Zusammenhang auch, ob in dem einen oder anderen Fall durch Klageänderung nach richterlichem Hinweis (§ 86 Abs. 3 VwGO) eine Deckung zwischen Antrag und Rechtslage hergestellt werden kann.[53] Die Frage bleibe hier dahingestellt.

Nach weit überwiegender Auffasung ist es zulässig, dass der Kläger den Klageantrag von vornherein auf die Bescheidung beschränkt. Er richtet den Klageantrag also am Bescheidungsurteil aus. Diese **Bescheidungsklage** wird, nicht zuletzt wegen der Regel über die Verteilung der Kostenlast in § 155 VwGO, als Minus zur Vornahmeklage überwiegend als statthaft angesehen.[54] Beschränkt der Kläger mittels eines Bescheidungsantrages seinen Klageantrag (von vornherein oder durch Klageänderung), so liegt darin die Geltendmachung einer Verletzung des Rechts auf fehlerfreie Ermessensentscheidung. Das Gericht wird, sofern es dem Kläger Recht gibt, die Behörde zur Neubescheidung unter Beachtung der Rechtsauffassung des Gerichts verurteilen. Praktisch kann dies darauf hinauslaufen, dass der Behörde nichts anderes übrigbleibt, als dem tatsächlichen Interesse des Berechtigten gerecht zu werden, sofern das Gericht in der Begründung entsprechende Auffassungen äußert.[55]

Das Bescheidungsurteil sollte aber auch aus anderen Gründen nicht unterschätzt werden. In gewisser Hinsicht gibt es dem Kläger nämlich nicht weniger, sondern *mehr* als er verlangen kann. Wie im Zusammenhang mit der Verpflichtungsklage bereits herausgearbeitet wurde, steht neben dem Recht auf fehlerfreie Ermessensentscheidung der **Bescheidungsanspruch** des Klägers (Abschn. 12.3.1). Er kommt aus prozessualer Sicht über eine Verletzung des Rechts auf fehlerfreie Ermessensentscheidung wieder ins Spiel. Die Verletzung des Rechts auf fehlerfreie Ermessensentscheidung macht den Verwaltungsakt rechtswidrig und löst

---

[53] Von Bescheidungsantrag zum Vornahmeantrag: *F. Czermak*, BayVBl. 1981, 427 (428); zur umgekehrten Richtung *M. Fischer*, Die verwaltungsprozessuale Klage im Kraftfeld zwischen materiellem Recht und Prozessrecht, 2011, S. 228 ff.

[54] *R. Schenke*, in: Kopp/Schenke (Hrsg.), VwGO, 25. Aufl. 2019, § 42 Rn. 8; ausführlich *W.-R. Schenke*, DÖV 1996, 529 (538 ff.) Ablehnend *F. Czermak*, BayVBl. 1981, 427; *M. Fischer*, Die verwaltungsprozessuale Klage im Kraftfeld zwischen materiellem Recht und Prozessrecht, 2011, S. 215 ff. Vor dem Inkrafttreten der VwGO stellte sich die Situation anders dar, weil es nur die Vornahmeklage gab. Bei der Vornahmeklage konnte der Anspruch des Klägers auf ermessensfehlerfreies Verhalten nicht den Rechtsanspruch auf Vornahme des beantragten Verwaltungsakts ersetzen. Die Vornahmeklage war deshalb als unbegründet zurückzuweisen (OVG Nordrhein-Westfalen, 26.3.1958, III A 1295/56, DVBl. 1958, 659). Insofern erlaubte es aber immerhin die Anfechtungsklage, etwa über den von Hans Julius Wolff entwickelten Abwendungsanspruch (siehe Kap. 6, Fn. 22), die Ablehnung aus der Welt zu schaffen.

[55] *S. Detterbeck*, Streitgegenstand und Entscheidungswirkungen im öffentlichen Recht, 1995, S. 220.

einen Aufhebungsanspruch aus. Die Lage entspricht somit eigentlich der Anfechtungskonstellation. Doch kann der Aufhebungsanspruch bei der Verpflichtungsklage insofern mit durchgesetzt werden, als das Verwaltungsgericht bei einer erfolgreichen Klage nach § 113 Abs. 5 VwGO die Ablehnung des begehrten Verwaltungsakts aufhebt. Wenn aber das Gericht die ablehnende Entscheidung aufhebt, wird mit Blick auf den Antrag des Betroffenen wieder diejenige Situation hergestellt, die vor der Versagung bestand: Über den Antrag ist noch gar nicht entschieden worden. Der Bescheidungsanspruch lebt wieder auf (siehe schon Rn. 203). So erklärt sich erst die Verurteilung nach § 113 Abs. 5 Satz 2 VwGO: Im Unterschied zur Anfechtungssituation erreicht der Kläger beim Bescheidungsurteil zusätzlich die gerichtliche Verpflichtung der Behörde, nun auch wieder den Bescheidungsanspruch des Klägers zu erfüllen. In der Verurteilung nach § 113 Abs. 5 Satz 2 VwGO realisiert sich mithin *auch* der **Bescheidungsanspruch**.[56] Die Bescheidungsklage ist, so gesehen, gar kein Minus zur Vornahmeklage, sondern ein **Plus zur Anfechtungsklage**. Statt lediglich zu erreichen, dass die Ablehnung aufgehoben wird, kann der Kläger auch die Verpflichtung der Behörde zur Neubescheidung erstreiten. Das Bescheidungsurteil verbindet den Aufhebungsanspruch mit dem Bescheidungsanspruch; zur Kassation der Ablehnung tritt die Verpflichtung der Behörde, den Bescheidungsanspruch zu erfüllen, hinzu. Es ist keineswegs zwingend, dass die VwGO diese Möglichkeit bereithält. Der Vorteil dieser Möglichkeit liegt in ihrer prozessualen Effizienz: Das Gericht hat sich nun einmal, wenn es die Rechtmäßigkeit der Ermessensbetätigung überprüft, schon mit der Sache beschäftigt. Es fügt der ohnehin bestehenden Verpflichtung der Behörde die Verpflichtung hinzu, bei der erneuten Entscheidung die Rechtsauffassung des Gerichts zu beachten. So besteht eine gewisse Wahrscheinlichkeit, dass sich das Gericht nicht erneut mit der Angelegenheit beschäftigen muss.

342 Wie erwähnt, gilt die Bescheidungsklage als Teilerfolg des Vornahmeantrages (Rn. 339). Diese Annahme verdankt sich einer rein ergebnisorientierten Betrachtung: Der Kläger erhält weniger als das Begehrte, aber mehr als nichts. Diese Betrachtung darf aber nicht darüber hinwegtäuschen, dass die Verurteilung zur Neubescheidung, wie eben gezeigt, nicht auf dem eigentlich verletzten Recht ruht, sei dies nun ein geltend gemachter Anspruch oder das Recht auf fehlerfreie Ermessensentscheidung. Der **Bescheidungsanspruch** ist von diesen materiellen Berechtigungen als eine verfahrensrechtliche Position zu unterscheiden. Unzutreffend ist es vor diesem Hintergrund, pauschal das Vornahmeurteil auf den materiellen Anspruch, das Bescheidungsurteil aber auf den Anspruch auf fehlerfreie Ermessensentscheidung zurückzuführen.[57] Das eben dargelegte komplexe Zusammenspiel des Rechts auf fehlerfreie Ermessensentscheidung und Bescheidungsanspruch wird damit verdeckt.

---

[56] *P. Reimer*, DVBl. 2017, 333 (339).
[57] So aber *M. Fischer*, Die verwaltungsprozessuale Klage im Kraftfeld zwischen materiellem Recht und Prozessrecht, 2011, S. 59, 215. Deshalb komme es beim Bescheidungsurteil auch zentral auf die Rechtmäßigkeit der Ablehnung an.

Die Bescheidungsklage kommt schließlich auch in Betracht, wenn der Berechtigte von vorneherein nur ein formelles subjektives öffentliches Recht geltend macht und die Behörde über seinen Antrag gar nicht entscheidet. Der Kläger muss **Untätigkeitsklage** nach § 75 VwGO erheben. Die Verpflichtungsklage in der Form der Untätigkeitsklage kann hier von vorneherein nur auf Bescheidung gerichtet sein. Der Wortlaut des § 113 Abs. 5 Satz 2 VwGO passt nicht ganz genau auf diese Konstellation, weil aufgrund der Untätigkeit der Behörde der Verwaltungsakt gar nicht „abgelehnt" wurde, aber dies steht der Anwendung der Norm nicht entgegen. Wenn der Berechtigte ein Recht auf fehlerfreie Ermessensentscheidung überhaupt hat, die Behörde aber gar nicht ihr Ermessen ausgeübt hat, wird das Gericht sie dazu verpflichten.

343

Aus der Perspektive des Rechtsschutzes verbessert das Bescheidungsurteil die Situation des Berechtigten. Als Minus erscheint es vor allem aus der Perspektive gerichtlicher Verwaltungskontrolle. Das Bescheidungsurteil bringt **Rücksichtnahme** gegenüber der Verwaltung zum Ausdruck. Der von Zweckmäßigkeitserwägungen geprägte Entscheidungsspielraum der Verwaltung bleibt gewahrt. Die Würdigung der gesetzlichen Tatbestandsvoraussetzungen ist hingegen nicht exklusiv der Verwaltung zugewiesen. Wenn das Gericht in diesem Bereich die Behörde zur Vornahme des begehrten Verwaltungsakts verpflichtet, greift es nicht in den Bereich der Exekutive über. Sofern der Behörde Ermessen eingeräumt ist, prüft das Verwaltungsgericht zwar ebenfalls die Tatbestandsvoraussetzungen der Ermessensnorm. Würde das Gericht die Behörde aber zur Vornahme verpflichten, müsste es selbst Ermessen ausüben und würde so in den Bereich der Exekutive übergreifen.

344

Erstrebt der Berechtigte nicht nur eine Eigenbegünstigung, sondern auch eine **Fremdbelastung**, so sind damit keine prozessualen Besonderheiten verbunden. Es gelten die gleichen Grundsätze zur prozessualen Behandlung des Begehrens.

345

Für den **Prüfungsaufbau** empfiehlt sich folgendes Vorgehen: Sofern der Berechtigte nur ein Recht auf fehlerfreie Ermessensentscheidung geltend machen kann, passt der bei der Vornahmeklage vorzugswürdige Anspruchsaufbau nicht so recht. Deshalb bietet es sich an, den Aufbau stärker am Wortlaut des § 113 Abs. 5 Satz 2 VwGO zu orientieren. Das materiell-rechtliche Prüfungsschema kann unmittelbar herangezogen werden (Rn. 305). Sofern die Ablehnung das Recht auf fehlerfreie Ermessensentscheidung verletzt, ist sie rechtswidrig. Die Verpflichtungsklage ist dann begründet. Die reaktionsrechtliche Einkleidung des Rechts auf fehlerfreie Ermessensentscheidung, die den Anspruch auf Aufhebung der fehlerhaften Entscheidung begründet, muss – wie bei der Anfechtungsklage (Rn. 237) – in der Regel nicht ausdrücklich gewürdigt werden.

346

16.4.2 Besonderheit: Ermessensreduktion auf Null

Sofern eine vollständige, d. h. Entschließungs- und Auswahlermessen erfassende Ermessensreduktion auf Null vorliegt, verpflichtet das Verwaltungsgericht die Behörde nach § 113 Abs. 5 Satz 1 VwGO zur **Vornahme** des begehrten Verwaltungsakts. Zugleich hebt das Gericht, sofern der Antrag des Berechtigten formal abge-

347

lehnt wurde, diese Ablehnung mit auf (siehe Rn. 217). Das Vornahmeurteil scheidet aber aus, sofern aus prozessualen Gründen keine Spruchreife besteht, etwa weil noch Umstände aufzuklären sind, die gerade für die Frage der Ermessensreduktion von Belang sind. Liegt Spruchreife vor, entspricht die Verurteilung dem tatsächlichen Interesse des Berechtigten. Wie gezeigt wurde, liegt aber auch dieser Verurteilung das Recht auf fehlerfreie Ermessensentscheidung zugrunde.

348 Im Rechtsgutachten könnte, sofern im Ergebnis eine Ermessensreduktion auf Null vorliegt, der Anspruchsaufbau gewählt werden. Da aber ein Gutachten auch den Weg der Rechtsfindung zeigen soll, läge darin schon eine Vorwegnahme des Ergebnisses. Auch sollte deutlich bleiben, dass nun einmal die Rechtsposition, die aus der Ermessensreduktion auf Null erwächst, kein materielles subjektives öffentliches Recht ist. Es bleibt bei der formellen Berechtigung, die aus der Ermessenseinräumung resultiert. Wie unter Abschn. 16.4.1 kann also, in unmittelbarer Anknüpfung an den Wortlaut des § 113 Abs. 5 Satz 2 VwGO, wiederum nach dem Vorliegen einer Verletzung des Rechts auf fehlerfreie Ermessensentscheidung gefragt werden.

16.4.3 Die Vergabe von Subventionen

349 Für die Verurteilung der Behörde im Falle einer abgelehnten Subventionsbewilligung kommt es darauf an, wie weit im konkreten Fall die durch **Art. 3 Abs. 1 GG** begründete Selbstbindung reicht. Besteht insofern noch ein Ermessensspielraum der Behörde, kommt nur ein Bescheidungsurteil in Betracht. Demnach stellt sich wiederum die Frage, ob der Klageantrag darauf abzustimmen ist (siehe Rn. 340). Sofern die Vergaberichtlinien so dicht gefasst sind, dass die Höhe der begehrten Leistung klar ablesbar ist, oder sofern es gar nicht um eine konkrete Höhe geht, kommt auf der Grundlage von § 113 Abs. 5 Satz 1 VwGO ein Vornahmeurteil in Betracht. Dementsprechend muss der Klageantrag nicht auf ein denkbares Bescheidungsurteil abgestimmt werden. Der Anspruchsaufbau kann gewählt werden, sofern klargestellt wird, dass sich das Recht auf die Leistung aus der Gleichheitsverpflichtung der Verwaltung ergibt.

Das Normenkontrollbegehren 17

Inhaltsverzeichnis

17.1 Grundfragen: die Möglichkeit reaktionsrechtlicher, anspruchsbasierter Normenkontrolle 352
    17.1.1 Das Problem der Nichtigkeit 352
    17.1.2 Das Problem der behördlichen Normverwerfungskompetenz 357
    17.1.3 Überblick 361
17.2 Anspruch auf Unterlassen des Erlasses von Rechtsnormen 363
    17.2.1 Beispiel 363
    17.2.2 Materiell-rechtliche Betrachtung 364
    17.2.3 Prozessuale Beurteilung 365
17.3 Anspruch auf Beseitigung einer Norm im Wege prinzipaler Normenkontrolle nach § 47 VwGO 366
    17.3.1 Beispiele 366
    17.3.2 Materiell-rechtliche Beurteilung 367
    17.3.3 Prozessuale Beurteilung 368
17.4 Das Normenkontrollbegehren bei parlamentsgesetzlichen Normen 372
    17.4.1 Beispiel 372
    17.4.2 Materiell-rechtliche Betrachtung 373
    17.4.3 Prozessuale Betrachtung 374
17.5 Anspruch auf Beseitigung einer Norm im Wege inzidenter Normenkontrolle ... 375
    17.5.1 Beispiele 376
    17.5.2 Materiell-rechtliche Beurteilung 377
    17.5.3 Prozessuale Beurteilung 378
17.6 Anspruch auf Erlass einer Norm 379
    17.6.1 Beispiele 379
    17.6.2 Materiell-rechtliche Beurteilung 380
    17.6.3 Prozessuale Beurteilung 383

© Springer-Verlag GmbH Deutschland, ein Teil von Springer Nature 2020
A. Funke, *Falldenken im Verwaltungsrecht*, Tutorium Jura,
https://doi.org/10.1007/978-3-662-60631-5_17

350 Die Falltypen 1 bis 6 sind auf die Situation bezogen, dass eine einzelne Person von der Verwaltung **im Einzelfall** ein rechtmäßiges Verhalten beansprucht. Der Fokus liegt darauf, dass die Verwaltung die materiellen Gesetze, d. h. Verfassung, Parlamentsgesetz, Rechtsverordnung, Satzung, unmittelbar anwendbares EU-Recht, richtig **anwendet**. Es kann allerdings auch sein, dass diese materiellen Gesetze ihrerseits nicht mit höherrangigem Recht vereinbar sind. Für das Falldenken verschiebt sich damit die Perspektive auf die materiellen Gesetze. Es stellt sich die Frage, wie die Rechts- und Anspruchsstellung der Einzelnen aussieht, wenn materielle Gesetze gegen höherrangiges Recht verstoßen. Problematisch kann insofern sogar die Anwendung der Verfassung werden. Zwar stellt sie innerstaatlich die höchste Rechtsschicht dar. Aber sie unterliegt im Grundsatz dem Anwendungsvorrang des europäischen Unionsrechts, weshalb sie ebenfalls Gegenstand einer Normprüfung werden kann.[1] Zudem sind für Verfassungsänderungen in der Verfassung selbst Maßstäbe enthalten (Art. 79 GG).

351 Der übergreifende, prozessual orientierte Begriff für diese Problemstellung lautet „**Normenkontrolle**". Sie ist im deutschen prozessualen System sehr differenziert geregelt und kann schon deshalb nicht zu einem eigenständigen Falltypus des Verwaltungsrechts ausgebildet werden. Die VwGO regelt eine Möglichkeit gerichtlicher prinzipaler Normenkontrolle in § 47 VwGO. Dieses Verfahren erfasst aber nur einen Teil denkbarer Normenkontrollbegehren. Aus verfassungsrechtlicher Sicht stellt sich sogar die Frage, ob das geltende Prozessrecht beim Rechtsschutz gegen rechtswidrige Normen hinter den Anforderungen des Art. 19 Abs. 4 GG zurückbleibt.[2] Im Folgenden sind deshalb zunächst unter dem übergreifenden Stichwort des „Normenkontrollbegehrens" die verschiedenen Konstellationen näher darzustellen, in denen nicht die Anwendung, sondern die Setzung des Rechts subjektive öffentliche Rechte beeinträchtigt (und daraus womöglich Ansprüche entstehen). Dabei ist wieder, gemäß dem aktionen-basierten Zugriff (siehe Kap. 3), das materielle Recht in Abstimmung mit den bestehenden prozessualen Regelungen zu entwickeln. Hilfreich ist es, deutlicher als bei den Falltypen 1 bis 6 die **verfassungsgerichtlichen** Antrags- und Entscheidungsmöglichkeiten in den Blick zu nehmen. Erst im Rahmen einer solchen übergreifenden Betrachtung ist es dann möglich, die als Verfahren ausgestaltete verwaltungsgerichtliche Normenkontrolle, den Antrag nach § 47 VwGO, genauer einzuordnen. Besonderheiten weist das Normenkontrollbegehren noch aus einem weiteren Grund auf: Die materiell-rechtliche Fundierung gerichtlicher Normenkontrollmöglichkeiten ist in der Wissenschaft bislang nur punktuell ausgearbeitet worden, weshalb im Folgenden lediglich einige Grundsätze erläutert werden können.[3] Landesverfassungsrechtliche Möglichkeiten gerichtlicher Normenkontrolle bleiben außer Betracht.

---

[1] Zu diesem schwierigen Problem *H. Sauer*, Auswärtige Gewalt, Bezüge des Grundgesetzes zu Völker- und Europarecht, 5. Aufl. 2018, § 8 Rn. 29, § 9 Rn. 17a ff.
[2] Deutlich kritisch die Bilanz bei *F. Schoch*, GVwR III, 2. Aufl. 2013, § 50 Rn. 202.
[3] Nach wie vor prägend: *W.-R. Schenke*, Rechtsschutz bei normativem Unrecht, 1979.

17.1 Grundfragen: die Möglichkeit reaktionsrechtlicher, anspruchsbasierter Normenkontrolle

17.1.1 Das Problem der Nichtigkeit

Nach der Doktrin von der *ipso-iure*-Nichtigkeit sind rechtswidrige Staatsakte **von Anfang an nichtig**. Eine Ausnahme bilden insoweit lediglich Verwaltungsakte, die trotz ihrer Rechtswidrigkeit wirksam sind, sofern nicht die Rechtswidrigkeit schwerwiegend und offensichtlich ist (§§ 43, 44 VwVfG). Diese verbreitete Doktrin führt zu einem gravierenden Problem für die Beurteilung eines Normenkontrollbegehrens. Wenn eine Rechtsnorm ein subjektives öffentliches Recht verletzt, also etwa ein Grundrecht, würde, da die Norm nichtig ist, ein Anspruch auf Beseitigung der Rechtsverletzung (oder vielleicht konkreter auf Aufhebung der Rechtsnorm) eigentlich ins Leere gehen.[4] Wozu das Gesetz aufheben, wenn es doch nichtig ist?

352

Die Annahme einer *ipso-iure*-Nichtigkeit von rechtswidrigen Staatsakten wird von der **Vernichtbarkeitslehre** in Frage gestellt. Das Problem, welchen Gegenstand ein Aufhebungsanspruch bei der Normenkontrolle hat, stellt sich für diese Theorie allerdings ebenfalls. Die Vernichtbarkeitslehre knüpft an den prozessualen Möglichkeiten an, rechtswidrige Gesetze vor Gericht anzugreifen. Einschlägig sind beim BVerfG die abstrakte Normenkontrolle nach Art. 93 Abs. 1 Nr. 2 GG und die Rechtssatzverfassungsbeschwerde nach § 93 Abs. 1 Nr. 4a GG i. V. m. § 90 BVerfGG, hinzu kommt die verwaltungsgerichtliche Normenkontrolle nach § 47 VwGO. Die Vernichtbarkeitslehre zieht aus diesen Normen die Konsequenz, dass rechtswidrige Normen gar nicht von Anfang an nichtig, sondern so lange wirksam sind, bis sie – konstitutiv – vom jeweils zuständigen Gericht aufgehoben werden.[5] Wenn insofern rechtswidrige Gesetze „materiell" gar nicht von Anfang an nichtig sind, könnte auf der Grundlage der Vernichtbarkeitslehre nun versucht werden, eine *behördliche* Aufhebung der Norm zu konstruieren; der Aufhebungsanspruch ginge *nicht* ins Leere. Allerdings spielen für die Vernichtbarkeitslehre materielle Rechtsbeziehungen gar keine Rolle. Zudem soll sie gar nicht die Verwaltung stärken, was aber der Effekt der genannten Konstruktion einer behördlichen Verwerfung wäre: Die Idee einer bloßen Vernichtbarkeit (statt Nichtigkeit) wurde gerade als Argument entwickelt, um Verwerfungsbefugnisse der Verwaltung abzulehnen[6]: Während nichtige Rechtsnormen ohnehin nicht angewendet werden *können* (so die Argumentation auf dem Boden der *ipso-iure*-Doktrin), bedürften vernichtbare Rechtsnormen einer

353

---
[4] In diese Richtung beiläufig BVerwGE 111, 276 (279).
[5] Vgl. für Parlamentsgesetze *R. Lippold*, Der Staat 29 (1990), 185. Für Bebauungspläne – trotz denkbarer Parallelen zwischen den Planerhaltungsvorschriften der §§ 214, 215 BauGB und §§ 43, 44 VwVfG – dezidiert ablehnend BVerwGE 112, 373 (380). Einen Überblick zum Diskussionsstand aus verfassungsrechtlicher Sicht bei *K. Schlaich/S. Korioth*, Das Bundesverfassungsgericht, 11. Aufl. 2018, Rn. 379 ff. Hinter der Vernichtbarkeitslehre stehen die rechtstheoretischen Auffassungen der Reinen Rechtslehre (Hans Kelsen, Adolf Merkl), zum Zusammenhang vgl. *A. Funke*, in: Krüper (Hrsg.), Grundlagen des Rechts, 3. Aufl. 2017, § 2 Rn. 39.
[6] Dazu *K. Schlaich/S. Korioth*, Das Bundesverfassungsgericht, 11. Aufl. 2018, Rn. 381.

gerichtlichen Aufhebung. Bis dahin müsste aber die jeweilige rechtswidrige Norm von der Behörde angewendet werden.

354 Um das Problem der Nichtigkeit rechtswidriger Staatsakte in den Griff zu bekommen, muss anders angesetzt werden. Eine konsequente Durchführung des Gedankens, eine Aufhebung erübrige sich kraft Nichtigkeit, müsste dazu führen, dass schon das **Bestehen einer Rechtsverletzung** zu verneinen wäre. Denn „eigentlich" könnte doch eine nichtige Norm ein Recht gar nicht beeinträchtigen – womit sich aber die Katze in den Schwanz beißt. Das Reaktionsrecht ist, wie vorstehend im Zusammenhang mit dem Folgenbeseitigungsanspruch schon herausgestellt wurde, darauf gerichtet, dass die Rechtsverletzung beseitigt wird. Das kann, muss aber nicht durch Aufhebung des rechtsverletzenden Akts geschehen. Bei einer Rechtsnorm, die ein subjektives öffentliches Recht verletzt, ist Inhalt des je individuellen Reaktionsrechts, von den rechtsverletzenden Rechtswirkungen der Norm verschont zu bleiben.[7] Das Reaktionsrecht bewirkt damit für den Betroffenen, dass ihm die Nichtbefolgung der Norm erlaubt wird. Doch geht der Betroffene praktisch ein Risiko ein, wenn er die Norm kraft eigener Beurteilung nicht befolgt. Das Reaktionsrecht ist nicht identisch mit dem Reaktionsrecht, das gegenüber einem Verwaltungsakt entsteht, mit dem die rechtswidrige Norm im Einzelfall vollzogen wird. Der Beseitigungsanspruch wirkt gegenüber dem Rechtsetzer, nicht dem Rechtsanwender. Wenn der Rechtsanwender die rechtsverletzende Norm anwendet, wird das jeweils geschützte subjektive Recht aber **erneut** verletzt.[8] Diese „doppelte" Relevanz von Abwehrrechten ist gut ablesbar an den Entscheidungen des BVerfG über Verfassungsbeschwerden, die sich unmittelbar gegen eine Einzelfallentscheidung, mittelbar aber gegen das zugrunde liegende Gesetz wenden. Das Gericht prüft, ob das Gesetz die Anforderungen des jeweiligen Grundrechts wahrt (allerdings ohne Bezug auf den Beschwerdeführer), und sofern dies nicht der Fall ist, folgt aus der Nichtigkeit des Gesetzes die Grundrechtsverletzung des Beschwerdeführers.[9]

355 Der Anspruch auf Beseitigung der Rechtsverletzung kann durch Aufhebung der Norm oder auf andere Weise **erfüllt** werden. Ein Weg ist die gerichtliche Feststellung der Nichtigkeit der Rechtsnorm, die mit allgemeinverbindlicher Wirkung ausgestattet ist, so wie in § 47 Abs. 5 Satz 2 2. Hs. VwGO oder in §§ 78, 31 BVerfGG. Doch ist der Gesetzgeber nicht gehindert, die Rechtsverletzung selbst zu beseitigen. Er kann ein verfassungswidriges Gesetz im ordentlichen Gesetzgebungsverfahren ändern oder wieder aufheben. Genauso wenig ist ein Verordnungs- oder Satzungsgeber daran gehindert, die rechtswidrige Rechtsnorm im jeweiligen Rechtsetzungsverfahren zu ändern oder aufzuheben. Solche Aufhebungen (oder

---

[7] *H. Rupp*, DÖV 1974, 193 (195); *W.-R. Schenke*, Rechtsschutz bei normativem Unrecht, 1979, S. 147.
[8] So auch, unter dem Aspekt derr Pflichtverletzung, *M. Morlok*, GVwR III, 2. Aufl. 2013, § 52 Rn. 28. Anders wohl *H. Rupp*, DÖV 1974, 193 (195), der aus dem Reaktionsanspruch *direkt* ein für die Verwaltung (und die Gerichte) individuell wirkendes Anwendungsverbot abzuleiten scheint.
[9] Bsp.: BVerfGE 129, 269 (281).

andere Formen der Beseitigung) sind nicht denkunmöglich; Rechtsakte und ihre Wirkungen haben nicht so wie die Dinge der natürlichen Welt ein Eigenleben.[10] Im Zivilrecht wird vergleichbar davon ausgegangen, dass auch ein nichtiges Rechtsgeschäft angefochten werden kann (die sogenannte Lehre von den Doppelwirkungen im Recht). Das nichtige Rechtsgeschäft ist noch existent. Lediglich die damit begründete Regelung gilt nicht mehr.[11] Auf die gleiche Weise erläutert das BVerwG die Nichtigkeit eines Bebauungsplanes: Die Nichtigerklärung nach § 47 Abs. 5 Satz 2 VwGO nimmt dem Bebauungsplan nicht die Existenz, sondern bedeutet, dass er keine Rechtswirkungen mehr als gemeindliche Satzung entfaltet.[12] Rechtswidrige Normen können also sehr wohl aufgehoben werden und damit Gegenstand von Reaktionsansprüchen sein.

Eine behördliche Aufhebung oder eine gerichtliche Feststellung der Nichtigkeit hat wichtige rechtsstaatliche Funktionen. Ein rechtswidriges Gesetz erzeugt zumindest den **Anschein** der Wirksamkeit, der durch eine autoritative Entscheidung, welcher Art auch immer, beseitigt wird.

17.1.2 Das Problem der behördlichen Normverwerfungskompetenz

Für die Tätigkeit der Gerichte werden prinzipale und inzidente Normenkontrolle unterschieden. Die **inzidente Normenkontrolle** bedeutet, dass die Norm, auf deren Geltung es im Rahmen eines konkreten Rechtsstreits ankommt, lediglich nicht angewendet wird. Dies kann auf der Grundlage der *ipso-iure*-Nichtigkeit so erklärt werden, dass eine nichtige Norm gar nicht angewendet werden kann. Die Nichtanwendung der Norm reicht bei der inzidenten Normenkontrolle aber über den konkret zu entscheidenen Fall nicht hinaus. Denn eine autoritative Entscheidung über die Geltung der Norm ergeht nicht. Eine inzidente Normenkontrolle von Rechtsverordnungen und Satzungen ist allen deutschen Gerichten uneingeschränkt möglich. Mit Blick auf die Bindung der Gerichte an das Gesetz nach Art. 20 Abs. 3 GG ist sie verpflichtend vorgegeben. Für die inzidente Normenkontrolle von Parlamentsgesetzen hat das BVerfG ein Verwerfungsmonopol, Art. 100 Abs. 1 GG. Bei der **prinzipalen Normenkontrolle** wird, unabhängig von einem konkreten Rechtsstreit, die Geltung der Norm als solche zum Gegenstand der gerichtlichen Überprüfung gemacht. Sofern sich die Norm als rechtswidrig erweist, wird sie mit Wirkung für alle, d. h. allgemeinverbindlich, aufgehoben. Beispiele für solche Normenkontrollen sind die Rechtssatzverfassungsbeschwerde nach Art. 93 Abs. 1 Nr. 4 GG i. V. m. § 90 BVerfGG, die abstrakte Normenkontrolle nach Art. 93 Abs. 1 Nr. 2 GG i. V. m. §§ 76 ff. BVerfGG, die konkrete Normenkontrolle nach Art. 100 Abs. 1 GG i. V. m.

---

[10] Vgl. *H. Rupp*, DÖV 1974, 193 (195); *W.-R. Schenke*, Rechtsschutz bei normativem Unrecht, 1979, S. 79.
[11] *W. Flume*, Allgemeiner Teil des Bürgerlichen Rechts, Bd. 2, 3. Aufl. 1979, § 30 1.
[12] BVerwGE 92, 266 (270).

§§ 80 ff. BVerfGG (aus der Sicht des angerufenen BVerfG) und der Antrag nach § 47 VwGO.

358 Prinzipale Normenkontrolle ist keine exklusive Angelegenheit der Gerichte. Die **Rechtsetzer** selbst üben prinzipale Normenkontrolle insofern, als sie die Rechtmäßigkeit ihrer Rechtsnormen überwachen und gegebenenfalls die Normen wegen ihrer Rechtswidrigkeit aufheben (Rn. 355). Jeder Verwaltungsträger, der eine rechtsverletzende Norm erlassen hat, ist berechtigt, die Norm aufzuheben. Die Aufhebung der Norm erfolgt im gleichen Verfahren wie die Setzung. Im Falle von Satzungen kann dies für den Verwaltungsträger durchaus aufwendig sein. So muss bei kommunalen Satzungen das in der Gemeindeordnung für die Satzungen vorgesehene Verfahren eingehalten werden. Bei Rechtsverordnungen fehlt es hingegen häufig an gesetzlichen Verfahrensvorgaben.

359 Inzidente Normenkontrolle findet im Prinzip permanent innerhalb der Verwaltung statt. Jede Verwaltungseinheit ist verpflichtet, die Rechtmäßigkeit der angewendeten Vorschriften zu überprüfen. Dies ist Teil der Bindung an das Gesetz nach Art. 20 Abs. 3 GG. Allerdings ist umstritten, ob eine **Verwaltungsbehörde** Rechtsnormen, die sie als rechtswidrig ansieht, ebenso **inzident verwerfen** darf wie ein Gericht oder ob diese Verwerfungsbefugnis den Gerichten vorbehalten ist. Mit Blick auf den Grundsatz der Gesetzmäßigkeit der Verwaltung geht die wohl überwiegende Auffassung davon aus, dass die Verwaltungsbehörden keine Normverwerfungsbefugnis haben.[13] Dies gilt jedenfalls für Verstöße gegen höherrangiges deutsches Recht, während der Anwendungsvorrang des europäischen Unionsrechts auch von der Verwaltung beachtet werden kann und muss.[14] Allerdings sei der jeweils handelnde Beamte verpflichtet, das Verfahren, wenn möglich, auszusetzen und den Fall seinem Vorgesetzten vorzulegen. So könne dann, notfalls in weiter aufsteigenden Beanstandungen bis hin zur Regierung, entweder eine Aufhebung durch das zuständige Organ erreicht oder eine gerichtliche Normenkontrolle initiiert werden. Nicht zuletzt hat jede Behörde die Möglichkeit, nach § 47 Abs. 2 Satz 1 1. Alt. VwGO eine Normenkontrolle zu initiieren.

360 Sofern mit der wohl überwiegenden Sicht davon ausgegangen wird, dass die Verwaltung keine Normverwerfungskompetenz hat, ihr also die Aufhebung der angegriffenen Rechtsnorm verwehrt ist, könnte gefolgt werden, dass ein gegen die Behörde gerichteter Aufhebungsanspruch ausscheiden muss.[15] Er wäre auf etwas Unmögliches gerichtet, wenn doch die Verwaltung die jeweilige Rechtsnorm zwingend anwenden muss. Zur Lösung dieses Problems muss differenziert werden:

---

[13] Vgl. *H. Maurer/C. Waldhoff*, Allgemeines Verwaltungsrecht, 19. Aufl. 2017, § 4 Rn. 64 ff.; *M. Morlok*, GVwR III, 2. Aufl. 2013, § 52 Rn. 28. Ausdrücklich offenlassend BVerwGE 112, 373 (382); dazu und zum ganzen Problem anschaulich *C. Külpmann*, in: Steinbach (Hrsg.), Verwaltungsrechtsprechung, 2017, S. 42.

[14] Näher *C. Külpmann*, in: Steinbach (Hrsg.), Verwaltungsrechtsprechung, 2017, S. 42 (46); *A. Funke*, DÖV 2007, 733.

[15] Vgl. *J. Buchheim*, Actio, Anspruch, subjektives Recht, 2017, S. 20, der aus dieser Problematik einen zentralen Einwand gegen das Anspruchsmodell als solches generiert.

17.2 Anspruch auf Unterlassen des Erlasses von Rechtsnormen

Wurde die Norm von demjenigen Rechtsträger erlassen, der sie im konkreten Fall anwenden möchte oder angewendet hat – etwa die Gemeinde ihre eigene Satzung –, kann der Aufhebungsanspruch ohne Weiteres erfüllt werden. Stammt die Norm von einem anderen Rechtsträger – etwa wenn eine kommunale Behörde eine Rechtsverordnung des Landes verwerfen möchte – ist dieser einfache Weg verschlossen. Aber gerade in solchen Fällen erklärt sich, warum das Verbot behördlicher Normverwerfung damit einhergehen soll, dass die Beamten ihre Rechtsauffassung gewissermaßen auf dem Dienstweg nach oben geben müssen. So kann, zwecks Erfüllung des Reaktionsanspruchs, entweder der Rechtsetzer selbst die Rechtsverletzung beseitigen oder es kann der Behördenleiter von der Möglichkeit Gebrauch machen, eine Normenkontrolle nach § 47 Abs. 2 Satz 1 1. Alt. VwGO zu initiieren. Daraus, dass die im Einzelfall handelnde Behörde verfahrensmäßig in ihren Handlungsmöglichkeiten beschränkt ist, kann also nicht darauf geschlossen werden, ein Aufhebungsanspruch bestehe nicht, weil er auf etwas Unmögliches gerichtet wäre. Der **Beseitigungsanspruch** ist lediglich *nicht sofort* erfüllbar. Die Pflicht der Behörde, das Verfahren auszusetzen und die Aufhebung der Norm zu bewirken, ist als Handlung erklärbar, die auf die Erfüllung des Beseitigungsanspruchs gerichtet ist.

17.1.3 Überblick

Aus der Vogelperspektive betrachtet, kann ein Normenkontrollbegehren **negativ wie auch positiv** ausgerichtet sein: Denkbar ist zum einen, dass ein Gesetz abgewehrt werden soll (vor Erlass oder zu einem Zeitpunkt, nachdem es erlassen worden ist), zum anderen, dass der Erlass eines Gesetzes begehrt wird. In der Praxis steht die erstgenannte Konstellation deutlich im Vordergrund. Dies liegt darin, dass die Rechtsordnung Ansprüche auf Normerlass kaum kennt. Selbst wenn sich bestimmte Normen zu einer konkreten Verpflichtung verdichten sollten, wird in der Regel eine individuelle Berechtigung daraus nicht abgeleitet werden können. 361

Eine in einem anderen Sinne „positive" Form der Normenkontrolle, die mit der eben genannten Form nicht zu verwechseln ist, stellt das bundesverfassungsgerichtliche **Normbestätigungsverfahren** nach Art. 93 Abs. 1 Nr. 2 GG, § 13 Nr. 6, § 76 Abs. 1 Nr. 2 BVerfGG dar. Es kann durchgeführt werden, nachdem ein Gericht oder eine Verwaltungsbehörde eine Norm verworfen hat. 362

17.2 Anspruch auf Unterlassen des Erlasses von Rechtsnormen

17.2.1 Beispiel

Ein Beispiel: Der Bundestag berät in erster Lesung (§ 79 GO BT) über ein Gesetz, das Grundrechte verletzt. Anspruchsziel ist, dass das Gesetz nicht beschlossen wird und in Kraft tritt. 363

17.2.2 Materiell-rechtliche Betrachtung

364 Einen theoretischen Grenzfall der Normenkontrollbegehren bildet die Normenkontrolle, die einsetzt, bevor überhaupt die Rechtsnorm erlassen wird. Ein Anspruch auf **Unterlassung** der Verabschiedung einer (grund-)rechtsverletzenden Rechtsnorm kann nicht von vorneherein ausgeschlossen werden.[16] Das Problem besteht in erster Linie darin, ab welchem Zeitpunkt dieser Anspruch ein klar umgrenztes Objekt – die rechtsverletzende Norm – überhaupt hat. Mit Rücksicht auf die Autonomie der Rechtsetzungsorgane kann nicht schon jeder Entwurf oder Vorschlag für ein Gesetz als potenziell rechtsverletzend angesehen werden. Erst mit dem Abschluss des Rechtsetzungsverfahren steht also überhaupt eine Rechtsnorm zur Verfügung, die einen Unterlassungsanspruch auslösen kann. Im Falle des Gesetzgebungsverfahrens im Bund ist dies frühestens der Gesetzesbeschluss des Bundestages nach Art. 77 Abs. 1 GG. Da aber auch die Ausfertigung und die Verkündung nach Art. 82 GG als integrale Bestandteile des Rechtsetzungsverfahrens angesehen werden müssen – sie bringen nun einmal erst die authentische Fassung der Norm zustande – kommt als Ansatzpunkt für einen Unterlassungsanspruch nur noch der schmale zeitliche Spalt zwischen Verkündung und Inkrafttreten der Norm in Betracht. Ab dem Inkrafttreten greift dann aber schon der Beseitigungsanspruch.

17.2.3 Prozessuale Beurteilung

365 Selbst wenn ein Unterlassungsanspruch gegeben ist, stehen allerdings kaum **prozessuale Möglichkeiten** zur Verfügung, ihn durchzusetzen. Die verfassungsgerichtlichen Verfahren setzen voraus, dass das angegriffene Gesetz erlassen worden und in Kraft getreten ist. Die einzige Ausnahme bilden Zustimmungsgesetze zu völkerrechtlichen Verträgen nach Art. 59 Abs. 2 GG. Hier reicht es aus, dass das Gesetz vom Bundestag beschlossen und der Bundesrat ordnungsgemäß beteiligt wurde, also nur noch die Ausfertigung und Verkündung durch den Bundespräsidenten ausstehen.[17] So soll noch vor dem völkerrechtlichen Vorgang des Austauschs der Ratifikationsurkunden, der den Vertrag für die beteiligten Staaten verbindlich macht, eine innerstaatliche Kontrolle einsetzen können. Der Antrag nach § 47 VwGO setzt voraus, dass die Rechtsnorm verkündet wurde; sie muss noch nicht in Kraft getreten sein.[18] Eine vorbeugende Feststellungsklage oder eine vorbeugende Leistungsklage sind durch die Möglichkeit der nachträglichen Normenkontrolle nach § 47 VwGO nicht prinzipiell ausgeschlossen.[19] Aber für einen solchen vorbeugenden Rechtsschutz bestehen hohe Anforderungen an das Rechtsschutzbedürfnis, wie auch bei vorbeugenden Klagen gegen Einzelakte (siehe Abschn. 15.3.3).

---

[16] In diese Richtung aber *W.-R. Schenke*, Rechtsschutz bei normativem Unrecht, 1979, S. 127 ff.
[17] BVerfGE 1, 396 (413).
[18] *W.-R. Schenke/R. Schenke*, in: Kopp/Schenke (Hrsg.), VwGO, 25. Aufl. 2019, § 47 Rn. 15.
[19] BVerwGE 54, 211 (215).

17.3 Anspruch auf Beseitigung einer Norm im Wege prinzipaler Normenkontrolle nach § 47 VwGO

17.3.1 Beispiele

Beispiele für diese Konstellation sind folgende Anspruchsziele[20]: Aufhebung eines rechtswidrigen Bebauungsplans; Aufhebung einer grundrechtsverletzenden sicherheitsrechtlichen Verordnung (erlassen vom Landesminister oder von der Gemeinde).

17.3.2 Materiell-rechtliche Beurteilung

Wie gezeigt, können auch Gesetze Reaktionsrechte auslösen. Für Parlamentsgesetze ist dabei mit Blick auf die besondere prozessuale Situation eine gesonderte Betrachtung erforderlich (17.4). Bei untergesetzlichen Normen spielen als verletzte Rechte des negativen Status praktisch drei Arten von Rechten eine wichtige Rolle. Erstens kann die Rechtsnorm Grundrechte des Antragstellers verletzen, so z. B. ein Bebauungsplan das Recht des Eigentümers aus Art. 14 Abs. 1 GG.[21] Zweitens kommt, allerdings nur bei Bebauungsplänen, das „drittschützende" Abwägungsgebot nach § 1 Abs. 7 BauGB in Betracht (dazu 6.3). In Betracht kommt drittens bei Bebauungsplänen die Planungshoheit von Gemeinden (Art. 28 Abs. 2 GG i. V. m. § 2 Abs. 2 BauGB), die von den Planungen einer anderen Gemeinde betroffen sind.

17.3.3 Prozessuale Beurteilung

Die Normenkontrolle nach § 47 VwGO lässt sich nur teilweise in eine Verbindung mit Ansprüchen der Antragsteller bringen. Denn dieses Verfahren ist nicht so wie die anderen verwaltungsgerichtlichen Verfahren exklusiv mit der Durchsetzung eines Leistungsanspruchs, der gegenüber der Verwaltung besteht, verbunden. Die Normenkontrolle *kann* der Durchsetzung eines Beseitigungsanspruchs dienen, aber sie muss es nicht. Und selbst wenn sie diesem Zweck dient, so weist doch die Anspruchsverpflichtung der Verwaltung Besonderheiten auf.

Die Normenkontrolle nach § 47 VwGO hat die Funktion, eine Vielzahl einzelner Klagen zu vermeiden, indem die Wirksamkeit bzw. Unwirksamkeit einer Rechtsnorm allgemeinverbindlich geklärt wird.[22] Sie ist geeignet, einen **Beseitigungsanspruch** zu realisieren, geht darin aber nicht auf. Zwar hängt die Zulässigkeit des Antrages von der Geltendmachung einer Rechtsverletzung ab, § 47 Abs. 2 Satz 1 VwGO. In der Begründetheit des Antrages kommt es auf eine Rechtsverletzung

---

[20] Aus der Literatur zur Fallbearbeitung: *A.-P. Heinze*, Systematisches Fallrepetitorium Allgemeines Verwaltungsrecht, 2014, Fälle 16, 18 (3. Komplex).
[21] BVerwGE 91, 318 (319).
[22] *J. Ziekow*, in: Sodan/Ziekow (Hrsg.), VwGO, 5. Aufl. 2018, § 47 Rn. 25.

aber nicht an. Eine Vorgabe, die so wie § 113 Abs. 1 oder Abs. 5 VwGO einen Bezug zu einer Rechtsverletzung herstellen würde, enthält § 47 VwGO nicht. Sofern der Antrag zulässig ist, prüft das Verwaltungsgericht ohne Rücksicht auf den geltend gemachten Fehler die objektive Rechtmäßigkeit der angegriffenen Rechtsvorschriften, wobei es sich aber darauf beschränken kann, einen Rechtsverstoß festzustellen, der die Unwirksamkeitserklärung trägt.[23] Insofern dient die Zulässigkeitsanforderung „Geltendmachung einer Rechtsverletzung" einer gewissen Filterung von Rechtsschutzbegehren, ohne dass dies in einem Zusammenhang zur Begründetheit des Antrages steht. Bis zum Jahr 1996 reichte es für die Antragsbefugnis sogar aus, wenn der Antragsteller darlegte, durch die Rechtsvorschrift oder deren Anwendung einen Nachteil erlitten zu haben oder in absehbarer Zeit zu erwarten.[24] Der Antragsteller musste nicht geltend machen, in einem subjektiven öffentlichen Recht verletzt zu sein. Hier bestand noch weniger ein Bezug zur Rechtsverletzung als heute. Es handelte sich noch deutlicher um eine „**Interessentenklage**", nicht eine „Verletztenklage".[25] Die überwiegende Auffassung deutet deshalb die Normenkontrolle nach § 47 VwGO so, dass sie sowohl dem Rechtsschutz dient als auch ein bloß objektives Beanstandungsverfahren darstellt.[26] Wenn die vom Verwaltungsgericht als rechtswidrig erachtete angegriffene Rechtsnorm auch ein Recht des Antragstellers verletzt, realisiert das stattgebende Urteil den Beseitigungsanspruch des Antragstellers.

370 Mit der bereits erwähnten Etablierung des **Rechts auf fehlerfreie Abwägung** wurde beim Vorgehen gegen Bebauungspläne der Kreis denkbarer Antragsteller deutlich ausgeweitet. Denn auf ein eigenständiges, „materielles" subjektives öffentliches Recht kommt es damit nicht an, sondern nur auf die Berührung geschützter privater Belange. So können praktisch etwa Mieter, Pächter oder Nachbarn einen Antrag nach § 47 VwGO stellen. Das BVerwG wurde deshalb sogar dafür kritisiert, die mit der Änderung des § 47 Abs. 2 VwGO intendierte Einschränkung zu konterkarieren, indem es das Recht auf Abwägung entwickelt hat.[27] Wenn in diesem Zusammenhang aber dem Recht auf Abwägung allein eine „prozessuale Funktion" zugesprochen wird,[28] stimmt dies zwar durchaus im Rahmen des § 47 VwGO, nicht aber bei der Anfechtungsklage gegen Planfeststellungsbeschlüsse nach § 74 VwVfG bzw. dem einschlägigen Fachplanungsrecht. Bei der Planfeststellung ist die Pflicht zur Abwägung der berührten Belange zwar nur teilweise geregelt, sie folgt

---

[23] *T. Würtenberger/D. Heckmann*, Verwaltungsprozessrecht, 4. Aufl. 2018, Rn. 532; *J. Ziekow*, in: Sodan/Ziekow (Hrsg.), VwGO, 5. Aufl. 2018, § 47 Rn. 354.
[24] Sechstes Gesetz zur Änderung der Verwaltungsgerichtsordnung und anderer Gesetze (6. VwGOÄndG) v. 1.11.1996, BGBl. I, 1626.
[25] Vgl. *W. Skouris*, Verletztenklagen und Interessentenklagen im Verwaltungsprozeß, 1979, S. 268. Skouris (S. 7 ff.) unterscheidet mit Blick auf Befugnis zur Klageerhebung beim Verwaltungsgericht Popularklage (jedermann), Interessentenklage (eigenes Interesse) und Verletztenklage (Beeinträchtigung eines subjektiven Rechts).
[26] *J. Ziekow*, in: Sodan/Ziekow (Hrsg.), VwGO, 5. Aufl. 2018, § 47 Rn. 34.
[27] *S. Muckel*, NVwZ 1999, 963.
[28] *W. Neumann*, in: Stelkens/Bonk/Sachs (Hrsg.), VwVfG, 8. Aufl. 2014, § 75 Rn. 272.

aber schon aus dem Wesen einer rechtsstaatlichen Planung.²⁹ Der Planfeststellungsbeschluss ergeht als Verwaltungsakt, gegen den die Anfechtungsklage statthaft ist. Bei der Anfechtungsklage ist das Gericht nun einmal nach § 113 Abs. 1 Satz 1 VwGO auf die Prüfung einer Verletzung von Rechten des Klägers beschränkt. Der Kläger setzt mit der Klage seinen Anspruch auf Aufhebung des Planfeststellungsbeschlusses, der das Recht des Klägers auf fehlerfreie Abwägung verletzt, durch.

Nach § 47 Abs. 5 Satz 2 VwGO erklärt das Oberverwaltungsgericht die als ungültig erkannte Norm für unwirksam. Die Rechtsnorm wird also nicht so wie bei der Anfechtungsklage aufgehoben. Eine kassatorische Wirkung muss dem erfolgreichen Normenkontrollantrag nach § 47 VwGO abgesprochen werden. Es handelt sich um eine deklaratorische Entscheidung, d. h. eine Entscheidung ohne rechtsgestaltende Wirkung.³⁰ Die Norm „ist" eben schon unwirksam, das Gericht stellt dies nur fest. Dass der Beseitigungsanspruch deshalb nicht ins Leere geht, wurde bereits erörtert.

17.4 Das Normenkontrollbegehren bei parlamentsgesetzlichen Normen

17.4.1 Beispiel

Beispiele für das Anspruchsziel dieser Konstellation: Aufhebung eines vom Bundestag beschlossenen und in Kraft getretenen Gesetzes, das grundrechtswidrige Belastungen enthält; Aufhebung einer vom Landtag beschlossenen und in Kraft getretenen Änderung des Landes-Polizeigesetzes, die eine grundrechtswidrige Eingriffsermächtigung enthält.

17.4.2 Materiell-rechtliche Betrachtung

Sofern ein Parlamentsgesetz gegen Grundrechte Einzelner verstößt, entsteht ein Beseitigungsanspruch der verletzten Personen. Hier kommt der klassische Sinn der Grundrechte, als gegen den Staat gerichtete Abwehrrechte zu fungieren, zum Tragen (siehe Rn. 42). Dabei ist die Rechtsstellung des Einzelnen nicht auf die Abwehrfunktion beschränkt. Vorstellbar ist es auch, dass ein Gesetz objektiv-rechtlichen Anforderungen wie etwa einer grundrechtlich begründeten **Schutzpflicht** nicht entspricht. Bei der Erfüllung von grundrechtlichen Schutzpflichten kommt aber dem Gesetzgeber ein weiter Einschätzungsspielraum zu. Sofern dieser Spielraum unter- bzw. überschritten wird, ist das Gesetz verfassungswidrig und muss beseitigt werden. Die Person, deren Grundrecht die Schutzpflicht auslöst, hat ein

---

²⁹ BVerwGE 48, 56 (63).
³⁰ BVerwGE 92, 266 (270); *M. Hoppe*, in: Eyermann/Fröhler (Hrsg.), VwGO, 15. Aufl. 2019, § 47 Rn. 86; *W.-R. Schenke/R. Schenke*, in: Kopp/Schenke (Hrsg.), VwGO, 25. Aufl. 2019, § 47 Rn. 141.

Recht auf die Beseitigung. Dabei handelt es sich aber nicht um ein negatorisches Recht.[31] Die Berechtigung, die der Schutzpflicht entspringt, begründet einen originären positiven Status. Dabei ergeben sich Überschneidungen mit dem Begehren auf **Normerlass** (Abschn. 17.6). Insofern eine bestehende gesetzliche Regelung Handlungen erlaubt und diese Erlaubnis einer staatlichen Schutzpflicht widerspricht, ist das Begehren der geschützten Person auf Beseitigung der Norm gerichtet. Denkbar ist aber auch, dass eine bestehende Regelung lückenhaft ist oder dass gar keine Regelungen zum Schutz des Grundrechtsträgers vorhanden sind. Dann ist das Begehren auf den Erlass von Normen gerichtet.

17.4.3 Prozessuale Betrachtung

374 Die gerichtliche Durchsetzung eines gegen ein Gesetz gerichteten Beseitigungsanspruchs ist schwierig. Ein direktes Vorgehen gegen ein Parlamentsgesetz ist bei den Verwaltungsgerichten nicht möglich, da § 47 VwGO ausdrücklich nur untergesetzliche Normen erfasst. Beim BVerfG ist die Rechtssatzverfassungsbeschwerde nach Art. 93 Abs. 1 Nr. 4 GG i. V. m. § 90 Abs. 1 BVerfGG statthaft. Sie ist aber nur zulässig, wenn der Beschwerdeführer selbst, gegenwärtig und unmittelbar betroffen ist.[32] Hinter diesem einschränkenden Erfordernis steht der Grundsatz der Subsidiarität der Verfassungsbeschwerde. Die Verfassungsmäßigkeit des Gesetzes soll zunächst von den Fachgerichten gewürdigt werden. Eine Normverwerfung kann dabei auch durch verfassungskonforme Auslegung der Norm vermieden werden, die gegebenenfalls vom Fachgericht zu wählen ist. Die Fachgerichte wiederum haben die Möglichkeit, das Gesetz nach Art. 100 Abs. 1 GG im Wege der konkreten Normenkontrolle dem BVerfG vorzulegen. Das Erfordernis, dass der Beschwerdeführer selbst, gegenwärtig und unmittelbar betroffen sein muss, kompensiert dabei den Umstand, dass das in § 90 Abs. 2 BVerfGG statuierte Erfordernis der Rechtswegerschöpfung für Parlamentsgesetze nicht greift, weil es gegen sie keinen Rechtsweg im Sinne dieser Norm gibt.[33] Sofern das dem BVerfG nach Art. 100 Abs. 1 GG vorgelegte Gesetz grundrechtswidrig ist und das Gericht das Gesetz aufhebt, realisiert dies den Beseitigungsanspruch des Betroffenen. Ebenso verhält es sich bei der Rechtssatzverfassungsbeschwerde. Hier beschränkt allerdings das Annahmeverfahren nach § 93a BVerfGG den Zugang zum Gericht und damit die Möglichkeit, das Reaktionsrecht durchzusetzen.[34] Sofern aber die Hürde des Annahmeverfahrens passiert ist, kommt die reaktionsrechtliche Basis der Verfassungsbeschwerde zum Tragen.

---

[31] Vgl. *H. Dreier*, Jura 1994, 505 (512); *M. Sachs*, in: Sachs (Hrsg.), GG, 8. Aufl. 2018, Vor Art. 1 Rn. 48.

[32] Vgl. BVerfGE 140, 42 (57).

[33] Dazu vertiefend *K. Schlaich/S. Korioth*, Das Bundesverfassungsgericht, 11. Aufl. 2018, Rn. 252 ff.

[34] *W. Höfling*, VVDStRL 61 (2002), 260 (266 Fn. 25); *B. Grzeszick*, Rechte und Ansprüche, 2002, S. 94.

17.5 Anspruch auf Beseitigung einer Norm im Wege inzidenter Normenkontrolle

Ein Normenkontrollbegehren kann sich nicht nur so realisieren, dass die Norm selbst aufgehoben wird, sondern auch dadurch, dass die Norm lediglich im Einzelfall keine Rechtswirkungen entfaltet. Dieses Ergebnis wird durch inzidente Normverwerfung erreicht.

375

17.5.1 Beispiele

Beispiele für dieses Normenkontrollbegehren sind: Aufhebung einer Baugenehmigung, die auf einen rechtswidrigen Bebauungsplan (der z. B. gegen Art. 14 GG verstößt oder bei dem die Belange der Anlieger fehlerhaft abgewogen wurden) gestützt wird, erstrebt von einem Nachbarn; Einstellung von Lärmbelästigungen, die auf einen Flugverkehr zurückgehen, der in einer Rechtsverordnung geregelt wird; Aufhebung einer polizeilichen Verfügung, die auf eine grundrechtsverletzenden Ermächtigung im Landes-Polizeigesetz gestützt wird.

376

17.5.2 Materiell-rechtliche Beurteilung

Verletzt eine Rechtsnorm ein subjektives öffentliches Recht, dann darf sie von der Verwaltung nicht angewendet werden. Geschieht dies dennoch, handelt die Verwaltung rechtswidrig (dazu Rn. 345). Die Verwaltungsbehörde muss deshalb die Aufhebung der Rechtsnorm initiieren (Rn. 350).

377

17.5.3 Prozessuale Beurteilung

Eine inzidente Normenkontrolle kann vom Verwaltungsgericht im Rahmen jeder Klageart durchgeführt werden. Dabei hat der Betroffene auch die Möglichkeit, eine inzidente Normenkontrolle durch Erhebung einer Feststellungsklage nach § 43 VwGO zu initiieren, gerichtet darauf, dass die rechtswidrige Norm kein Rechtsverhältnis zum Kläger begründet. Hierbei kann sowohl gegen den Normgeber selbst als auch gegen den Rechtsträger des Vollzugsorgans mittels Feststellungsklage vorgegangen werden.[35]

378

---

[35] Wegweisend die Flugrouten-Entscheidung des BVerwG: BVerwGE 111, 276 (278); dazu *K. Gärditz*, in: Steinbach (Hrsg.), Verwaltungsrechtsprechung, 2017, S. 319. Weiteres Beispiel: BVerwGE 136, 54 (57), 75 (78). Zum Ganzen *F. Hufen*, Verwaltungsprozessrecht, 10. Aufl. 2016, § 18 Rn. 8; *W.-R. Schenke*, Verwaltungsprozessrecht, 16. Aufl. 2019, Rn. 1073 ff., 1080 ff.; *M. Pils*, JA 2011, 113.

17.6 Anspruch auf Erlass einer Norm

17.6.1 Beispiele

379 Beispiele für diese Konstellation sind folgende Anspruchsziele: Erlass einer Benutzungsordnung für einen kommunalen Spielplatz; Erhöhung der Leistungen für Bürokosten von Gerichtsvollziehern, die in einer Landes-Rechtsverordnung geregelt sind[36]; Tätigwerden des Gesetzgebers, um gegen ständig zunehmende Fluglärmbeeinträchtigungen hinreichende Vorkehrungen zum Schutz vorzusehen.[37]

17.6.2 Materiell-rechtliche Beurteilung

380 Ansprüche auf Normerlass sind grundsätzlich denkbar, auch wenn es im Einzelfall schwierig ist, einen solchen Anspruch zu begründen.[38]

381 Die Rechtsordnung enthält viele **Regelungsaufträge**. So sind in der Verfassung bestimmte Sachbereiche einer näheren Bestimmung durch Gesetz unterworfen, etwa in Art. 38 Abs. 3 GG die Wahlen zum Bundestag. Eine Pflicht lässt sich daraus aber in den meisten Fällen nicht ableiten, jedenfalls nicht die Pflicht, eine ganz bestimmte Regelung zu erlassen. Das gleiche gilt für einfachgesetzliche Verweisungen auf Rechtsverordnungen und Satzungen. Dabei handelt es sich um Ermächtigungen, nicht aber um Aufträge. Auch wenn im Einzelfall ein Rechtssetzungsauftrag begründet wird, dann kann die Verpflichtung kaum mit einer konkreten Regelung verknüpft werden. Sonst hätte der Gesetzgeber die Frage gleich selbst entscheiden können. Selbst wenn aber ein gesetzlicher Regelungsauftrag als Verpflichtung greifbar sein sollte, lässt sich daraus kaum ein subjektives öffentliches Recht gewinnen. Ein praktisch bedeutsames Beispiel sind an sich die nach § 47 BImSchG u. U. bestehenden Ansprüche Einzelner sowie anerkannter Umweltschutzvereinigungen auf Aufstellung bzw. Änderungen von Luftreinhalteplänen. Bei diesen Plänen handelt es sich allerdings nicht um Rechtsnormen (siehe Rn. 159 f., 190).

382 Eher denkbar sind Ansprüche auf Normerlass, die **grundrechtlich** begründet sind. Hierbei ist insbesondere an die Erfüllung gesetzgeberischer **Schutzpflichten** und die dadurch begründete Rechtsstellung zu denken (siehe schon Rn. 373). Wiederum aber lassen sich in den meisten Fällen die jeweiligen gesetzgeberischen Handlungspflichten nur selten zum Erfordernis einer konkreten Regelung verdichten. In dem erwähnten Beispiel des Schutzes vor Fluglärm kommt eine Schutzpflichtverletzung durch Unterlassen von Nachbesserungen an der bestehenden Rechtslage in Betracht.[39] Doch verfügt der Gesetzgeber bei der Erfüllung von

---

[36] BVerwG, Urt. v. 4.7.2002, 2 C 13/01, NVwZ 2002, 1505.
[37] BVerfGE 56, 54.
[38] Vgl. BVerwGE 80, 355 (360); *M. Winkler*, DVBl. 2008, 596; *G. Robbers*, JuS 1988, 949; *T. Würtenberger*, AöR 105 (1980), 370; *F. Köller/H. Haller*, JuS 2004, 189; *W.-R. Schenke*, VerwArch 82 (1991), 307; *H. Sodan*, NVwZ 2000, 601.
[39] BVerfGE 56, 54 (80).

Schutzpflichten über einen weiten Gestaltungsspielraum.⁴⁰ Mit Rücksicht darauf lag in dem Fluglärm-Beispiel angesichts verschiedener Bemühungen des Bundesgesetzgebers im Ergebnis keine Schutzpflichtverletzung vor. Wenn insoweit eine Verpflichtung angenommen werden kann, erwächst dem Einzelnen kraft der grundrechtlichen Begründung der Pflicht ein Recht des originären positiven Status.

17.6.3 Prozessuale Beurteilung

Sofern ein Recht auf Normerlass besteht, kommt es für seine Durchsetzung auf den Verpflichteten an. Der Anspruch auf Erlass eines formellen, d. h. parlamentarischen Gesetzes, greifbar als Grundrechtsverletzung durch Unterlassen, ist mittels Verfassungsbeschwerde geltend zu machen.⁴¹ Für Bundesgesetze ist also das BVerfG zuständig. Für Ansprüche auf den Erlass untergesetzlicher Normen ist der Rechtsweg zu den Verwaltungsgerichten nach § 40 Abs. 1 VwGO eröffnet (dies war früher streitig) und es kommen die allgemeine Leistungsklage sowie die Feststellungsklage in Betracht.⁴²

383

---

⁴⁰ BVerfGE 39, 1 (44); 46, 160 (164).
⁴¹ *W.-R. Schenke*, Verwaltungsprozessrecht, 16. Aufl. 2019, Rn. 1088.
⁴² *W.-R. Schenke*, Verwaltungsprozessrecht, 16. Aufl. 2019, Rn. 1087; *F. Becker*, in: Steinbach (Hrsg.), Verwaltungsrechtsprechung, 2017, S. 285 (287 ff.).

Teil IV
Ausblick

Fazit: das Anspruchsmodell – wozu? 18

Inhaltsverzeichnis

18.1 Motive.. 386
18.2 Die Verbindung von Verwaltungsprozessrecht und materiellem Verwaltungsrecht....... 392

Im zweiten Teil dieses Buchs wird ein in dieser Form neues Modell des Verwaltungsrechts entwickelt, im dritten Teil wird es erprobt und angewendet. Für das Modell stehen Ansprüche im Verhältnis von Staat und Bürger im Mittelpunkt, weshalb es als „**Anspruchsmodell**" firmieren kann. Es hat sich als leistungsfähig erwiesen: Die dogmatischen Strukturen der Rechtsbeziehungen zwischen dem Einzelnen und der Verwaltung lassen sich in der Form von sechs Falltypen systematisch darstellen. Hinzu kommen die verschiedenen Formen des Rechtsschutzes gegen Normen, die ebenfalls in Ansprüchen fundiert werden können. Im Kern verschiebt das Modell die Aufmerksamkeit. Statt sofort auf die Erfolgsaussichten einer verwaltungsgerichtlichen Klage zu schauen und damit das Prüfungsmuster „Zulässigkeit und Begründetheit einer verwaltungsgerichtlichen Klage" in den Vordergrund zu stellen, ist es erforderlich, zunächst so genau und konsequent wie möglich die Rechtsbeziehungen zwischen Bürger und Verwaltung zu untersuchen. Erst dann kann, in strikter Abhängigkeit von dem damit bestimmten materiellen Recht, die prozessuale Lage gewürdigt werden.

Aber keine Frage: Das Anspruchsmodell ist kompliziert. Lohnt sich denn, abgesehen von der wissenschaftlichen Fruchtbarkeit des Modells, wirklich die Mühe, verwaltungsrechtliche Fälle auf diese Art und Weise zu denken? Dieser Frage soll an dieser Stelle etwas genauer nachgegangen werden.

18.1 Motive

386 Für das Anspruchsmodell spricht nicht nur seine wissenschaftliche Fruchtbarkeit. Weitere Gründe machen es notwendig, das Verwaltungsrecht in Ansprüchen zu denken.[1] Sie sind didaktischer, rechtstheoretischer und pragmatischer Natur.

387 *Das didaktische Motiv*: Ein nicht zu unterschätzender Vorteil eines verwaltungsrechtlichen Anspruchsmodells sind seine Parallelen zum **zivilrechtlichen Denken**. Denn dort liegen die Dinge ähnlich. Das Zivilverfahrensrecht folgt dem materiellen Recht. Der Gegenstand und der Inhalt bürgerlich-rechtlicher Ansprüche sind von den gerichtlichen Durchsetzungsmöglichkeiten vollständig getrennt. Die Ansprüche können unabhängig von den Klagen behandelt werden; nur die Art und Weise ihrer Darstellung orientiert sich am gerichtlichen Verfahren.[2] Vor diesem Hintergrund muss das Verwaltungsrecht nicht als Abweichung von zivilrechtlichen Mustern erarbeitet, sondern kann nach ähnlichen Prinzipien erschlossen werden.

388 *Das rechtsstaatlich-demokratische Motiv:* Der gerichtliche Rechtsschutz gegen die öffentliche Gewalt, verfassungsrechtlich abgesichert durch Art. 19 Abs. 4 GG, gilt als Schlussstein des Rechtsstaats.[3] Das ist ein historischer Befund, an dem nicht zu rütteln ist. Aber dass der in seinen Rechten beeinträchtigte Bürger Schutz bei den Gerichten findet, kann im etablierten demokratischen Verfassungsstaat auch mit weiteren Bedeutungen verbunden werden. Ein solcher Staat bewährt sich schon, ja gerade dann, wenn der gerichtliche Rechtsschutz gar nicht erst nötig wird. Nicht der Erfolg, den der „Untertan" bei Gericht erzielt, entscheidet über die rechtsstaatlich-demokratische Qualität des Staates, sondern die Rechtsstellung, die der Bürger gegenüber der Verwaltung hat. Zu dieser Stellung zählen die materiell-rechtlichen Rechtspositionen ebenso wie die Verfahren und Formen, die die Rechtsordnung bereitstellt, damit die Rechte geachtet, erfüllt und durchgesetzt werden.

389 *Das institutionelle Motiv:* Wird die Rolle des gerichtlichen Verwaltungsrechtsschutzes in der Ausbildung und der Wissenschaft zu stark akzentuiert, befördert dies ein problematisches Selbstverständnis der Verwaltungspraxis. Behörden treffen ihre Entscheidungen nicht mit der erforderlichen Gründlichkeit: Denn die Gerichte werden es schon richten. Diese Überlegung ist keine bloße Spekulation, wie in jünger Zeit in besonderem Maße die praktischen Erfahrungen zeigen, die deutsche Verwaltungsgerichte im Flüchtlingsrecht mit Bescheiden des Bundesamtes für Migration und Flüchtlinge gemacht haben. Viele Verwaltungsrichter/-innen haben den Eindruck, in tatsächlicher wie rechtlicher Hinsicht Defizite zu beseitigen, die in zu schnell abgeschlossenen Verfahren über die Flüchtlingsanerkennung entstanden

---

[1] Weitere Überlegungen und Nachweise dazu bei *A. Funke*, in: Hofmann/Kurz (Hrsg.), Law of Remedies, 2019, S. 61; *A. Funke*, Verw 52 (2019), 239.
[2] Grundlegend *D. Medicus*, AcP 174 (1974), 313; zum Diskussionsstand *F. Hofmann*, JuS 2018, 833.
[3] *R. Thoma*, in: Thoma, Rechtsstaat – Demokratie – Grundrechte, 2008, S. 468.

sind.⁴ So werden die Gerichte zum Reparaturbetrieb der Verwaltung.⁵ Indem das Anspruchsmodell den Status des Einzelnen gerade gegenüber der Verwaltung hervorhebt, dürfte es auch dem genannten Selbstverständnis entgegenwirken.

Das rechtstheoretische Motiv: Dass die juristische Ausbildung auf die Entscheidung von Fällen fokussiert ist, hat nicht zuletzt damit zu tun, dass die Befähigung zum Richterberuf nach § 5 DRiG das Ausbildungsziel ist. Richter entscheiden nun einmal gerichtliche Streitigkeiten. Aber dabei darf nicht das Bewusstsein dafür verloren gehen, dass die Gerichte nur für die pathologischen Fälle des Rechtslebens zuständig sind. Vermutlich werden 99,9 % der Rechtsverhältnisse tagtäglich ohne die Gerichte abgewickelt. Die Klagen sind nur Notbehelfe, die der Staat für den Fall bereitstellt, dass etwas schiefläuft.⁶ Das Recht ist primär eine Verhaltensordnung, für die Bürger wie für den Staat, und nur sekundär eine Sanktionsordnung.⁷ Im Zivilrecht scheint für diese Eigenschaft der Rechtsordnung das Bewußtsein stärker verankert zu sein als im Verwaltungsrecht.

390

Das Motiv der Transparenz der rechtlichen Wertungen: Ein wichtiges Element des Anspruchsmodells ist die Unterscheidung von Rechten und Ansprüchen. Mit dieser Unterscheidung flexibilisiert die Rechtsordnung ihr eigenes Operieren. Dies ist insbesondere für Ansprüche, die aus der Verletzung des negativen Status resultieren, bedeutsam. Nicht jede Verletzung eines subjektiven öffentlichen Rechts erzeugt einen spiegelbildlichen Abwehranspruch. Auf der Ebene der Ansprüche verarbeitet die Rechtsordnung Wertungen, die über die Realisierung von Rechten entscheiden, ohne dass diese Rechte selbst modifiziert werden. So kennt der Folgenbeseitigungsanspruch Duldungspflichten, die am Grundrecht auf Eigentum nichts ändern, die aber den Abwehranspruch einschränken. Ein anderes Beispiel ist der Umstand, dass der Anspruch auf Aufhebung eines rechtsverletzenden Verwaltungsakts nach Treu und Glauben ausgeschlossen sein kann.⁸ Im Baurecht können nachbarliche Abwehransprüche, die aus der Verletzung nachbarschützender Vorschriften resultieren, durch Verzicht, Verwirkung oder Rechtsmissbrauch untergehen.⁹ Dabei ändert eine solche Rechtsfolge nichts daran, dass eine nachbarschützende Vorschrift und damit ein subjektives öffentliches Recht des Nachbarn verletzt wurde. Aber auf der Ebene materiellen Rechts – und nicht erst bei der gerichtlichen Durchsetzung – ist die Verwirklichung eines solchen Rechts beschränkt. Die Dimension des Anspruchs er-

391

---

⁴ Lesenswert dazu der Richter am BVerwG *U. Berlit*, Asylmagazin 2019, 84.

⁵ Vgl. *K. Zeidler*, Der Staat 1 (1962), 321 (327 f.); im gleichen Sinne etwa *J. Martens*, Die Praxis des Verwaltungsverfahrens, 1985, S. 39; *W.-R. Schenke*, in: Geis/Lorenz (Hrsg.), Staat, Kirche, Verwaltung, 2001, S. 723 (724); mit Blick auf das Widerspruchsverfahren *G. Sydow/S. Neidhardt*, Verwaltungsinterner Rechtsschutz, 2007, S. 14.

⁶ *W.-R. Schenke*, in: Geis/Lorenz (Hrsg.), Staat, Kirche, Verwaltung, 2001, S. 723 (723). Allgemein *A. Funke*, in: Schuhr (Hrsg.), Rechtssicherheit durch Rechtswissenschaft, 2014, S. 49.

⁷ Das ist auch eine der zentralen Überlegungen des Rechtstheoretikers H. L. A. Hart, siehe *H. L. A. Hart*, Der Begriff des Rechts, 2011, S. 99 ff.

⁸ *W.-R. Schenke*, in: Geis/Lorenz (Hrsg.), Staat, Kirche, Verwaltung, 2001, S. 723 (746 ff.) Siehe auch Rn. 142, 186, 237.

⁹ Überblick: *S. Muckel/M. Ogorek*, Öffentliches Baurecht, 3. Aufl. 2018, § 11 Rn. 27 ff.

laubt es also, eine Vielzahl rechtlich notwendiger Wertungen in die Rechtsordnung einzubauen und so transparent zu machen. Wenn sich hingegen die Analyse rechtlicher Beziehungen auf die Ebene der eigentlichen Rechte beschränkt, ist es erheblich schwerer, die Wertungen adäquat vorzunehmen. Es besteht dann aber die Gefahr, dass sie hinter grobschnittigen Subsumtionen verschleiert werden.

18.2 Die Verbindung von Verwaltungsprozessrecht und materiellem Verwaltungsrecht

392 Gewichtige substanzielle Argumente, die *für* die in der verwaltungsrechtlichen Lehre oft anzutreffende Verzahnung von Verwaltungsprozessrecht und materiellem Verwaltungsrecht sprechen, lassen sich nicht finden – außer dem Umstand, dass sich das eben so eingebürgert hat. Eingetretene Pfade sind nun einmal nur schwer zu verlassen.

393 Im **Staatsorganisationsrecht** gibt es spezielle Gründe dafür, das materielle Recht stark mit dem Prozessrecht zu verknüpfen: Das Bundesverfassungsgericht ist ein Teil des institutionellen Gefüges der Verfassungsorgane. Die verfassungsgerichtlichen Verfahrensarten prägen die rechtsstaatliche und demokratische Struktur des Grundgesetzes. Zudem weist das Verfassungsprozessrecht Eigenarten auf, die in anderen Prozessordnungen, auch der VwGO, nicht in vergeichbarer Form anzutreffen sind, nämlich funktionell-rechtliche Beschränkungen der verfassungsgerichtlichen Befugnisse gegenüber dem Gesetzgeber. Zu einem vollständigen Bild des Verwaltungsrechts gehört natürlich auch die Frage, wie subjektive öffentliche Rechte gerichtlich durchgesetzt werden können. Dass dabei aber die Verwaltungsgerichte auf ähnliche Weise wie das Bundesverfassungsgericht in einer besonderen institutionellen Rolle agieren würde, ist nicht ersichtlich.

394 Anders als im Zivilrecht finden sich im Verwaltungsrecht allerdings gesetzliche Anknüpfungspunkte, die darauf hindeuten, dass bestimmte materiell-rechtliche Figuren (einschließlich des Verwaltungsverfahrensrechts) vom Prozessrecht abhängen. Hieraus könnte eine Verzahnung von materiellem Verwaltungsrecht und Verwaltungsprozessrecht abgeleitet werden. So ist die **formelle Bestandskraft** von Verwaltungsakten ein Institut des Verwaltungsverfahrensrechts, das auf die Klagefrist, die für die Einlegung eines Rechtsbehelfs beim Verwaltungsgericht zu wahren ist, bezogen ist. Der Begriff der formellen Bestandskraft hat also die Funktion, über den Fortbestand der Anfechtungsmöglichkeit Auskunft zu geben. So gesehen, ist die formelle Bestandskraft des Verwaltungsakts ein rein prozessuales Institut, an das das Verwaltungsverfahrensrecht anknüpft. Den Aufhebungsanspruch derjenigen Person, die durch den bestandskräftigen Verwaltungsakt in einem Recht verletzt ist, berührt die formelle Bestandskraft im Übrigen nicht (Rn. 233). Mit der formellen Bestandskraft ändern sich die Aufhebungsbefugnisse der Verwaltung, denn die Regelungen der Rücknahme und des Widerrufs von Verwaltungsakten, §§ 48, 49 VwVfG, differenzieren nach der formellen Bestandskraft. Eine interessante Verzahnung von Verwaltungsprozessrecht und Verwaltungsverfahrensrecht ergibt sich

auch nach § 80 VwGO: Für das Verständnis der Rechtswirkungen eines Verwaltungsakts ist es aufschlussreich zu wissen, dass und wie über die Einlegung eines Rechtsbehelfs nach § 80 Abs. 1 VwGO aufschiebende Wirkung hergestellt wird. Aber warum diese punktuellen verwaltungsverfahrensrechtlichen Wirkungen des Prozessrechts es erfordern sollen, das verwaltungsgerichtliche Komplettprogramm stets und von vorneherein – in der verbreiteten Frage nach der „Zulässigkeit und Begründetheit einer verwaltungsgerichtlichen Klage" – mit zu bedenken, hat meines Wissens noch niemand wirklich dargelegt.

Anregungen für die juristische Ausbildung 19

Das Anspruchsmodell hat sich bei der Strukturierung der verwaltungsrechtlichen Falltypen bewährt. Eine der zentralen Prämissen der Bildung der Fälle war es, dass die herkömmliche Verbindung von materiellem Verwaltungsrecht und Verwaltungsprozessrecht die freie Sicht auf die Probleme verstellt. Wenn es aber möglich ist, verwaltungsrechtliche Fälle durchgehend ohne die Prüfung der Erfolgsaussichten einer verwaltungsgerichtlichen Klage zu konzipieren, dann drängt sich die Frage auf, ob daraus nicht Konsequenzen für die juristische Ausbildung zu ziehen sind.[1]

395

Meines Erachtens sollte ein mehr oder weniger neuer **Klausurtypus** eingeführt und verwendet werden. Die Aufgabenstellung dieses Klausurtyps beschränkt sich darauf, Ansprüche gegen die Verwaltung zu prüfen. Wirklich neu ist eine solche Aufgabenstellung aus verschiedenen Gründen gar nicht. Einen Teilbereich einer solchen Aufgabenstellung deckt die gelegentlich eingesetzte Rechtsakt-Klausur ab. Nur sollte stattdessen die Rechtsstellung des Einzelnen, d. h. seine Ansprüche, und nicht die Rechtmäßigkeit des Handelns der Verwaltung den Ausgangspunkt der Würdigung bilden. Das wird den Studierenden ohnehin in einem etwas anderen Kontext abverlangt: Staatshaftungsrechtliche Klausuren beschränken sich üblicherweise auf die Prüfung der Anspruchslage. Der Amtshaftungsanspruch und die Aufopferungsansprüche unterliegen der ordentlichen Gerichtsbarkeit (siehe Rn. 52). Deshalb können die entsprechenden Sachentscheidungsvoraussetzungen in der öffentlich-rechtlichen Säule der Ausbildung nicht geprüft werden. Insofern könnten die Aufgabenstellungen einander angeglichen werden, wenn der verwaltungsprozessuale Anteil der öffentlich-rechtlichen Klausuren entfällt und diese sich durchweg auf die Prüfung von Ansprüchen beschränken.

396

Vorstellbar ist auch eine radikale Remedur. Während der eben erwähnte Vorschlag prozessuale Einbettungen nicht per se ausschließen würde, sondern nur das Arsenal denkbarer Klausurtypen erweitert, wäre es vorstellbar, prozessuale Einbet-

397

---

[1] Dogmatik und Falldenken als solche stehen also nicht zur Debatte. Ein Plädoyer, sie zugunsten von verwaltungswissenschaftlichen – nicht verwaltungsrechtswissenschaftlichen – Stoffanteilen in der Ausbildung zurückzudrängen, findet sich hingegen bei *C. Franzius*, ZDRW 2 (2015), 93.

tungen verwaltungsrechtlicher Fragestellungen *generell* zu vermeiden.[2] Das hätte den großen Vorteil, dass der Prüfungsstoff deutlich entlastet werden könnte. In den einführenden Darlegungen zu diesem Studienbuch wurde darauf hingewiesen, dass die Komplexität verwaltungsrechtlicher Fragestellungen von Studierenden kaum noch bewältigt werden kann. Auch verdrängt der Fokus auf die gerichtlichen Erfolgsaussichten die Aufmerksamkeit auf jene Sinnschichten, die über das Anspruchsmodell erschlossen werden können. Ein Verzicht auf prozessuale Einkleidungen hätte zudem vermutlich den Effekt, dass die Entwicklung des Falles im **Verwaltungsverfahren** mehr Aufmerksamkeit erhalten würde. Aktuell spielt das Verwaltungsverfahren in der Ausbildung eine eher untergeordnete Rolle. Meines Erachtens ist dies auch darauf zurückzuführen, dass in den verwaltungsrechtlichen Aufgabenstellungen wie in den Lösungen sehr schnell von den materiellen verwaltungsrechtlichen Bindungen auf das Prozessrecht gesprungen wird. Indem die gegenwärtige Ausbildungspraxis, begleitet von einem großen Teil der Literatur, gleichsam „aktionenrechtlich" das Verwaltungsrecht auf die Verwaltungsgerichte ausrichtet (siehe Rn. 23), rückt sie das Verwaltungsverfahren an den Rand.[3] Aufgabenstellungen, die auf das Verwaltungsverfahren bezogen sind – Hat jemand die Rechtsstellung eines Beteiligten? Kann jemand Auskunft verlangen? Ist jemand anzuhören? Kann jemand einen Antrag stellen? Wie muss die Behörde entscheiden? Muss die Entscheidung korrigiert werden? etc. – finden sich kaum. Das Verwaltungsprozessrecht muss, wenn es in Klausuren zurückgehalten wird, nicht komplett aus der Ausbildung im öffentlichen Recht verschwinden. Grundzüge des Rechtsschutzes können im Studium nach wie vor eine Rolle spielen. Insbesondere die Funktionen und Wirkungen des Verwaltungsakts lassen sich mit Blick auf die Klagemöglichkeiten in der Hauptsache und die Eigenarten des vorläufigen Rechtsschutzes besser verstehen. Aber das erfordert eben nicht, das volle prozessuale Programm zum Gegenstand von Prüfungsarbeiten zu machen.

---

[2] Vgl. *H. Bull*, JZ 1998, 338.
[3] Gerade die umgekehrte Einschätzung allerdings bei *J. Buchheim*, Actio, Anspruch, subjektives Recht, 2017, S. 185, der für das dem Anspruchsmodell entgegengesetzte Aktionenmodell des Verwaltungsrechts in Anspruch nimmt, es würde dem Verwaltungsverfahren mehr Aufmerksamkeit widmen.

Glossar: 10 Grundbegriffe

Anspruch Recht, von einem anderen ein Tun oder Unterlassen verlangen zu können (vgl. § 194 BGB).

Formelles subjektives Recht Rechtsposition, die kein Sachinteresse des Berechtigten schützt. Umfasst das Recht auf fehlerfreie Ermessensentscheidung, das Recht auf fehlerfreie Wahrnehmung des Beurteilungsspielraums und das Recht auf fehlerfreie Abwägung.

Kassation Aufhebung eines Rechtsakts. Die Kassation wirkt rechtsgestaltend und beseitigt (in der Regel ex tunc) die Wirksamkeit des Rechtsaktes. Sie kann von der erlassenden Behörde selbst (Verwaltungsakt: § 43 Abs. 2 VwVfG) oder von einem Gericht bewirkt werden (Verwaltungsakt: § 113 Abs. 1 Satz 1 VwGO).

Leistung jede Tätigkeit der Verwaltung, die für den Einzelnen mit Vorteilen verbunden ist. Kann in den Rechtsformen des Verwaltungsakts (§ 35 VwVfG) oder des → Realakts erbracht werden.

Negativer Status subjektives öffentliches Recht, das auf einer staatlichen Achtungspflicht beruht. Solche Pflichten werden zum einen durch Grundrechte in ihrer Funktion als Abwehrrechte begründet, zum anderen durch Normen des einfachen Rechts. Beispiel: Den Eigentümern zweier benachbarter Grundstücke erwächst im Hinblick auf die („drittschützende") bauordnungsrechtliche Norm über Abstandsflächen ein negativer Status gegenüber der Verwaltung. Der negative Status ist kein → Anspruch.

Reaktionsrecht subjektives öffentliches Recht, das aus der – bevorstehenden oder eingetretenen – Verletzung eines negativen Status entsteht. Es handelt sich dabei im Kern um Ansprüche auf Unterlassung, Beseitigung und Folgenbeseitigung. Auch Amtshaftungsansprüche können zum Reaktionsrecht gezählt werden, nicht hingegen Ansprüche, die aus rechtmäßigen staatlichen Beeinträchtigungen entstehen.

Realakt schlichtes Verwaltungshandeln, d. h. eine Maßnahme der Verwaltung, die ohne normative Wirkung ist. Sowohl Tun als auch Unterlassen sind Realakte.

Recht (subjektives) Begünstigung, die aus der individuellen Schutzrichtung einer Norm erwächst.

Positiver Status subjektives öffentliches Recht, das auf einer staatlichen Erfüllungspflicht beruht. Solche Pflichten werden durch gewährende Normen begründet. Der positive Status ist *orgininär*, wenn er auf unmittelbarer Begründung durch eine staatliche Norm beruht, er ist *abgeleitet*, wenn er als Reaktion (→ Reaktionsrecht) auf eine Verletzung des negativen Status entsteht. Der positive Status ist zugleich ein → Anspruch.

Status Rechtsstellung, die zu Gunsten eines Berechtigten aus der Pflicht eines anderen (des Staates) entsteht. → negativer Status, → positiver Status.

Literaturverzeichnis

Avenarius, Martin, Struktur und Zwang im Schuldvertragsrecht. Zur funktionellen Bedeutung des § 241 S. 1 BGB, JR 1996, S. 492–496.
Axer, Peter, Nebenbestimmungen im Verwaltungsrecht, Jura 2001, S. 748–753.
Bachof, Otto, Die verwaltungsgerichtliche Klage auf Vornahme einer Amtshandlung, Tübingen 1951.
Badura, Peter, Das Verwaltungsrecht des liberalen Rechtsstaates. Methodische Überlegungen zur Entstehung des wissenschaftlichen Verwaltungsrechts, Göttingen 1967.
Baldus, Manfred/Grzeszick, Bernd/Wienhues, Sigrid, Staatshaftungsrecht. Das Recht der öffentlichen Ersatzleistungen, 4. Aufl., Heidelberg u. a. 2013.
Bauer, Hartmut, Verwaltungsrechtslehre im Umbruch?, Verw 25 (1992), S. 301–326.
Baumeister, Peter, Der Anspruch auf ein Wiederaufgreifen unanfechtbar abgeschlossener Verwaltungsverfahren, VerwArch 83 (1992), S. 374–408.
Baumeister, Peter, Der Beseitigungsanspruch als Fehlerfolge des rechtswidrigen Verwaltungsakts, Tübingen 2006.
Baur, Jürgen F./Stürner, Rolf, Sachenrecht, 18. Aufl., München 2009.
Becker, Florian, Klage auf Änderung oder Erlass einer untergesetzlichen Rechtsnorm. BVerwG, NVwZ 2002, 1505 (Urt. v. 04.07.2002; Az. 2 C 13.01), in: Armin Steinbach (Hrsg.), Verwaltungsrechtsprechung, Tübingen 2017, S. 285–292.
Berger, Ariane, Das kommunalrechtliche Subsidiaritätsgebot als subjektives öffentliches Recht, DÖV 2010, S. 118–127.
Berkemann, Jörg, Zur Abwängungsdogmatik: Stand und Bewertung, ZUR 2016, S. 323–331.
Berlit, Uwe, Verlagerung von Asylverfahren auf die Gerichte, Asylmagazin 2019, S. 84–93.
Bettermann, Karl August, Zur Lehre vom Folgenbeseitigungsanspruch, DÖV 1955, S. 528–536.
Bickenbach, Christian, Das Bescheidungsurteil als Ergebnis einer Verpflichtungsklage. Streitgegenstand, verfassungsrechtliche Grundlagen, verwaltungsprozessrechtliche Voraussetzungen, Wirkungen, Berlin 2006.
Bogdandy, Armin von, The Past and Promise of Doctrinal Constructivism. A strategy for responding to the challenges facing constitutional scholarship in Europe, I·CON 7 (2009), S. 364–400.
Breuer, Rüdiger, Grundrechte als Anspruchsnormen, in: Otto Bachof/Ludwig Heigl/Konrad Redeker (Hrsg.), Verwaltungsrecht zwischen Freiheit, Teilhabe und Bindung – Festgabe aus Anlaß des 25jährigen Bestehens des Bundesverwaltungsgerichts, München 1978, S. 89–119.
Brosius-Gersdorf, Frauke, Vollzugsfolgenbeseitigung. Materielle Anspruchsgrundlage und verwaltungsprozessuale Durchsetzung, JA 2010, S. 41–47.
Brugger, Winfried, Gestalt und Begründung des Folgenbeseitigungsanspruchs, JuS 1999, S. 625–632.
Buchheim, Johannes, Actio, Anspruch, subjektives Recht. Eine aktionenrechtliche Rekonstruktion des Verwaltungsrechts, Tübingen 2017.
Bull, Hans Peter, „Angstfach" Verwaltungsrecht. Was wir den Studenten zumuten, JZ 1998, S. 338–343.

Bumke, Christian, Der Folgenbeseitigungsanspruch, JuS 2005, S. 22–27.
Bumke, Christian, Rechtsdogmatik. Überlegungen zur Entwicklung und zu den Formen einer Denk- und Arbeitsweise der deutschen Rechtswissenschaft, JZ 2014, S. 641–650.
Burgi, Martin, Art 8 GG und die Gewährleistung des Versammlungsorts, DÖV 1993, S. 633–642.
Burgi, Martin, Kommunalrecht, 6. Aufl., München 2019.
Cremer, Wolfram, Rechtsanwendungsgleichheit in Mehrebenensystemen, VVDStRL 78 (2019), S. 117–160.
Czermak, Fritz, Gibt es eine verwaltungsgerichtliche Bescheidungsklage?, BayVBl. 1981, S. 427–429.
Decker, Andreas, Der spezielle Gebietsprägungserhaltungsanspruch, JA 2007, S. 55–58.
Detterbeck, Steffen, Streitgegenstand und Entscheidungswirkungen im öffentlichen Recht. Grundlagen des Verfahrens vor den allgemeinen Verwaltungsgerichten und vor dem Bundesverfassungsgericht, Tübingen 1995.
Detterbeck, Steffen, Allgemeines Verwaltungsrecht. Mit Verwaltungsprozessrecht, 17. Aufl., München 2019.
Dörr, Oliver/Lenz, Christofer, Europäischer Verwaltungsrechtsschutz, 2. Aufl., Baden-Baden 2019.
Dreier, Horst, Fortsetzungsfeststellungswiderspruch und Kostenentscheidung bei Erledigung des Verwaltungsaktes im Vorverfahren, NVwZ 1987, S. 474–479.
Dreier, Horst, Subjektiv-rechtliche und objektiv-rechtliche Grundrechtsgehalte, Jura 1994, S. 505–513.
Ebeling, Christoph/Tellenbröker, Johannes, Subventionsrecht als Verwaltungsrecht, JuS 2014, S. 217–223.
Ehlers, Dirk, Der Beklagte im Verwaltungsprozess, in: Hans-Uwe Erichsen/Werner Hoppe/Albert von Mutius (Hrsg.), System des verwaltungsgerichtlichen Rechtsschutzes – Festschrift für Christian-Friedrich Menger zum 70. Geburtstag, Köln 1985, S. 379–400.
Ehlers, Dirk, § 22 Verwaltungsgerichtliche Anfechtungsklage, in: Dirk Ehlers/Friedrich Schoch (Hrsg.), Rechtsschutz im Öffentlichen Recht, Berlin 2009.
Ehlers, Dirk, § 26 Verwaltungsgerichtliche Fortsetzungsfeststellungsklage, in: Dirk Ehlers/Friedrich Schoch (Hrsg.), Rechtsschutz im Öffentlichen Recht, Berlin 2009.
Enders, Christoph, § 53 Abwehr und Beseitigung rechtswidriger hoheitlicher Beeinträchtigungen, in: Wolfgang Hoffmann-Riem/Eberhard Schmidt-Aßmann/Andreas Voßkuhle (Hrsg.), Grundlagen des Verwaltungsrechts, Bd. 3 – Personal, Finanzen, Kontrolle, Sanktionen, staatliche Einstandspflichten, 2. Aufl., München 2013.
Enders, Christoph, Die Freiheit des status subiectionis. Zur Geburt der Grundrechtsdogmatik aus dem Geist des Rechtsverhältnisses in Georg Jellineks „System der subjektiven öffentlichen Rechte", in: Winfried Brugger/Rolf Gröschner/Oliver Lembcke (Hrsg.), Faktizität und Normativität – Georg Jellineks freiheitliche Verfassungslehre, Tübingen 2016, S. 109–124.
Endicott, Timothy, Administrative Law, Oxford 2009.
Englisch, Joachim/Cryns, Anna S., Fälle und Lösungen zum allgemeinen Verwaltungsrecht einschließlich Staatshaftungsrecht, Stuttgart 2008.
Epping, Volker, Grundrechte, 7. Aufl., Berlin 2017.
Erbguth, Wilfried, Primär- und Sekundärrechtsschutz im Öffentlichen Recht, VVDStRL 61 (2002), S. 221–259.
Erichsen, Hans-Uwe, Vorläufiger Rechtsschutz nach § 80 Abs 1–4 VwGO. Repetitorium – öffentliches Recht, Jura 1984, S. 414–426.
Erichsen, Hans-Uwe, Der Innenrechtsstreit, in: Hans-Uwe Erichsen/Werner Hoppe/Albert von Mutius (Hrsg.), System des verwaltungsgerichtlichen Rechtsschutzes – Festschrift für Christian-Friedrich Menger zum 70. Geburtstag, Köln 1985, S. 211–233.
Ernst, Christian/Kämmerer, Jörn Axel, Fälle zum Allgemeinen Verwaltungsrecht. Mit Verwaltungsprozessrecht, 3. Aufl., München 2016.
Eyermann, Erich/Fröhler, Ludwig (Hrsg.), Verwaltungsgerichtsordnung – Kommentar, 15. Aufl., München 2019.
Faber, Heiko, Verwaltungsrecht, 4. Aufl., Tübingen 1995.

Finkelnburg, Klaus/Ortloff, Karsten Michael/Otto, Christian-W., Öffentliches Baurecht, Bd. 2. Bauordnungsrecht, Nachbarschutz, Rechtsschutz, 7. Aufl., München 2018.
Fischer, Markus, Die verwaltungsprozessuale Klage im Kraftfeld zwischen materiellem Recht und Prozessrecht, Frankfurt am Main/New York 2011.
Flume, Werner, Allgemeiner Teil des Bürgerlichen Rechts, Bd. 2. Das Rechtsgeschäft, 3. Aufl., Berlin u. a. 1979.
Franzius, Claudio, § 4 Modalitäten und Wirkungsfaktoren der Steuerung durch Recht, in: Wolfgang Hoffmann-Riem/Eberhard Schmidt-Aßmann/Andreas Voßkuhle (Hrsg.), Grundlagen des Verwaltungsrechts, Bd. 1 – Methoden, Maßstäbe, Aufgaben, Organisation, 2. Aufl., München 2012.
Franzius, Claudio, Struktur und Inhalte eines verwaltungsrechtlichen Curriculums, ZDRW 2 (2015), S. 93–107.
Frenz, Walter, Öffentliches Recht. Eine nach Anspruchszielen geordnete Darstellung zur Examensvorbereitung, 7. Aufl., München 2017.
Friauf, Karl Heinrich/Höfling, Wolfram (Hrsg.), Berliner Kommentar zum Grundgesetz, Berlin Stand: Sept. 2019.
Frotscher, Werner/Kramer, Urs, Wirtschaftsverfassungs- und Wirtschaftsverwaltungsrecht. Eine systematische Einführung anhand von Grundfällen, 7. Aufl., München 2019.
Funke, Andreas, Der Anwendungsvorrang des Gemeinschaftsrechts, DÖV 2007, S. 733–740.
Funke, Andreas, Die Konstellation der Rechtssicherheit. Zwei Thesen des Rechtspositivismus im Lichte pragmatischer Hermeneutik, in: Jan C. Schuhr (Hrsg.), Rechtssicherheit durch Rechtswissenschaft, Tübingen 2014, S. 49–72.
Funke, Andreas, Perspektiven subjektiv-rechtlicher Analyse des öffentlichen Rechts, JZ 2015, S. 369–380.
Funke, Andreas, § 2 Rechtstheorie, in: Julian Krüper (Hrsg.), Grundlagen des Rechts, 3. Aufl., Baden-Baden 2017.
Funke, Andreas, Ansprüche und Klagen im Verwaltungsrecht, Verw 52 (2019), S. 239–257.
Funke, Andreas, Rights and Remedies in Public Law, in: Franz Hofmann/Franziska Kurz (Hrsg.), Law of Remedies – A European Perspective, Cambridge 2019, S. 61–80.
Funke, Andreas/Stocker, Iris, Die Statthaftigkeit der Fortsetzungsfeststellungsklage bei vorprozessualer Erledigung. Klagefrist als Analogievoraussetzung, JuS 2019, S. 979–982.
Gallwas, Hans-Ullrich, Faktische Beeinträchtigungen im Bereich der Grundrechte. Ein Beitrag zum Begriff der Nebenwirkungen, Berlin 1970.
Gallwas, Hans-Ullrich, Grundrechte, 2. Aufl., Neuwied 1995.
Gallwas, Hans-Ullrich/Lindner, Josef Franz/Wolff, Heinrich Amadeus, Bayerisches Polizei- und Sicherheitsrecht, 4. Aufl., Stuttgart u. a. 2015.
Gärditz, Klaus F. (Hrsg.), Verwaltungsgerichtsordnung (VwGO) mit Nebengesetzen – VwGO, 2. Aufl., Köln 2018.
Gärditz, Klaus F., Gutachten D: Funktionswandel der Verwaltungsgerichtsbarkeit unter dem Einfluss des Unionsrechts. Umfang des Verwaltungsrechtsschutzes auf dem Prüfstand, in: Ständige Deputation des Deutschen Juristentages (Hrsg.), Verhandlungen des 71. Deutschen Juristentages Essen 2016, Bd. 1 – Gutachten, München 2016.
Gärditz, Klaus F., Rechtsschutz gegen Flugroutenfestsetzungen durch Rechtsverordnung. BVerwGE 111, 276 (Urt. v. 28.06.2000; Az. 11 C 13.99), in: Armin Steinbach (Hrsg.), Verwaltungsrechtsprechung, Tübingen 2017, S. 319–324.
Gärditz, Klaus Ferdinand, Verwaltungsgerichtlicher Rechtsschutz im Umweltrecht, NVwZ 2014, S. 1–10.
Geis, Max-Emanuel, Kommunalrecht. Ein Studienbuch, 4. Aufl., München 2016.
Gerber, Carl Friedrich Wilhelm von, Über öffentliche Rechte, 1852 (Nachdruck Darmstadt 1968).
Gerhard, Torsten, Die Rechtsfolgen prinzipaler Normenkontrollen für Verwaltungsakte. § 79 Abs. 2 BVerfGG und § 183 VwGO, Berlin 2008.
Gierth, Karl, Der Bescheidungsanspruch im verwaltungsbehördlichen Verfahren, DÖV 1977, S. 761–767.

Götz, Volkmar/Geis, Max-Emanuel, Allgemeines Polizei- und Ordnungsrecht. Ein Studienbuch, 16. Aufl., München 2017.

Greger, Reinhard, Neue Regeln für die Verbandsklage im Verbraucherschutz- und Wettbewerbsrecht, NJW 2000, S. 2457–2463.

Gröschner, Rolf, Vom Nutzen des Verwaltungsrechtsverhältnisses, Verw 30 (1997), S. 301–338.

Gröschner, Rolf, Dialogik der Rechtsverhältnisse, in: Winfried Brugger/Ulfrid Neumann/Stephan Kirste (Hrsg.), Rechtsphilosophie im 21. Jahrhundert, Frankfurt am Main 2008, S. 90–110.

Grzeszick, Bernd, Rechte und Ansprüche. Eine Rekonstruktion des Staatshaftungsrechts aus den subjektiven öffentlichen Rechten, Tübingen 2002.

Guckelberger, Annette, BVerwGE 7, 354 (Urt. v. 05.12.1958; Az. VII C 215.57), in: Armin Steinbach (Hrsg.), Verwaltungsrechtsprechung, Tübingen 2017, S. 58–64.

Gusy, Christoph, Freiheitsrechte als subjektive Rechte, ZJS 2008, S. 233–242.

Haack, Stefan, Streitgegenstand, Rechtsverhältnis und Verletzung in eigenen Rechten: auf der Suche nach drei Phantombegriffen der Prozessrechtsdogmatik, VerwArch 109 (2018), S. 503–528.

Hailbronner, Kay/Maaßen, Hans-Georg/Hecker, Jan/Kau, Marcel (Hrsg.), Staatsangehörigkeitsrecht, 6. Aufl., München 2017.

Hart, H. L. A., Der Begriff des Rechts. Mit dem Postskriptum von 1994, Frankfurt am Main 2011.

Heinze, Arne-Patrik, Systematisches Fallrepetitorium Allgemeines Verwaltungsrecht, Berlin u. a. 2014.

Held, Jürgen, Individualrechtsschutz bei fehlerhaftem Verwaltungsverfahren, NVwZ 2012, S. 461–468.

Henke, Wilhelm, Das subjektive öffentliche Recht, Tübingen 1968.

Heyen, Erk Volkmar/Collin, Peter/Spiecker Döhmann, Indra, 40 Klausuren aus dem Verwaltungsrecht, 11. Aufl., München 2017.

Hödl-Adick, Marcus, Die Bescheidungsklage als Erfordernis eines interessengerechten Rechtsschutzes, Berlin 2001.

Hoffmann-Becking, Michael, Folgenbeseitigung bei rechtswidrigen hoheitlichen Tathandlungen? BVerwG, DVBl. 1971, 858, JuS 1972, S. 509–514.

Höfling, Wolfram, Primär- und Sekundärrechtsschutz im Öffentlichen Recht, VVDStRL 61 (2002), S. 260–299.

Höfling, Wolfram, § 51 Vom überkommenen Staatshaftungsrecht zum Recht der staatlichen Einstandspflichten, in: Wolfgang Hoffmann-Riem/Eberhard Schmidt-Aßmann/Andreas Voßkuhle (Hrsg.), Grundlagen des Verwaltungsrechts, Bd. 3 – Personal, Finanzen, Kontrolle, Sanktionen, staatliche Einstandspflichten, 2. Aufl., München 2013.

Hofmann, Franz, „Anspruchsdenken" und „Remedydenken" im deutschen Privatrecht, JuS 2018, S. 833–838.

Hoppe, Werner, Organstreitigkeiten und Organisationsrechtliche subjektiv-öffentliche Rechte, DVBl. 1970, S. 845–850.

Hößlein, Marco, Der Streitgegenstand der verwaltungsgerichtlichen Anfechtungsklage gem. § 113 Abs. 1 Satz 1 VwGO, VerwArch 99 (2008), S. 127–151.

Hruschka, Joachim, Strafrecht nach logisch-analytischer Methode. Systematisch entwickelte Fälle mit Lösungen zum Allgemeinen Teil, 2. Aufl., Berlin 1988.

Hufen, Friedhelm, Verwaltungsprozessrecht, 10. Aufl., München 2016.

Hufen, Friedhelm/Bickenbach, Christian, Der Rechtsschutz gegen Nebenbestimmungen zum Verwaltungsakt, JuS 2004, S. 867–873.

Itzel, Peter, Schadensersatz- und Entschädigungsansprüche gegen den Staat – quo vadis. Insbesondere: Zukunft des Amtshaftungs- und Staatshaftungsanspruchs, Ad Legendum 2019, S. 128–134.

Jarass, Hans D./Pieroth, Bodo (Hrsg.), Grundgesetz für die Bundesrepublik Deutschland – Kommentar, 15. Aufl., München 2018.

Jellinek, Georg, Allgemeine Staatslehre, 3. Aufl., Bad Homburg vor d. Höhe 1914.

Jellinek, Georg, System der subjektiven öffentlichen Rechte (2. Aufl. 1905), Tübingen 2011.

Jesch, Dietrich, Unbestimmter Rechtsbegriff und Ermessen in rechtstheoretischer und verfassungsrechtlicher Sicht Sicht, AöR 82 (1957), S. 163–249.

Jestaedt, Matthias, § 11 Maßstäbe des Verwaltungshandelns, in: Dirk Ehlers/Hermann Pünder (Hrsg.), Allgemeines Verwaltungsrecht, 15. Aufl., Berlin 2016.

Kahl, Wolfgang, § 47 Begriff, Funktionen und Konzepte von Kontrolle, in: Wolfgang Hoffmann-Riem/Eberhard Schmidt-Aßmann/Andreas Voßkuhle (Hrsg.), Grundlagen des Verwaltungsrechts, Bd. 3 – Personal, Finanzen, Kontrolle, Sanktionen, staatliche Einstandspflichten, 2. Aufl., München 2013.

Kahl, Wolfgang/Waldhoff, Christian/Walter, Christian (Hrsg.), Bonner Kommentar zum Grundgesetz, Heidelberg Stand: 9/2019.

Kaniess, Nicolai, Der Streitgegenstandsbegriff in der VwGO, Berlin 2012.

Kaufmann, Marcel, Untersuchungsgrundsatz und Verwaltungsgerichtsbarkeit, Tübingen 2002.

Kelsen, Hans, Allgemeine Staatslehre, Berlin 1925.

Kelsen, Hans, Reine Rechtslehre. Einleitung in die rechtswissenschaftliche Problematik, Leipzig Wien 1934.

Kempny, Simon/Reimer, Philipp, Die Gleichheitssätze. Versuch einer übergreifenden dogmatischen Beschreibung ihres Tatbestands und ihrer Rechtsfolgen, Tübingen 2012.

Kingreen, Thorsten/Poscher, Ralf, Grundrechte. Staatsrecht II, 35. Aufl., Heidelberg 2019.

Kleinlein, Thomas, Erweiterung und Restrisiko des Rechtsschutzes im Gemeinsamen Europäischen Asylsystem, DÖV 2016, S. 1032–1041.

Kluckert, Sebastian, Die Selbstbindung der Verwaltung nach Art. 3 I GG. Am Beispiel der Vergabe von Subventionen und anderen Zuwendungen, JuS 2019, S. 536–541.

Knemeyer, Franz-Ludwig, Folgenbeseitigungsanspruch oder Anspruch auf polizeiliches Einschreiten. VGH Mannheim, NVwZ 1987, 1101, JuS 1988, S. 696–699.

Köckerbauer, Hans Peter, Rechtsgrundlagen und Haftungsumfang des Folgenbeseitigungsanspruchs, JuS 1988, S. 782–787.

Kohler, Christian, Ein neues ius civile? Zur Entstehung des Urteils van Gend & Loos (EuGH, 5.2.1963), in: Christian Calliess (Hrsg.), Herausforderungen an Staat und Verfassung – Völkerrecht – Europarecht – Menschenrechte; Liber Amicorum für Torsten Stein zum 70. Geburtstag, Baden-Baden 2015, S. 682–695.

Köller, Fabienne J./Haller, Heiko A., Prozessuale Durchsetzbarkeit eines Anspruchs auf Rechtsetzung – BVerwG, NVwZ 2002, 1505, JuS 2004, S. 189–191.

Köpfler, Alexander, Die Bedeutung von Art. 2 Abs. 1 Grundgesetz im Verwaltungsprozess, Berlin 2008.

Kopp, Ferdinand O./Ramsauer, Ulrich (Hrsg.), Verwaltungsverfahrensgesetz – Kommentar, 19. Aufl., München 2018.

Kopp, Ferdinand/Schenke, Wolf-Rüdiger (Hrsg.), Verwaltungsgerichtsordnung – Kommentar, 25. Aufl., München 2019.

Krebs, Walter, Zur dogmatischen Konzeption von Staatsorganrechten, in: Hermann Butzer/Markus Kaltenborn/Wolfgang Meyer (Hrsg.), Organisation und Verfahren im sozialen Rechtsstaat – Festschrift für Friedrich E. Schnapp zum 70. Geburtstag, Berlin 2010, S. 141–152.

Kube, Hanno, Die Elfes-Konstruktion, JuS 2003, S. 111–118.

Külpmann, Christoph, BVerwGE 112, 373 (Urt. v. 31.01.2001; Az. 6 CN 2.00). Inzidente Verwerfung von Normen, in: Armin Steinbach (Hrsg.), Verwaltungsrechtsprechung, Tübingen 2017, S. 42–48.

Labrenz, Christoph, Die neuere Rechtsprechung des BVerwG zum Rechtsschutz gegen Nebenbestimmungen – falsch begründet, aber richtig, NVwZ 2007, S. 161–165.

Lange, Klaus, Innenrecht und Außenrecht, in: Wolfgang Hoffmann-Riem/Eberhard Schmidt-Aßmann/Gunnar Folke Schuppert (Hrsg.), Reform des allgemeinen Verwaltungsrechts – Grundfragen, Baden-Baden 1993, S. 307–331.

Larenz, Karl/Canaris, Claus-Wilhelm, Lehrbuch des Schuldrechts, Bd. II/2, 13. Aufl., München 1994.

Laubinger, Hans-Werner, Der öffentlich-rechtliche Unterlassungsanspruch, VerwArch 80 (1989), S. 261–301.

Laubinger, Hans-Werner, Feststellungsklage und Klagebefugnis (§ 42 Abs 2 VwGO), VerwArch 82 (1991), S. 459–495.

Lege, Joachim, Abkehr von der „sog. Abwägungsfehlerlehre"?, DÖV 2015, S. 361–374.

Lepsius, Oliver, Was kann die deutsche Staatsrechtslehre von der amerikanischen Rechtswissenschaft lernen?, in: Helmuth Schulze-Fielitz (Hrsg.), Staatsrechtslehre als Wissenschaft, Berlin 2007, S. 319–366.

Lepsius, Oliver, Kritik der Dogmatik, in: Gregor Kirchhof/Stefan Magen/Karsten Schneider (Hrsg.), Was weiß Dogmatik? – Was leistet und wie steuert die Dogmatik des Öffentlichen Rechts, Tübingen 2012, S. 39–62.

Lindner, Josef Franz, Theorie der Grundrechtsdogmatik, Tübingen 2005.

Lindner, Josef Franz, Öffentliches Recht. Systematisches Lehrbuch zur Examensvorbereitung im Freistaat Bayern, 2. Aufl., Stuttgart 2017.

Lippold, Rainer, Gilt im deutschen Recht ein Fehlerkalkül für Gesetze?, Der Staat 29 (1990), S. 185–208.

Lübbe-Wolff, Gertrude, Die Grundrechte als Eingriffsabwehrrechte. Struktur und Reichweite der Eingriffsdogmatik im Bereich staatlicher Leistungen, Baden-Baden 1988.

Luhmann, Niklas, Öffentlich-rechtliche Entschädigung rechtspolitisch betrachtet, Berlin 1965.

Martens, Joachim, Die Praxis des Verwaltungsverfahrens, München 1985.

Maunz, Theodor/Schmidt-Bleibtreu, Bruno/Klein, Franz/Bethge, Herbert (Hrsg.), Bundesverfassungsgerichtsgesetz – Kommentar, München Stand: Febr. 2019.

Maunz, Theodor/Dürig, Günter (Hrsg.), Grundgesetz – Kommentar, München Stand: März 2019.

Maurer, Hartmut/Waldhoff, Christian, Allgemeines Verwaltungsrecht, 19. Aufl., München 2017.

Medicus, Dieter, Anspruch und Einrede als Rückgrat einer zivilistischen Lehrmethode, AcP 174 (1974), S. 313–331.

Medicus, Dieter/Petersen, Jens, Bürgerliches Recht. Eine nach Anspruchsgrundlagen geordnete Darstellung zur Examensvorbereitung, 26. Aufl., München 2017.

Mehde, Veith, Der Folgenbeseitigungsanspruch, Jura 2017, S. 783–791.

Menke, Christoph, Kritik der Rechte, Berlin 2015.

Meyer, Stephan, Fordert der Zweck im Recht wirklich eine „Neue Verwaltungsrechtswissenschaft"? Zugleich ein Vorschlag zur Dogmatik des Verwaltungsermessens, VerwArch 101 (2010), S. 351–376.

Möllers, Thomas M. J., Juristische Methodenlehre, München 2017.

Morlok, Martin, Erstattung als Rechtmäßigkeitsrestitution. Der Erstattungsanspruch im Zusammenhang der Sekundäransprüche des öffentlichen Rechts, DV 25 (1992), S. 371–399.

Morlok, Martin, § 52 Allgemeine Elemente der Einstandspflichten für rechtswidriges Staatshandeln, in: Wolfgang Hoffmann-Riem/Eberhard Schmidt-Aßmann/Andreas Voßkuhle (Hrsg.), Grundlagen des Verwaltungsrechts, Bd. 3 – Personal, Finanzen, Kontrolle, Sanktionen, staatliche Einstandspflichten, 2. Aufl., München 2013.

Muckel, Stefan, Die fehlgeschlagene Einschränkung der Antragsbefugnis bei der Normenkontrolle von Bebauungsplänen, NVwZ 1999, S. 963–964.

Muckel, Stefan/Ogorek, Markus, Öffentliches Baurecht, 3. Aufl., München 2018.

Müller, Wilfried, Beseitigungs- und Unterlassungsansprüche im Verwaltungsrecht, Diss. Göttingen 1967.

Obermayer, Klaus, Die Untätigkeitsklage und das Recht auf Bescheid, NJW 1956, S. 361–364.

Obermayer, Klaus, Zur Rechtsstellung des Nachbarn im Baurecht und zum Folgenbeseitigungsanspruch – OVG Lüneburg, DÖV 1962, 467, JuS 1963, S. 110–116.

Okuda, Masamichi, Über den Anspruchsbegriff im deutschen BGB, AcP 164 (1964), S. 536–547.

Ossenbühl, Fritz/Cornils, Matthias, Staatshaftungsrecht, 6. Aufl., München 2013.

Peine, Franz-Joseph, Klausurenkurs im Verwaltungsrecht. Ein Fall- und Repetitionsbuch zum Allgemeinen und Besonderen Verwaltungsrecht mit Verwaltungsprozessrecht, 6. Aufl., Heidelberg 2016.

Picker, Eduard, Der negatorische Beseitigungsanspruch, Bonn 1972.

Picker, Eduard, Privatrechtsdogmatik und Eigentumsschutz oder Zur Systematik von Rechts- und Rechtsschutzgestaltung, in: Marietta Auer/Hans Christoph Grigoleit/Johannes Hager u. a. (Hrsg.), Privatrechtsdogmatik im 21. Jahrhundert – Festschrift für Claus-Wilhelm Canaris zum 80. Geburtstag, Berlin, Boston 2017, S. 579–616.

Pietzcker, Jost, Der Anspruch auf ermessensfehlerfreie Entscheidung, JuS 1982, S. 106–110.

Pietzcker, Jost, Rechtsschutz gegen Nebenbestimmungen – unlösbar?, NVwZ 1995, S. 15–20.
Pilniok, Arne, Die staatliche Finanzierung der Jugendorganisationen der politischen Parteien zwischen Sozial- und Parteienrecht. Eine Kritik der gesetzlichen Neuregelung, ZG 2016, S. 62–80.
Pils, Michael Johannes, Rechtsschutz gegen self-executing Normen, JA 2011, S. 113–115.
Pöcker, Markus, Die Verrechtlichung des staatlichen Innenraums, JZ 2006, S. 1108–1113.
Polzin, Monika, Die Untätigkeitsklage im Asylverfahren: Bescheidungsklage möglich?, DVBl. 2017, S. 551–554.
Poscher, Ralf, Grundrechte als Abwehrrechte. Reflexive Regelung rechtlich geordneter Freiheit, Tübingen 2003.
Ramsauer, Ulrich, Die Dogmatik der subjektiven öffentlichen Rechte. Entwicklung und Bedeutung der Schutznormtheorie, JuS 2012, S. 769–777.
Reimer, Franz, Juristische Methodenlehre, 2. Aufl., Baden-Baden 2020.
Reimer, Philipp, Wider den Begriff der „Nebenbestimmung". Kritische Bemerkungen zu einem Rechtsinstitut, Verw 45 (2012), S. 491–523.
Reimer, Philipp, Wenn Behörden sich nicht trauen: administrative Entscheidungsverweigerung als Rechtsproblem, DVBl. 2017, S. 333–340.
Remmert, Barbara, Nebenbestimmungen zu begünstigenden Verwaltungsakten, VerwArch 88 (1997), S. 112–136.
Riehm, Thomas, Rechtsgrund – Pflicht – Anspruch. Zur Dogmatik des Schuldverhältnis, in: Marietta Auer/Hans Christoph Grigoleit/Johannes Hager u. a. (Hrsg.), Privatrechtsdogmatik im 21. Jahrhundert – Festschrift für Claus-Wilhelm Canaris zum 80. Geburtstag, Berlin, Boston 2017, S. 345–369.
Robbers, Gerhard, Anspruch auf Normerlaß – OVG Koblenz, NJW 1988, 1684, JuS 1988, S. 949–953.
Röder, Daniel, Die Haftungsfunktion der Grundrechte, Berlin 2002.
Röhl, Hans Christian, Kommunalrecht, in: Friedrich Schoch (Hrsg.), Besonderes Verwaltungsrecht, München 2018.
Roth, Wolfgang, Verwaltungsrechtliche Organstreitigkeiten. Das subjektive Recht im innerorganisatorischen Verwaltungsrechtskreis und seine verwaltungsgerichtliche Geltendmachung, Berlin 2001.
Rupp, Hans Heinrich, Grundrechtlicher Freiheitsstatus und ungesetzlicher Zwang, DÖV 1974, S. 193–196.
Rupp, Hans Heinrich, Der verwaltungsrechtliche (Folgen-)Beseitigungsanspruch, JA 1979, S. 506–512.
Rupp, Hans Heinrich, Kritische Bemerkungen zur Klagebefugnis im Verwaltungsprozeß, DVBl. 1982, S. 144–148.
Rupp, Hans Heinrich, Grundfragen der heutigen Verwaltungsrechtslehre. Verwaltungsnorm und Verwaltungsrechtsverhältnis, 2. Aufl., Tübingen 1991.
Rupp, Hans Heinrich, Unsicherheiten zum Thema des subjektiven öffentlichen Rechts, in: Michael Brenner/Peter-Michael Huber/Markus Möstl (Hrsg.), Der Staat des Grundgesetzes – Kontinuität und Wandel – Festschrift für Peter Badura zum siebzigsten Geburtstag, Tübingen 2004, S. 995–1007.
Ruthig, Josef/Storr, Stefan, Öffentliches Wirtschaftsrecht, 4. Aufl., Heidelberg 2015.
Sachs, Michael (Hrsg.), Grundgesetz – Kommentar, 8. Aufl., München 2018.
Sachs, Michael, Rechtsprechungsübersicht: Großkundgebung auf der Bonner Hofgartenwiese, JuS 1993, S. 686–687.
Sachs, Michael, Grundrechte: Grundrechtsschutz für Selbsttötung, JuS 2017, S. 800–802.
Sachs, Michael, Kein Anspruch auf gleichheitsgemäße Entscheidung über die Zulassung zur nicht vom Anstaltszweck gedeckten Nutzung der Anstalt? BVerwGE 39, 235 (Urt. v. 07.01.1972; Az. IV C 49.68), in: Armin Steinbach (Hrsg.), Verwaltungsrechtsprechung, Tübingen 2017, S. 115–121.
Sauer, Heiko, Staatshaftungsrecht. Eine Systematisierung für die Fallbearbeitung, JuS 2012, S. 800–805.
Sauer, Heiko, Auswärtige Gewalt, Bezüge des Grundgesetzes zu Völker- und Europarecht, 5. Aufl., München 2018a.

Sauer, Heiko, Klausurtraining Allgemeines Verwaltungsrecht und Verwaltungsprozessrecht, Baden-Baden 2018b.

Scharl, Anna Ingeborg, Die Schutznormtheorie. Historische Entwicklung und Hintergründe, Berlin 2018.

Schenke, Wolf-Rüdiger, Vorbeugende Unterlassungs- und Feststellungsklage im Verwaltungsprozeß, AöR 95 (1970), S. 223–259.

Schenke, Wolf-Rüdiger, Rechtsschutz bei normativem Unrecht, Berlin 1979.

Schenke, Wolf-Rüdiger, Der verfahrensfehlerhafte Verwaltungsakt gemäß § 46 VwVfG, DÖV 1986, S. 305–321.

Schenke, Wolf-Rüdiger, Folgenbeseitigung und mitwirkendes Verschulden. BVerwG, NJW 1989, 2482, JuS 1990, S. 370–377.

Schenke, Wolf-Rüdiger, Rechtsschutz gegen das Unterlassen von Rechtsnormen, VerwArch 82 (1991), S. 307–356.

Schenke, Wolf-Rüdiger, Der Anspruch des Widerspruchsführers auf Erlaß eines Widerspruchsbescheids und seine gerichtliche Durchsetzung, DÖV 1996, S. 529–541.

Schenke, Wolf-Rüdiger, Der Anspruch des Verletzten auf Rücknahme des Verwaltungsakts vor Ablauf der Anfechtungsfristen, in: Max-Emanuel Geis/Dieter Lorenz (Hrsg.), Staat, Kirche, Verwaltung – Festschrift für Hartmut Maurer zum 70. Geburtstag, München 2001, S. 723–757.

Schenke, Wolf-Rüdiger, Neues und Altes zur beamtenrechtlichen Konkurrentenklage, in: Hermann Butzer/Markus Kaltenborn/Wolfgang Meyer (Hrsg.), Organisation und Verfahren im sozialen Rechtsstaat – Festschrift für Friedrich E. Schnapp zum 70. Geburtstag, Berlin 2010, S. 655–693.

Schenke, Wolf-Rüdiger, Neuestes zur Konkurrentenklage, NVwZ 2011, S. 321–327.

Schenke, Wolf-Rüdiger, Polizei- und Ordnungsrecht, 9. Aufl., Heidelberg 2016.

Schenke, Wolf-Rüdiger, Verwaltungsprozessrecht, 16. Aufl., Heidelberg 2019.

Scherzberg, Arno, § 12 Subjektive öffentliche Rechte, in: Dirk Ehlers/Hermann Pünder (Hrsg.), Allgemeines Verwaltungsrecht, 15. Aufl., Berlin 2016.

Schlacke, Sabine, Zur fortschreitenden Europäisierung des (Umwelt-)Rechtsschutzes, NVwZ 2014, S. 11–18.

Schlaich, Klaus/Korioth, Stefan, Das Bundesverfassungsgericht. Stellung, Verfahren, Entscheidungen. Ein Studienbuch, 11. Aufl., München 2018.

Schlink, Bernhard, Freiheit durch Eingriffsabwehr. Rekonstruktion der klassischen Grundrechtsfunktion, EuGRZ 1984, S. 457–468.

Schmidt, Jürgen, Aktionsberechtigung und Vermögensberechtigung. Ein Beitrag zur Theorie des subjektiven Rechtes, Köln u. a. 1969.

Schmidt, Tanja, Die Subjektivierung des Verwaltungsrechts. Dargestellt anhand der Entwicklung der Ermessensansprüche innerhalb der ersten zwei Nachkriegsjahrzehnte, Berlin 2006.

Schoch, Friedrich/Schneider, Jens-Peter/Bier, Wolfgang (Hrsg.), Verwaltungsgerichtsordnung – Kommentar, München Stand: Febr. 2019.

Schoch, Friedrich, Folgenbeseitigung und Wiedergutmachung im Öffentlichen Recht, VerwArch 79 (1988), S. 1–67.

Schoch, Friedrich, Der Folgenbeseitigungsanspruch, Jura 1993, S. 478–487.

Schoch, Friedrich, Effektuierung des Sekundärrechtsschutzes. Zur Überwindung des Entwicklungsrückstands des deutschen Staatshaftungsrechts, DV 34 (2001), S. 261–290.

Schoch, Friedrich, Nachbarschutz im öffentlichen Baurecht, Jura 2004, S. 317–325.

Schoch, Friedrich, Rechtsschutz gegen die Umbenennung von Straßen, Jura 2011, S. 344–354.

Schoch, Friedrich, § 50 Gerichtliche Verwaltungskontrollen, in: Wolfgang Hoffmann-Riem/Eberhard Schmidt-Aßmann/Andreas Voßkuhle (Hrsg.), Grundlagen des Verwaltungsrechts, Bd. 3 – Personal, Finanzen, Kontrolle, Sanktionen, staatliche Einstandspflichten, 2. Aufl., München 2013.

Schoch, Friedrich, Informationsfreiheitsgesetz. Kommentar, 2. Aufl., München 2016.

Schoch, Friedrich, Polizei- und Ordnungsrecht, in: Friedrich Schoch (Hrsg.), Besonderes Verwaltungsrecht, München 2018.

Schur, Wolfgang, Anspruch, absolutes Recht und Rechtsverhältnis im öffentlichen Recht entwickelt aus dem Zivilrecht, Berlin 1993.

Schwabe, Jürgen, Das Wiederaufgreifen unanfechtbarer Verwaltungsakte, JZ 1985, S. 545–554.
Schwabe, Jürgen, Probleme der Grundrechtsdogmatik, 2. Aufl., Hamburg 1997.
Skouris, Wassilios, Verletztenklagen und Interessentenklagen im Verwaltungsprozeß. Eine rechtsvergleichende Studie zur Anfechtungslegitimation des Bürgers, Köln 1979.
Sodan, Helge/Ziekow, Jan (Hrsg.), Verwaltungsgerichtsordnung – Großkommentar, 5. Aufl., München, Baden-Baden 2018.
Sodan, Helge, Der Anspruch auf Rechtsetzung und seine prozessuale Durchsetzbarkeit, NVwZ 2000, S. 601–609.
Somló, Felix, Juristische Grundlehre, 2. Aufl., Leipzig 1927.
Stelkens, Paul/Bonk, Heinz Joachim/Sachs, Michael (Hrsg.), Verwaltungsverfahrensgesetz – Kommentar, 8. Aufl., München 2014.
Stern, Klaus/Blanke, Hermann-Josef, Verwaltungsprozessrecht in der Klausur, 9. Aufl., München 2008.
Stolleis, Michael, Geschichte des öffentlichen Rechts in Deutschland, Bd. 2: Staatsrechtslehre und Verwaltungswissenschaft 1800–1914, München 1992.
Strauch, Hans-Joachim, Methodenlehre des gerichtlichen Erkenntnisverfahrens. Prozesse richterlicher Kognition, Freiburg/München 2017.
Struzina, Victor/Lindner, Josef Franz, Die Ablehnung eines Verwaltungsakts. Zur Dogmatik des Versagungsakts, VerwArch 108 (2017), S. 266–281.
Stürner, Rolf, Die Zivilrechtswissenschaft und ihre Methodik – zu rechtsanwendungsbezogen und zu wenig grundlagenorientiert?, AcP 214 (2014), S. 7–54.
Sydow, Gernot/Neidhardt, Stephan, Verwaltungsinterner Rechtsschutz. Möglichkeiten und Grenzen in rechtsvergleichender Perspektive, Baden-Baden 2007.
Thoma, Richard, Über die Grundrechte im Grundgesetz für die Bundesrepublik Deutschland (1951), in: Richard Thoma, Rechtsstaat – Demokratie – Grundrechte – Ausgewählte Abhandlungen aus fünf Jahrzehnten, Horst Dreier (Hrsg.), Tübingen 2008, S. 468–482.
Ule, Carl Hermann, Vorbeugender Rechtsschutz im Verwaltungsprozeß, VerwArch 65 (1974), S. 291–310.
Ule, Carl Hermann/Laubinger, Hans-Werner, Verwaltungsverfahrensrecht. Ein Lehrbuch für Studium und Praxis, 4. Aufl., Köln 1995.
Vogler, Bernd, Der Genehmigungsanspruch. Über die Rechtsbeständigkeit des Anspruchs auf behördliche Erlaubnis, Berlin 2000.
Voßkuhle, Andreas/Kaiser, Anna-Bettina, Das subjektiv-öffentliche Recht, JuS 2009, S. 16.
Weilert, A. Katarina, Anmerkung zu BVerwG, Urt. v. 02.03.2017 – 3 C 19/15. Staatliche Erlaubnispflicht zum Erwerb tödlicher Betäubungsmittel zum Suizid, DVBl. 2017, S. 910–913.
Westermann, Harm Peter/Staudinger, Ansgar, Sachenrecht, 13. Aufl., Heidelberg 2017.
Weyreuther, Felix, Folgenbeseitigungsanspruch und -pflicht, in: Ständige Deputation des Deutschen Juristentages (Hrsg.), Verhandlungen des 47. Deutschen Juristentages Nürnberg 1968, Band I (Gutachten), München 1968, S. 1–187.
Weyreuther, Felix, Die Rechtswidrigkeit eines Verwaltungsaktes und die „dadurch" bewirkte Verletzung „in Rechten" (§ 113 Abs. 1 Satz 1 und Abs. 4 Satz 1 VwGO), in: Hans-Uwe Erichsen/Werner Hoppe/Albert von Mutius (Hrsg.), System des verwaltungsgerichtlichen Rechtsschutzes – Festschrift für Christian-Friedrich Menger zum 70. Geburtstag, Köln 1985, S. 681–692.
Winkler, Markus, Normerlassansprüche einer Gemeinde gegen den Freistaat Bayern auf Übertragung der Erschließungsaufgabe und die Befugnis zur Erhebung von Erschließungsbeiträgen nach § 203 I BauGB, DVBl. 2008, S. 596–597.
Wißmann, Hinnerk, Funktionsfreiheiten in der öffentlichen Verwaltung. Prozessualer Schutz von Verwaltungskompetenzen, ZBR 2003, S. 293–305.
Wolff, Hans J., Der Abwendungsanspruch aus öffentlichen Reflexrechten insbesondere im Fürsorgerecht, in: Festschrift zur Feier des 25jährigen Bestehens der Westfälischen Verwaltungsakademie in Münster und der Verwaltungs- und Wirtschaftsakademie Industriebezirk Sitz Bochum, Münster u. a. 1950, S. 119–136.
Wolff, Hans J., Verwaltungsrecht I, 7. Aufl., München 1968.

Wolff, Hans J./Bachof, Otto/Stober, Rolf/Kluth, Winfried, Verwaltungsrecht II. Ein Studienbuch, 7. Aufl., München 2010.

Wolff, Hans J./Bachof, Otto/Stober, Rolf/Kluth, Winfried, Verwaltungsrecht I. Ein Studienbuch, 13. Aufl., München 2017.

Würtenberger, Thomas, Die Normenerlaßklage als funktionsgerechte Fortbildung verwaltungsprozessualen Rechtsschutzes, AöR 105 (1980), S. 370–399.

Würtenberger, Thomas/Heckmann, Dirk, Verwaltungsprozessrecht. Ein Studienbuch, 4. Aufl., München 2018.

Zeidler, Karl, Einige Bemerkungen zum Verwaltungsrecht und zur Verwaltung in der Bundesrepublik seit dem Grundgesetz, Der Staat 1 (1962), S. 321–344.

Stichwortregister

Abstandsflächen 43, 246
Abwägung, Recht auf fehlerfreie 106, 122, 370
Abwägungsgebot 120
Abwehrrecht(e) 42, 60, 66, 172
Adressatentheorie 138, 214, 238
Äußerung, ehrverletzend. Siehe Ehre
Akteneinsicht (§ 29 VwVfG) 193, 197, 205
Aktionenrecht(lich) 23, 24, 94
Aktivlegitimation 130
Amtshaftung 51, 75, 163
Anhörung 40, 58
Anfechtung, isolierte 217
Anfechtungsklage 3, 11, 48, 88, 93, 131, 138, 150, 156, 164, 237, 275, 335, 370
Anordnung, einstweilige
Anspruch 19, 35, 45, 54, 73, 112, 205
Anspruch, prozessualer 125, 133, 226
Anspruchsmodell 5, 11, 19, 24, 151, 384
Antrag 114, 204, 205, 304, 341
Antragstheorie 214
Asylrecht 223, 389
Aufhebungsanspruch 3, 142, 144, 186, 226, 232, 278, 394
Aufopferung 51
Auswahlermessen 324
Außenrecht 82
Baugenehmigung 54, 67, 198, 206, 237, 242, 258, 259, 261, 376
Bebauungsplan 121, 355, 366, 367, 376
Begehren, rechtliches 26
Begründung (§ 39 VwVfG) 275
Bescheidungsanspruch 114, 200, 202, 220, 221, 341, 342
Bescheidungsklage 223, 340
Bescheidungsurteil 204, 216, 218, 338, 339, 349

Beseitigungsanspruch 62, 70, 98, 127, 185, 226, 271, 355, 360, 364, 369, 374
Bestandskraft, formelle 145, 231, 233, 235, 394
Bestimmtheit (§ 37 VwVfG) 248
Beurteilungsermächtigung 117
Beurteilungsspielraum 27, 116
Bewerbungsverfahrensanspruch 98
Bürgerbegehren 198
Bürgerentscheid 97
Dispositionsgrundsatz 29
Doppelwirkung, Verwaltungsakt mit 243
Drittschutz 43, 237, 245, 258, 315, 326
Dublin-III-Verordnung 93
Ehre, Verletzung der 175, 268, 269, 271, 277, 291
Eigenbegünstigung 110, 301, 303, 305
Eigenbelastung 114, 258
Eigentum(srecht) 34, 247, 315
Einbürgerung 308
Eingriffsabwehr 41, 168, 171, 319
Eingriffsabwehr-Aufbau 186, 215, 226, 239
Eingriffsverwaltung 168, 174
Einrichtung, kommunale 104, 198, 205, 254, 298, 306
Einstandspflichten 70
Elfes-Konstruktion 92, 138, 226, 227
Enteignung 51
Entschließungsermessen 324
Erfüllung 171
Erledigung 134, 135, 228
Ermessen 100, 154, 176, 332
Ermessen, intendiertes 326
Ermessen, Reduktion „auf Null" 315, 320, 334, 347
Ermessensentscheidung, Recht auf fehlerfreie 104, 155, 176,

177, 187, 204, 218, 227, 252, 253, 262, 302, 305, 307, 310, 313, 321, 332, 337, 341, 348
Ermessensfehler 101, 106, 255, 322
Erstattungsanspruch, öffentlich-rechtlicher 77, 127, 196
Feststellungsklage 132, 139, 276, 365, 378, 383
Folgenbeseitigungsanspruch 69, 77, 266, 278, 295, 327, 391
Fortsetzungsfeststellungsklage 134, 135, 240
Freiheitsrecht 111
Fremdbegünstigung 110, 253, 258
Fremdbelastung 301, 311, 345
Gebietserhaltungsanspruch 43, 246, 251, 326
Gemeinde, wirtschaftliche Betätigung 67, 245, 268
Gemeinderat 181
Genehmigungsabwehranspruch 50
Geschäftsordnung 83
Gestaltungsklage 164
Gleichheitssatz (Art. 3 Abs. 1 GG) 111, 310, 329, 332, 349
Grundnorm, reaktionsrechtliche 66
Grundrecht 42, 44, 55, 56, 61, 316, 325
Handlungs- und Kontrollnorm 28
Herstellungsanspruch, sozialrechtlicher 52
Immissionsabwehranspruch 50, 267, 291
Information 190, 193, 198
Innenrecht 82
Interesse, rechtliches 26, 86, 109, 299
ipso-iure-Nichtigkeit 352
Kassation 164, 182
Klagebefugnis 3, 129, 136, 238, 260
Kompetenz 86, 87, 89
Kontrollerlaubnis 57, 157, 162
Leistung 42, 162, 264
Leistungsanspruch-Aufbau 184, 185, 272
Leistungsbegehren, gewöhnliches 164, 167, 171, 185
Leistungsbegehren, kassatorisches 11, 164, 167, 170, 185
Leistungsklage, allgemeine 11, 139, 163, 197, 226, 272, 275, 293, 335, 365, 383
Leistungsverwaltung 168, 174
Luftreinhalteplan 160, 190, 381
Methode, juristische 3
Methodenlehre, juristische 8
Mitverschulden 289
Naturalrestitution 284
Nebenbestimmungen 149

Normenkontrolle (§ 47 VwGO) 121, 351, 357, 368
Normenkontrolle, abstrakte 236, 353, 357
Normenkontrolle, inzidente 357
Normenkontrolle, konkrete 236, 357, 374
Normenkontrolle, prinzipale 121, 357
Normerlass, Anspruch auf 361, 373, 380
Obdachlose 280, 282, 287, 288, 316, 327
Organstreit 84, 88, 180
Passivlegitimation 129, 130
Petitionsrecht (Art. 17 GG) 204
Planfeststellungsbeschluss 121, 370
Popularklage 136, 158
Primärrechtsschutz 49
Prozessführungsbefugnis 128, 129, 136
Reaktionsermessen 72, 113, 265
Reaktionsrecht bzw. -anspruch 39, 54, 61, 71, 142, 182, 225, 249, 309, 315, 354
Realakt 178, 191, 197, 274, 275, 290, 300
Recht, subjektives öffentliches 33, 35, 86
Recht, formelles subjektives öffentliches 105, 107, 110, 119, 123, 252
Rechtsaktklausur 3, 396
Rechtsbegriff, unbestimmter 115
Rechtsform 31, 46, 178
Rechtsmacht 12, 35, 38, 66
Rechtsverhältnis 133
Rechtswidrigkeitsabwehranspruch 74
reformatio in peius 59
Restitution 283, 285, 291
Rücksichtnahme, Gebot der 246
Sekundärrechtsschutz 49
Selbstbindung der Verwaltung 332, 349
Spruchreife 218, 221, 338, 347
Subvention 190, 201, 209, 298, 329, 349
Schutznormtheorie 33, 35, 44, 67, 95, 245, 249, 314
Schutzpflichten 172, 325, 328, 373, 382
Staatshaftungsrecht 3, 4, 48, 396
Staatsorganisationsrecht 393
Status, negativer 11, 36, 38, 42, 60, 112, 142, 258, 264, 391
Status, positiver 11, 36, 38, 39, 54, 68, 78, 142, 258
Status, positiver (abgeleitet) 73
Status, positiver (originär) 73, 78, 373
Störungsbeseitigungsanspruch, mitgliedschaftlicher 181
Streitgegenstand 3
Stufenklage 296
Treu und Glauben (§ 242 BGB) 142, 186, 237
Unionsrecht, europäisches 350, 359

Stichwortregister

Untätigkeitsklage 222, 343
Unterlassungsanspruch 38, 61, 70, 98, 127, 185, 226, 269, 270, 274, 276, 279, 364
Unterlassungs-, Beseitigungs- und Folgenbeseitigungsanspruch 3, 61, 265
Untersuchungsgrundsatz 29
Verbandsklage 159
Verbandskompetenz, Anspruch auf Wahrung 267
Verfahrensvorschriften 215, 254
Verfassungsbeschwerde 60, 136, 236, 353, 354, 357, 374, 383
Verpflichtungsklage 11, 56, 88, 132, 150, 152, 156, 213, 215, 258, 335, 341
Verwaltungsakt 80, 193, 199, 286, 300
Verwaltungsgerichtsbarkeit 27
Verwaltungskontrolle 27, 137, 158
Verwaltungsrechtsverhältnis 5
Verwaltungsverfahren 94, 229, 396
Verwaltungsvertrag 79, 190
Verwaltungsvorschriften 83, 298, 332, 333
Vollstreckung 271
Vollzugsfolgenbeseitigungsanspruch 62, 286, 292, 295
Vorbehalt des Gesetzes 175, 209, 331
Vornahmeurteil 164, 213, 218, 221, 347, 349
Vorverfahren (§ 68 VwGO) 229, 241
VwVfG 16, 304
Widerspruchsverfahren. *Siehe* Vorverfahren
Wiederaufgreifen des Verfahrens (§ 51 VwVfG) 198, 212, 219, 234
Wirkung, aufschiebende 144, 146
Wirtschaftliche Betätigung der Gemeinde. *Siehe* Gemeinde
Zeitpunkt der gerichtlichen Entscheidung 141
Zivilprozess 27
Zivilrecht 22, 24, 34, 73, 195, 205, 235, 355, 387, 394
Zusicherung (§ 38 VwVfG) 190, 204, 210
Zuständigkeit 83, 91, 93, 215, 254

The manufacturer's authorised representative in the EU is Springer Nature Customer Service Centre GmbH, Europaplatz 3, 69115 Heidelberg, Germany. If you have any concerns regarding our products, please contact ProductSafety@springernature.com

Printed and bound by CPI Group (UK) Ltd, Croydon, CR0 4YY

23/03/2026

02076744-0011